ユーキャンの

2024年版

ケアマネジャー

2024徹底予想模試

U-CANが よくわかる！ その理由

予想模擬試験3回分（180問）を収録

■本番の試験をシミュレーション
徹底的に過去問題の分析を行い、出題されるポイントを的確におさえたオリジナルの予想問題です。実際の試験に即した出題形式で、本試験をシミュレーションできます。初めに取り組み、実力をチェックしてみましょう。なお、問題は別冊となっており、本書からはずして使うことができます。

よく出る問題を厳選！ 合格ライン突破へのテーマ別180問

■テーマごとに、的確にポイントをおさえた180問を掲載
各テーマの出題傾向、ポイントをおさえた「テーマ別要点チェック問題」を180問掲載しています。得意分野の強化や苦手分野の克服など、実力にあわせてチャレンジしましょう。

■180問すべてに頻出度を表示
過去問題の分析に基づいた頻出度（新出題範囲となる問題は重要度）を、180問すべてに★の数で表示しています（最頻出は★3つ）。

充実解説だから出題の意図がわかる、応用力が身につく！

■すべての選択肢に詳細な解説を掲載
「予想模擬試験」と「テーマ別要点チェック問題」のすべての選択肢について、出題意図を確実におさえた詳細な解説を掲載しています。

■補足解説も充実
「テーマ別要点チェック問題」では、その項目で出てくる重要な用語や、問題を解くうえでおさえておきたい知識などを、【合格エッセンス】で図解。解説の選択肢ごとに関連ページへのリンク表示がついているので、理解を深めるのに役立ちます。

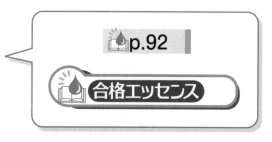

p.92

合格エッセンス

CONTENTS

別冊　予想模擬試験

※解答用紙は各冊子のP27

予想模擬試験　解答・解説

テーマ別要点チェック問題

介護支援分野

保健医療サービス分野

福祉サービス分野

資格について

❶ 受験資格

次の①〜⑤の業務に従事した期間が通算して5年以上、かつ900日以上ある人が受験することができます。

①法定資格保有者
保健・医療・福祉に関する以下の法定資格に基づく業務に通算で5年以上、かつ900日以上従事した人

医師、歯科医師、薬剤師、保健師、助産師、看護師、准看護師、理学療法士、作業療法士、社会福祉士、介護福祉士、視能訓練士、義肢装具士、歯科衛生士、言語聴覚士、あん摩マッサージ指圧師、はり師、きゅう師、柔道整復師、栄養士（管理栄養士含む）、精神保健福祉士

②生活相談員
生活相談員として、介護保険法に規定する特定施設入居者生活介護、介護老人福祉施設等において、相談援助業務に通算で5年以上、かつ900日以上従事した人

③支援相談員
支援相談員として、介護保険法に規定する介護老人保健施設において、相談援助業務に通算で5年以上、かつ900日以上従事した人

④相談支援専門員
相談支援専門員として、障害者総合支援法の計画相談支援、または児童福祉法に基づく障害児相談支援事業に通算で5年以上、かつ900日以上従事した人

⑤主任相談支援員
主任相談支援員として、生活困窮者自立支援法に規定する生活困窮者自立相談支援事業に通算で5年以上、かつ900日以上従事した人

➡ 介護支援専門員実務研修受講試験 ➡ 合格 ➡ 実務研修87時間受講 ➡ 修了 ➡ 資格登録、介護支援専門員証交付

※2018（平成30）年度試験からは、上記の法定資格所有者または相談援助業務従事者で、その資格に基づく実務経験が5年以上、かつ900日以上あることが受験要件となっています。

※2017（平成29）年度試験までは、経過措置として介護等の実務経験により受験が可能でしたが、現在は受験資格はありませんので注意しましょう。

※自分が受験資格に該当するかどうかの詳細は、必ず受験地の都道府県の受験要項にてご確認ください。

② 受験の手続き

　試験は全国共通の問題と日時で行われますが、実施するのは各都道府県ですので、受験の手続きや申込期間などについては都道府県によって異なります。

　受験要項は、受験資格に該当する業務に従事しているかたは勤務先の都道府県、受験資格に該当する業務に現在従事していないかたは住所地の都道府県に問い合わせて取り寄せます。

■試験の流れ（例年）　　　　　　　　　　　　　※詳細については受験要項で確認してください。

受験申込み受付期間	5月〜7月頃
試験日	10月上旬〜中旬の日曜日
受験地	受験申込みを受け付けた都道府県が指定
合格発表	12月上旬頃

③ 試験について

（1）試験の内容

　試験の内容は下記の3つにわけられます。

・**介護支援分野**……………………介護保険制度とケアマネジメントなどについて
・**保健医療サービス分野**…………高齢者の疾患、介護技術、検査などの医学知識、
　（保健医療サービスの知識等）　保健医療サービス各論などについて
・**福祉サービス分野**………………相談援助、福祉サービス各論、他制度などについて
　（福祉サービスの知識等）

（2）出題方式

　5肢複択方式……5つの選択肢から正解を2つまたは3つ選択して解答する。

（3）試験の問題数と解答時間

　2015（平成27）年度の試験から法定資格による解答免除がなくなり、出題数は、一律で60問となりました。解答時間は2時間です。1問あたりでは、2分の解答時間となります。

■問題数と解答時間

分野	介護支援分野	保健医療サービス分野	福祉サービス分野
出題数	25問	20問	15問
解答時間	2時間		

（4）合格ライン

　「介護支援分野」と「保健医療福祉サービス分野（保健医療サービスの知識等と福祉サービスの知識等の合計）」の区分ごとに、合格点が示されます。

　合格点は、それぞれ7割程度の正解率を基準として、問題の難易度によって毎年補正されます。合格するには、両方の区分が合格点に達していることが必要で、どちらかが合格点に達していないと、合格にはなりません。

（5）合格率

　受験者数は、受験要件の厳格化などにより第21回試験から減少していましたが、徐々に回復傾向にあります。

■過去の受験者数・合格者数・合格率（厚生労働省発表）

	受験者数	合格者数	合格率
第１回（1998年度）	207,080人	91,269人	44.1%
第２回（1999年度）	165,117人	68,090人	41.2%
第３回（2000年度）	128,153人	43,854人	34.2%
第４回（2001年度）	92,735人	32,560人	35.1%
第５回（2002年度）	96,207人	29,508人	30.7%
第６回（2003年度）	112,961人	34,634人	30.7%
第７回（2004年度）	124,791人	37,781人	30.3%
第８回（2005年度）	136,030人	34,813人	25.6%
第９回（2006年度）	138,262人	28,391人	20.5%
第10回（2007年度）	139,006人	31,758人	22.8%
第11回（2008年度）	133,072人	28,992人	21.8%
第12回（2009年度）	140,277人	33,119人	23.6%
第13回（2010年度）	139,959人	28,703人	20.5%
第14回（2011年度）	145,529人	22,332人	15.3%
第15回（2012年度）	146,586人	27,905人	19.0%
第16回（2013年度）	144,397人	22,331人	15.5%
第17回（2014年度）	174,974人	33,539人	19.2%
第18回（2015年度）	134,539人	20,924人	15.6%
第19回（2016年度）	124,585人	16,281人	13.1%
第20回（2017年度）	131,560人	28,233人	21.5%
第21回（2018年度）	49,332人	4,990人	10.1%
第22回（2019年度）	41,049人	8,018人	19.5%
第23回（2020年度）	46,415人	8,200人	17.7%
第24回（2021年度）	54,290人	12,662人	23.3%
第25回（2022年度）	54,406人	10,328人	19.0%
第26回（2023年度）	56,532人	—	—
合　計	3,057,844人	—	—

※第26回（2023年度）試験：10月8日　合格発表：12月4日

（注）2019（令和元）年10月13日実施の第22回試験は、台風19号の影響により1都12県で中止され、2020（令和2）年3月8日に再試験が実施されました。第22回試験の合格者数は、再試験分を合算したものとなります。

本書の使い方

　本書「**2024 徹底予想模試**」は、徹底的な出題傾向の分析に基づいた「予想模擬試験」を3回分収録!! 本試験をシミュレーションしながら、完成期の仕上げを行えます。

●予想模擬試験

　問題冊子は取りはずしができます。また、各冊子の後ろに、模擬試験の解答用紙があります。切取線にそって切り離して使用してください。

第1回 ◎介護支援分野　問題　1　～　問題　25

問題　1　2023（令和5）年の介護保険制度の改正について正しいものはどれか。3つ選べ。
　　1　都道府県介護保険事業支援計画において、生産性の向上に資する事業に関する事項について定めるよう努めることとされた。
　　2　介護保険法において、新たに定期巡回・随時対応型訪問介護看護の定義を明確にした。
　　3　指定居宅介護支援事業者が、指定介護予防支援事業者の指定を受けることが可能となった。
　　4　介護サービス事業者は、介護サービス事業者経営情報を都道府県知事に定期的に報告することが義務づけられた。
　　5　指定介護療養型医療施設の廃止が、さらに延期された。

問題　2　2021（令和3）年度末における要介護（要支援）認定者数の状況について正しいものはどれか。2つ選べ。
　　1　要介護（要支援）認定者数は、介護保険施行年度の約1.5倍になっている。
　　2　男女比では、第1号被保険者では男性の要介護（要支援）者のほうが多い。
　　3　第1号被保険者では、後期高齢者の占める割合が約9割である。
　　4　要介護（要支援）状態区分別では、要介護3以上の中重度者が半数を占めている。
　　5　第1号被保険者に占める認定者の割合は、全国平均で約2割である。

問題　3　介護保険法第1条（目的）に含まれる内容として正しいものはどれか。3つ選べ。
　　1　国民は、常に健康の保持増進に努める。
　　2　要介護状態となった者が尊厳を保持できるよう、必要な給付を行う。
　　3　要介護状態となった者がその有する能力に応じ自立した日常生活を営むことができるよう、必要な給付を行う。
　　4　介護保険制度は、国民の相互扶助の理念に基づき設けられた。
　　5　国民の保健医療の向上および福祉の増進を図る。

3

本試験と同じ出題形式を再現

本試験と同じ5肢複択による出題です。出題形式に慣れておきましょう。

●解答・解説

◎介護支援分野　問題　1　～　問題　25

問題1 　**【正答】　1　3　4**

関連
⇒ p.94、95
速習 介 L 4

　　1　○　なお、市町村介護保険事業計画に定めるよう努める事項には、生産性の向上に資する都道府県と連携した取り組みに関する事項が加わった。
　　2　×　複合型サービスである看護小規模多機能型居宅介護について、法律上の定義でそのサービス内容が明確にわかるよう改正がされた。
　　3　○　市町村長から指定介護予防支援事業者として指定を受けることができる。また、これまで通り、地域包括支援センターからの委託により指定介護予防支援の業務の一部を行うことも可能である。
　　4　○　一方、報告を受けた都道府県知事は、介護サービス事業者経営情報について調査・分析を行い、その内容を公表するよう努める。厚生労働大臣は、介護サービス事業者経営情報を収集して整理・分析し、その結果をインターネットなどで国民に迅速に提供できるよう、必要な施策を実施することとした。
　　5　×　指定介護療養型医療施設は、経過措置により存続していたが、2024（令和6）年3月31日の経過措置の終了をもって完全廃止となる。

問題2 　**【正答】　3　5**

関連
⇒ p.94、95
速習 介 L 4

　　1　×　要介護（要支援）認定者数は、2021（令和3）年度末現在で690万人となっており、介護保険施行年度である2000（平成12）年度の約2.7倍である。
　　2　×　要介護（要支援）認定者の男女比をみると、第1号被保険者は男性211万人、女性465万人で女性が男性の2倍以上である。第2号被保険者は男性7万人、女性6万人とそれほど差がない。
　　3　○　要介護（要支援）認定を受けた前期高齢者は75万人、後期高齢者（75歳以上）は601万人で、約9割が後期高齢者である。
　　4　×　要介護（要支援）状態区分別に見た場合、要支援1が97万人、要支援2が95万人、要介護1が143万人、要介護2が116万人、要介護3が92万人、要介護4が87万人、要介護5が59万人であり、要支援1～要介護2までの軽度者が6割以上を占めている。
　　5　○　第1号被保険者に占める認定者の割合は、全国平均で18.9%と約2割で、前年度より0.2%増加している。

4

学習に役立つマーク

注目

新しい試験範囲を含む問題など、今年の試験対策として、特に注目しておきたい問題に表示しています。

関連
⇒ p.94、95
速習 介 L 4

「テーマ別要点チェック問題」へのリンクと姉妹書「速習レッスン」の該当レッスン番号を記載しています。

■本試験と同じ条件でチャレンジ

実際の試験時間を参考に、あらかじめ解答目標時間を決めて、「予想模擬試験」にチャレンジしましょう。

■解答・解説を確認

解答し終わったら、「解答・解説」を確認。必要に応じて姉妹書「速習レッスン」で復習しましょう。

■重要事項のチェック

「テーマ別要点チェック問題」を解き、本試験に頻出の重要事項をおさえておきましょう。

●テーマ別要点チェック問題

出題傾向・ポイントをおさえたテーマ別のオリジナル問題です。

基本書に対応

姉妹書「速習レッスン」の該当レッスン番号を記載しています。

分野名　レッスンNo.

合格エッセンスへのリンク

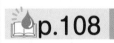

補足解説「合格エッセンス」へのリンクを表示しています。設問や選択肢に関連する重要項目をチェックしましょう。

---

6 被保険者　➡速習 介 L 8

★★★

11 介護保険の被保険者について正しいものはどれか。3つ選べ。

1　40歳以上65歳未満の生活保護の受給者が医療保険に加入していない場合は、介護保険の第2号被保険者とならない。

2　海外に長期滞在のため日本に住民票がない場合は、介護保険の被保険者とならない。

3　第1号被保険者は、医療保険加入者でなくなったときに、被保険者資格を喪失する。

4　身体障害者の場合は、障害者総合支援法からの給付を受けるため、介護保険の被保険者から除外となる。

5　転出などにより被〔保険者証〕を返却する。

11 解説

1　○　第2号被保険者の資格要件には、年齢到達、住所の存在のほか医療保険への加入がある。生活保護の受給者の場合は、国民健康保険の適用除外となるため、注意が必要となる。

2　○　住所があることが介護保険の資格要件のひとつである。住所があるとは、一般的には住民基本台帳上の住所があることを指し、日本に住民票がなければ住所があるとは認められない。日本国籍のない外国人でも、住所があると認められ、年齢などほかの資格要件も満たしていれば被保険者となる。

3　×　第1号被保険者には、医療保険加入という資格要件がないため、医療保険未加入により資格を喪失することはない。第2号被保険者の場合（選択肢1参照）は、〔医療保険加入でなく〕なったときに資格を喪失する。

〔……〕指定障害者支援施設に入所して障害者総合支援法に基づき生〔……〕所支援を受けているなど適用除外となる場合を除き、介護保〔……〕していれば、被保険者となる。➡p.108

〔……〕号被保険者には全員に、第2号被保険者には要介護認定・要〔……〕った人や交付の求めがあった人に交付されるが、被保険者資〔……〕、すみやかに市町村に返還する。

正答　1・2・5

学習に役立つマーク

今年の試験対策として、注目しておきたい問題です。

★★★

本試験における頻出度を★の数で表示しました（最頻出は★3つ）。

＊頻出度は、過去問題分析に基づいています。

★★

12 住所地特例について〔……〕

1　DさんはA市に〔……〕人ホームに入所〔……〕市である。

2　DさんはA市に居住していたが、養護老人ホームへ措置入所するためB市に住所を変更した。現在の保険者はA市である。

〔……〕れるのは、住所地特例対象施設への入所や入居により、その〔……〕住所を変更した場合である。住所地特例対象施設とされてい〔……〕設、特定施設、養護老人ホームであり、定員29人以上の〔……〕（地域密着型介護老人福祉施設）や地域密着型特定施設は、住所地特例対象施設には該当しない。現在の保険者は住所変更後のB市である。

2　○　Dさんは養護老人ホームへの入所措置によって住所変更しているため住所地特例〔……〕

合格エッセンス　被保険者の資格要件と資格の取得日

	第1号被保険者	第2号被保険者
資格要件	市町村の区域内に住所を有する65歳以上の者	市町村の区域内に住所を有する40歳以上65歳未満の医療保険に加入している者
	40歳以上65歳未満の医療保険加入者が、65歳到達したとき（誕生日の前日）	医療保険加入者である40歳以上の者が、その市町村の住民となったとき（当日）
資格の取得日	適用除外でなくなったとき〔施設の退所日〕	
	40歳以上65歳未満の医療保険加入者または65歳の者が、その市町村の住民になったとき（当日）	

合格エッセンス　適用除外施設

次の適用除外施設に入所（入院）している人については、当分の間、介護保険の被保険者から除外される。

○指定障害者支援施設（障害者総合支援法の支給決定を受けて、生活介護および施設入所支援を受けている人）

○障害者支援施設（身体障害者福祉法、知的障害者福祉法に基づく措置により入所している人）

○指定知的障害児施設等であって、障害者総合支援法により療養介護を行う病院

○医療型障害児入所施設（児童福祉法）

○医療型児童発達支援を行う指定医療機関（児童福祉法）

○独立行政法人国立重度知的障害者総合施設のぞみの園が設置する施設（独立行政法人国立重度知的障害者総合施設のぞみの園法）

○国立ハンセン病療養所等（ハンセン病問題の解決の促進に関する法律）

○救護施設（生活保護法）

○被災労働者の受ける介護の援護を図るために必要な事業にかかる施設（労働者災害補償保険法）

合格エッセンス　住所地特例

介護保険制度では、住所地である市町村が保険者であることが原則である。しかし、介護保険施設などの多い市町村に介護費用の負担が偏ってしまい、市町村間に財政不均衡を招いてしまう。このため、住所地特例対象施設に入所などすると、その施設のある市町村に住所を変更した場合には、変更前の市町村が保険者となる特例が設けられている。

対象者	介護保険制度上の被保険者
住所地特例対象施設	介護保険施設、特定施設（有料老人ホーム、軽費老人ホーム、養護老人ホームで、地域密着型特定施設でないもの）、養護老人ホーム（老人福祉法上の入所処遇）
	※有料老人ホームに該当するサービス付き高齢者向け住宅も対象
住所地特例適用被保険者の取り扱い	○サービス利用地の市町村から一定のサービスを受ける
	○地域密着型サービス、地域支援事業、介護予防・日常生活支援総合事業など〔……〕2015（平成27）年度から、住所地特例対象施設入居者が対象〔……〕される（平成27年度から）。
	○保険給付は、転居前の市町村（保険者）が行う。
	○保険料は、転居前の市町村（保険者）に支払う。

Aさんの場合

Bさんの場合

Cさんの場合

補足解説も充実

おさえておきたい内容を、イラストや図表を用いてわかりやすくまとめました。理解を深めるのに役立ちます。

過去5年の出題状況

　過去5年（2019年〜2023年）の試験問題を選択肢ごとにわけ、姉妹書「速習レッスン」の内容ごとに、出題状況を示しています。

※事例問題については含めていませんが、介護支援分野で毎年平均2問出題されています。

★★★＝10選択肢以上　★★＝5〜9選択肢　★＝4選択肢以下

介護支援分野	第22回	第23回	第24回	第25回	第26回
高齢化と高齢者介護を取り巻く状況		★★			★★
介護保険制度の創設				★	
介護支援専門員	★★★		★★	★★	★
介護保険制度の実施状況と制度改正	★★	★★★	★★	★★★	
社会保障と社会保険制度			★★		★★
介護保険制度の目的等	★★	★★	★★		★★
保険者・国・都道府県の責務等	★★	★★	★★	★★	★★
被保険者	★★		★	★★	★★★
要介護認定等の概要と申請手続き	★★★	★★	★★	★★★	★★
審査・判定と市町村の認定	★★	★★★	★★	★★	
保険給付の種類		★★	★★		
利用者負担		★★★			★★
介護報酬					★
支給限度基準額			★★		
他法との給付調整・その他通則		★			★★
事業者・施設の指定	★★		★★	★	★★
事業者・施設の基準				★	
介護サービス情報の公表	★★		★★	★★	★★
地域支援事業	★★★	★★	★★	★★★	★★
地域包括支援センター					★★
介護保険事業計画	★★	★★	★★		★★★
保険財政	★★★	★★★	★★★	★★★	
国保連の業務			★★		
介護保険審査会	★★	★★			★★
居宅介護支援事業の基準	★★	★★	★★	★★	★
居宅介護支援	★★★	★★★	★★★	★★★	★★
介護予防支援事業の基準					
介護予防ケアマネジメント	★★	★★			★★
介護保険施設の基準				★	
施設介護支援	★★		★★		★★

要介護認定・要支援認定
近年では、認定調査票の基本調査項目や、主治医意見書の内容からもよく出題されています。申請から認定までの流れをひと通り理解しておきましょう。

介護保険制度の内容
介護保険制度の内容を問う問題は、法律が根拠となるため、しっかりとした知識が求められます。特に介護保険事業計画、事業者・施設の指定や運営基準、保険財政、地域支援事業について理解しておきましょう。

ケアマネジメント
基本的な視点として、自立支援などのキーワードをおさえておきましょう。また、居宅介護支援事業者の運営基準、課題分析標準項目、ケアプランの作成についてもしっかりと学習しましょう。

保健医療サービス分野	第22回	第23回	第24回	第25回	第26回
老年症候群	★	★★	★	★	★★
高齢者の疾患の特徴・代謝異常による疾患とがん	★★		★	★	
脳・神経の疾患		★	★	★	
循環器の疾患	★	★		★	
呼吸器の疾患			★		
消化器・腎臓・尿路の疾患				★	
骨・関節の疾患	★	★	★	★	
目・皮膚の疾患			★	★	
バイタルサイン	★★★	★	★★	★	★★
検査値	★★	★★	★★	★★	★★
褥瘡への対応		★★	★		★★
食事の介護と口腔ケア	★★★	★★★	★	★	
排泄の介護			★★		
睡眠の介護	★★		★		
入浴・清潔の介護			★	★	
リハビリテーション		★		★★	★★
認知症	★★	★★	★★	★★	★★
高齢者の精神障害	★★	★★	★★	★★	★
医学的診断と現状の医学的問題	★★	★★	★★	★★	★★★
栄養と食生活の支援		★	★★	★★	★★
薬の作用と服薬管理			★	★★	
在宅医療管理	★★	★★	★★	★★	★
感染症の予防	★★	★★	★★		★★
急変時の対応	★★★	★★	★★	★	★★
健康増進と疾病障害の予防				★	★★
ターミナルケア	★★	★★	★★	★★	★★
訪問看護		★★	★★	★★	
訪問リハビリテーション			★★		
居宅療養管理指導	★★				
通所リハビリテーション		★★		★★	★★
短期入所療養介護	★★	★		★★	★★
定期巡回・随時対応型訪問介護看護				★★	
看護小規模多機能型居宅介護	★★	★★	★★		★★
介護老人保健施設		★★	★★	★★	★★
介護医療院	★★	★★	★★		★★

医療の知識
糖尿病や循環器の疾患、慢性閉塞性肺疾患（COPD）、がんは生活習慣も深くかかわるため、予防の観点からの理解も重要です。

介護の知識
食事の介護について、栄養、口腔ケア、誤嚥性肺炎などとあわせて理解しておきましょう。

医療の知識
認知症は必ず問われる重要項目です。認知症の基本的な症状や対応、治療、認知症の人や家族を支える社会資源など幅広く理解しておきましょう。

医療の知識
在宅医療管理、感染症の予防、急変時の対応、ターミナルケアは出題量も多く、大変重視されています。

サービス各論
人員・設備・運営基準のほか、介護報酬における基本報酬の区分や加算について、サービスの特色とあわせ、整理して覚えましょう。

13

福祉サービス分野	第22回	第23回	第24回	第25回	第26回
ソーシャルワークの概要	★★★	★★	★★	★★	★★
相談面接技術	★★★	★★★	★★★	★★★	★★★
支援困難事例		★★	★★	★★	
訪問介護	★★	★★	★★	★★	★★
訪問入浴介護	★★	★★	★★	★★	★★
通所介護	★★	★★	★★	★★	★★
短期入所生活介護	★★	★★	★★	★★	★★
特定施設入居者生活介護					
福祉用具		★★		★★	
住宅改修	★★		★★		★★
夜間対応型訪問介護	★★		★★		
地域密着型通所介護					
認知症対応型通所介護	★★		★★		★★
小規模多機能型居宅介護		★★		★★	★★
認知症対応型共同生活介護		★★		★★	
その他の地域密着型サービス					
介護老人福祉施設	★★	★★	★★	★★	★★
社会資源の導入・調整					
障害者福祉制度				★★	
生活保護制度	★★	★★	★★	★★	★★
生活困窮者自立支援制度	★★		★★		
後期高齢者医療制度					
高齢者住まい法					
老人福祉法					
個人情報保護法					
育児・介護休業法					
高齢者虐待の防止		★★			★★
成年後見制度	★★	★★	★★	★★	★★
日常生活自立支援事業					

福祉の知識

相談援助やコミュニケーション技術、ソーシャルワークの手法などでは、常識で解ける設問もありますので、得点源としましょう。

サービス各論

訪問介護や通所介護では介護報酬の加算要件もよく出題されます。訪問介護では、サービス内容、提供できない援助についても理解しておきましょう。福祉用具では給付内容が頻出です。

関連制度

高齢者の権利擁護のための制度（特に成年後見制度）、生活保護制度については、必ず出題されると思って対策しておきましょう。高齢者虐待では、高齢者虐待防止法の条文内容が問われますので、しっかり確認しておきましょう。

　本書は試験傾向の徹底的な分析に基づき編集されているので、第26回介護支援専門員実務研修受講試験に『2023年版 U-CAN のケアマネジャー 2023徹底予想模試』から的中・類似選択肢が多数出題されました！！

　試験合格に向け、学習の総まとめとして本書をご活用ください。

■**第26回試験実績**（第1回、第2回、第3回計）　　　◎…的中　　○…類似　　△…関連

分野	問題番号	選択肢1	選択肢2	選択肢3	選択肢4	選択肢5
介護支援分野	1		◎	△	○	◎
	2	◎		◎		◎
	3					
	4	◎	○	◎	◎	◎
	5	○	○	◎	○	○
	6	○	○	○	○	○
	7	◎	◎	◎	◎	△
	8	◎	○	○	○	◎
	9					
	10	△	△	△	△	△
	11					
	12	◎	○	◎	○	○
	13	○	○	○	○	◎
	14	◎	◎	◎	○	○
	15	○	○	○	○	○
	16	◎	◎	◎	◎	◎
	17	◎	◎	○		
	18	○	◎	○	△	◎
	19		○	◎	△	○
	20				○	◎
	21					○
	22	◎		◎	△	◎
	23	-	-	-	-	-
	24	-	-	-	-	-
	25	-	-	-	-	-

分野	問題番号	選択肢1	選択肢2	選択肢3	選択肢4	選択肢5
保健医療サービス分野	26	△	○	△		○
	27	△	○	○	△	◎
	28	○	◎	◎		◎
	29		◎		◎	◎
	30				○	
	31	◎			◎	◎
	32		○	◎		
	33			◎	○	○
	34	◎				
	35	○			○	
	36		◎	◎	◎	◎
	37	◎	◎	◎	△	○
	38		○			◎
	39					
	40		◎		○	◎
	41	○			◎	◎
	42			◎	○	
	43					
	44				○	○
	45	○		◎	◎	○
福祉サービス分野	46	△			◎	○
	47	○	◎			
	48	◎	◎	◎	◎	◎
	49					
	50	◎	◎	◎	◎	△
	51			◎		◎
	52	◎	◎			
	53	◎				◎
	54		◎	○		◎
	55			◎		
	56	◎				
	57				○	
	58	◎	◎	○	◎	
	59		◎	◎	◎	
	60	◎			○	◎

■的中した選択肢の一部を紹介

予想模擬試験第1回 問題3-2 （介護保険法第2条に示されている保険給付の基本的な考え方として正しいもの）医療との連携に十分配慮して行われなければならない。（正答：○）

本試験問題＜介護支援分野＞ 問題4-4
（介護保険法第2条に示されている保険給付の基本的考え方として正しいもの）医療との連携に十分配慮して行われなければならない。（正答：○）

予想模擬試験第3回 問題16-4 （地域ケア会議について正しいもの）地域に必要な取り組みを明らかにし、政策を立案・提言していく機能がある。（正答：○）

本試験問題＜介護支援分野＞ 問題14-1
（地域ケア会議の機能として正しいもの）政策の形成（正答：○）

予想模擬試験第1回 問題40-5 グリーフケアとは、本人に対する死後に行われるケアのことをいう。（正答：×）

本試験問題＜保健医療サービス分野＞ 問題40-5
グリーフケアとは、遺族の悲嘆への配慮や対応を行うことである。（正答：○）

予想模擬試験第2回 問題43-1 通所リハビリテーション計画は、事業所の介護支援専門員が作成しなければならない。（正答：×）

本試験問題＜保健医療サービス分野＞ 問題41-2
通所リハビリテーション計画は、介護支援専門員が作成しなければならない。（正答：×）

予想模擬試験第2回 問題57-1 保護の申請は、要保護者またはその扶養義務者に限り行うことができる。（正答：×）。

本試験問題＜福祉サービス分野＞ 問題60-5
生活保護の申請は、要保護者、その扶養義務者又はその他の同居の親族が行うことができる。（正答：○）

第1回 模擬試験

問 題

介護支援専門員実務研修受講試験

第１回 模擬試験

<解答時間>

区　　分	問題数	試験時間
介護支援分野 　介護保険制度の基礎知識 　要介護認定等の基礎知識 　居宅・施設サービス計画の基礎知識等	25問	120分 （原則10：00～12：00） ※点字受験者 （1.5倍） 180分 ※弱視等受験者 （1.3倍） 156分
保健医療福祉サービス分野 　保健医療サービスの知識等 　福祉サービスの知識等	 20問 15問	
合　　計	60問	

・解答には、冊子の巻末の解答用紙をご利用ください。

問題 1 2023（令和5）年の介護保険制度の改正について正しいものはどれか。3つ選べ。

　1　都道府県介護保険事業支援計画において、生産性の向上に資する事業に関する事項について定めるよう努めることとされた。

　2　介護保険法において、新たに定期巡回・随時対応型訪問介護看護の定義を明確にした。

　3　指定居宅介護支援事業者が、指定介護予防支援事業者の指定を受けることが可能となった。

　4　介護サービス事業者は、介護サービス事業者経営情報を都道府県知事に定期的に報告することが義務づけられた。

　5　指定介護療養型医療施設の廃止が、さらに延期された。

問題 2 2021（令和3）年度末における要介護（要支援）認定者数の状況について正しいものはどれか。2つ選べ。

　1　要介護（要支援）認定者数は、介護保険施行年度の約1.5倍になっている。

　2　男女比では、第1号被保険者では男性の要介護（要支援）者のほうが多い。

　3　第1号被保険者では、後期高齢者の占める割合が約9割である。

　4　要介護（要支援）状態区分別では、要介護3以上の中重度者が半数を占めている。

　5　第1号被保険者に占める認定者の割合は、全国平均で約2割である。

問題 3 介護保険法第1条（目的）に含まれる内容として正しいものはどれか。3つ選べ。

　1　国民は、常に健康の保持増進に努める。

　2　要介護状態となった者が尊厳を保持できるよう、必要な給付を行う。

　3　要介護状態となった者がその有する能力に応じ自立した日常生活を営むことができるよう、必要な給付を行う。

　4　介護保険制度は、国民の相互扶助の理念に基づき設けられた。

　5　国民の保健医療の向上および福祉の増進を図る。

問題　4　介護保険法第5条および第5条の2に規定されている国および地方公共団体の責務等として正しいものはどれか。3つ選べ。

1　国は、介護保険事業の運営が健全かつ円滑に行われるように、必要な助言および適切な援助をしなければならない。

2　都道府県は、介護サービス事業所または施設における生産性の向上に資する取り組みが促進されるよう努めなければならない。

3　国および地方公共団体は、障害者その他の者の福祉に関する施策との有機的な連携を図るよう努めなければならない。

4　国および地方公共団体は、認知症の予防・診断・治療の調査研究推進のため、財政的支援を行わなければならない。

5　国および地方公共団体は、認知症に関する知識の普及および啓発に努めなければならない。

問題　5　介護保険の被保険者資格の得喪について正しいものはどれか。3つ選べ。

1　市町村の区域内に住所を有する医療保険加入者は、40歳の誕生日の前日に被保険者資格を取得する。

2　別の市町村に住所を移転した場合、転入日の翌日にその市町村の被保険者資格を取得する。

3　適用除外施設を退所・退院した場合、退所・退院日の翌日に被保険者資格を取得する。

4　第2号被保険者が医療保険加入者でなくなった場合、その当日に被保険者資格を喪失する。

5　被保険者が死亡した場合は、死亡日の翌日に被保険者資格を喪失する。

問題　6　社会福祉法人等による利用者負担額軽減制度について正しいものはどれか。2つ選べ。

1　社会福祉法人等が提供する福祉サービスを利用したすべての被保険者を対象としている。

2　軽減対象となるのは、食費、居住費、滞在費、宿泊費、サービスの定率負担分である。

3　軽減対象となるサービスには、訪問看護は含まれない。

4　利用者負担の全額が軽減されることはない。

5　社会福祉法人等利用者負担額軽減制度の適用を受けた場合は、ほかの利用者負担を軽減する給付は利用できない。

問題　7　高額介護サービス費などについて正しいものはどれか。3つ選べ。

1　高額介護サービス費の負担上限額は、1か月を単位に設定されている。

2　施設サービスにおける食費や居住費は、対象となる。

3　住宅改修費の利用者負担分については、対象となる。

4　高額介護サービス費の負担上限額を超えた額は、世帯単位で合算される。

5　高額医療合算介護サービス費では、負担上限額を超えた額が、医療保険・介護保険のそれぞれの制度から支払われる。

問題　8　区分支給限度基準額が適用されるものとして正しいものはどれか。2つ選べ。

1　特定福祉用具販売

2　居宅療養管理指導

3　特定施設入居者生活介護の短期利用

4　地域密着型介護老人福祉施設入所者生活介護

5　認知症対応型通所介護

問題　9　指定地域密着型サービス事業者の指定の取り消しまたは効力停止の事由について正しいものはどれか。3つ選べ。

1　人員基準を満たせなくなったとき。

2　市町村長の意見や協議に基づく都道府県知事から付された条件に従わないとき。

3　介護報酬の過誤請求をしたとき。

4　事業者に求められた説明や書類の提出において虚偽の報告をしたとき。

5　利用者への虐待や不当な身体拘束が発覚したとき。

問題　10　**介護保険施設について正しいものはどれか。3つ選べ。**

1　地方独立行政法人は、介護老人福祉施設を開設できない。

2　都道府県知事は、都道府県介護保険事業支援計画に定めた必要利用定員総数に達している場合は、介護医療院の開設許可を与えないことができる。

3　介護老人保健施設の開設者は、施設を廃止しようとするときには、その廃止の3か月前までに、その旨を都道府県知事に届け出なければならない。

4　入所申込者に入院治療の必要がある場合は、サービス提供を拒否する正当な理由にあたる。

5　身体的拘束等の適正化のための対策を検討する委員会を3か月に1回以上開催しなければならない。

問題　11　**介護サービス情報の公表制度について正しいものはどれか。3つ選べ。**

1　介護サービス情報の公表制度は、介護支援専門員やソーシャルワーカー等が地域の社会資源に関する情報収集を効率よく行うために作られた。

2　公表すべき基本情報には、個人情報保護のために講じている措置が含まれる。

3　介護サービス情報の公表対象となる事業者には、居宅療養管理指導は含まれない。

4　介護サービス事業者が都道府県知事の調査命令に従わない場合、指定の取り消しを受けることがある。

5　都道府県知事は、介護サービス情報の公表事務の全部または一部を指定情報公表センターに行わせることができる。

問題　12　**第2号被保険者の保険料について正しいものはどれか。3つ選べ。**

1　医療保険者は、被保険者から医療保険料と一体的に介護保険料を徴収する。

2　第2号被保険者の保険料を各市町村に交付するのは、社会保険診療報酬支払基金である。

3　健康保険の被保険者にかかる介護保険料には、事業主負担がある。

4　第2号被保険者負担率は、都道府県が条例で定める。

5　地域支援事業の介護予防・日常生活支援総合事業の財源には、第2号被保険者の保険料の負担はない。

問題　13　財政安定化基金について正しいものはどれか。2つ選べ。

1　財政安定化基金の財源は、国と都道府県が2分の1ずつ負担している。

2　財政安定化基金は、保険者である市町村に設置される。

3　保険料収納率の悪化による財政不足の場合、市町村は、当該年度と次年度に分けて不足額の2分の1の交付を受けることができる。

4　見込みを上回る介護給付費の増大などによる財政不足の場合、市町村は、年度ごとの貸付を受けることができる。

5　財政安定化基金からの貸付金について、市町村は次の期の計画期間において、3年間の分割で償還する。

問題　14　包括的支援事業に含まれる内容について正しいものはどれか。3つ選べ。

1　介護給付・予防給付の費用の適正化を図る。

2　医療・介護関係者間の情報共有を支援する。

3　就労的活動支援コーディネーターを配置し、高齢者の社会参加などを推進する。

4　チームオレンジコーディネーターを配置し、「共生」の地域づくりを推進する。

5　介護教室の開催などにより、家族に対する介護方法の指導などを行う。

問題　15　国民健康保険団体連合会が行う介護保険関係業務について正しいものはどれか。3つ選べ。

1　普通徴収における第1号被保険者の保険料の収納事務

2　第三者行為求償事務

3　指定居宅介護支援事業の運営

4　苦情処理にかかる受付や調査、事業者・施設への指導・助言

5　指定基準違反のある事業者に対する立入検査

問題　16　要介護認定の申請と認定調査について正しいものはどれか。2つ選べ。

1　要介護認定を申請しようとする被保険者は、申請前に基本チェックリストを受けなければならない。

2　第1号被保険者は、認定の申請書に介護保険被保険者証を添付する。

3　認定調査票は、保険者が地域の実情を反映して独自の項目を付け加えることができる。

4　新規認定の調査は市町村が行うが、例外的に指定市町村事務受託法人には委託することができる。

5　被保険者が正当な理由なく認定調査に応じない場合は、市町村は非該当と認定する。

問題　17　主治医意見書について正しいものはどれか。3つ選べ。

1　被保険者は、要介護認定等の申請書に主治医意見書を添付する必要がある。

2　被保険者に主治医がいない場合は、市町村が指定する医師または市町村の職員である医師が診断し、主治医意見書を作成する。

3　主治医意見書には、栄養・食生活に関する項目がある。

4　主治医意見書には、身体の状態として、利き腕を問う項目がある。

5　主治医意見書には、生活機能の維持・改善の見通しについての項目はない。

問題　18　要介護認定について正しいものはどれか。3つ選べ。

1　市町村は、申請した被保険者を非該当とした場合は、理由を付してその旨を通知し、被保険者証を返還する必要がある。

2　認定申請に対する処分は、原則として申請のあった日から60日以内に行われる。

3　更新認定の申請は、有効期間満了日の60日前から満了日までの間に行うことができる。

4　被保険者は、有効期間満了前でも、区分変更認定の申請を行うことができる。

5　認定を受けた被保険者が他市町村に転居した場合は、転居先の市町村であらためて審査・判定が行われる。

問題　19　居宅介護支援の基本方針に含まれる内容として正しいものはどれか。３つ選べ。

1　可能なかぎりその居宅において、その有する能力に応じ自立した日常生活を送れるよう配慮する。

2　利用者の心身の状況や環境に応じて介護支援専門員がサービスを選択する。

3　事業を運営するにあたり、地域との結びつきを重視する。

4　障害者総合支援法に規定する指定特定相談支援事業者との連携に努める。

5　介護保険等関連情報その他必要な情報を活用し、適切かつ有効に行うよう努める。

問題　20　居宅介護支援におけるサービス担当者会議について正しいものはどれか。３つ選べ。

1　サービス担当者会議は、利用者の居宅で行わなければならない。

2　利用者が末期の悪性腫瘍の場合、医師の意見を勘案し、必要と認める場合はサービス担当者に対する照会により意見を求めることができる。

3　サービス担当者会議は、テレビ電話装置等を活用して行うことができる。

4　利用者の更新認定で、要介護度に変更がなかった場合は、サービス担当者会議を開催する必要はない。

5　サービス担当者会議の運営基準にかかる規定を遵守していない場合、介護報酬は減算になる。

問題　21　指定居宅介護支援事業者について正しいものはどれか。３つ選べ。

1　管理者は、事業所の介護支援専門員の職務との兼務が認められている。

2　利用者には、複数の指定居宅サービス事業者の選定を介護支援専門員に一任できることを説明し、理解を得なければならない。

3　利用者の選定により、通常の事業の実施地域外の居宅を訪問して指定居宅介護支援を行う場合は、それに要した交通費の支払いを利用者から受けることができる。

4　アセスメントは、利用者や家族の同意があれば、居宅介護支援事業所で行ってもよい。

5　事業者は、介護支援専門員の清潔の保持および健康状態について必要な管理を行わなければならない。

問題　22　介護予防サービス計画・支援計画書の作成について正しいものはどれか。3つ選べ。

1　「課題に対する目標と具体策の提案」には、課題分析から得られた総合的課題に基づき、計画作成者が専門的観点からの具体的な提案を記載する。

2　「具体策についての意向」には、利用者・家族の意向を記載する。

3　「目標」は、本人の価値観や好みを反映していれば、達成可能なものでなくてもよい。

4　「アセスメント領域と現在の状況」の4つの領域のひとつは、「介護環境について」である。

5　「本来行うべき支援ができない場合」とは、必要な社会資源が地域にない場合を含む。

問題　23　介護老人福祉施設の運営基準において規定される計画担当介護支援専門員の業務について正しいものはどれか。3つ選べ。

1　施設サービス計画の作成にあたり、地域住民の自発的な活動によるサービスの利用なども含めて、計画上に位置づけるよう努めなければならない。

2　入所申込者の入所に際し、居宅介護支援事業者に対する照会等により、入所者の状況を把握する。

3　本人または家族から希望があった場合は、退所の可能性について検討を行うようにする。

4　事故の記録については、採った処置についても残すことが求められている。

5　1か月に1回以上、モニタリングの結果を記録に残さなければならない。

問題 24　一人暮らしのＡさん（75歳、女性）は、認知症と診断され、要介護１の認定を受けた。近所に住むＡさんの長男（43歳）には小学生、保育園児、生後８か月の子どもがいる。Ａさんは、身の回りのことや買い物はまだ一人でできるが、意欲が低下し、得意だった料理もほとんどしていない。Ａさんの長男は仕事で忙しく、妻は育児休業中で余裕がないという。Ａさん家族の相談を受けた介護支援専門員の対応として、より適切なものはどれか。２つ選べ。

1　男性も育児休業がとれることなど育児・介護休業制度について長男夫婦に詳しく説明する。

2　Ａさんの孫たちは介護にかかわらないため、アセスメントの対象とはしない。

3　長男の妻に、育児休業中なら時間があるので、できるだけＡさんの家に行って世話をするべきではという。

4　Ａさんの意欲を高めるため、訪問介護で訪問介護員が見守りをしながら、ともに行う料理や掃除の利用を提案する。

5　Ａさんの意向は確認していないが、できるだけ早く有料老人ホームへの入居を考えたほうがよいと長男夫婦に助言する。

問題 25　Ａさん（86歳、女性、要介護３）は、４年前にアルツハイマー型認知症の診断を受けた。お湯を沸かしたまま外出してしまったり、道に迷って家に帰れず警察に保護されたりすることも増えているが、身体は丈夫であり福祉用具貸与以外のサービスは利用していない。これまで同居する50代の息子が働きながら身の回りの世話を行ってきたが、息子は医師からうつ病と診断され、今後の生活に不安を感じている。相談を受けた介護支援専門員の対応として、適切なものはどれか。２つ選べ。

1　Ａさんに有料老人ホームへの入居を勧める。

2　Ａさん親子の状況を近隣住民に伝え、地域での見守りを依頼する。

3　Ａさんの息子に、家族の休息を目的として短期入所生活介護が利用できることを説明する。

4　Ａさんの息子の意向を確認せずに、知り合いの医師に息子の精神状態について意見を求める。

5　Ａさん親子の支援で気づいた、地域で不足している社会資源について、地域包括支援センターに報告する。

問題　26　老年症候群について適切なものはどれか。2つ選べ。

1　喪失体験は、抑うつ状態を招く要因となる。

2　高齢者は活動性が低いため、脱水になりにくい。

3　良性発作性頭位めまい症では、特有の浮動感がみられる。

4　廃用症候群は、身体的および精神的機能の全般的な低下である。

5　しびれには、異常知覚や運動障害は含まない。

問題　27　バイタルサインについて適切なものはどれか。3つ選べ。

1　高齢者の発熱の程度は、感染症の重症度と一致する傾向がある。

2　うっ血性心不全では頻脈がみられる。

3　大動脈疾患がある場合、血圧の左右差がみられることがある。

4　クスマウル呼吸は、左心不全の主要徴候としてみられる。

5　下顎呼吸は、死の間際にみられる呼吸停止の徴候である。

問題　28　検査値について適切なものはどれか。3つ選べ。

1　高齢者では、肥満よりも低体重が生命予後において重要である。

2　血清アルブミン値が3.6g/dL 以下では、骨格筋の消耗が始まっている可能性がある。

3　血清クレアチニン値は、一般に腎機能の低下に伴い低下する。

4　喫煙者では、白血球数の増加がみられることがある。

5　胸部 X 線検査は、呼吸器疾患以外の診断には用いられない。

問題　29　神経難病について適切なものはどれか。3つ選べ。

1　筋萎縮性側索硬化症では、早期から記憶力が低下する。

2　パーキンソン病の四大運動症状のひとつに無動がある。

3　進行性核上性麻痺では、早期から認知機能低下が現れやすい。

4　脊髄小脳変性症では、自律神経症状が現れることはない。

5　早老症のうち、日本で多いのはウェルナー症候群である。

問題　30　目・皮膚の疾患について適切なものはどれか。2つ選べ。

1　白内障は、病気の進行が早いことが特徴である。

2　緑内障の中には、眼圧が正常なものもある。

3　加齢黄斑変性症では、視野が外側から狭くなる視野狭窄が特徴的な症状である。

4　普通の疥癬でも、感染力が強いため個室管理が必要になる。

5　帯状疱疹は、軽症であれば自然に治るが、高齢者ではしばしば重症化しやすい。

問題　31　骨・関節の疾患について適切なものはどれか。3つ選べ。

1　変形性関節症の主症状は関節の変形であり、痛みの自覚症状は乏しい。

2　関節リウマチの初期にみられる指の関節のこわばりは、朝の起床時にみられるのが特徴である。

3　脊柱管狭窄症でみられる間欠性跛行では、前屈姿勢で症状が強くなる。

4　後縦靭帯骨化症は、外傷を契機に悪化することがある。

5　加齢や女性ホルモンの減少を原因とした骨粗鬆症を、原発性骨粗鬆症という。

問題　32　高齢者の急変時の対応について適切なものはどれか。２つ選べ。

1　頭部打撲では、記憶障害、意識障害、頭痛、嘔吐、瞳孔の左右不同の有無、両手足にしびれがあるかなどの状態を確認する。

2　血糖降下剤を誤って多量に服用した場合、ブドウ糖を摂取し安静を保っていれば医療機関にかかる必要はない。

3　喘息による呼吸困難では、座位よりも仰臥位で症状が楽になる特徴がある。

4　やけどの面積が広い場合は、ただちに救急車を呼びシャワーの水で患部を冷やす。

5　新鮮血の下血では、上部消化管の出血を疑う。

問題　33　口腔機能と口腔ケアについて適切なものはどれか。３つ選べ。

1　上下の歯の噛み合わせは、平衡感覚の保持に影響を与える。

2　口腔ケアには、オーラルフレイルを予防する効果がある。

3　口腔清掃では、基本的に義歯をはずさずに行う。

4　口腔内細菌は、心内膜炎などの重篤な疾患に関与することはない。

5　食前には、口腔周囲を動かす口腔ケアを行うとよい。

問題　34　介護技術について適切なものはどれか。３つ選べ。

1　褥瘡を予防するためには、安楽な体位を保持していても、定期的な体位変換が必要である。

2　食事介助では、頸部を軽く後屈して顎を上げた姿勢をとらせることが望ましい。

3　機能性尿失禁は排尿器官に異常はないため、生活環境を整えることで改善が期待できる。

4　睡眠薬自体が不眠の原因となることはない。

5　入浴介助は、健康状態を把握するほか、虐待のサインを発見する機会にもなる。

問題　35　服薬管理について適切なものはどれか。2つ選べ。

1　緑色野菜に含まれるビタミンKは、抗凝固薬の作用を強める。

2　グレープフルーツに含まれる酵素は、薬の主作用を弱める。

3　苦味健胃薬は、オブラートに包んで飲みやすくするとよい。

4　薬を飲み忘れても、次の服用時間に2回分を一度に服用しないようにする。

5　一部の骨粗鬆症薬は、起床時に服用しないと薬の吸収が低下する。

問題　36　認知症施策や認知症の人のための地域の資源について適切なものはどれか。3つ選べ。

1　認知症施策推進大綱では、認知症の人の「共生」と「保護」を車の両輪に据えた取り組みを基本的な考え方としている。

2　認知症施策推進大綱の5つの柱には、介護者への支援が明記されている。

3　チームオレンジは、認知症サポーターが中心となる支援チームである。

4　認知症初期集中支援チームは地域包括支援センターなどに設置され、認知症の人や家族への初期の支援を集中的に行う。

5　認知症ケアパスは、個人の病状進行に合わせ、どのように治療が進められるかを示すため、認知症疾患医療センターの専門医が作成する。

問題　37　老年期うつ病について適切なものはどれか。2つ選べ。

1　発症には加齢に伴う女性ホルモンの低下なども影響している。

2　老年期うつ病では、若年者に比べ気分の落ち込みが顕著な特徴がある。

3　老年期うつ病では、行動療法を用いるなど、薬を使わない治療が中心になる。

4　老年期うつ病では、身体の不調を訴えることは少ない。

5　一部は認知症に移行することがある。

問題 38 在宅医療管理について適切なものはどれか。3つ選べ。

1 悪性腫瘍疼痛管理での麻薬投与は、注射薬を用いる手技に限られている。

2 腹膜透析は、長期間行うことが難しく、数年後には血液透析に移行が必要になる。

3 胃ろうのバンパー型のカテーテルは、定期的な交換は必要ない。

4 喀痰吸引の種類には、口腔内吸引、鼻腔内吸引、気管吸引がある。

5 パルスオキシメーターの値が、喀痰吸引を行うタイミングの目安になる。

問題 39 感染症と感染経路について適切なものはどれか。2つ選べ。

1 腸管出血性大腸菌感染症は、主に経口感染である。

2 結核は、主に飛沫感染である。

3 水痘は、主に接触感染である。

4 インフルエンザは、主に空気感染である。

5 流行性耳下腺炎は、主に飛沫感染である。

問題 40 ターミナルケアにおける意思決定の支援について適切なものはどれか。3つ選べ。

1 アドバンス・ケア・プランニング（ACP）の概念の広がりには、在宅や施設における療養と看取りの増加も影響している。

2 厚生労働省では、ACP に「終末会議」という愛称を定めている。

3 人生の最終段階における医療・ケアの本人の方針は、いったん合意があっても、必要に応じて繰り返し話し合うことが必要である。

4 ACP は、本人の意思確認ができない場合は成立しない。

5 ACP で話し合った内容は、そのつど文書にまとめる。

問題　41　訪問看護について正しいものはどれか。2つ選べ。

1　訪問看護ステーションの管理者は、原則として医師または看護師でなければならない。

2　訪問看護計画書は、主治医への提出は必要ない。

3　認知症対応型共同生活介護の利用者は、介護保険の訪問看護を利用できない。

4　末期悪性腫瘍のある要介護者への訪問看護は医療保険から給付される。

5　訪問看護事業者は、看護師等に同居家族に対する指定訪問看護を行わせることができる。

問題　42　居宅療養管理指導について正しいものはどれか。3つ選べ。

1　居宅療養管理指導は、区分支給限度基準額に含まれない。

2　通常の実施地域内であっても、サービス提供に要する交通費は、利用者から支払いを受けることができる。

3　医師・歯科医師・薬剤師が行う居宅療養管理指導では、指定居宅介護支援事業者などへの必要な情報提供や助言は、原則としてサービス担当者会議への出席により行う。

4　居宅療養管理指導では、理学療法士もサービスを提供することができる。

5　居宅療養管理指導の事業者は、病院、診療所、薬局、訪問看護ステーションのいずれかでなければならない。

問題　43　看護小規模多機能型居宅介護について正しいものはどれか。3つ選べ。

1　管理者は、事業所の管理上支障がない場合は、事業所のほかの職務との兼務が認められている。

2　宿泊室の定員は1人で、2人以上とすることはできない。

3　宿泊サービスの利用定員は、通いサービスの利用定員を超えてはいけない。

4　事業所は、住宅地や住宅地と同程度に地域住民と交流を図れる場所にあることが条件である。

5　看護小規模多機能型居宅介護計画は、事業所の保健師または看護師が作成しなければならない。

問題　44　短期入所療養介護について正しいものはどれか。3つ選べ。

1　介護者の身体的・精神的な負担の軽減を図るために利用することができる。

2　介護老人福祉施設の空床を利用して、サービスを提供することができる。

3　利用者の病状に照らし、検査、投薬、注射、処置などの診療が行われる。

4　すべての利用者に対し、短期入所療養介護計画を作成しなければならない。

5　連続して利用できるのは30日までで、31日目は保険給付がされない。

問題　45　介護医療院について正しいものはどれか。2つ選べ。

1　主として重篤な身体疾患を有する者などが対象となるのは、Ⅰ型療養床である。

2　株式会社は、都道府県知事の許可を受け、介護医療院を開設することができる。

3　計画の作成に関し経験のある者がいれば、介護支援専門員は置かないことができる。

4　療養室は、地階から地上3階までに設けなければならない。

5　介護医療院は、医療だけでなく生活施設としての機能も併せもっている。

問題 46 インテーク面接について適切なものはどれか。2つ選べ。

1 事業所の相談室で本人と面接形式により実施しなければならない。

2 複数回行われることもある。

3 インテーク面接の開始過程では、クライエントに関する重要な情報を収集することにのみ集中する必要がある。

4 援助方法の確認の過程では、自らの機関では提供できない援助についても説明する必要がある。

5 問題解決に向けた方向性の確認は、インテーク面接の過程に含まれない。

問題 47 面接におけるコミュニケーション技術について適切なものはどれか。3つ選べ。

1 社会的雑音は相手の尊厳や個性を傷つけ、コミュニケーションを阻害する。

2 クライエントの話を援助者の価値観に置き換え、聞き取ることで相互理解が深まる。

3 言語だけではなく、クライエントの沈黙の意味にも心を傾けることが必要である。

4 開かれた質問において、相手の思いを掘り下げるためには、「なぜ」「どうして」など根拠を尋ねる質問を積極的に活用する。

5 直面化を、成長を促すコミュニケーションとするには、深い共感が不可欠である。

問題 48 ソーシャルワークにおける地域援助に該当するものとして適切なものはどれか。3つ選べ。

1 地域住民が福祉サービスを積極的に利用できるよう、福祉サービスの情報センターや総合相談窓口を設置する。

2 小学生と介護老人福祉施設の高齢者との交流会を企画する。

3 通所介護の利用者に、レクリエーションを提供する。

4 介護支援専門員の資質向上を図るためのセミナーを開く。

5 地域の住民に対して、法律の実施状況などの情報提供をする。

問題　49　支援困難事例について適切なものはどれか。3つ選べ。

1　支援者の不適切なかかわりが、支援困難事例を招いているケースもある。

2　支援困難事例への対応として最も重要なのは、支援者の個人的な価値観に基づいた援助を実践することである。

3　高齢者に不満や怒りがある場合は、その不満や怒りに共感しないようにする。

4　ニーズが存在していても、社会資源がないことが支援困難事例の要因となる。

5　客観的なニーズは存在するにもかかわらず、本人や家族が自覚していない場合もある。

問題　50　介護保険における訪問介護について正しいものはどれか。3つ選べ。

1　入浴介助後の浴室の片づけは、身体介護として算定できる。

2　居室内で行う歩行訓練は、身体介護として算定できる。

3　利用者の安全を確認し、手助けをしながら一緒に行う調理は、身体介護として算定できる。

4　薬の受け取りは、生活援助として算定できる。

5　庭の草むしりは、生活援助として算定できる。

問題　51　介護保険における訪問入浴介護について正しいものはどれか。2つ選べ。

1　自宅に浴室がある人は、自宅の浴槽を利用してサービスを受けることもできる。

2　訪問入浴介護には、精神的安寧をもたらし、生活意欲を喚起する効果がある。

3　利用者の身体状況に支障がない場合、主治医の意見を確認したうえで、看護職員1人と介護職員1人の2人でサービスを行うことができる。

4　サービスで使用した浴槽は1日1回、消毒することが義務づけられている。

5　利用者の希望により清拭や部分浴を行った場合、所定単位が減算される。

問題 52 介護保険における福祉用具について正しいものはどれか。3つ選べ。

1 姿勢保持機能がついた車いすは、福祉用具貸与の対象である。

2 簡易浴槽は、福祉用具貸与の対象である。

3 Ｔ字杖は、歩行補助杖として福祉用具貸与の対象である。

4 排泄予測支援機器は、特定福祉用具販売の対象である。

5 自動排泄処理装置のうち、交換可能な部品は特定福祉用具販売の対象である。

問題 53 介護保険における短期入所生活介護について正しいものはどれか。3つ選べ。

1 短期入所生活介護の目的のひとつは、在宅における自立生活の維持である。

2 利用者 20 人未満の併設事業所では、機能訓練指導員は置かなくてもよい。

3 管理者については、特段の資格は不要である。

4 1週間に1回以上は、適切な方法による入浴または清拭を行わなければならない。

5 介護支援専門員が緊急に必要と認めた場合は、居室以外の静養室の利用が可能である。

問題 54 介護保険における特定施設入居者生活介護について正しいものはどれか。3つ選べ。

1 介護居室の定員は4人以下である。

2 外部サービス利用型の場合でも、特定施設サービス計画は特定施設の従業者が作成する。

3 施設の決めた標準的な回数を超える入浴介助については、利用者から別途費用を徴収することができる。

4 特定施設入居者生活介護事業者として指定を受けることができるのは、有料老人ホームと軽費老人ホームに限られる。

5 特定施設入居者生活介護事業者は、サービスの提供に関する契約を文書により締結しなければならない。

問題 55　介護保険における夜間対応型訪問介護について正しいものはどれか。3つ選べ。

1　オペレーションセンターは、一定の条件を満たせば設置しないこともできる。

2　利用者が通報するためのケアコール端末は、利用者の家庭用電話や携帯電話で代用できる。

3　事業所の管理者は、随時訪問サービスを適切に行うため、利用者の面接および1か月ないし3か月に1回程度、利用者の居宅を訪問しなければならない。

4　夜間対応型訪問介護では、利用者から合鍵を預かることは禁止されている。

5　通報受付業務にあたるオペレーターは、事業所に常駐している必要はない。

問題 56　介護保険における認知症対応型通所介護について正しいものはどれか。2つ選べ。

1　共用型の認知症対応型通所介護事業所では、老人福祉センターの食堂を活用してサービスを提供できる。

2　一般の通所介護と同一の時間に同一の空間で、一体的な形でサービスを提供することができる。

3　認知症対応型通所介護計画は、生活相談員が作成しなければならない。

4　単独型・併設型の利用定員は、12人以下である。

5　事業者は、運営推進会議を設置し、おおむね6か月に1回以上開催しなければならない。

問題 57　指定介護老人福祉施設について正しいものはどれか。2つ選べ。

1　指定介護老人福祉施設として指定を受けることができるのは、入所定員が30人以上の老人福祉法上の特別養護老人ホームにかぎられている。

2　看護職員のうち1人以上は常勤で置かなければならない。

3　終の棲家としての役割を担っており、在宅復帰を想定した支援は行われない。

4　入所待機者がいる場合は、申し込み順に入所させるよう努めなければならない。

5　入所者が入院した場合は、入院期間にかかわらず、円滑に再入所できるようにしなければならない。

問題　58　生活保護制度について正しいものはどれか。3つ選べ。

1　保護の申請は、民生委員が行うことができる。

2　葬祭扶助には、納骨などの葬祭のための必要な費用が含まれる。

3　介護保険施設に入所している生活保護受給者の日常生活費は介護扶助から給付される。

4　介護保険の被保険者でない生活保護受給者の要介護認定は生活保護制度で行う。

5　指定介護機関は、毎月、福祉事務所から交付される介護券に基づいてサービスを提供する。

問題　59　成年後見制度について正しいものはどれか。2つ選べ。

1　成年後見制度は、判断能力が不十分なレベルの人は対象外である。

2　成年後見制度の利用の促進に関する法律の制度の基本理念には、身上の保護の重視は含まれない。

3　成年後見人は、家庭裁判所の許可を得ることなく本人の居住用の不動産を処分することができる。

4　親族等が成年後見人になる割合は年々減少傾向にある。

5　市町村は、家庭裁判所に対し、後見業務等を適正に行える者の推薦など必要な措置を講ずるよう努めなければならない。

問題　60　「高齢者虐待の防止、高齢者の養護者に対する支援等に関する法律」（以下、高齢者虐待防止法という）について正しいものはどれか。3つ選べ。

1　年金を渡さないなどの経済的虐待は、高齢者虐待防止法における高齢者虐待に含まれる。

2　地域包括支援センターは、高齢者虐待防止法における養介護施設に含まれる。

3　養護者により虐待を受けたと思われる高齢者を発見した者は、その程度にかかわらず市町村に通報しなければならない。

4　市町村長は、養護者の虐待により高齢者の生命または身体に重大な危険が生じているおそれがある場合は、職員に立ち入り調査をさせることができる。

5　高齢者虐待防止法には、虐待を行った養護者に対して科料や拘留などの刑罰が定められている。

《第1回模擬試験　解答用紙》

介護支援分野

問題1	①	②	③	④	⑤
問題2	①	②	③	④	⑤
問題3	①	②	③	④	⑤
問題4	①	②	③	④	⑤
問題5	①	②	③	④	⑤
問題6	①	②	③	④	⑤
問題7	①	②	③	④	⑤
問題8	①	②	③	④	⑤
問題9	①	②	③	④	⑤
問題10	①	②	③	④	⑤
問題11	①	②	③	④	⑤
問題12	①	②	③	④	⑤
問題13	①	②	③	④	⑤
問題14	①	②	③	④	⑤
問題15	①	②	③	④	⑤
問題16	①	②	③	④	⑤
問題17	①	②	③	④	⑤
問題18	①	②	③	④	⑤
問題19	①	②	③	④	⑤
問題20	①	②	③	④	⑤
問題21	①	②	③	④	⑤
問題22	①	②	③	④	⑤
問題23	①	②	③	④	⑤
問題24	①	②	③	④	⑤
問題25	①	②	③	④	⑤

保健医療サービスの知識等

問題26	①	②	③	④	⑤
問題27	①	②	③	④	⑤
問題28	①	②	③	④	⑤
問題29	①	②	③	④	⑤
問題30	①	②	③	④	⑤
問題31	①	②	③	④	⑤
問題32	①	②	③	④	⑤
問題33	①	②	③	④	⑤
問題34	①	②	③	④	⑤
問題35	①	②	③	④	⑤
問題36	①	②	③	④	⑤
問題37	①	②	③	④	⑤
問題38	①	②	③	④	⑤
問題39	①	②	③	④	⑤
問題40	①	②	③	④	⑤
問題41	①	②	③	④	⑤
問題42	①	②	③	④	⑤
問題43	①	②	③	④	⑤
問題44	①	②	③	④	⑤
問題45	①	②	③	④	⑤

福祉サービスの知識等

問題46	①	②	③	④	⑤
問題47	①	②	③	④	⑤
問題48	①	②	③	④	⑤
問題49	①	②	③	④	⑤
問題50	①	②	③	④	⑤
問題51	①	②	③	④	⑤
問題52	①	②	③	④	⑤
問題53	①	②	③	④	⑤
問題54	①	②	③	④	⑤
問題55	①	②	③	④	⑤
問題56	①	②	③	④	⑤
問題57	①	②	③	④	⑤
問題58	①	②	③	④	⑤
問題59	①	②	③	④	⑤
問題60	①	②	③	④	⑤

第2回 模擬試験

問　題

第2回 模擬試験

<解答時間>

区　　分	問題数	試験時間
介護支援分野 　介護保険制度の基礎知識 　要介護認定等の基礎知識 　居宅・施設サービス計画の基礎知識等	25問	120分 （原則10：00 ～ 12：00） ※点字受験者 （1.5倍） 180分 ※弱視等受験者 （1.3倍） 156分
保健医療福祉サービス分野 　保健医療サービスの知識等 　福祉サービスの知識等	20問 15問	
合　　計	60問	

・解答には、冊子の巻末の解答用紙をご利用ください。

問題　1　高齢者を取り巻く状況について適切なものはどれか。3つ選べ。

1　国立社会保障・人口問題研究所の「日本の将来推計人口」（令和5年推計）によると、わが国の総人口は、2070（令和52）年には8,700万になると予測されている。

2　国立社会保障・人口問題研究所の「日本の将来推計人口」（令和5年推計）によると、高齢化率は上昇し続け、2070（令和52）年には38.7％に至ると見込まれている。

3　厚生労働省の推計によると、2025（令和7）年には、高齢者人口の約5割が認知症高齢者になると見込まれている。

4　国立社会保障・人口問題研究所の「日本の世帯数の将来推計（全国推計）」（平成30年推計）によると、世帯主が65歳以上の世帯のうち、2040（令和22）年まで単独世帯が顕著に増加すると見込まれている。

5　介護の社会化が進み、介護離職は減少傾向にある。

問題　2　「国民の努力および義務」として介護保険法第4条に規定されている内容として正しいものはどれか。2つ選べ。

1　国民は、自ら要介護状態になることの予防に努める。

2　国民は、要介護状態になった場合、安静と治療に努める。

3　国民は、高齢者が生きがいをもてる健全で安らかな生活を保障されるよう努める。

4　国民は、高齢社会を支える一員として、介護保険の加入に努める。

5　国民は、共同連帯の理念に基づき、介護保険事業に要する費用を公平に負担するものとする。

問題　3　介護保険の被保険者にならない者として正しいものはどれか。3つ選べ。

1　障害者総合支援法の生活介護および施設入所支援の支給決定を受けて、指定障害者支援施設に入所している身体障害者。

2　日本国籍があるが、海外に長期滞在して日本に住民票がない者。

3　健康保険に加入している40歳以上65歳未満の生活保護受給者。

4　生活保護法における救護施設に入所している者。

5　介護保険の被保険者資格の取得にかかる市町村への届出を怠った者。

問題　4　介護保険法において市町村が条例に定める事項について正しいものはどれか。3つ選べ。

1　福祉用具購入費の支給限度基準額の上乗せ

2　市町村特別給付

3　特別徴収にかかる保険料の納期

4　科料に関する事項

5　指定居宅介護支援の運営に関する基準

問題　5　特定入所者介護サービス費について正しいものはどれか。2つ選べ。

1　特定入所者介護サービス費は、償還払いである。

2　負担限度額には、預貯金など資産の状況は勘案されていない。

3　被保険者の属する世帯全員が市町村民税世帯非課税者であることが要件の一つである。

4　対象となるサービスには、短期入所生活介護は含まれていない。

5　特定入所者介護サービス費の不正受給があった場合、市町村は給付額の2倍までの金額を加算し徴収できる。

問題　6　他法との給付調整その他通則について正しいものはどれか。3つ選べ。

1　介護保険の給付は、労働者災害補償保険法における療養補償や介護補償の給付に優先する。

2　障害者総合支援法におけるサービスのうち、介護保険と重複するサービスについては、介護保険の給付が優先する。

3　サービス提供事業者が、不正行為によって現物給付の支払いを受けた場合は、市町村は返還させるべき額に4割を加算して徴収することができる。

4　受給者が、正当な理由なく保険者による文書提出の命令に応じない場合は、保険給付を制限することができる。

5　介護保険の受給権は、差し押さえの対象とすることができる。

問題　7　次の記述のうち正しいものはどれか。2つ選べ。

1　第1号被保険者では、現役並み所得者の利用者負担割合は3割となる。

2　通所介護における食費は、保険給付の対象になる。

3　短期入所生活介護におけるおむつ代は、保険給付の対象になる。

4　特定福祉用具販売は、現物給付で利用できる。

5　刑事施設に拘禁されている期間でも、保険給付は行われる。

問題　8　市町村長が市町村介護保険事業計画との関係などから、指定をしないことのできるサービスとして正しいものはどれか。3つ選べ。

1　認知症対応型共同生活介護

2　介護老人保健施設

3　地域密着型特定施設入居者生活介護

4　地域密着型通所介護

5　定期巡回・随時対応型訪問介護看護

問題　9　介護支援専門員について正しいものはどれか。2つ選べ。

1　都道府県知事が行う試験に合格後、実務研修を修了すれば介護支援専門員として実務を行うことができる。

2　介護支援専門員がほかの都道府県に登録を移転しても、その介護支援専門員証の効力は失われない。

3　介護支援専門員の登録を受けた日から5年を超えている者は再研修を受ける必要がある。

4　介護支援専門員は、その名義を、介護支援専門員の業務のために他人に使用させてはならない。

5　都道府県知事は、介護支援専門員が業務禁止処分に違反した場合は、登録を消除することができる。

問題　10　居宅サービス事業者の指定について正しいものはどれか。３つ選べ。

1　指定は、事業者ごとに、サービスの種類ごとに行われる。

2　事業者の指定の効力には、６年間の有効期間が設けられている。

3　申請者が国民健康保険の保険料の滞納を３か月以上続けている場合は、指定を受けられない。

4　介護報酬の不正請求があったときは、事業者の指定が取り消されることがある。

5　事業を廃止または休止した場合は、休廃止後の10日以内に都道府県知事に届け出なければならない。

問題　11　介護サービス事業者経営情報の調査および分析等について正しいものはどれか。３つ選べ。

1　地域において必要とされる介護サービスの確保を目的としている。

2　介護サービス事業者は、介護サービス事業者経営情報を都道府県知事に報告するよう努めなければならない。

3　都道府県知事は、介護サービス事業者経営情報について調査・分析を行い、その内容の公表を行うよう努めなければならない。

4　厚生労働大臣は、必要なときは、都道府県知事に対し、介護サービス事業者の活動の状況などに関する情報の提供を求めることができる。

5　都道府県知事は、地域密着型サービス事業者が報告命令に従わない場合は、指定を取り消すことができる。

問題　12　保険料について正しいものはどれか。２つ選べ。

1　介護保険の第１号被保険者の所得段階別定額保険料は９段階で、市町村が所得段階を変更することはできない。

2　第１号被保険者の保険料は、市町村と委託契約をしているコンビニエンスストアなどでも支払うことができる。

3　健康保険では、保険者の支払基金への納付金は、加入者の人数に比例したものとなっている。

4　第１号被保険者が一定期間以上保険料を納付しない場合は、被保険者資格を喪失する。

5　財政安定化基金の市町村の負担分には、第１号被保険者の保険料が充てられる。

問題　13　調整交付金について正しいものはどれか。2つ選べ。

1　調整交付金は、国と都道府県が半分ずつ負担する。

2　各市町村に、全国一律で介護給付費の5％にあたる額が交付される。

3　介護予防・日常生活支援総合事業についても、調整交付金が交付される。

4　普通調整交付金は、後期高齢者加入割合等を考慮して算定される。

5　特別調整交付金は、第2号被保険者の加入割合等を考慮して算定される。

問題　14　介護予防・生活支援サービス事業（第1号事業）について正しいものはどれか。2つ選べ。

1　介護保険の給付を受けている者は、利用することができない。

2　第1号訪問事業は、従来の介護予防訪問介護に相当する事業に限定して実施される。

3　第1号通所事業では、専門職による短期集中予防サービスが実施可能である。

4　第1号生活支援事業には、定期的な安否確認や緊急時の対応が含まれる。

5　第1号介護予防支援事業は、市町村が直接行わなければならない。

問題　15　市町村介護保険事業計画に定めるべき事項として正しいものはどれか。2つ選べ。

1　認知症対応型共同生活介護の必要利用定員総数

2　要介護状態等となることの予防または要介護状態等の軽減・悪化の防止に関し、市町村が取り組むべき施策に関する事項

3　介護専用型特定施設入居者生活介護の必要利用定員総数

4　地域支援事業の従事者の確保および資質の向上に資する事業に関する事項

5　サービス付き高齢者向け住宅の入居定員総数

問題　16　介護保険審査会について正しいものはどれか。3つ選べ。

1　介護保険審査会は、市町村の附属機関である。

2　介護保険料徴収に関する処分は審査請求の対象である。

3　委員には、被保険者の代表も含まれている。

4　要介護認定に関する処分の審査請求は、公益代表委員のみで構成される合議体で取り扱う。

5　被保険者は、保険給付に関する処分の取り消しについて、介護保険審査会の裁決を待たずにただちに裁判所に訴えることができる。

問題　17　要介護認定の申請ができる者として正しいものはどれか。3つ選べ。

1　介護老人福祉施設

2　社会保険労務士

3　市町村長

4　福祉事務所のケースワーカー

5　家族・親族等

問題　18　要介護認定等基準時間について正しいものはどれか。3つ選べ。

1　要介護認定等基準時間には、輸液の管理が含まれる。

2　要介護認定等基準時間には、洗濯などの家事援助が含まれる。

3　要介護認定等基準時間には、病院での診療が含まれる。

4　要介護認定等基準時間には、徘徊に対する探索が含まれる。

5　要介護認定等基準時間には、家族の就業時間が含まれる。

問題　19　介護認定審査会について正しいものはどれか。3つ選べ。

　　1　介護認定審査会は、複数の市町村が共同で設置することができる。

　　2　審査・判定にあたり、調査を行った認定調査員の意見を聴かなければならない。

　　3　介護認定審査会の委員には、必ず市町村の職員が含まれる。

　　4　委員には、介護認定審査会で知り得た個人の情報についての守秘義務が課せられる。

　　5　要介護状態の軽減または悪化の防止のために必要な療養に関する事項について意見を付すことができる。

問題　20　居宅介護支援事業所の介護支援専門員の基本姿勢としてより適切なものはどれか。2つ選べ。

　　1　同一の事業主体の介護サービス事業者のサービスを利用者にすすめることは、円滑な連携につながる適切な支援である。

　　2　通所介護事業所の職員から、利用者の身体に複数のあざがあると報告を受けた場合、常に家族の虐待を疑うべきである。

　　3　利用者の中に知人の家族がいても、特別に扱うことは適切でない。

　　4　利用者の心身の状況に関する情報は、本人が家族に伝えることを望まない場合でも、すべて家族と情報を共有すべきである。

　　5　寝たきりの状態になった人にでも自立支援の視点は必要である。

問題　21　指定居宅介護支援等の事業の人員及び運営に関する基準第13条のうち介護支援専門員にかかるものについて正しいものはどれか。3つ選べ。

　　1　アセスメントは、利用者および家族が希望する場所で行うよう努めなければならない。

　　2　サービス担当者会議は、テレビ電話を活用して行うことができる。

　　3　居宅サービス計画に訪問介護を位置づけた場合は、訪問介護事業者に対し、訪問介護計画の提出を求めるものとする。

　　4　利用者や家族が希望する場合でも、介護保険施設への紹介などの便宜の提供は行わない。

　　5　医療サービスの利用について主治医の意見を求め、居宅サービス計画を作成した場合には、その居宅サービス計画を主治医に交付しなければならない。

問題　22　居宅介護支援におけるモニタリングについて正しいものはどれか。2つ選べ。

1　モニタリングは、利用者が計画通りにサービス利用ができているかを監視することを目的としている。

2　モニタリングの目的のひとつに、居宅サービス計画と利用者のニーズのミスマッチの修正がある。

3　指定居宅サービス事業者等との継続的な連携で利用者の状況を把握できる場合は、利用者の居宅での面接は行わなくてもよい。

4　少なくとも1か月に1回は、モニタリングの結果を記録する必要がある。

5　モニタリング結果の記録は、保険者への定期的な提出が必要である。

問題　23　地域包括支援センターの設置者である指定介護予防支援事業者について正しいものはどれか。2つ選べ。

1　介護予防支援事業所の担当職員の資格要件には、介護福祉士が含まれる。

2　管理者は、常勤の主任介護支援専門員でなければならない。

3　管理者が必要と認めれば、指定介護予防支援の業務の一部を指定居宅介護支援事業者に委託することができる。

4　基本取扱方針として、目標志向型の介護予防サービス計画を策定することが規定されている。

5　市町村長は、指定介護予防支援事業者に対し、介護予防サービス計画の実施状況に関する情報提供を求めることができる。

問題　24　1年前に脳卒中を発症し、左半身に麻痺が残ったAさん（86歳）は、妻（84歳）と二人暮らしで子どもはいない。Aさんには「介護は家族が行うもの」という考えがあり、他人が家に入ってくることに抵抗感がある。妻は1人でAさんの介護をしてきたが、以前から患っていた腰痛が3か月前に悪化して、介護サービスを利用したいと考えている。妻から相談を受けた介護支援専門員の対応としてより適切なものはどれか。2つ選べ。

　　1　Aさん夫婦に、福祉用具貸与や住宅改修など介護保険制度で利用できるサービスをパンフレットでわかりやすく説明する。

　　2　夫婦の意見があわないため、意見が一致してから相談に来てほしいことを伝える。

　　3　Aさんに、「介護は家族が行うもの」という考えは古いことを説明する。

　　4　Aさんや妻が利用できる介護保険制度以外の地域の社会資源について情報を提供する。

　　5　妻の介護負担軽減のため、Aさんに有料老人ホームへの入居を勧める。

問題　25　Aさん（82歳、女性、要介護1）は、10年前に夫が他界してからは1人暮らしである。遠方に住む息子とは疎遠ながら、地域での知り合いは多く、皆が軽い認知症のあるAさんの生活を見守っている。数日前、Aさん宅を訪ねた介護支援専門員が大きな荷物が届くのを見て、どうしたのか尋ねると、久しぶりに息子から電話があり、営業のノルマで会社の商品を買ってほしいと頼まれた、と嬉しそうに話した。また、亡くなった夫が知人に借りていたというお金の返済を求められ2～3日中に振り込みに行く話も出てきた。介護支援専門員の対応として、より適切なものはどれか。3つ選べ。

　　1　一緒に地域包括支援センターに相談に行く。

　　2　Aさんには内緒で近所の住民に事情を話し見守りを依頼する。

　　3　だまされていることをAさんに伝え、認知症の自覚をもつよう注意を促す。

　　4　民生委員と一緒に訪問し、生活の心配ごとを聞き取る。

　　5　オレンジカフェのチラシを渡し、活動の説明をして誘ってみる。

問題 26 消化器・腎臓・尿路の疾患について適切なものはどれか。3つ選べ。

1 胃潰瘍では、食後に痛みが悪化することが多い。

2 胆石症がある場合は、たんぱく質は制限しなければならない。

3 潰瘍性大腸炎の症状悪化がみられる場合には、積極的に食物繊維をとるようにする。

4 慢性腎不全では、人工透析の開始を遅らせることが治療のポイントになる。

5 前立腺肥大症は、症状が軽い場合は治療せず経過観察になる場合もある。

問題 27 バイタルサインについて適切なものはどれか。3つ選べ。

1 甲状腺機能亢進症がある場合、低体温となりやすい。

2 脱水では、頻脈がみられることがある。

3 高齢者では、拡張期血圧が高くなることが多い。

4 グラスゴー・コーマ・スケールでは、言語反応も評価項目に含まれている。

5 1回の換気量は加齢による影響を受けない。

問題 28 検査について適切なものはどれか。2つ選べ。

1 上腕周囲長は、寝たきりなどで体重測定が難しい場合の低栄養判定に使われる。

2 γ-GTPの上昇では、腎臓疾患が疑われる。

3 肝硬変が進むにつれ、血小板数の著しい増加がみられる。

4 ヘモグロビンA1cは、検査日から過去1～2か月の平均的な血糖状態を反映する。

5 ホルター心電図の検査は、入院し安静な状態で測定する必要がある。

問題　29　高齢者にみられる疾患について適切なものはどれか。2つ選べ。

1　発症に生活習慣が主に関係しているのは、1型糖尿病である。

2　HDLコレステロールの低値は、メタボリックシンドロームの危険因子である。

3　低ナトリウム血症は、ナトリウムの欠乏と体内の水分が絶対的に不足することにより起こる。

4　サルコペニアの判定では、筋肉量の減少が必須である。

5　高齢者では、同時に原発性のがんが複数生じることはきわめてまれである。

問題　30　呼吸器の疾患について適切なものはどれか。3つ選べ。

1　慢性閉塞性肺疾患（COPD）では、骨格筋の機能障害がみられることがある。

2　高齢者の肺炎は、難治化することが多い。

3　過去に結核菌に感染し、免疫をもっている場合は、再度発症するリスクはない。

4　急性上気道炎の治療では、抗菌薬の使用が基本である。

5　喘息は、中年期・高齢期での発症も多い。

問題　31　循環器の疾患について適切なものはどれか。3つ選べ。

1　肺塞栓症は、脚の静脈にできた血栓（深部静脈血栓）が肺に詰まり発症することが多い。

2　心筋梗塞により塞がった冠動脈は、再び開通させることはできない。

3　起立性低血圧は、飲酒も原因となる。

4　心不全では、体重が通常よりも増えてきたら急性増悪の可能性に留意する。

5　閉塞性動脈硬化症は、不整脈などで心臓にできた血栓が、脚の動脈に詰まり発症することが多い。

問題　32　褥瘡について適切なものはどれか。2つ選べ。

1　褥瘡の発生リスクには、介護環境も含まれる。

2　通常、後頭部に褥瘡が発生することはない。

3　真皮に達する浅い褥瘡は、褥瘡の発症直後から現れる。

4　発赤がある場合は、その部位を入念にマッサージするとよい。

5　褥瘡予防では、たんぱく質を十分にとり、栄養状態を改善することが大切である。

問題 33 睡眠について適切なものはどれか。2つ選べ。

1 脳を休ませる睡眠は、ノンレム睡眠である。

2 早朝覚醒とは、睡眠が浅くすっきり目覚められない症状をいう。

3 熟眠障害とは、夜間に目が覚めて、その後眠りにつきにくい症状をいう。

4 認知症が不眠の要因になることもある。

5 寝る前の飲酒は、熟眠を促す効果がある。

問題 34 栄養に関するアセスメントについて適切なものはどれか。3つ選べ。

1 栄養や食に関する課題を明らかにするためには、生活全般のアセスメントが必要である。

2 身体計測の値は、栄養状態を把握する情報のひとつになる。

3 上腕周囲長は、浮腫の有無の判断目安になる。

4 食事摂取量の減少が脱水につながることがある。

5 経管栄養法を実施している場合は、栄養状態が悪化するリスクはない。

問題 35 医学的診断と医療との連携について適切なものはどれか。3つ選べ。

1 インフォームド・コンセントとは、病気の進行状況や治療の選択などについて、担当医ではない別の医師に意見を求めることである。

2 インフォームド・コンセントの結果、患者は治療を受けない決定をすることもできる。

3 ナラティブ・ベースド・メディスン（NBM）とは、根拠や証拠に基づいた医療をいう。

4 予後の説明では、病気の結果を推測し、治療の期間が提示される。

5 利用者が入院した場合、介護支援専門員が入院先の病院に伝えるとよい情報として、利用者の生活に関する情報がある。

問題　36　認知症について適切なものはどれか。2つ選べ。

1　認知症の進行初期では、認知機能の低下により買い物や炊事などの家事が難しくなる。

2　社会的認知の障害は、環境因子の影響を強く受けるため、発症誘因を除去することで予防・改善が可能である。

3　レビー小体型認知症では、転倒が多くみられる。

4　MCIは認知症の前駆症状であり、数か月か数年のうちに必ず認知症に移行する。

5　慢性硬膜下血腫による認知機能の低下は、頭部外傷直後から現れるのが特徴である。

問題　37　高齢者の精神疾患について適切なものはどれか。3つ選べ。

1　老年期のうつ病では、症状の進行により自殺企図がみられることがある。

2　統合失調症では、感情鈍麻や無気力、自発性の低下など、うつ病との区別が難しい症状もみられる。

3　遅発パラフレニーでは、日常生活に大きな破綻をきたす人格変化が特徴である。

4　高齢者のアルコール依存症では、糖尿病や高血圧などの身体合併症が高率で出現する。

5　神経症（ノイローゼ）は、女性よりも男性に多く発症する傾向がある。

問題　38　在宅医療管理について適切なものはどれか。3つ選べ。

1　在宅自己注射では、シックデイにおける中止の判断や薬剤量の調整などは、患者本人に任されている。

2　悪性腫瘍の疼痛コントロールでは、自動注入ポンプを用いて薬剤を継続的に投与する方法もある。

3　鼻カニューレによる酸素吸入時は、短時間であれば喫煙が可能である。

4　喀痰吸引で使用する吸引器は介護保険の給付対象にならない。

5　ストーマは、消化管の疾患や手術などで一時的に造設されることもある。

問題 39 感染症について適切なものはどれか。3つ選べ。

1 高齢者へのインフルエンザワクチンは、5年に1度の接種が推奨されている。

2 高齢者への肺炎球菌ワクチンの定期予防接種の機会は1回のみである。

3 呼吸器感染症では、咳嗽や喀痰、呼吸困難のほか、食欲不振やせん妄などが現れることがある。

4 ノロウイルス感染症では、下痢や嘔吐の症状がなくなれば、感染力はない。

5 施設にMRSAの保菌者が入所している場合は、標準予防策および接触感染予防策の徹底により、他の入所者への感染予防を行う。

問題 40 ターミナルケアについて適切なものはどれか。2つ選べ。

1 ターミナルケアでは、自然な最期を迎えるため、一切治療行為は行われない。

2 食事のたびに口腔ケアを行うことを習慣化し、誤嚥性肺炎の予防をする。

3 体力を保つため、食事の楽しみよりも栄養バランスに重点をおいた献立を考える。

4 臨終が近づく中でみられる息切れや息苦しさは、介護職のケアで軽減することができる。

5 グリーフケアとは、本人に対する死後に行われるケアのことをいう。

問題 41 短期入所療養介護について正しいものはどれか。3つ選べ。

1 喀痰吸引など医療的な対応を必要とする人も利用することができる。

2 日中のみの日帰りのサービスを実施することはできない。

3 ターミナルケアを実施することはできない。

4 事業所の管理者は、すでに居宅サービス計画が作成されている場合は、その内容に沿って短期入所療養介護計画を作成しなければならない。

5 居宅サービス計画に位置づけられていなくても、緊急時の利用が可能である。

問題　42　定期巡回・随時対応型訪問介護看護について正しいものはどれか。2つ選べ。

1　利用対象者は、介護と看護の両方にニーズがある人にかぎられる。

2　利用者の心身状況などの情報を蓄積できる機器は、事業所に情報を蓄積できる体制があるなどの場合は、備えないことができる。

3　定期巡回・随時対応型訪問介護看護計画は、保健師または看護師が作成しなければならない。

4　サービス提供日時は、居宅サービス計画に位置づけられた日時にかかわらず、計画作成責任者が決めるこができる。

5　介護・医療連携推進会議は医療・介護の専門家から構成され、利用者や家族などは含まれない。

問題　43　通所リハビリテーションについて正しいものはどれか。3つ選べ。

1　認知症高齢者の症状軽減を目的に実施されることもある。

2　事業所には、常勤の看護師を1人以上配置しなければならない。

3　リハビリテーション会議の開催により、専門的な見地から利用者の状況などの情報を会議の構成員と共有するよう努める。

4　通所リハビリテーション計画は、医師および理学療法士、作業療法士等の従業者が共同して作成しなければならない。

5　送迎時に行った居宅内の介助にかかった時間は、通所リハビリテーションの所要時間に含めることはできない。

問題　44　介護老人保健施設について正しいものはどれか。3つ選べ。

1　入所定員100人以下の介護老人保健施設では、支援相談員を配置する必要はない。

2　管理者は、介護支援専門員に施設サービス計画の作成に関する業務を担当させるものとする。

3　介護老人保健施設では、入所者が居宅に外泊した場合でも、介護保健施設サービス費を算定することができる。

4　介護老人保健施設は、各入所者の状態に応じた口腔衛生の管理を計画的に行わなければならない。

5　分館型介護老人保健施設は、過疎地域などに設置が認められている。

問題 45 介護医療院について正しいものはどれか。3つ選べ。

1　介護医療院には、ユニット型もある。

2　介護医療院は、医療法上の医療提供施設に位置づけられている。

3　診察室があれば、処置室を設ける必要はない。

4　介護医療院では、宿直の医師を置かないことは認められていない。

5　施設サービス計画には、地域の住民による自発的な活動によるサービス等も位置づけることが求められている。

問題　46　ソーシャルワークの観点から、クライエントの自立支援を行ううえで、より適切なものはどれか。3つ選べ。

1　ソーシャルワーカーは、クライエントの言動を社会的規範に照らし、その是非を指摘することも求められる。

2　ソーシャルワーカーは、クライエントの話を受容的かつ共感的に受け止めるために、常に自らの価値観や感情を知り、適切にコントロールできることが大切である。

3　ソーシャルワーカーは、必要に応じ関係機関への同行や諸手続きの臨時的代行、家族や関係者との調整を行う。

4　生活支援は、目の前に現れた具体的な問題への対処だけでなく、人生や生活全体、生きがいなどと結びつけて取り扱う必要がある。

5　個人・家族に対するソーシャルワークでは、ソーシャルワーカーに他機関との連携は求められていない。

問題　47　面接場面におけるコミュニケーションについて適切なものはどれか。3つ選べ。

1　援助者は、クライエントに対し庇護的な態度で接するようにする。

2　相談の内容は類似のケースごとに分類し、対応を均一化する。

3　面接の場面では、相手の話をよく聴くだけでなく、理解や共感を自分の言葉や態度で伝えることも大切である。

4　社会的雑音の排除は、地域や社会レベルでの解決が必要な場合もある。

5　第二次共感においては、相手の話していない内面や想いを深く洞察することが必要である。

問題　48　ソーシャルワークについて**適切なもの**はどれか。**3つ選べ。**

   1　「ソーシャルワーク専門職のグローバル定義」では、ソーシャルワークを、エンパワメントと解放を促進する、実践に基づいた専門職であり学問であるとしている。

   2　利用者とその家族を対象としたソーシャルワークは、メゾ・レベルのソーシャルワーク（集団援助）である。

   3　マクロ・レベルのソーシャルワーク（地域援助）は、地域社会、組織、国家、制度・政策、社会規範、地球環境などに働きかける。

   4　ソーシャル・アクションには、必要な社会資源や制度を創出する働きがある。

   5　地域包括支援センターで行うのは、ミクロ・レベルのソーシャルワーク（個別援助）のみである。

問題　49　ソーシャルワークにおける**集団援助**として、より**適切なもの**はどれか。**2つ選べ。**

   1　民生委員が行う、一人暮らしの高齢者への戸別訪問。

   2　市町村が実施する、介護予防のためのボランティア養成研修の開催。

   3　地域支援事業で行われる介護予防教室でのプログラム活動。

   4　地域包括支援センターの職員が行う、虐待が疑われる家族との相談面接。

   5　通所介護で行う、要介護者を対象としたレクリエーション活動。

問題　50　介護保険における**訪問介護**について**正しいもの**はどれか。**2つ選べ。**

   1　訪問介護事業所の管理者は、介護福祉士でなければならない。

   2　同時に2人の訪問介護員等が1人の利用者に対し、訪問介護を行うことは認められていない。

   3　通院等のための乗車または降車の介助のサービス内容には、居宅内での着替えや外出のしたくなどの援助も含まれる。

   4　右片麻痺のある利用者が食べやすいように、細かく切り分けた調理は、身体介護として算定できる。

   5　発赤程度の軽微な褥瘡であっても、訪問介護員等が処置を行うことはできない。

問題　51　介護保険における**訪問入浴介護**について正しいものはどれか。2つ選べ。

1　感染症に罹患している人は、利用することができない。

2　看護師が訪問入浴介護計画を作成しなければならない。

3　サービス提供中に利用者に病状の急変が生じた場合は、すみやかに事業所の管理者に連絡し、中止の指示を仰がなければならない。

4　利用者の選定による特別な浴槽水を使用した場合、利用料以外の料金を別途徴収することができる。

5　1回ごとのサービスは、主治医の意見を確認したうえで、介護職員3人で行うことができる。

問題　52　介護保険における**通所介護**について正しいものはどれか。3つ選べ。

1　障害者福祉制度における放課後等デイサービスの指定を受けた事業所であれば、基本的に共生型通所介護の指定を受けることができる。

2　事業所の管理者は、厚生労働大臣が定める研修を修了している必要がある。

3　通所介護計画は、利用者全員に作成されなければならない。

4　通所介護費は、事業所の規模に応じ、所要時間別、要介護度別に単位が定められている。

5　通所介護事業所で行う宿泊サービスは、保険給付の対象となっている。

問題　53　介護保険における**短期入所生活介護**について正しいものはどれか。3つ選べ。

1　医師を1人以上配置しなければならない。

2　家族の事情によりサービスを利用する場合は、疾病などのやむを得ない理由がなければならない。

3　規定の広さを確保できれば、食堂と機能訓練室を同一の場所にすることができる。

4　おむつ代は、短期入所生活介護費に含まれる。

5　短期入所生活介護計画は、生活相談員が作成しなければならない。

問題 54 介護保険における住宅改修について正しいものはどれか。3つ選べ。

1 屋外の手すりの設置は、給付対象となる。

2 動力を使う段差解消機は、給付対象となる。

3 滑り防止のための床材変更に伴う下地補修は、給付対象となる。

4 引き戸の新設が扉位置の変更に比べ工事費用が抑えられる場合は、給付対象となる。

5 既存の洋式便器に洗浄機能を付加する工事は、給付対象となる。

問題 55 介護保険における小規模多機能型居宅介護について正しいものはどれか。2つ選べ。

1 従業者のうち1人以上は、看護師または保健師でなくてはならない。

2 利用者は1か所の事業所にかぎり利用登録ができる。

3 利用者が小規模多機能型居宅介護を利用している間も、訪問入浴介護を算定できる。

4 事業所における食事その他の家事などは、可能なかぎり利用者と従業者が共同で行うよう努める。

5 小規模多機能型居宅介護費は、要介護度別に、1日ごとに算定される。

問題 56 地域密着型介護老人福祉施設入所者生活介護について正しいものはどれか。3つ選べ。

1 原則として、施設の所在地と同じ市町村に住んでいる人が利用できるサービスである。

2 本体施設のあるサテライト型居住施設として、設置することができる。

3 要介護度1、2の人は、いかなる理由があっても入所することはできない。

4 適宜入所者のためのレクリエーション行事を行う。

5 虐待の防止のための対策を検討する委員会を6か月に1回以上開催しなければならない。

問題　57　生活保護制度について正しいものはどれか。3つ選べ。

1　生活保護制度は、日本国憲法第13条に規定する幸福追求権の理念に基づいた制度である。

2　保護は、生活困窮に陥った原因の内容にかかわらず行われる。

3　教育扶助の対象になるのは、義務教育の就学に必要な費用までである。

4　介護保険の第1号被保険者の介護保険料は、介護扶助から給付される。

5　介護保険の被保険者が介護扶助を申請する場合は、保護申請書とともに居宅介護支援計画または介護予防支援計画の写しを提出する。

問題　58　後期高齢者医療制度について正しいものはどれか。2つ選べ。

1　後期高齢者医療制度の運営主体は、市町村である。

2　生活保護世帯に属する人は対象とならない。

3　65歳以上75歳未満の障害者が後期高齢者医療制度の被保険者になるには、後期高齢者医療広域連合の障害認定を受ける必要がある。

4　後期高齢者医療制度の利用による被保険者の一部負担の割合は、一律で1割である。

5　患者負担分を除く財源の内訳は、公費が約5割、被保険者の保険料が約3割、現役世代の保険料が約2割である。

問題　59　成年後見制度について正しいものはどれか。3つ選べ。

1　民生委員は、後見開始の審判の請求ができる。

2　成年後見人等は、申し立てに基づき家庭裁判所が選任する。

3　本人に代わり補助開始の審判を請求する場合は、本人の同意が必要である。

4　被保佐人が家の改築をする場合は、保佐人の同意が必要である。

5　補助人には、取消権を与えることができない。

問題　60　個人情報保護法に基づく介護サービス事業者の対応等として正しいものはどれか。3つ選べ。

1　サービス担当者会議で利用者と家族の情報を開示する場合、利用者または家族のいずれかから同意を得ていればよい。

2　利用者の顔の写った施設行事の写真を広報誌に掲載するには、本人の同意が必要である。

3　民間の保険会社から問い合わせがあった場合、本人の同意なく利用者の健康状態などを伝えてはならない。

4　保険者は、個人情報取扱事業者に含まれる。

5　急変により救急隊員に意識のない利用者を引き渡す場合は、本人の同意なく個人に関する情報を提供することができる。

《第２回模擬試験　解答用紙》

介護支援分野

問題1	① ② ③ ④ ⑤
問題2	① ② ③ ④ ⑤
問題3	① ② ③ ④ ⑤
問題4	① ② ③ ④ ⑤
問題5	① ② ③ ④ ⑤
問題6	① ② ③ ④ ⑤
問題7	① ② ③ ④ ⑤
問題8	① ② ③ ④ ⑤
問題9	① ② ③ ④ ⑤
問題10	① ② ③ ④ ⑤
問題11	① ② ③ ④ ⑤
問題12	① ② ③ ④ ⑤
問題13	① ② ③ ④ ⑤
問題14	① ② ③ ④ ⑤
問題15	① ② ③ ④ ⑤
問題16	① ② ③ ④ ⑤
問題17	① ② ③ ④ ⑤
問題18	① ② ③ ④ ⑤
問題19	① ② ③ ④ ⑤
問題20	① ② ③ ④ ⑤
問題21	① ② ③ ④ ⑤
問題22	① ② ③ ④ ⑤
問題23	① ② ③ ④ ⑤
問題24	① ② ③ ④ ⑤
問題25	① ② ③ ④ ⑤

保健医療サービスの知識等

問題26	① ② ③ ④ ⑤
問題27	① ② ③ ④ ⑤
問題28	① ② ③ ④ ⑤
問題29	① ② ③ ④ ⑤
問題30	① ② ③ ④ ⑤
問題31	① ② ③ ④ ⑤
問題32	① ② ③ ④ ⑤
問題33	① ② ③ ④ ⑤
問題34	① ② ③ ④ ⑤
問題35	① ② ③ ④ ⑤
問題36	① ② ③ ④ ⑤
問題37	① ② ③ ④ ⑤
問題38	① ② ③ ④ ⑤
問題39	① ② ③ ④ ⑤
問題40	① ② ③ ④ ⑤
問題41	① ② ③ ④ ⑤
問題42	① ② ③ ④ ⑤
問題43	① ② ③ ④ ⑤
問題44	① ② ③ ④ ⑤
問題45	① ② ③ ④ ⑤

福祉サービスの知識等

問題46	① ② ③ ④ ⑤
問題47	① ② ③ ④ ⑤
問題48	① ② ③ ④ ⑤
問題49	① ② ③ ④ ⑤
問題50	① ② ③ ④ ⑤
問題51	① ② ③ ④ ⑤
問題52	① ② ③ ④ ⑤
問題53	① ② ③ ④ ⑤
問題54	① ② ③ ④ ⑤
問題55	① ② ③ ④ ⑤
問題56	① ② ③ ④ ⑤
問題57	① ② ③ ④ ⑤
問題58	① ② ③ ④ ⑤
問題59	① ② ③ ④ ⑤
問題60	① ② ③ ④ ⑤

第3回 模擬試験

問 題

・この表紙は残したまま、問題冊子を取りはずしてお使いください。
・解答用紙は、冊子の巻末にあります。切り取ってお使いください。

介護支援専門員実務研修受講試験

第３回 模擬試験

<解答時間>

区　　分	問題数	試験時間
介護支援分野 　介護保険制度の基礎知識 　要介護認定等の基礎知識 　居宅・施設サービス計画の基礎知識等	25問	120分 （原則10：00 ～ 12：00） ※点字受験者 （1.5倍） 180分 ※弱視等受験者 （1.3倍） 156分
保健医療福祉サービス分野 　保健医療サービスの知識等 　福祉サービスの知識等	20問 15問	
合　　　計	60問	

・解答には、冊子の巻末の解答用紙をご利用ください。

問題 1 介護保険制度の改正について正しいものはどれか。3つ選べ。

1 2005（平成17）年の改正で、地域包括支援センターが創設された。

2 2011（平成23）年の改正で、介護支援専門員の資格の更新制が導入された。

3 2014（平成26）年の改正で、介護予防訪問介護が地域支援事業に移行した。

4 2017（平成29）年の改正で、介護医療院が創設された。

5 2020（令和2）年の改正で、重層的支援体制整備事業が地域支援事業における必須事業となった。

問題 2 介護保険法第2条に示されている保険給付の基本的な考え方について正しいものはどれか。3つ選べ。

1 保険給付は、要介護状態または要支援状態の予防に資するために行われる。

2 医療との連携に十分配慮して行われなければならない。

3 専門家によるサービス選択が必要である。

4 適切なサービスが多様な事業者・施設から総合的・効率的に提供される。

5 保険給付の内容や水準は、要介護状態になっても、可能なかぎりその居宅で自立した日常生活を営むことができるように配慮されなければならない。

問題 3 住所地特例について正しいものはどれか。2つ選べ。

1 サービス付き高齢者向け住宅は、住所地特例が適用されることはない。

2 住所地特例対象施設に入所または入居するため、ほかの市町村に住所を変更した場合には、変更前の住所地の市町村が保険者になる。

3 A市からB市の救護施設に入所し、退所してC市の介護保険施設に入所した。そのつど住所を変更していた場合、保険者はB市である。

4 住所地特例適用被保険者は、住所地の認知症対応型通所介護の利用が可能である。

5 住所地特例適用届は、移転先の住所地の市町村に対して提出する。

問題 4 　介護保険制度における都道府県の事務について正しいものはどれか。3つ選べ。

　　　1 　介護保険審査会の設置

　　　2 　居宅介護支援事業者に対する指定・指定更新

　　　3 　要介護認定にかかる審査・判定業務の受託

　　　4 　保健福祉事業の実施

　　　5 　国民健康保険団体連合会への指導監督

問題 5 　介護報酬について正しいものはどれか。3つ選べ。

　　　1 　介護報酬の単価は全国一律だが、サービスの種類ごとに地域差が設けられている。

　　　2 　介護給付費等審査委員会は、各市町村に設置される。

　　　3 　介護給付費等審査委員会の委員は、国民健康保険団体連合会が委嘱する。

　　　4 　保険給付を受ける権利の消滅時効は、2年である。

　　　5 　市町村が介護報酬の過払いをした場合の返還請求権の消滅時効は、2年である。

問題 6 　市町村による定率の利用者負担の減免について正しいものはどれか。3つ選べ。

　　　1 　要介護度が1年間で2段階以上重くなった場合は、対象になる。

　　　2 　市町村は、利用者負担を全額免除とすることができる。

　　　3 　要介護被保険者の世帯の生計維持者の死亡により、収入が著しく減少した場合は、対象になる。

　　　4 　要介護被保険者が住民税非課税世帯である場合は、対象になる。

　　　5 　自然災害により、要介護被保険者の住宅に著しい損害が生じた場合は、対象になる。

問題 7 　償還払いとなる給付について正しいものはどれか。3つ選べ。

　　　1 　施設介護サービス費の給付

　　　2 　住宅改修費の給付

　　　3 　居宅介護サービス計画費の給付

　　　4 　特例地域密着型介護サービス費の給付

　　　5 　高額医療合算介護サービス費の給付

問題　8　居宅介護支援事業者の運営基準について正しいものはどれか。3つ選べ。

1　前6か月間に事業所で作成された居宅サービス計画に位置づけられた訪問介護等ごとの回数のうち、同一事業者によって提供されたものが占める割合などについて利用者に説明を行い、理解を得なければならない。

2　利用者が正当な理由なしに、サービス利用に関する指示に従わないことで、要介護状態の程度を増進させたと認められる場合は市町村へ通知しなければならない。

3　利用者がほかの居宅介護支援事業者の利用を希望する場合には、その事業者に直近の居宅サービス計画を交付しなければならない。

4　介護支援専門員の資質の向上のために、その研修の機会を確保しなければならない。

5　居宅サービス計画は、サービス完結の日から5年間の保存義務がある。

問題　9　共生型サービスについて正しいものはどれか。2つ選べ。

1　2020（令和2）年の介護保険制度改正で位置づけられた。

2　認知症対応型通所介護は対象となる。

3　地域密着型通所介護は対象となる。

4　障害福祉制度における短期入所の指定を受けた事業所は、介護保険法上の共生型短期入所生活介護の指定を受けることはできない。

5　障害者福祉制度における児童発達支援の事業所は、共生型通所介護の指定が受けられる。

問題　10　介護サービス情報の公表制度における公表項目（居宅介護支援）として正しいものはどれか。3つ選べ。

1　事業所の指定年月日

2　介護支援専門員が有している資格

3　利用者の平均要介護度

4　事業開設からの従業者の離職率

5　非常災害時に対応するためのしくみの有無

問題　11　第1号被保険者の保険料について正しいものはどれか。3つ選べ。

1　第1号被保険者の保険料率は、政令で全国一律のものが定められる。

2　所得に応じて、個別の保険料額が算出される。

3　第1号被保険者の保険料の特別徴収は、年金保険者が行う。

4　生活保護受給者である第1号被保険者の場合、必要であれば福祉事務所が本人に代わって保険料を支払うことができる。

5　第1号被保険者の普通徴収にかかる納期は、都道府県が条例で定める。

問題　12　介護保険の保険財政について適切なものはどれか。2つ選べ。

1　介護給付費の費用は、公費と保険料でそれぞれ50%ずつ賄われる。

2　介護保険の事務費は、介護保険の特別会計で賄われる。

3　第2号被保険者負担率は、被保険者1人あたりの平均的な保険料がほぼ同じ水準になるように設定される。

4　要介護者に認定前の保険料滞納があり、時効で消滅した保険料の徴収権がある場合、当該期間に相当する間、保険給付は差し止められる。

5　国の調整交付金には、災害時などの保険料減免や定率負担の減免による保険料減収は勘案されない。

問題　13　地域支援事業における任意事業として正しいものはどれか。3つ選べ。

1　認知症地域支援・ケア向上事業

2　家族介護継続支援事業

3　地域自立生活支援事業

4　認知症サポーター等養成事業

5　介護保険サービス利用のための資金貸付事業

問題　14　市町村介護保険事業計画について正しいものはどれか。2つ選べ。

1　医療法に基づく医療計画と整合性を確保しながら作成される。

2　市町村は、市町村介護保険事業計画に定めた自立支援等施策の実施状況および目標の達成状況に関する調査・分析、実績の評価を行う。

3　市町村老人福祉計画と調和をとりながら作成される。

4　市町村高齢者居住安定確保計画と調和をとりながら作成される。

5　市町村は、作成・変更した計画を厚生労働大臣に提出しなければならない。

問題　15　介護保険審査会について正しいものはどれか。3つ選べ。

1　介護保険審査会は、都道府県知事の指揮監督を受ける。

2　被保険者証の交付の請求に関する処分は、審査請求の対象となる。

3　保険料その他介護保険法の規定による徴収金に関する処分は、審査請求の対象となる。

4　事業者指定が拒否された場合、申請者は審査請求を行うことができる。

5　要介護認定等の審査請求の処理を迅速かつ正確に行うために、専門調査員が設置されることがある。

問題　16　地域ケア会議について正しいものはどれか。3つ選べ。

1　市町村には、設置努力義務がある。

2　地域ケア会議の構成員には、介護保険の利用者や家族が必ず含まれる。

3　地域の介護支援専門員への支援困難事例に関する相談・助言を通し、個別課題の解決を図る機能がある。

4　地域に必要な取り組みを明らかにし、政策を立案・提言していく機能がある。

5　指定居宅介護支援事業所などの関係者に対し、資料や情報の提供、意見の開陳などについて命令することができる。

問題　17　介護保険における特定疾病として正しいものはどれか。2つ選べ。

   1　潰瘍性大腸炎

   2　糖尿病

   3　慢性閉塞性肺疾患

   4　狭心症

   5　早老症

問題　18　認定調査票の基本調査に含まれる項目として正しいものはどれか。3つ選べ。

   1　麻痺等の有無

   2　外出頻度

   3　短期記憶

   4　訪問診療、訪問看護などの医学的管理の必要性

   5　家族の介護意思

問題　19　要介護認定について正しいものはどれか。2つ選べ。

   1　介護認定審査会は、審査・判定の結果を被保険者に通知する。

   2　被保険者が市町村からサービスの種類の指定を受けた場合、指定された以外のサービスについては保険給付がされない。

   3　新規認定の効力は、認定を受けた日の翌日から発生する。

   4　市町村は、更新認定の調査を指定居宅サービス事業者に委託することはできない。

   5　更新認定の有効期間は、原則24か月である。

問題　20　指定居宅介護支援事業者について正しいものはどれか。2つ選べ。

1　利用者の数が40人の場合は、事業所に常勤の介護支援専門員1人を配置していればよい。

2　あらかじめ、利用者またはその家族に対し、病院・診療所に入院する場合には、担当の介護支援専門員の氏名、連絡先を入院先に伝えるよう求めなければならない。

3　過去に利用者の都合で契約を解除した場合は、再度の申し込みに対しサービスの提供を拒否してもよい。

4　指定居宅介護支援事業者は、定期的に外部の評価を受けることにより、指定居宅介護支援の質の評価を行わなければならない。

5　管理者は、介護支援専門員に特定の居宅サービス事業者等のサービスを居宅サービス計画に位置づけるよう指示等を行ってはならない。

問題　21　居宅サービス計画作成のための課題分析標準項目に含まれる内容として、正しいものはどれか。3つ選べ。

1　世帯主の課税所得金額

2　生活保護受給の有無

3　服薬管理

4　居住環境

5　主治医の意見

問題　22　居宅サービス計画の作成にかかる業務について正しいものはどれか。3つ選べ。

1　アセスメントでは、利用者が生活の質を維持・向上させていくうえで生じている問題を明らかにする。

2　生活全般の解決すべき課題（ニーズ）は、利用者や家族からの要望が強いものから順に記載しなければならない。

3　長期目標には、ニーズが解決したときの結果を記載する。

4　居宅介護支援経過（第5表）は、利用者への説明および同意と交付が必要な書類である。

5　居宅サービス計画に、厚生労働大臣が定める回数以上の生活援助中心型の訪問介護を位置づける場合は、その理由も記載する必要がある。

問題　23　指定介護予防支援について正しいものはどれか。3つ選べ。

1　介護予防サービス計画の作成の開始にあたり、利用者自身によるサービス選択に資するよう必要な情報提供を行わなければならない。

2　介護予防サービス計画に位置づけた指定介護予防サービス事業者に対して、個別サービス計画の作成を指導する。

3　モニタリングは、サービスの評価期間が終了した翌月にまとめて実施する。

4　利用者宅を訪問しない月では、電話などで利用者にサービスの実施状況などの確認を行う。

5　地域ケア会議への協力を拒否した場合、指定の効力を制限されることがある。

問題　24　一人暮らしのAさん（78歳、男性）は、脳梗塞を発症し、退院後は介護老人保健施設に入所しているが、在宅生活が可能との施設の判断から、退所が決まった。Aさんには麻痺があり、歩行には介助が必要で在宅復帰に不安がある。Aさんの依頼を受け担当することになった居宅介護支援事業所の介護支援専門員の退所に向けた援助として、適切なものはどれか。3つ選べ。

1　Aさんが在宅復帰後に利用できそうな、地域の社会資源について調べ、Aさんに情報提供する。

2　介護老人保健施設での退所に向けた会議に参加し、Aさんの情報について共有する。

3　Aさんの退所後の居宅サービス計画の作成を、介護老人保健施設の介護支援専門員に依頼する。

4　Aさんの不安感が強くまだ退所の時期ではないと判断し、退所を1か月のばせないか施設の職員に相談する。

5　住宅改修の必要性について確認するため、退所前に施設の理学療法士等とともにAさんの自宅を訪問する。

問題　25　Aさん（54歳、女性）は、10年前に夫と離婚し、現在は視覚障害のある妹（50歳）と2
人で生活している。妹は母親と同居していたが、3年前に母親が他界し、Aさんが一緒に
暮らすようになった。家の中のことはすべて母が行っていたため、妹は家事の経験がない。
最近になり、Aさんの持病の関節リウマチが悪化し、家事が難しくなっているが妹に任せ
ることは難しい。今後の生活について、Aさんから相談を受けた介護支援専門員の対応と
して、より適切なものはどれか。3つ選べ。

1　高齢者でないAさんも、介護保険が使えることを説明した。

2　妹の生活援助を行うため、介護保険の訪問介護が受けられることを説明した。

3　今後の生活の希望について、Aさんと妹から聞き取りを行った。

4　Aさんに使いやすい自助具を紹介した。

5　妹の障害を本人の承諾なく市の相談機関の職員に伝え、同行援護を依頼した。

問題　26　バイタルサインについて適切なものはどれか。2つ選べ。

1　稽留熱は、胆道感染症にみられる特徴的な熱型である。

2　高齢者では、一般に脈拍数が多くなる。

3　高齢者は、収縮期血圧と拡張期血圧の両方が高くなる特徴がある。

4　ジャパン・コーマ・スケール（Japan Coma Scale：JCS）では、数値が大きいほど、意識レベルが低いことを示している。

5　高齢者の呼吸では、残気量が増加する傾向がある。

問題　27　検査について適切なものはどれか。3つ選べ。

1　高齢者では、脊椎の変形や膝などの関節が十分に伸びなくなることから、BMI（Body Mass Index）が本来の値よりも小さくなる傾向がある。

2　血清アルブミン値は、高齢者の長期にわたる栄養状態をみる指標として最も有用である。

3　AST（GOT）は、心臓疾患がある場合でも数値が上昇する。

4　CRPは、体内に炎症がある場合に、発症直後から数値が上昇する。

5　心電図は心疾患の診断のほか、電解質の異常を発見することができる。

問題　28　高齢者の症状・病状について適切なものはどれか。2つ選べ。

1　高齢者の症状の現れ方には個人差が大きい。

2　高齢者は、薬の副作用があまり出ない傾向がある。

3　高齢者の心筋梗塞では、胸痛ではなく腹痛が主症状になることがある。

4　食事中や食事直後に呼吸困難があった場合、最も考えられるのは肺梗塞である。

5　浮腫は足から生じるため、寝たきりでは起こらない。

問題　29　高齢者にみられる症状・疾患について適切なものはどれか。3つ選べ。

1　フレイルの診断基準には、抑うつが含まれている。

2　高齢者に多い難聴は、感音性難聴である。

3　パーキンソン病は、全経過を通じて運動療法が大切である。

4　高齢者の心房細動は、ラクナ梗塞の原因となることが多い。

5　異型狭心症は、労作の有無によらず、夜間・未明・睡眠中に起こる。

問題　30　高齢者にみられる症状・疾患について適切なものはどれか。3つ選べ。

1　糖尿病に長く罹患していると、失明することがある。

2　心不全による呼吸困難時には、側臥位にすると症状が楽になる。

3　薬疹は、一般に使用後1～2日の比較的早い段階で現れる。

4　高齢者の骨折予防では、転倒を予防することが重要である。

5　疥癬は、ヒゼンダニによる感染症である。

問題　31　リハビリテーションについて適切なものはどれか。3つ選べ。

1　介護保険では主に回復期のリハビリテーションを行う。

2　ADL、IADLの援助では、自助具や福祉用具を積極的に活用し、可能なかぎり自立を促すことが求められる。

3　一般に中枢性麻痺では、手足が突っ張り思うように動かせなくなる症状がみられる。

4　感覚失語では、文字盤やカードを用いたコミュニケーションが有効である。

5　左半側空間無視がある場合には、失認空間へ注意を向けるくふうやリハビリテーションが必要である。

問題　32　食事の介護・口腔ケアについて適切なものはどれか。3つ選べ。

1　摂食・嚥下プロセスにおける第1期の障害は、認知機能の低下で食べ物を認知できない状態である。

2　食事のアセスメントでは、介護者の状態に関する把握は行わない。

3　口腔ケアによって唾液の分泌を抑えることで、口腔内の清潔を保つ効果がある。

4　オーラルフレイルには、口腔機能の軽微な低下や食の偏りなども含まれる。

5　口腔ケアのケアプラン立案では、清潔保持だけでなく、リハビリテーションによる口腔機能の維持・向上の視点からも多職種が連携して行う。

問題　33　排泄の介護について適切なものはどれか。3つ選べ。

1　排泄障害には、尿意・便意の知覚障害も含まれる。

2　排泄障害の介護は、介護者だけでなく利用者にとっても心理的な負担が大きい。

3　すべての排泄障害は、医学的な治療が必要となる。

4　神経因性膀胱では、ポータブルトイレの使用が有効である。

5　便秘の治療が下痢の要因になることがある。

問題　34　高齢者の栄養と食生活について適切なものはどれか。3つ選べ。

1　栄養状態の悪化は、皮膚や筋肉の耐久性を低下させる。

2　下腿周囲長は、体重の減少傾向を知る目安となる。

3　高齢者では、口渇感が上昇するため、水分が不足することは少ない。

4　低栄養状態では、筋肉量の減少傾向がみられる。

5　高齢者では、低栄養状態に陥ることが多く、過栄養になることはまれである。

問題　35　薬の相互作用と服用上の留意点について、適切なものはどれか。2つ選べ。

1　抗凝固薬を服用している場合、納豆を食べることで薬の作用が強く出ることがある。

2　アルコールで薬を服用すると作用が妨げられ効きが悪くなる。

3　降圧薬とグレープフルーツジュースを一緒に摂取すると、血圧が下がり過ぎてしまうことがある。

4　抗菌薬は一定期間使用後、いったん中断することで薬の効きがより良くなる。

5　長期間にわたるステロイド服用を急に中止すると、離脱症状が起こることがある。

問題　36　各認知症の症状について適切なものはどれか。2つ選べ。

1　アルツハイマー型認知症では、初期から記憶障害が現れるが、病識は比較的保たれる。

2　血管性認知症の大脳白質病変では、パーキンソン症状などの運動障害はみられない。

3　レビー小体型認知症では、自律神経症状が高率でみられる。

4　レビー小体型認知症の特徴的な症状として、現実的で詳細な内容の幻視があげられる。

5　前頭側頭型認知症では、社会的認知（社会脳）の障害はあまりみられない。

問題　37　高齢者のアルコール依存症について適切なものはどれか。2つ選べ。

1　高齢者は、飲酒量が減少するためアルコール依存症を発症しにくい。

2　喪失体験や環境変化がきっかけとなって発症することが多い。

3　離脱症状がきわめて軽いことが、再発につながる要因になる。

4　アルコール依存症のリハビリテーションプログラムは、高齢者に特化したものが開発されている。

5　飲酒しない環境を整えるため、期間を決めて人との接触を制限することが必要である。

問題 38 在宅医療管理について適切なものはどれか。3つ選べ。

1 血液透析では、頻回の通院が必要となり、病院での拘束時間も長い。

2 在宅中心静脈栄養法では、主に腕や手の細い血管から点滴栄養剤を注入する。

3 在宅酸素療法の簡易酸素マスクは、主に酸素流量の多い場合、鼻カニューレによる酸素投与の効果が不十分な場合に用いられる。

4 在宅酸素療法では、呼吸の息苦しさの度合いに応じて、本人が自由に酸素流量を増やすことができる。

5 在宅自己導尿は、バルーンカテーテル法よりも感染症の危険性が低い。

問題 39 感染予防について適切なものはどれか。3つ選べ。

1 標準予防策とは、一般的に免疫力や体力が低下した高齢者を対象に行われる感染予防策のことである。

2 排泄介助のあとは、手袋をはずして手指消毒を実施する。

3 マスクをしていても、予防策としてうがいは必要である。

4 ノロウイルス感染症は、飛沫感染はしないため接触感染予防策を徹底する。

5 B型肝炎は、ワクチンで予防可能な感染症である。

問題 40 健康増進と疾病の予防について適切なものはどれか。3つ選べ。

1 健康日本21（第3次）の基本的な方向のひとつとして、個人の行動と健康状態の改善が掲げられている。

2 高齢者のフレイル予防のためには、社会参加も重要な柱のひとつである。

3 高齢者では、肥満予防のためカロリーとたんぱく質は一般成人より控えめにすることが推奨される。

4 口腔環境の悪化は、心疾患や認知症の発症には影響しない。

5 適度な運動は、骨粗鬆症の予防や改善につながる。

問題　41　訪問看護について正しいものはどれか。2つ選べ。

1　訪問看護は日中のサービスを原則として、24時間のサービス提供はできない。

2　指定訪問看護ステーションには、理学療法士、作業療法士、言語聴覚士のいずれかを1人以上配置しなければならない。

3　主治医から特別訪問看護指示書が交付された場合の訪問看護は、医療保険の対象になる。

4　認知症の要介護者の訪問看護は、医療保険からの給付となる。

5　在宅での看取りの支援を行う。

問題　42　訪問リハビリテーションについて正しいものはどれか。3つ選べ。

1　訪問看護ステーションの理学療法士が提供することができる。

2　訪問リハビリテーション事業所の医師は、常勤でなければならない。

3　要介護3～5の場合、介護者の負担軽減に重点目標を定めたリハビリテーションが行われる。

4　サービス内容には、理学療法士等が訪問介護事業所の従業者等に、介護技術の指導や助言を行うことも含まれる。

5　リハビリテーション会議は、利用者の自宅などに専門職が集まり、必ず対面で行わなければならない。

問題　43　看護小規模多機能型居宅介護について正しいものはどれか。3つ選べ。

1　事業者の代表者には、認知症ケアに従事した経験など一定の要件が求められている。

2　日常生活上の世話、機能訓練、療養上の世話、必要な診療の補助を行う。

3　サービスを利用している間は、訪問リハビリテーションを利用することができない。

4　看護小規模多機能型居宅介護報告書の作成は、事業所の介護支援専門員が行うものとする。

5　利用者の希望などにより、特に必要と認められる場合は、一時的に利用定員を超えることはやむを得ないとされている。

問題　44　通所リハビリテーションおよび介護予防通所リハビリテーションについて正しいものは
　　　　どれか。3つ選べ。

　　1　社会関係能力の改善は、通所リハビリテーションの目的に含まれる。

　　2　通所リハビリテーション事業所の医師は、非常勤でよい。

　　3　通所リハビリテーション事業所の管理者は、事業所運営に関する管理業務について、
　　　医師やリハビリ専門職などに代行させてはならない。

　　4　通所リハビリテーション事業所と同一建物の居住者にサービスを提供する場合は、介
　　　護報酬は減算される。

　　5　介護予防通所リハビリテーションでは、選択的サービスを複数組み合わせて実施した
　　　場合、加算の対象となる。

問題　45　介護老人保健施設について正しいものはどれか。3つ選べ。

　　1　健康保険組合は、介護老人保健施設を開設することができる。

　　2　支援相談員は、非常勤でよい。

　　3　集中的な回復期のリハビリテーションを行う施設である。

　　4　入所者が居宅において日常生活を行うことができるかどうかについて、従業者の間で
　　　定期的に協議し、検討しなければならない。

　　5　施設で自ら必要な医療を提供することが困難な場合、施設の医師は協力病院等への入
　　　院の措置や他の医師の対診を求めるなど適切な措置を講じなければならない。

問題　46　**相談援助者の職業倫理にかかわる姿勢について適切なものはどれか。２つ選べ。**

1　クライエントから個人情報を得る場合は、その利用目的や範囲について説明する必要がある。

2　相談援助者がクライエントと話して感じたことがらについては、クライエントの許可がなくても家族に話すことは差し支えない。

3　専門職としての価値観や社会通念に照らし、クライエントが抱える問題を評価するべきである。

4　相談援助者が所属機関から退職したあとは、クライエントに対する秘密保持義務はない。

5　相談援助者とクライエントで価値や倫理に関するジレンマがある場合は、スーパービジョンを得ることも有効である。

問題　47　**相談面接技術について適切なものはどれか。２つ選べ。**

1　クライエントが安心して相談ができるよう、相談援助者は指導的立場であることをあらかじめ表明しておく。

2　面接場面では、クライエントの感情に巻き込まれず、自分の感情をコントロールすることが必要である。

3　クライエントが誤った決定をした場合でも、その意思を尊重することが自己決定の支援である。

4　イーガンが示した５つの基本動作は、相手への不信で起こる無意識の動作である。

5　クライエントの思いを引き出すには、「なぜ」や「どうして」の質問を安易に用いない。

問題　48　ソーシャルワークにおける個別援助として、より適切なものはどれか。2つ選べ。

　　　1　個人が抱える課題に直接働きかけるもので、地域や社会の変化と切り離して考えるべきである。

　　　2　社会的なつながりがない一人暮らしの高齢者には、介護支援専門員などが自宅に出向き、地域の社会資源などについて情報提供を行うこともある。

　　　3　入院患者の退院調整を行うことも、個別援助に含まれる。

　　　4　高齢者と家族に対立がある場合、介護支援専門員は常に高齢者の立場に立ち調整を行うことが個別援助の基本である。

　　　5　個別援助は、相談を受けた者が単独で援助にあたり、解決まで導き出すというプロセスで実践される。

問題　49　精神疾患のある息子と二人暮らしのAさん（80歳、女性）は認知症があり、身の回りの世話をする人が必要だが、他人を家に入れることに抵抗があり、近隣との付き合いもない。民生委員からの相談で何度か訪問したが、Aさんの息子の暴言により追い返されてしまう。介護支援専門員の今後のかかわりとして、より適切なものはどれか。2つ選べ。

　　　1　医療関係者と連携し、Aさんと息子の健康状態を把握できるよう働きかける。

　　　2　認知症のAさんが支援の必要性を理解できないため、強制的にサービスを入れる。

　　　3　Aさんや息子が信頼できる人を探し、今後について相談する。

　　　4　解決が困難なため、介護支援専門員だけで当面の訪問を続ける。

　　　5　Aさんと息子の状況を近隣住民に説明し、見守りを依頼する。

問題　50　介護保険における訪問介護について正しいものはどれか。3つ選べ。

　　　1　サービス提供責任者は、介護福祉士のほか一定の研修修了者がなることができる。

　　　2　耳垢塞栓の除去は医行為ではないため、身体介護として行うことができる。

　　　3　利用者の状態の変化やサービスへの意向を定期的に把握することは、管理者の責務である。

　　　4　基準該当訪問介護を除き、訪問介護員等は、自身の同居家族に対し、訪問介護を行うことはできない。

　　　5　通院などのための乗車または降車の介助が中心である場合は、1回につき所定単位数を算定する。

問題 51　介護保険における**療養通所介護**について正しいものはどれか。３つ選べ。

1　療養通所介護の利用定員は９人以下である。

2　看護・介護職員は、利用者２人に対して１人の配置が規定されている。

3　管理者は、看護師でなければならない。

4　事業者は、主治医や訪問看護事業者等との密接な連携が求められる。

5　療養通所介護計画は、訪問看護計画書の内容と整合性を図りつつ作成されなければならない。

問題 52　介護保険における**短期入所生活介護**について正しいものはどれか。２つ選べ。

1　空床利用型の事業所は、利用定員を20人未満としなければならない。

2　障害者福祉制度における併設型および空床利用型の短期入所の指定を受けた事業所であれば、基本的に共生型短期入所生活介護の指定を受けることができる。

3　協力医療機関の定めがあれば、事業所に医師を配置しなくてもよい。

4　利用者がおおむね４日以上継続して入所する場合は、短期入所生活介護計画を作成しなければならない。

5　災害や虐待などやむを得ない事情がある場合でも、利用定員を超えてサービスを提供することは認められない。

問題 53　介護保険における**通所介護**について正しいものはどれか。２つ選べ。

1　家族の介護負担軽減を図る役割もあり、家族の旅行などの理由でも利用できる。

2　機能訓練指導員として、理学療法士を必ず１人以上配置しなければならない。

3　通常の実施地域内における送迎費は、加算として算定できる。

4　通所介護費は、大規模事業所ほど高く設定されている。

5　事業所と同一建物から通所する利用者にサービス提供を行った場合、所定単位数から減算される。

問題　54　介護保険における福祉用具について正しいものはどれか。3つ選べ。

1　福祉用具貸与については、要介護状態または要支援状態によって原則として給付されない種目がある。

2　介護支援専門員であれば、福祉用具専門相談員となることができる。

3　福祉用具貸与事業者および特定福祉用具販売事業者には、常勤換算で2人以上の福祉用具専門相談員を配置しなければならない。

4　指定福祉用具貸与事業者は、福祉用具の搬出入に特別な措置が必要な場合でも、利用者から別途の支払いを受けることはできない。

5　特定福祉用具販売事業者が特定福祉用具を販売する場合は、利用者ごとに特定福祉用具販売計画を作成しなければならない。

問題　55　介護保険における認知症対応型共同生活介護について正しいものはどれか。3つ選べ。

1　計画作成担当者は、共同生活住居ごとに専従で1人以上置かなければならない。

2　管理者は、認知症ケアに従事した経験が3年以上あり、所定の研修を修了していなければならない。

3　サテライト事業所は、本体事業所と同一建物や同一敷地内にあることは認められていない。

4　認知症対応型共同生活介護事業者は、定期的に外部の者の評価または運営推進会議の評価のいずれかを受けなければならない。

5　認知症対応型共同生活介護を利用している間でも、福祉用具貸与は利用することができる。

問題　56　指定介護老人福祉施設について正しいものはどれか。3つ選べ。

1　やむを得ない事情がある場合は、特例的に要介護1・2でも入所が認められることがある。

2　明るく家庭的な雰囲気を有し、地域や家庭との結びつきを重視した運営が求められている。

3　感染症および食中毒の予防およびまん延の防止のための指針を整備し、従業者の研修を定期的に実施していれば、定期的な訓練を行う必要はない。

4　入所者の栄養状態の維持および改善を図り、各入所者の状態に応じた栄養管理を計画的に行わなければならない。

5　入所者が自ら費用を負担すれば、施設の従業者以外の者から介護を受けることができる。

問題　57　生活保護制度について正しいものはどれか。3つ選べ。

1　保護の申請がなくても、要保護者が急迫した状況にあるときは、必要な保護を行うことができる。

2　最も身近な行政である市町村が、生活に困窮するすべての市民に対し、必要な保護を行い、最低限度の生活を保障することを目的とした制度である。

3　生活保護の扶助は、すべて金銭給付で行われる。

4　介護扶助には、介護予防・日常生活支援が含まれる。

5　介護扶助による介護の給付は、介護保険法の指定とともに、生活保護法による指定を受けた指定介護機関に委託されて行われる。

問題　58　成年後見制度について正しいものはどれか。2つ選べ。

1　任意後見人には、代理権、取消権、同意権を自由に付与することができる。

2　任意後見契約は、公証人が作成する公正証書で行わなければならない。

3　任意後見の開始の申し立ては、任意後見受任者も行うことができる。

4　任意後見監督人は、任意後見人に不正がある場合、自らの判断で任意後見人を解任することができる。

5　任意後見人の配偶者は、任意後見監督人になることができる。

問題　59　生活困窮者自立支援制度について正しいものはどれか。３つ選べ。

1　生活困窮者自立支援制度の対象者は、生活困窮者と生活保護世帯である。

2　事業の実施機関は、都道府県のみである。

3　生活困窮者自立相談支援事業は、必須事業である。

4　生活困窮者住居確保給付金では、原則として３か月間家賃相当額を支給する。

5　子どもの学習・生活支援事業は、子どもと保護者の双方に対して必要な支援を行う。

問題　60　障害者の日常生活及び社会生活を総合的に支援するための法律（障害者総合支援法）について、正しいものはどれか。２つ選べ。

1　難病患者は、制度の対象となる障害者の範囲に含まれない。

2　補装具費と日常生活用具の給付は、自立支援給付に含まれる。

3　訓練等給付には、一般就労したあとも支援を受けられるサービスがある。

4　介護保険のサービスを利用している場合は、障害者総合支援法に基づく同行援護を利用することはできない。

5　介護給付の対象となるサービスを利用する場合には、障害支援区分の認定が必要である。

《第3回模擬試験　解答用紙》

介護支援分野

問題1	① ② ③ ④ ⑤
問題2	① ② ③ ④ ⑤
問題3	① ② ③ ④ ⑤
問題4	① ② ③ ④ ⑤
問題5	① ② ③ ④ ⑤
問題6	① ② ③ ④ ⑤
問題7	① ② ③ ④ ⑤
問題8	① ② ③ ④ ⑤
問題9	① ② ③ ④ ⑤
問題10	① ② ③ ④ ⑤
問題11	① ② ③ ④ ⑤
問題12	① ② ③ ④ ⑤
問題13	① ② ③ ④ ⑤
問題14	① ② ③ ④ ⑤
問題15	① ② ③ ④ ⑤
問題16	① ② ③ ④ ⑤
問題17	① ② ③ ④ ⑤
問題18	① ② ③ ④ ⑤
問題19	① ② ③ ④ ⑤
問題20	① ② ③ ④ ⑤
問題21	① ② ③ ④ ⑤
問題22	① ② ③ ④ ⑤
問題23	① ② ③ ④ ⑤
問題24	① ② ③ ④ ⑤
問題25	① ② ③ ④ ⑤

保健医療サービスの知識等

問題26	① ② ③ ④ ⑤
問題27	① ② ③ ④ ⑤
問題28	① ② ③ ④ ⑤
問題29	① ② ③ ④ ⑤
問題30	① ② ③ ④ ⑤
問題31	① ② ③ ④ ⑤
問題32	① ② ③ ④ ⑤
問題33	① ② ③ ④ ⑤
問題34	① ② ③ ④ ⑤
問題35	① ② ③ ④ ⑤
問題36	① ② ③ ④ ⑤
問題37	① ② ③ ④ ⑤
問題38	① ② ③ ④ ⑤
問題39	① ② ③ ④ ⑤
問題40	① ② ③ ④ ⑤
問題41	① ② ③ ④ ⑤
問題42	① ② ③ ④ ⑤
問題43	① ② ③ ④ ⑤
問題44	① ② ③ ④ ⑤
問題45	① ② ③ ④ ⑤

福祉サービスの知識等

問題46	① ② ③ ④ ⑤
問題47	① ② ③ ④ ⑤
問題48	① ② ③ ④ ⑤
問題49	① ② ③ ④ ⑤
問題50	① ② ③ ④ ⑤
問題51	① ② ③ ④ ⑤
問題52	① ② ③ ④ ⑤
問題53	① ② ③ ④ ⑤
問題54	① ② ③ ④ ⑤
問題55	① ② ③ ④ ⑤
問題56	① ② ③ ④ ⑤
問題57	① ② ③ ④ ⑤
問題58	① ② ③ ④ ⑤
問題59	① ② ③ ④ ⑤
問題60	① ② ③ ④ ⑤

切取線

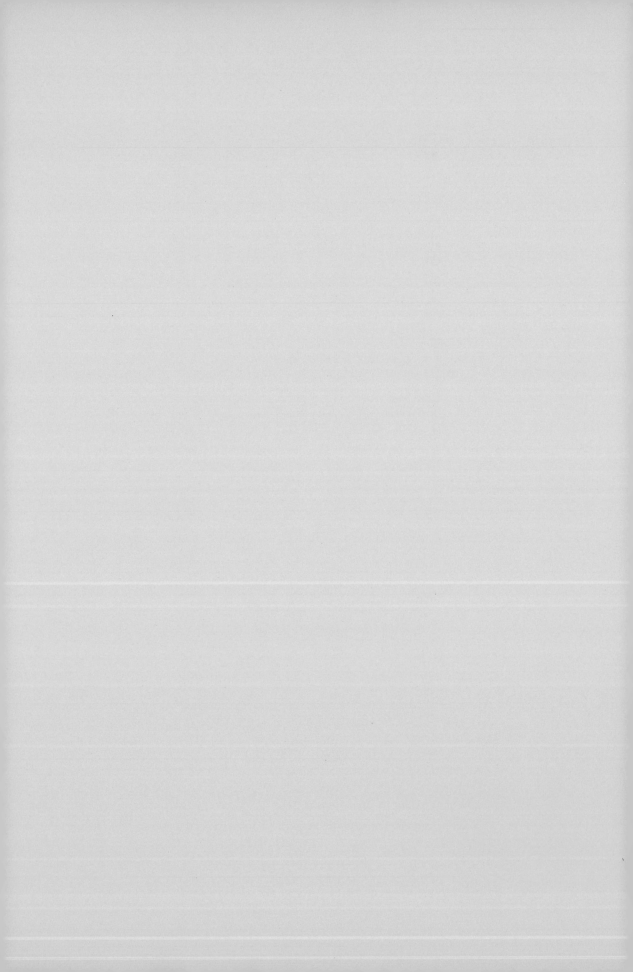

2024徹底予想模試

模擬試験 解答・解説

≪第1回模擬試験　解答一覧≫

・間違えた問題は、解説をよく読んで理解を深めるとともに、本書の「テーマ別要点チェック問題」で関連する内容もあわせて復習してください。

＊関連項目番号は、「テーマ別要点チェック問題」のテーマ番号を表します。
（例）　2→2介護保険制度の改正と制度の目的等

問題番号		解答番号			「テーマ別要点チェック問題」関連項目番号
問題 1	1	3	4		2
問題 2	3	5			2
問題 3	2	3	5		2
問題 4	2	3	5		5
問題 5	1	4	5		6
問題 6	2	3			10
問題 7	1	4	5		10
問題 8	3	5			12
問題 9	1	4	5		14
問題 10	2	4	5		14、27
問題 11	3	4	5		16
問題 12	1	2	3		20、21
問題 13	4	5			20
問題 14	2	3	4		17
問題 15	2	3	4		22
問題 16	2	4			7
問題 17	2	3	4		7
問題 18	1	3	4		8
問題 19	1	4	5		23
問題 20	2	3	5		24
問題 21	1	3	5		23
問題 22	1	2	5		26
問題 23	1	2	4		27、28
問題 24	1	4			3、64、81
問題 25	3	5			3、24

介護支援分野

問題番号	解答番号			「テーマ別要点チェック問題」関連項目番号
問題　26	1	4		29
問題　27	2	3	5	37
問題　28	1	2	4	38
問題　29	2	3	5	31
問題　30	2	5		36
問題　31	2	4	5	35
問題　32	1	4		49
問題　33	1	2	5	40
問題　34	1	3	5	39
問題　35	4	5		46
問題　36	2	3	4	42
問題　37	1	5		43
問題　38	2	4	5	47
問題　39	1	5		48
問題　40	1	3	5	51
問題　41	3	4		52
問題　42	1	2	3	54
問題　43	1	3	4	58
問題　44	1	3	5	56
問題　45	1	5		60
問題　46	2	4		62
問題　47	1	3	5	62
問題　48	1	2	5	61
問題　49	1	4	5	63
問題　50	1	3	4	64
問題　51	2	5		65
問題　52	1	4	5	69
問題　53	1	3	5	67
問題　54	2	3	5	68
問題　55	1	2	5	71
問題　56	4	5		73
問題　57	1	2		77
問題　58	2	4	5	80
問題　59	4	5		83
問題　60	1	2	4	82

保健医療サービスの知識等（問題26〜45）

福祉サービスの知識等（問題46〜60）

3

問題1 注目

関連
⇨ p.94、95
速習 介 L 4

【正答】　1　3　4

1　○　なお、市町村介護保険事業計画に定めるよう努める事項には、生産性の向上に資する都道府県と連携した取り組みに関する事項が加わった。

2　×　複合型サービスである看護小規模多機能型居宅介護について、法律上の定義でそのサービス内容が明確にわかるよう改正がされた。

3　○　市町村長から指定介護予防支援事業者として指定を受けることができる。また、これまで通り、地域包括支援センターからの委託により指定介護予防支援の業務の一部を行うことも可能である。

4　○　一方、報告を受けた都道府県知事は、介護サービス事業者経営情報について調査・分析を行い、その内容を公表するよう努める。厚生労働大臣は、介護サービス事業者経営情報を収集して整理・分析し、その結果をインターネットなどで国民に迅速に提供できるよう、必要な施策を実施することとされた。

5　×　指定介護療養型医療施設は、経過措置により存続していたが、2024（令和6）年3月31日の経過措置の終了をもって完全廃止となる。

問題2 注目

関連
⇨ p.94、95
速習 介 L 4

【正答】　3　5

1　×　要介護（要支援）認定者数は、2021（令和3）年度末現在で690万人となっており、介護保険施行年度である2000（平成12）年度の約2.7倍である。

2　×　要介護（要支援）認定者の男女比をみると、第1号被保険者は男性211万人、女性465万人で女性が男性の2倍以上である。第2号被保険者は男性7万人、女性6万人とそれほど差がない。

3　○　要介護（要支援）認定を受けた前期高齢者は75万人、後期高齢者（75歳以上）は601万人で、約9割が後期高齢者である。

4　×　要介護（要支援）状態区分別に見た場合、要支援1が97万人、要支援2が95万人、要介護1が143万人、要介護2が116万人、要介護3が92万人、要介護4が87万人、要介護5が59万人であり、要支援1〜要介護2までの軽度者が6割以上を占めている。

5　○　第1号被保険者に占める認定者の割合は、全国平均で18.9%と約2割で、前年度より0.2%増加している。

問題　3　　【正答】　2　3　5

関連
⇨ p.94、95
速習 介 L 6

1　✕　介護保険法第1条ではなく、第4条「国民の努力及び義務」において、国民は、自ら要介護状態となることを予防するため、常に健康の保持増進に努めることが規定されている。

2　◯　要介護状態となり、介護や看護、医療を要する者等が尊厳を保持し、その有する能力に応じ自立した日常生活を営むことができるよう、必要な保健医療サービスおよび福祉サービスにかかる給付を行うと規定されている。

3　◯　選択肢2の解説のとおり。自立支援は、介護保険制度の重要な理念のひとつである。

4　✕　介護保険法に相互扶助という文言はなく、第1条に、介護保険制度は、国民の「共同連帯の理念」に基づき設けられたと規定されている。

5　◯　保険給付等に関して必要な事項を定め、もって国民の保健医療の向上および福祉の増進を図ることを目的とすることが規定されている。

問題4　　【正答】　2　3　5

関連
⇨ p.102、103
速習 介 L 7

1　✕　国ではなく、都道府県の責務として規定されている事項である。

2　◯　都道府県は「必要な助言および適切な援助をする」責務があるが、2023（令和5）年改正で、その際に介護サービスを提供する事業所・施設の業務の効率化、介護サービスの質の向上その他の生産性の向上に資する取り組みが推進されるよう努めることが規定された。

3　◯　地域包括ケアシステムの推進にあたり、障害者その他の者の福祉に関する施策との有機的な連携を図るよう努めるとともに、地域住民が相互に人格と個性を尊重し合いながら、参加し、共生する地域社会の実現に資するよう努めなければならない。

4　✕　国および地方公共団体が認知症の調査研究推進のために財政的支援を行うことは規定されていない。

5　◯　認知症に対する国民の関心・理解を深め、認知症に関する知識の普及および啓発に努めなければならないことが規定されている。

問題　5　　【正答】　1　4　5

関連
⇨ p.106、107
速習 介 L 8

1　◯　民法上、年齢到達日は誕生日の前日とされるため、40歳の誕生日の前日に被保険者資格を取得する。

2　✕　住所を移転し、別の市町村の区域内に住所を有するに至った場合、その市町村の被保険者資格を取得するのは、転入日の当日である。

3　✕　被保険者資格は、適用除外施設を退所・退院した当日に取得する。

4　◯　なお、第2号被保険者が医療保険加入者でなくなる場合としては、生活

保護の受給や適用除外施設への入所などがある。

5　○　被保険者が死亡した場合の資格の喪失日は死亡日の翌日となる。

問題　6

関連
⇨ p.120、121
速習 介 L12

【正答】　2　3

1　×　対象者は市町村民税世帯非課税者であって、市町村が生計困難と認定した人および生活保護受給者である。

2　○　社会福祉法人等が、低所得者に一定の介護サービスを提供する場合に、その定率負担分と食費、居住費、滞在費、宿泊費が軽減される。

3　○　訪問看護や訪問リハビリテーションなどの一定の医療サービスは対象になっていない。そのほか、訪問入浴介護、福祉用具貸与、特定福祉用具販売も対象外である。

4　×　軽減の程度は、原則として利用者負担の4分の1（老齢福祉年金受給者は2分の1）だが、生活保護受給者は、利用者負担の全額が軽減される。

5　×　社会福祉法人等利用者負担額軽減制度は、特定入所者介護サービス費等が支給されたあとの利用者負担額について適用される。また、同制度が適用されたあとの利用者負担額に高額介護サービス費等が適用される。

問題　7

関連
⇨ p.120、121
速習 介 L12

【正答】　1　4　5

1　○　高額介護サービス費は、要介護者が1か月に支払った介護サービスの定率の利用者負担額が、所得区分ごとに定められた負担上限額を超えた場合に、超えた額が償還払いで支給される。

2　×　食費、居住費、滞在費、その他の日常生活費など別途利用者の自己負担となる費用は対象外である。

3　×　福祉用具購入費と住宅改修費の利用者負担分については、対象外である。

4　○　負担上限額を超えた額は、世帯単位で合算され、個人の負担割合に応じて按分された額が払い戻される。

5　○　1年間に支払った介護サービスの利用者負担額と、医療保険における利用者負担額の合計額が世帯の所得区分に応じた上限額を超えた場合に、超えた額がそれぞれの制度から償還払いで支給される。

問題　8

関連
⇨ p.126、127
速習 介 L14

【正答】　3　5

1　×　特定福祉用具販売は居宅サービスのひとつだが、単独で福祉用具購入費支給限度基準額（同一年度で10万円）が設定されている。

2　×　居宅療養管理指導は、医師が必要と認めた場合に給付され、介護報酬で算定できる回数が決められている。

3　○　通常の特定施設入居者生活介護は区分支給限度基準額が適用されないが、短期利用する場合は区分支給限度基準額が設定される。

4　×　地域密着型介護老人福祉施設入所者生活介護は単独で利用するサービスで、区分支給限度基準額は適用されない。

5　○　認知症対応型通所介護は、組み合わせて利用するため区分支給限度基準額が適用されるサービスである。

問題9

関連
⇒ p.130、131
速習 介 L16

【正答】　1　4　5

1　○　人員基準を満たせなくなったときのほか、設備・運営基準に従い適正な事業運営ができなくなったときは指定の取り消し・効力停止の事由にあたる。

2　×　設問の内容は、指定居宅サービス事業者における固有の指定取り消し等の事由であり、指定地域密着型サービス事業者は該当しない。

3　×　介護保険の過誤請求とは、介護報酬額の決定または支払いが完了している段階で誤りが見つかり、その介護報酬の請求を取り下げて請求し直すことである。指定の取り消し・効力停止の事由にはあたらない。

4　○　都道府県知事または市町村長からの報告や帳簿書類の提出・提示の命令に従わない、または虚偽の報告をした、出頭命令に応じないなどは指定取り消し・効力停止事由にあたる。

5　○　介護保険法に規定する要介護者の人格尊重・法令遵守、忠実職務の遂行の義務や、不当な身体拘束の禁止や虐待の防止といった運営基準に反するものであり、指定取り消し・効力停止事由にあたる。

問題 10

関連
⇒ p.130、131、
　164、165
速習 介 L16、
　29

【正答】　2　4　5

1　×　介護老人福祉施設は、老人福祉法上の設置認可を受けた、入所定員30人以上の特別養護老人ホームである。特別養護老人ホームの開設ができるのは、地方公共団体、地方独立行政法人、社会福祉法人とされる。

2　○　都道府県知事は、介護医療院のほか、特定施設入居者生活介護、介護老人保健施設についても都道府県介護保険事業支援計画の必要利用定員総数に達している場合は、指定をしないことができる。

3　×　施設の廃止や休止をしようとするときはその1か月前までに、休止していた施設を再開したときや施設の名称・所在地などを変更したときは10日以内に、都道府県知事に届出を行う必要がある。

4　○　正当な理由なく、入所を拒否することができない。正当な理由には、入院治療の必要がある場合やその他入所者に対し自ら適切なサービスを提供することが困難な場合などが含まれる。

5　○　入所者等の生命または身体を保護するため緊急やむを得ない場合を除

き、身体的拘束等は禁止されており、身体的拘束等の適正化のための対策を検討する委員会の3か月に1回以上の開催、指針の整備や研修の定期的な実施などが義務づけられている。

問題 11

関連
⇒ p.136、137
速習 介 L18

【正答】 3 4 5

1 ✕ 利用者が適切に介護サービスを比較検討し選択できるよう、介護サービス事業者に情報の公表を義務づけた制度である。

2 ✕ 基本情報ではなく運営情報に含まれる。介護サービス事業者は、指定(許可)を受けてサービスの提供を開始するときに基本情報を、定期的に年に1回程度、基本情報と運営情報を都道府県知事に報告する。

3 ◯ 基本的にすべてのサービスが公表対象だが、居宅療養管理指導、養護老人ホームが行う特定施設入居者生活介護、介護予防支援などは対象外である。

4 ◯ 都道府県知事の行う報告命令、調査命令等に介護サービス事業者が従わない場合、都道府県知事は指定や許可の取り消し、または期間を定めて指定・許可の全部または一部の効力の停止ができる。

5 ◯ また、都道府県知事は、介護サービス情報の報告内容の調査事務について指定調査機関に行わせることができる。指定情報公表センター、指定調査機関には、秘密保持義務が課される。

問題 12

関連
⇒ p.146～149
速習 介 L22

【正答】 1 2 3

1 ◯ 医療保険者は、被保険者から介護保険料を医療保険料と一体的に徴収し、社会保険診療報酬支払基金(支払基金)に納付するしくみになっている。

2 ◯ 支払基金は、医療保険者から集めた第2号被保険者の介護保険料を、介護給付費交付金・地域支援事業支援交付金として各市町村に定率で交付する。

3 ◯ 健康保険の被保険者にかかる介護保険料は、医療保険料と同様に、事業主負担が行われる。

4 ✕ 第2号被保険者負担率(介護給付費の財源における第2号被保険者の負担割合)は、国が政令で定める。この負担率は、第1号被保険者と第2号被保険者の人口比に応じ、1人あたりの平均的な保険料がほぼ同じ水準になるように、3年ごとに改定される。

5 ✕ 第2号被保険者の保険料の負担がないのは、地域支援事業のうち包括的支援事業と任意事業である。介護予防・日常生活支援総合事業については、介護給付費と同様に27%を負担する。

問題　13　【正答】　4　5

関連
⇨ p.146、147
速習 介 L22

1　✕　財政安定化基金の財源は、国、都道府県、市町村が3分の1ずつ負担している。市町村の財源には、第1号被保険者の保険料が充当される。

2　✕　財政安定化基金は都道府県に設置される。

3　✕　介護保険事業計画の計画期間を通し、通常の努力をしてもなお保険料収納率が悪化し、財政不足が生じた場合、3年度目に不足額の2分の1を基準として市町村に交付される。残りの不足額は貸付となる。

4　〇　財政安定化基金では、保険財政の安定を図るため、資金の交付と貸付を行う。交付は3年度目とされているが、貸付は年度ごとに行われる。

5　〇　市町村は借り入れを受けた金額を、次の期の計画期間に第1号被保険者の保険料を財源として、3年間で分割償還する。貸付金は無利子である。

問題　14　【正答】　2　3　4

関連
⇨ p.138、139
速習 介 L19

1　✕　介護給付・予防給付の費用の適正化を図る事業は、介護給付等費用適正化事業として、任意事業に含まれる。

2　〇　設問の内容は、在宅医療・介護連携推進事業において行われる。

3　〇　設問の内容は、生活支援体制整備事業において行われる。同事業では、高齢者の社会参加および生活支援の充実を推進するため、生活支援コーディネーターや就労的活動支援コーディネーターを配置し、定期的な情報の共有・連携強化を行う場として協議体を設置する。

4　〇　設問の内容は、認知症総合支援事業において行われる。同事業では、認知症初期集中支援チームの配置による早期診断・早期対応に向けた体制づくりや、チームオレンジコーディネーターの配置による「共生」の地域づくりを推進する。

5　✕　家族に対する介護方法の指導などは、任意事業である家族介護支援事業において行われる。

問題　15　【正答】　2　3　4

関連
⇨ p.150、151
速習 介 L23

1　✕　普通徴収における第1号被保険者の保険料の収納事務は、市町村が行う。

2　〇　第三者行為求償事務は、市町村から国民健康保険団体連合会（国保連）が委託を受けて行う。

3　〇　国保連は指定居宅サービス、指定地域密着型サービス、指定居宅介護支援、指定介護予防サービス、指定地域密着型介護予防サービスの事業や介護保険施設の運営を行うことができる。

4　〇　国保連では、独立した業務として苦情処理業務を行う。事業者・施設のサービスについて、利用者からの苦情を受け付け、必要に応じて事実関係の

調査を行い、改善すべき事項がある場合は事業者・施設に指導・助言を行う。

5　✕　国保連には、指定基準に違反している事業者・施設に対して、強制権限を伴う立ち入り検査、命令や勧告、指定の取り消しなどを行う権限はない。

問題　16

関連
⇨ p.110、111
速習 介 L 9

【正答】　2　4

1　✕　基本チェックリストは、要支援・要介護認定が必要な被保険者を把握するために用いられることもあるが、実施は義務ではない。

2　〇　なお、介護保険被保険者証の交付を受けていない第2号被保険者の場合、添付は不要である。

3　✕　認定調査票の内容は全国一律で、保険者である市町村が独自に項目を付け加えることはできない。

4　〇　新規認定の調査は、市町村の職員が行うが、例外的に指定市町村事務受託法人には認定調査の委託が可能である。また、更新認定・変更認定では、地域包括支援センターなどへの委託も可能となっている。

5　✕　被保険者が正当な理由なく認定調査に応じないときは、市町村は申請を却下することができる。

問題　17

関連
⇨ p.110、111
速習 介 L 9

【正答】　2　3　4

1　✕　被保険者が申請書に記載した主治医に対し、市町村が全国一律の様式である主治医意見書への記載を求める。

2　〇　なお、被保険者が正当な理由なく、市町村が指定する医師または市町村の職員である医師の診断に応じない場合、認定申請が却下されることがある。

3　〇　「生活機能とサービスに関する意見」に、「栄養・食生活」の項目がある。食事行為や現在の栄養状態などについて記載する。

4　〇　「心身の状態に関する意見」に「身体の状態」の項目があり、利き腕、身長、体重（過去6か月の変化）などについて記載する。これらは、介護の必要度や栄養状態把握の目安にもなる。

5　✕　「生活機能とサービスに関する意見」には、「サービス利用による生活機能の維持・改善の見通し」についての項目がある。このほか、必要な医療サービスを記載する「医学的管理の必要性」、血圧、摂食、嚥下など「サービス提供時における医学的観点からの留意事項」、尿失禁など「現在あるかまたは今後発生の可能性の高い状態とその対処方針」を記載する項目などがある。

問題　18

【正答】　1　3　4

関連
⇨ p.112、113
速習 介 L10

1　○　市町村は、介護認定審査会の審査・判定結果に基づいて、認定または非該当の決定を行い、その結果を被保険者に通知する。非該当としたときも、被保険者にその結果と理由を通知し、被保険者証を返還する必要がある。

2　×　認定申請に対する処分は、原則として申請のあった日から30日以内に行われる。ただし、特別な理由がある場合は延期されることがあり、その場合は、その理由と処理に要する見込み期間を、申請のあった日から30日以内に通知しなければならない。

3　○　引き続き要介護状態にある被保険者は、認定の有効期間満了日の60日前から満了日までの間に更新認定の申請を行うことができる。

4　○　被保険者は、要介護度に変化があった場合は有効期間満了前でも、区分変更認定の申請をすることができる。

5　×　転居により保険者が変わった場合、あらためて認定を受ける必要があるが、審査・判定は行われず、前の市町村での審査・判定結果に基づいて認定を受けることになる。

問題　19

【正答】　1　4　5

関連
⇨ p.152、153
速習 介 L25

1　○　要介護状態になった場合でも、利用者が可能なかぎりその居宅において、その有する能力に応じ自立した日常生活を送れるよう配慮する。

2　×　利用者の心身の状況や環境などに応じて、利用者の選択に基づき、適切な保健医療サービスと福祉サービスが、多様な事業者から総合的・効率的に提供されるよう配慮する。

3　×　事業を運営するにあたり、地域との結びつきを重視することは、指定居宅サービス事業等の一般原則に規定されている。

4　○　市町村、地域包括支援センター、老人介護支援センター、他の指定居宅介護支援事業者、指定介護予防支援事業者、介護保険施設、障害者総合支援法に規定する指定特定相談支援事業者等との連携に努めなければならない。

5　○　サービスを提供するにあたっては、介護保険等関連情報その他必要な情報を活用し、適切かつ有効に行うよう努めなければならない。

問題　20

【正答】　2　3　5

関連
⇨ p.158、159
速習 介 L26

1　×　サービス担当者会議の開催場所についての制限はない。利用者の居宅のほか、必要に応じて主治医の医療機関等で開催することもある。

2　○　末期の悪性腫瘍の利用者で医師の意見を勘案し、必要と認める場合、その他やむを得ない理由があるときは、サービス担当者に対する照会などにより意見を求めることができる。

3 ○ サービス担当者会議は、テレビ電話装置等を活用して実施することが可能である。ただし、利用者またはその家族が参加する場合は、その同意を得なければならない。

4 ✕ サービス担当者会議は、居宅サービス計画の新規作成時、変更時、更新認定時や区分変更認定時には、原則として開催する必要がある。

5 ○ サービス担当者会議など一定の運営基準を遵守していない場合は、介護報酬は5割の減算になる。減算が2か月以上続いている場合は、介護報酬は算定されない。

問題 21 【正答】 1 3 5

関連
⇒ p.152、153
速習 介 L25、26

1 ○ 管理者は、管理業務に支障がなければ、事業所の介護支援専門員の職務との兼務や同一敷地内にあるほかの事業所の職務との兼務も可能である。

2 ✕ 居宅サービス計画は基本方針と利用者の希望に基づき作成されるものであることから、利用者には複数の指定居宅サービス事業者等を紹介するよう求めることができることなどを説明し、理解を得なければならない。

3 ○ なお、実施地域外でのサービス提供による交通費の支払いを受ける場合は、あらかじめ利用者や家族に説明を行い、利用者の同意を得る必要がある。

4 ✕ アセスメントは、利用者が入院中など物理的な理由がある場合を除き、利用者の居宅を訪問し、利用者およびその家族に面接して行わなければならない。

5 ○ 事業者には、介護支援専門員の健康管理をする義務がある。このほか、事業所での感染症の予防およびまん延の防止のための措置をとることが規定されている。

問題 22 【正答】 1 2 5

関連
⇒ p.162、163
速習 介 L28

1 ○ 課題分析から得られた総合的課題に基づき、計画作成者の専門的観点から、最も適切と考えられる目標とその達成のための具体策について提案する。

2 ○ 記述のとおり、選択肢1の「課題に対する目標と具体策の提案」に対する利用者・家族の意向を確認し、記載する。

3 ✕ 「目標」には、計画作成者の提案と利用者・家族の意向をすり合わせ、合意が得られたものを記載する。利用者の価値観や好みを反映したものとするが、この目標に基づき評価を行うため、一定期間に達成可能なものとする。

4 ✕ 「アセスメント領域と現在の状況」には、利用者に関する①運動・移動、②日常生活（家庭生活）、③社会参加・対人関係・コミュニケーション、④健康管理についての4つの領域があり、介護環境については含まれない。

5 ○ 設問のほか、利用者や家族の合意が得られない場合などがこれにあたる。

本来行うべき支援ができない場合は、今後の支援の方向性や具体的な方策、必要な社会資源の創設の必要性などを記載しておく。

問題 23

【正答】　1　2　4

1　○　施設サービス計画の作成では、入所者の日常生活全般を支援する観点から、介護給付等対象サービス以外の地域住民の自発的な活動によるサービスなども位置づけるよう努めるものとされている。

2　○　入所に際しては、入所申込者にかかる居宅介護支援事業者に対する照会等により、心身の状況、生活歴、病歴、指定居宅サービス等の利用状況等を把握する。

3　✕　介護老人福祉施設では、入所者の心身の状況、その置かれている環境等に照らし、居宅において日常生活を営むことができるかどうか、退所への定期的な検討を行う必要がある。本人や家族の希望によるものではない。

4　○　事故が発生した場合は、事故の状況および事故に際して採った処置について記録することが規定されている。

5　✕　計画担当介護支援専門員はモニタリングにあたり、定期的に入所者と面接し、定期的にモニタリング結果を記録する。1か月に1回以上という規定はない。

問題 24

【正答】　1　4

1　○　すでにAさんの長男の妻は育児休業を取得しているが、夫もとることで育児休業が延長される「パパ・ママ育休プラス制度」もある。夫婦が利用しうる制度について説明することは適切な対応である。

2　✕　孫たちも含めた家族の状況についてアセスメントする。Aさんは孫に会うことで意欲が改善することもある。Aさんの意向も踏まえ、今後の生活のイメージについて話し合う必要がある。

3　✕　妻一人に負担を強いることは不適切である。家族のケア能力などを見きわめ、一人ひとりの自己実現が図られるよう支援する。

4　○　自立生活支援・重度化防止のための見守り的援助は、訪問介護の身体介護で算定できる。Aさんの自立支援となる提案は適切といえる。

5　✕　Aさんの意向も確認せず、できるだけ早く有料老人ホームへの入居を促すような提案は適切とはいえない。

13

　　　【正答】　３　５

関連
⇨ p.96、97、
　156〜159
速習 介 L 3、
　26

1　✕　Aさんに認知症がある場合でも、まず、Aさんが今後の生活をどのように考えているのか確認することが適切である。

2　✕　Aさんや息子の情報を本人の同意なく、自らの判断で口外することは慎まなければならない。

3　◯　Aさんの息子の介護負担の軽減は、今後Aさんが自宅での生活を続けるうえでの重要な課題であり、情報を提供することは適切である。

4　✕　Aさんの息子の意向も確認せずに、息子の個人的な情報を知り合いの医師に伝えることは不適切である。

5　◯　日々の支援の中で地域に不足している社会資源を発見した場合には、保険者や地域包括支援センターに報告し、地域ケア会議の開催を求めるなど、社会資源の開発につなげることも介護支援専門員の役割のひとつである。

問題26
注目

関連
⇒ p.168、169
速習 保 L 1

【正答】　1　4

1　○　抑うつ状態は、機能障害や慢性疾患への罹患などの身体的な衰えのほか、家族との死別や社会的な役割を失うなどの喪失体験が要因になることがある。

2　×　高齢者の場合、もともと体内の水分量が少ないうえ、口渇感（こうかつ）が低下することで飲水量も減ることから脱水になりやすい。

3　×　良性発作性頭位めまい症は、内耳（ないじ）の障害により起こり、目の前がぐるぐるする回転感がみられる。回転感がみられるその他のめまいとしては、メニエール病、前庭（ぜんてい）神経炎などがある。浮動感は、目の前がふわふわする感覚で、抗不安薬、睡眠薬、筋弛緩薬（きんしかん）などの薬の副作用、小脳疾患、パーキンソン病などでみられる。

4　○　廃用症候群は、日常生活における活動性の低下が身体的・精神的機能の全般的な低下を招いた状態である。精神・神経機能への影響として、認知機能障害、抑うつ、意欲の減退などが起こることがある。

5　×　しびれは、知覚鈍麻（どんま）だけではなく、異常知覚、運動障害も含む。原因はさまざまだが、脳血管障害、脊椎（せきつい）（背骨）の障害、糖尿病が多い。

問題　27

関連
⇒ p.188、189
速習 保 L 9

【正答】　2　3　5

1　×　高齢者では、感染症があっても発熱がみられないこともあり、発熱の程度と重症度は必ずしも一致しない。原因がわからない不明熱が多いのも特徴である。

2　○　なお、感染症、甲状腺機能亢進症、脱水でも頻脈がみられる。一方、徐脈がみられる疾患には、脳出血による頭蓋内圧亢進に伴う迷走神経刺激、薬の副作用、甲状腺機能低下症、心臓の刺激伝達系の異常などがある。

3　○　大動脈疾患のほか、片麻痺や進行した動脈硬化がある場合にも、血圧に左右差がみられるため、左右の上腕で血圧測定を行うようにする。

4　×　左心不全の主要徴候としてみられるのは、起座呼吸である。起座呼吸は、呼吸困難が臥位で増強し、起座位または半座位で軽減するものをいう。クスマウル呼吸は、異常に深大な呼吸が規則正しく続く呼吸で、糖尿病性ケトアシドーシスや尿毒症などで特徴的にみられる。

5　○　下顎呼吸（かがく）は顎であえぐような呼吸で、呼吸停止の徴候とされる。

問題 28

関連
⇒ p.192、193
速習 保 L10

【正答】 1 2 4

1 ○ なお、体格判定の指標となるBMIは一般成人と同じで、25以上であれば肥満、18.5未満で低体重と判定される。6か月で2〜3kg以上もしくは3％以上の急激な体重減少があった場合は低栄養を疑う。

2 ○ 血清アルブミン値が低下している場合は低栄養が疑われ、3.6g/dL以下では骨格筋の消耗が始まっている可能性がある。

3 × 血清クレアチニンは筋肉に含まれるたんぱく質の老廃物で、腎臓からのみ排泄される。このため腎機能が低下すると、一般に値は上昇する。

4 ○ 白血球数は細菌感染や炎症、副腎皮質ステロイド投与、がん、白血病のほか、喫煙やストレスなどでも増加する。一方、ウイルス感染では体質にもよるが減少する。

5 × 胸部X線検査は、呼吸器疾患のほか、心疾患の診断にも有用である。

問題 29

関連
⇒ p.174、175
速習 保 L 3

【正答】 2 3 5

1 × 筋萎縮性側索硬化症は、数年で四肢麻痺、摂食障害、呼吸麻痺により自立困難となるが、眼球運動、肛門括約筋、知覚神経、記憶力、知能、意識は末期までよく保たれる特徴がある。

2 ○ パーキンソン病の四大運動症状は、①振戦、②筋固縮、③無動、④姿勢・歩行障害である。無動は、あらゆる動作が乏しくなる状態で、表情の変化がなくなる仮面様顔貌がみられる。

3 ○ 進行性核上性麻痺は、パーキンソン病関連疾患といわれ、パーキンソン病と似た症状がみられる。認知機能については、早期から前頭葉症状を中心とした機能低下が現れやすいが、見当識や記憶力は比較的保たれる。

4 × 脊髄小脳変性症の主症状は、ろれつがまわらない、上肢運動の拙劣などの小脳性運動失調だが、起立性低血圧、排尿障害、発汗異常などの自律神経症状をきたすこともある。

5 ○ ウェルナー症候群は常染色体劣性の遺伝性早老症で、日本人に多く、症例の約60％が日本人と報告されている。

問題 30

関連
⇒ p.186、187
速習 保 L 8

【正答】 2 5

1 × 白内障の進行はゆっくりで、自覚したときには症状がかなり進んでいることも多い。失明に至ることもある疾患である。

2 ○ 緑内障の症状に眼圧の上昇があげられるが、日本人には眼圧が正常でも視神経が障害されて生じる正常眼圧緑内障が多い。

3 × 加齢黄斑変性症では、初期症状として視野中心部のゆがみ（変視症）がみられ、進行すると中心部が黒くなる中心暗転がみられるようになる。

4　✕　疥癬には、普通の疥癬とダニの数が極めて多いノルウェー疥癬（角化型疥癬）がある。ノルウェー疥癬は感染力が非常に強いことから一定期間の個室管理が必要とされるが、普通の疥癬では特に必要ない。

5　○　高齢者ではしばしば重症化しやすく、発疹が消えても痛みが長期間残る帯状疱疹後神経痛や潰瘍になることもある。ただし、早期に治療を始めると後遺症が少ないため、早期発見・早期治療が重要である。50歳以上では、帯状疱疹ワクチンの接種も推奨される。

問題 31

関連
⇨ p.184、185
速習 保 L 7

【正答】　2　4　5

1　✕　変形性関節症の主症状は関節の痛みとこわばりが一般的で、こわばりは朝に強く、少し動くと改善する。炎症が強くなると関節液がたまって腫れ、徐々に関節が変形する。特に膝関節に起こりやすい。

2　○　初期症状としては、朝起床時の指の関節のこわばりがあり、屈曲が難しくなる。こわばりは1時間以上続くのが特徴とされる。関節痛、腫れや熱感などもみられる。

3　✕　脊柱管狭窄症でみられる間欠性跛行の場合、座位や前屈（腰を曲げる）姿勢で症状が軽くなる特徴がある。一方、閉塞性動脈硬化症などの血管性の間欠性跛行では、立ち止まって休むと症状が軽減する。

4　○　疾病自体は必ずしも進行性ではなく、後縦靭帯（こうじゅうじんたい）の骨化が急速に進むことはないが、外傷を契機として急激に悪化することがあるため、転倒などに注意が必要である。

5　○　骨粗鬆症（こつそしょうしょう）には、加齢や女性ホルモンの減少などによる原発性骨粗鬆症と、ホルモン異常や低栄養、薬の副作用などが因子となる続発性骨粗鬆症がある。

問題 32

関連
⇨ p.226、227
速習 保 L24

【正答】　1　4

1　○　記憶障害や意識障害、痙攣（けいれん）、頭痛、嘔吐、瞳孔（どうこう）の左右不同などがある場合は、硬膜下出血、硬膜外出血、脳出血が疑われ、両手足に力が入らない、しびれがあるなどの場合は頸椎損傷が疑われるため、頭部打撲の際はこれらの症状がないか確認が必要である。

2　✕　血糖降下剤の多量の服用は生命にかかわる危険がある。低血糖症状がある場合はブドウ糖や砂糖を口にふくませるなどし、すぐに医療機関にかかる必要がある。

3　✕　喘息や心不全による呼吸困難がみられるときは、仰臥位よりも座位での起座呼吸のほうが症状は楽になる。

4　○　やけどの面積が広い場合、血圧低下や不整脈が起こったりしてショック状態となり、意識障害が生じることもあるため、迅速に対応することが求め

17

られる。

5　✕　新鮮血の下血は、大量出血や肛門側に近い大腸からの出血が疑われる。一方、タール便（黒っぽいドロドロした血便）は、胃がんや胃潰瘍、十二指腸潰瘍などによる上部消化管出血が疑われる。

問題 33

関連
⇒ p.200、201
速習 保 L12

【正答】　1　2　5

1　○　しっかりと上下の歯の噛み合わせができることは、そしゃく機能や嚥下機能だけでなく、平衡感覚の保持や瞬発力の発揮に大きな役割を果たす。

2　○　オーラルフレイルとは、身体の衰えのひとつで、口腔機能の軽微な低下のほか、食の偏りなどを含む。このほか、口腔ケアには、清潔保持によるう歯・歯周病・口臭の予防、誤嚥性肺炎などの全身疾患の予防、口腔内の刺激により唾液分泌を促すこと、味覚を正常に保つなどの効果がある。

3　✕　口腔清掃では、取りはずせる義歯ははずし、歯は歯ブラシを使用してブラッシングを行う。

4　✕　う歯・歯周病が重度になると、口腔内細菌が血液を介してほかの臓器に移動し、心内膜炎などの感染症を引き起こすことがある。

5　○　食前には、口腔周囲を動かし、唾液分泌や嚥下反射を促して誤嚥を予防するための口腔ケアを、食後には食物残渣を除去し、口腔環境を清潔に保つための口腔ケアを行うのが望ましい。

問題 34

関連
⇒ p.194～197
速習 保 L11～15

【正答】　1　3　5

1　○　皮膚への持続的な圧迫を取り除くことが褥瘡予防では重要である。安楽な体位が保てている場合でも、おおむね２時間ごとの体位変換が必要になる。

2　✕　食べ物や唾液が気道に入る誤嚥を予防するためには、軽く頸部を前屈させ、顎を少し引いた姿勢で食事がとれるようくふうする。

3　○　機能性尿失禁は、身体機能の低下や身体障害、認知症などのために適切な排尿動作ができないといったことが要因となる。トイレへの移動距離などの課題を分析し、衣類や下着のくふう、ポータブルトイレの使用などで改善が期待できる。

4　✕　利尿薬による頻尿や睡眠薬の使用などが不眠の原因となることもある。睡眠薬に安易に頼らず、日中の活動量、不眠の原因となる身体症状や精神症状、就眠環境など生活全般をアセスメントし、医師の専門的な診断を仰ぐなどして対応を考える必要がある。

5　○　入浴介助は、皮膚の状態や感染症の有無、姿勢や動作の状況などのほか、不自然なあざの有無など、利用者の全身の状況を確認する機会となる。

問題 35　【正答】　４　５

関連
⇒ p.216、217
速習 保 L21

1　×　緑色野菜や納豆などに含まれるビタミンKは、ワーファリンなどの抗凝固薬の作用を弱める働きがある。

2　×　グレープフルーツに含まれる酵素は、薬の代謝を妨げ、主作用や副作用を増強する働きがある。降圧薬や免疫抑制薬、抗真菌薬、抗がん薬などで影響が出る。

3　×　苦味健胃薬では苦味成分が味覚神経を刺激して唾液や胃の分泌を促し消化を助ける働きがある。オブラートに包むと効果が発揮されないため、注意が必要である。

4　○　飲み忘れに気づいたときは、原則としてすぐ服用するのが適切だが、次の服薬時間が近いときは、飲み忘れた分は服用せず、次の１回分のみを服用する。

5　○　薬は、決められた服用時間やタイミングに飲まないと十分な効果が得られなかったり、副作用が出たりする。設問の記述のほか、一部の経口血糖降下薬も食事の直前に服用しないと低血糖症状となることがある。

問題36 　【正答】　２　３　４

関連
⇒ p.204〜207
速習 保 L17

1　×　2019（令和元）年６月に公表された「認知症施策推進大綱」では、認知症の発症を遅らせ、発症後も希望をもって日常生活を過ごせる社会を目指し、「共生」と「予防」を車の両輪として施策を推進するとしている。

2　○　①普及啓発・本人発信支援、②予防、③医療・ケア・介護サービス・介護者への支援、④認知症バリアフリーの推進・若年性認知症の人への支援・社会参加支援、⑤研究開発・産業促進・国際展開の５つの柱に沿った施策が推進されている。

3　○　チームオレンジは、認知症サポーターが中心となって支援チームをつくり、認知症の人やその家族に対し、支援ニーズに応じた外出支援、見守り、声かけ、話し相手などの具体的な支援をつなげるものである。

4　○　認知症初期集中支援チームは、地域包括支援センターなどに配置され、認知症が疑われる人や認知症の人、その家族を保健師や介護福祉士、作業療法士など複数の専門職が訪問し、初期の支援を包括的・集中的に行う。

5　×　認知症ケアパスは、地域の資源マップづくりとあわせて、各市町村が作成し、その普及に努めるものである。

【正答】 1 5

関連
⇨ p.210、211
速習 保 L18

1 ○ 発症には、女性ホルモンの低下や脳内神経伝達物質の異常、脳の血流障害、身体疾患、配偶者や友人との死別や社会的役割の喪失などの喪失体験、孤独、性格などさまざまな要因が関係している。

2 ✕ 老年期うつ病では、気分の落ち込みよりも、不安、緊張、焦燥感の症状が目立ち、心気的な訴え（身体不調の訴え）や意欲や集中力の低下、認知機能の低下を示しやすい傾向がある。

3 ✕ 治療は、老年期であっても抗うつ薬や抗不安薬を用いる薬物療法が中心になる。支持的な精神療法や家族調整が行われることもある。

4 ✕ 選択肢2の解説のとおり、心気的な訴えが多くみられる。めまい、しびれ、排尿障害、便秘などの自律神経症状が多い。

5 ○ 老年期の発症では、治療が長引き、治りにくいという特徴があり、一部は認知症に移行することがある。治りにくい要因としては、身体合併症や妄想の発症、経過中に加わる環境変化や喪失体験などがあげられる。

【正答】 2 4 5

関連
⇨ p.220～223
速習 保 L22

1 ✕ 悪性腫瘍疼痛管理に使われる医療用麻薬の形式は、注射薬にかぎらず、経口薬、貼り薬、座薬、舌下錠、バッカル錠などがある。

2 ○ 腹膜透析は、自宅で行うことができ、血液透析に比べ通院回数が少ないことや食事制限が緩やかなどの利点もあるが、徐々に腹膜の働きが悪くなっていく。このため、長期間行うことは難しく、血液透析への移行が必要になる。

3 ✕ 胃ろうで使用するカテーテルにはバルーン型とバンパー型があり、バルーン型では1～2か月、バンパー型では4～6か月を目安に定期的に交換する必要がある。

4 ○ 喀痰吸引は、口腔内や鼻腔内、気管カニューレ内部などにたまっている痰や唾液などを吸引器につないだカテーテルで除去し、肺炎や窒息を予防するために行われる。研修を受けた介護職員等も一定の条件下で実施できる。

5 ○ パルスオキシメーターは、手足の指先に光センサーをつけて、血中の酸素飽和度（SpO_2）を測定する機器である。気管切開をしている場合や人工呼吸器を装着して呼吸の苦しさを訴えることのできない場合には、酸素飽和度の変化が喀痰吸引や緊急連絡の判断の目安になる。

問題 39

関連
⇒ p.224、225
速習 保 L23

【正答】　1　5

1　○　腸管出血性大腸菌感染症の感染経路は、手指についた菌が口から体内に入ることで感染する経口感染である。

2　✕　結核は主に空気感染である。空中を浮遊する飛沫核を吸い込むことで感染する。

3　✕　水痘は、結核や麻疹と同様に空気感染である。介護や看護は免疫（抗体）をもつ者があたるようにする。

4　✕　インフルエンザは、主に飛沫感染である。咳やくしゃみ、会話などで飛散した飛沫粒子を吸い込むことで感染する。なお、飛沫核は、飛沫から水分が蒸発し、小さい粒子となったもので、長時間空気中を浮遊するため、これに病原体が含まれていると空気感染となる。

5　○　流行性耳下腺炎は、一般的にはおたふく風邪ともいい、主に飛沫感染する。

問題40
注目

関連
⇒ p.230、231
速習 保 L26

【正答】　1　3　5

1　○　アドバンス・ケア・プランニング（ACP）とは、自らが望む人生の最終段階における医療・ケアについて、本人が家族などや医療・ケアチームと繰り返し話し合い、これからの医療・ケアの目標や考え方を明確にし、共有するプロセスである。普及の背景には、高齢社会の進行とともに、在宅や施設における療養と看取りの増加も影響している。

2　✕　厚生労働省では、ACPに「人生会議」という愛称を定め、国民への普及・啓発を進めている。

3　○　いったん合意がなされても、時間の経過や心身状態の変化、家族背景などの環境変化により、本人の意思も変わる可能性がある。本人の決定を尊重し、繰り返し話し合うなど柔軟な対応が必要である。

4　✕　本人の意思が確認できない場合は、家族など（親しい友人なども含む）が本人の意思を推定し、家族などがいない、または家族などが判断を委ねる場合は、医療・ケアチームが本人にとって最善の方針を慎重に選択する。

5　○　ACPで話し合った内容は、そのつど文書にまとめ、本人・家族などや医療・ケアチームと共有する。

問題 41

関連
⇒ p.232、233
速習 保 L27

【正答】　3　4

1　✕　訪問看護ステーションの管理者は、原則として保健師または看護師でなければならない。

2　✕　事業者は、主治医に訪問看護計画書と訪問看護報告書を定期的に提出し、密接に連携する必要がある。

3　○　認知症対応型共同生活介護や特定施設入居者生活介護の利用者は介護保険の訪問看護は利用できない。ただし、医療ニーズが高い場合（選択肢４に記載の要件）には、医療保険の訪問看護を利用することができる。

4　○　要介護者等であっても、①急性増悪時に主治医から特別訪問看護指示書が交付された場合、②末期悪性腫瘍や神経難病など（厚生労働大臣が定める疾病等）、③精神科訪問看護（認知症を除く）では、例外的に医療保険から訪問看護が給付される。

5　✕　事業者は、看護師等に、その同居家族である利用者に、指定訪問看護の提供をさせてはならない。

問題　42

関連
⇨ p.238、239
速習 保 L29

【正答】　1　2　3

1　○　居宅療養管理指導は、居宅サービス計画に位置づけられなくても、現物給付で算定される。

2　○　サービス提供に要する交通費は、居宅療養管理指導では、通常の事業の実施地域内であっても、利用者から支払いを受けることができる。

3　○　サービス担当者会議に出席できない場合は、文書による情報提供を行うことが必要である。なお、2021（令和３）年度から、薬剤師も、原則としてサービス担当者会議への出席により、指定居宅介護支援事業者などに必要な情報提供・助言を行うことが規定された。

4　✕　理学療法士は、担当者に含まれない。居宅療養管理指導には、医師・歯科医師が行う医学的管理指導、薬剤師が行う薬学的管理指導、管理栄養士が行う栄養指導、歯科衛生士（または保健師、看護師、准看護師）が行う歯科衛生指導がある。

5　✕　訪問看護ステーションは、居宅療養管理指導の事業者には含まれない。

問題　43

関連
⇨ p.246、247
速習 保 L33

【正答】　1　3　4

1　○　なお、管理者は、３年以上認知症ケアに従事した経験があり、厚生労働大臣が定める研修の修了者または保健師・看護師であることとされる。

2　✕　定員は１人だが、利用者の処遇上必要な場合は２人とすることができる。

3　○　事業所（サテライト事業所を除く）の登録定員は29人以下で、通いサービスの利用定員は登録定員の２分の１から15人（登録定員が25人を超える事業所では18人）まで、宿泊サービスは、通いサービスの利用定員の３分の１から９人までの範囲とされる。

4　○　家庭的な雰囲気と地域との交流が図れる環境でサービス提供を行うことが求められている。

5　✕　看護小規模多機能型居宅介護計画は、事業所の介護支援専門員が利用登

録者の居宅サービス計画とともに作成する。介護支援専門員は、計画作成にあたり、看護師等と密接な連携を図ることが必要である。

問題 44

関連
⇒ p.242、243
速習 保 L31

【正答】 1 3 5

1 ○ 利用者の心身の状況や病状のほか、家族の疾病、冠婚葬祭、出張などの理由により、または利用者の家族の身体的・精神的な負担の軽減を図るために利用することができる。

2 ✕ 指定短期入所療養介護事業者は、介護老人保健施設、介護医療院、療養病床のある病院・診療所、一定の基準を満たした診療所にかぎられる。

3 ○ サービスの中で、利用者の病状に照らし、検査、投薬、注射、処置などが行われる。なお、病状の急変などで自ら必要な医療を提供することが困難な場合は、ほかの医師の対診を求めるなど適切な処置を講じる。

4 ✕ 利用者が相当期間以上（おおむね4日以上）継続して入所する場合に作成しなければならない。

5 ○ 短期入所生活介護と同様に、保険給付の対象となるのは、連続利用の場合、30日までである。

問題 45

関連
⇒ p.250～253
速習 保 L35

【正答】 1 5

1 ○ Ⅰ型療養床は、主として長期にわたり療養が必要で、重篤な身体疾患を有する者や身体合併症を有する認知症高齢者などを対象とし、Ⅱ型療養床の対象はⅠ型療養床以外の者である。人員基準もⅠ型療養床のほうが手厚くなっている。

2 ✕ 介護医療院を開設できる団体は、地方公共団体、医療法人、社会福祉法人などの非営利法人その他厚生労働大臣が定める者で、営利を目的とする株式会社は対象とならない。

3 ✕ 介護支援専門員は、常勤で1人以上（入所者100人に対し1人を標準、増員分は非常勤可）配置しなければならない。計画担当介護支援専門員は入所者の施設サービス計画を作成する。

4 ✕ 設備基準には、療養室は地階に設けてはならないことが規定されている。

5 ○ 旧介護療養型医療施設で担われていた日常的な医学管理や看取り、ターミナルケアなどの機能を引き継ぐとともに、日常生活上の世話を一体的に行い、生活施設としての機能も併せもつことに特徴がある。

問題 46　【正答】　2　4

関連
⇒ p.258～261
速習 福 L 2

1　✕　インテーク面接は受理面接ともいわれ、相談援助の導入にあたる部分である。利用者または家族が相談を始めた場がインテーク面接につながることもあるため、場所や形式は問わない。

2　〇　選択肢1の解説のとおり、相談援助の導入にあたるのがインテーク面接であり、必ずしも1回とはかぎらない。主訴の聴取や課題の確認、目標の仮設定などの過程を経る必要があり、複数回行われることがある。

3　✕　相談援助の開始過程では情報収集だけではなく、クライエントがもつ戸惑いや不安感を解消し、面接者や機関への安心や信頼感を得ることが大切である。

4　〇　援助期間や援助方法の確認を行う際、相談援助機関としてできないことがあれば、明確に伝えておくことも必要である。

5　✕　今後の援助を進めるにあたり、問題解決に向けた方向性の確認も行う。

問題 47　【正答】　1　3　5

関連
⇒ p.258～261
速習 福 L 2

1　〇　コミュニケーションを阻害する雑音には物理的・身体的・心理的・社会的なものがある。社会的雑音とは偏見や誤解に基づく先入観などを指し、相手の尊厳や個性を傷つけてしまうことにもつながる。

2　✕　面接におけるコミュニケーションの基本は傾聴と共感といえる。傾聴とは相手の話す内容とその思いに積極的に耳を傾ける態度やありようをいう。クライエントが伝えようとすることを、クライエントの価値観に基づき、あるがままに受け止めることが求められる。

3　〇　非言語的コミュニケーションは、思いや気持ち、感情を伝える。傾聴では、クライエントの沈黙を通して伝わるメッセージにも深く心を傾けることが求められる。

4　✕　開かれた質問（オープンクエスチョン）は、相手自身が自由に答えを選んだり決定したりできるよう促す質問だが、「なぜ」や「どうして」で始まる質問は、相手の戸惑いを増幅させ、防衛的にさせてしまうこともあるため、安易に用いないようにする。

5　〇　直面化とは、クライエントの中で生じる自らに対する否定や矛盾点などについて直接問いかけ、クライエント自身の感情・体験・行動を見直すきっかけをつくる技法である。成長を促すコミュニケーションだが、深い共感なしの直面化は、相手を攻撃し、指摘するだけになる危険もある。

問題 48

【正答】　1　2　5

1　○　地域の情報の流れを円滑にする取り組みは、地域援助に該当する。

2　○　さまざまな領域、年代の集団同士の交流を活発にする取り組みは、地域援助に該当する。

3　✕　通所介護で行われるレクリエーションは、集団援助に該当する。

4　✕　地域援助は、地域社会全体に働きかけるもので、一部の専門職を育成する取り組みは該当しない。

5　○　法律の実施状況を常にチェックし、地域社会に情報提供を正確に行うことは、地域援助に該当する。

問題 49

【正答】　1　4　5

1　○　支援困難事例の発生には、本人要因、社会的要因、サービス提供者側の要因の3つが複合的に関与しており、サービス提供者側の要因として、本人の意思や意向を無視した支援者主導の援助や不十分な連携や協働、ニーズとケアプランの乖離（かいり）などが考えられる。

2　✕　支援困難事例では、「価値」に基づいた援助を実践するが、「価値」とは、支援者の個人的な価値観ではなく、対人援助の専門職として共通に持っておくべき価値基盤であり、援助を方向付ける理念や思想、哲学である。

3　✕　高齢者の不満や怒りの奥に潜む状況や感情を共感的に理解し、高齢者が自らそれをコントロールできるように支援していく。

4　○　地域ケア会議などのしくみも活用して、地域に不足する社会資源を開発していくことが必要である。

5　○　客観的なニーズが存在していても、本人や家族が必要な支援を求めない場合がある。認知機能の低下から、支援の必要性を判断できないこともあり、信頼関係を構築しながら必要な支援につなげていく。

問題 50

【正答】　1　3　4

1　○　利用者の身体に直接接触して行う介助サービスは身体介護として算定するが、その介助サービスのために必要となる準備や後片づけなどの一連の行為も身体介護として算定する。

2　✕　訪問介護では、専門的判断や危険を伴う訓練・リハビリテーションなどを独自に行うことは認められない。

3　○　自立支援、ADL、IADL、QOL向上の観点から、安全を確保しつつ、常時介助できる状態で行う見守りなどは、「自立生活支援・重度化防止のための見守り的援助」として身体介護で算定できる。設問のように、見守りや手助けをしながら一緒に行う家事は、これに該当する。

4 ○ 薬の受け取りは、生活援助として算定できる。なお、生活援助は、一人暮らしか同居家族に障害や疾病がある場合、または同様のやむを得ない事情で本人や家族が行うことが困難な場合にのみ算定できる。

5 ✕ 庭の草むしりは、訪問介護員等が行わなくても支障がなく、日常生活の援助に該当しない行為として、生活援助は算定できない。

問題 51

関連
⇒ p.270、271
速習 福 L 5

【正答】 2 5

1 ✕ 訪問入浴介護は、自宅の浴槽を利用せずに、浴槽を提供して入浴の介助を行うサービスである。

2 ○ 複数のケアスタッフが利用者を中心に声をかけ話し合いながら介助するため、利用者の安心感にもつながる。孤独感の解消、精神的な安寧をもたらす、生きる意欲を喚起するなどの効果がある。

3 ✕ 訪問入浴介護では、1回ごとのサービスは、原則看護職員1人、介護職員2人の3人で担当し、2人でのサービス提供は認められない。

4 ✕ 浴槽など利用者の身体に触れるものは利用者1人ごとに消毒する。タオルは1人ごとに取り替えるなど、設備・器具などの清潔保持に留意しなければならない。

5 ○ 利用者の心身状況により、全身入浴が困難な場合は、利用者の希望により部分浴や清拭など、適切なサービス提供に努めることとされている。この場合、介護報酬は所定単位数の90%に減算される。

問題52

注目

関連
⇒ p.278、279
速習 福 L 9

【正答】 1 4 5

1 ○ 給付対象となる車いすは、自走用標準型車いす、介助用標準型車いす、普通型電動車いすで、座面を後方に傾けるティルト機能やリクライニング機能、パワーアシスト機能がついた車いすなども給付対象となっている。

2 ✕ 簡易浴槽など、入浴・排泄に関連するものは貸与になじまないとして特定福祉用具販売（福祉用具購入）の対象となっている。

3 ✕ 給付対象となる歩行補助杖は、松葉杖、ロフストランドクラッチ、多点杖、カナディアンクラッチ、プラットホームクラッチに限定されており、T字杖（一本杖）は対象外である。

4 ○ 排泄予測支援機器は、膀胱内の状態を感知し、尿量を推定して排尿の機会を本人や介護者などに通知するもので、2022（令和4）年4月から特定福祉用具販売の対象である。

5 ○ 自動排泄処理装置の本体部分は福祉用具貸与、レシーバー、タンク、チューブなどの交換可能部品は特定福祉用具販売の対象となっている。

問題　53

関連
⇨ p.274、275
速習 福 L 7

【正答】　1　3　5

1　〇　短期入所生活介護の基本方針には、要介護状態となっても、利用者が可能なかぎりその居宅で、有する能力に応じた自立生活が営めるよう、介護その他の日常生活上の世話や機能訓練を行うことにより、利用者の心身機能の維持や家族の身体的・精神的負担の軽減を図るものであることが示されている。

2　✕　事業所の類型として①単独型、②併設型、③空床利用型があるが、いずれの場合も機能訓練指導員は１人以上置く必要がある。

3　〇　事業所には常勤の管理者を置くが、特段の専門資格は規定されていない。また、支障なければ事業所のほかの職務や同一敷地内にあるほかの事業所、施設等の職務との兼務が可能である。

4　✕　１週間に２回以上、適切な方法による入浴または清拭を行う。

5　〇　介護支援専門員が緊急に短期入所生活介護の利用が必要と認めた場合は、利用者や他の利用者の処遇に支障がなければ、居室以外の静養室での定員数以上の受け入れが可能とされている。

問題54

注目

関連
⇨ p.276、277
速習 福 L 8

【正答】　2　3　5

1　✕　介護居室の定員は原則１人である。利用者の処遇上必要な場合には２人までが認められている。

2　〇　外部サービス利用型では、特定施設サービス計画の作成、安否確認、生活相談などの基本サービスは特定施設の従業者が提供し、そのほかの介護サービスは、特定施設が委託契約した外部の居宅サービス事業者が提供する。

3　〇　標準的な回数を超える入浴介助、個別の外出介助や買い物代行など、個別的な選択による介護サービス費用は、利用者から別途徴収できる。

4　✕　指定を受けることができるのは、介護保険法上の特定施設である有料老人ホーム、軽費老人ホーム、養護老人ホームである。

5　〇　契約書の締結が義務づけられる。また、契約書には、入居者の権利を不当に侵すような契約解除の条件を定めてはならない。

問題　55

関連
⇨ p.284、285
速習 福 L11

【正答】　1　2　5

1　〇　利用者数が少なく、定期巡回サービスを行う訪問介護員等が利用者からの通報により適切にオペレーションセンターサービスを実施できる場合は、設置しないこともできる。

2　〇　事業所では通報のための端末機器（ケアコール端末、携帯電話など）を利用者に配布するが、利用者の心身の状況により、随時通報が適切に行える場合は、利用者の携帯電話や家庭用電話で通報させてもよい。

3　✕　管理者ではなくオペレーションセンター従業者が、面接および１か月な

いし3か月に1回程度の居宅訪問を行う。

4　✕　合鍵を預かることができる。その場合、管理は厳重にし、管理方法、紛失した場合の対処方法など必要な事項を記載した文書を利用者に交付する。

5　〇　オペレーターは、事業所に常駐している必要はなく、定期巡回サービスを行う訪問介護員等に同行して地域を巡回しながら利用者からの通報に対応することもできる。

問題　56

関連
⇨ p.288、289
速習 福 L13

【正答】　4　5

1　✕　共用型は、（介護予防）認知症対応型共同生活介護事業所、地域密着型特定施設、地域密着型介護老人福祉施設の居間、食堂または共同生活室でサービスを提供するもので、老人福祉センターの食堂は活用できない。

2　✕　認知症対応型通所介護は、認知症の特性に配慮して行われるサービスのため、一般の通所介護と一体的に行われることは認められていない。同じ場所、同じ時間帯でサービスを行う場合は、パーテーションで間を仕切るなど、職員、利用者、サービス空間を明確に区分することが求められている。

3　✕　管理者が作成する。事業所に介護支援専門員がいる場合は、介護支援専門員に計画のとりまとめを行わせることが望ましいとされる。

4　〇　利用定員は、単独型・併設型は12人以下、共用型は共同生活住居ごとまたは施設ごとに3人以下などとされる。

5　〇　運営推進会議において活動状況を報告し、評価を受けるとともに、必要な要望、助言などを聞く機会を設ける。会議の内容は記録し、公表する。

問題　57

関連
⇨ p.296、297
速習 福 L17

【正答】　1　2

1　〇　介護保険法上の都道府県知事の指定を受け指定介護老人福祉施設としてサービスを提供する。

2　〇　介護職員・看護職員の総数は入所者3人に対し常勤換算1人以上で、看護職員のうち1人以上は常勤、介護職員は夜勤を含めて常時1人以上を常勤で置く必要がある。

3　✕　入所者は、身体上・精神上著しい障害があるため常時介護を要する要介護者であるが、可能なかぎり在宅生活への復帰を念頭におき、定期的にその可能性について検討しなければならないとされている。

4　✕　入所待機者がいる場合は、介護の必要の程度や家族の状況などを勘案し、サービスを受ける必要性の高い人を優先的に入所させるよう努める。

5　✕　入所者が病院または診療所に入院する場合で、おおむね3か月以内の退院が明らかに見込める場合には、原則として、退院後、円滑に施設に再入所できるようにしなければならない。

問題　58　　【正答】　2　4　5

関連
⇒ p.302、303
速習 福 L20

1　✕　生活保護の申請は、要保護者、その扶養義務者またはその他の同居の親族にかぎり行うことができる。

2　○　葬祭扶助は火葬、納骨など葬祭のために必要な費用が金銭給付される。

3　✕　介護保険施設に入所している生活保護受給者の日常生活費は生活扶助から給付される。

4　○　なお、審査・判定については介護保険との統一を図るため、介護認定審査会に委託するしくみになっている。

5　○　介護券は介護保険被保険者証にあたるもので、介護サービスはこの介護券に基づいて行われる。

問題　59　　【正答】　4　5

関連
⇒ p.312、313
速習 福 L28

1　✕　成年後見制度には、後見類型、保佐類型、補助類型があり、判断能力が不十分な人は補助類型の対象となる。

2　✕　基本理念は、ノーマライゼーション、自己決定の尊重（意思決定の支援、自発的意思の尊重）、身上の保護の重視である。

3　✕　成年後見人は、財産に関するすべての法律行為に代理権を有するが、本人の居住用の不動産を処分する場合は家庭裁判所の許可が必要となる。

4　○　親族等が成年後見人になる割合は年々減少しており、全体の2割を下回っている。

5　○　市町村は人材の育成・活用を図るために必要な措置を講じるよう努め、養成研修の実施や体制整備などとともに、適切に後見業務を行える者の家庭裁判所への推薦などを行う。

問題　60　　【正答】　1　2　4

関連
⇒ p.309〜311
速習 福 L27

1　○　高齢者虐待とは、養護者および養介護施設従事者等により行われる、身体的虐待、養護を著しく怠ること（ネグレクト）、心理的虐待、性的虐待、経済的虐待のいずれかに該当する行為をいう。

2　○　養介護施設とは、老人福祉法に規定する老人福祉施設、有料老人ホーム、介護保険法に規定する介護保険施設、地域密着型介護老人福祉施設、地域包括支援センターである。

3　✕　養護者の虐待により高齢者の生命または身体に重大な危険が生じている場合には、市町村への通報義務がある。

4　○　なお、市町村長は、立ち入り調査などにあたり、被虐待高齢者の所在地を管轄する警察署長に援助を求めることができる。

5　✕　養護者には、相談、指導、助言などの必要な措置がとられ、罰則はない。

≪第２回模擬試験　解答一覧≫

・間違えた問題は、解説をよく読んで理解を深めるとともに、本書の「テーマ別要点チェック問題」で関連する内容もあわせて復習してください。

＊関連項目番号は、「テーマ別要点チェック問題」のテーマ番号を表します。
（例）２→２介護保険制度の改正と制度の目的等

問題番号		解答番号			「テーマ別要点チェック問題」関連項目番号
問題　1	1	2	4		1
問題　2	1	5			2
問題　3	1	2	4		6
問題　4	1	2	5		5
問題　5	3	5			10
問題　6	2	3	4		13
問題　7	1	3			10
問題　8	1	3	4		14
問題　9	3	4			3
問題　10	2	3	4		14
問題　11	1	3	4		16
問題　12	2	5			20、21
問題　13	3	4			20
問題　14	3	4			17
問題　15	1	2			19
問題　16	2	3	4		22
問題　17	1	2	5		7
問題　18	1	2	4		8
問題　19	1	4	5		8
問題　20	3	5			3
問題　21	2	3	5		24
問題　22	2	4			24
問題　23	4	5			25
問題　24	1	4			3、9、24
問題　25	1	4	5		3、42

介護支援分野

問題番号		解答番号			「テーマ別要点チェック問題」関連項目番号
保健医療サービスの知識等	問題 26	1	4	5	34
	問題 27	2	4	5	37
	問題 28	1	4		38
	問題 29	2	4		29、30
	問題 30	1	2	5	33
	問題 31	1	3	4	32
	問題 32	1	5		39
	問題 33	1	4		39
	問題 34	1	2	4	45
	問題 35	2	4	5	44
	問題 36	1	3		42
	問題 37	1	2	4	43
	問題 38	2	4	5	47
	問題 39	2	3	5	48
	問題 40	2	4		51
	問題 41	1	4	5	56
	問題 42	2	4		57
	問題 43	1	3	4	55
	問題 44	2	4	5	59
	問題 45	1	2	5	60
福祉サービスの知識等	問題 46	2	3	4	62
	問題 47	3	4	5	62
	問題 48	1	3	4	61
	問題 49	3	5		61
	問題 50	3	5		64
	問題 51	4	5		65
	問題 52	1	3	4	66
	問題 53	1	3	4	67
	問題 54	1	3	4	70
	問題 55	2	4		74
	問題 56	1	2	4	76
	問題 57	2	3	5	80
	問題 58	2	3		81
	問題 59	2	3	4	83
	問題 60	2	3	5	81

問題　1

関連
⇨ p.90、91
速習 介 L 1

【正答】　1　2　4

1　〇　わが国では、少子・高齢化が進んでいる（国立社会保障・人口問題研究所「日本の将来推計人口（令和5年推計）」出生中位・死亡中位仮定）。

2　〇　特に後期高齢者が増加する。20 ～ 64歳の稼働年齢層と75歳以上の人口比率でみると、2015（平成27）年に75歳以上1人に対し20 ～ 64歳は4.4人だったが、2045（令和27）年には2.4人になると見込まれている（同上）。

3　✕　厚生労働省の推計によると、認知症高齢者数は、2025（令和7）年には、約700万人になり、高齢者人口の約2割に達すると見込まれている。

4　〇　世帯主が65歳以上の世帯数は、2040（令和22）年まで増加を続ける。最も顕著に増加するのが単独世帯（2015年との比較で1.43倍）である（国立社会保障・人口問題研究所「日本の世帯数の将来推計（全国推計）」〔平成30年推計〕）。

5　✕　高齢者を取り巻く状況として、設問の「介護離職」をはじめ、高齢者が高齢者を介護する「老老介護」、80代の親がひきこもりなどの50代の子どもを支える「8050問題」などが社会的な課題とされている。

問題　2

関連
⇨ p.94、95
速習 介 L 6

【正答】　1　5

1　〇　自ら要介護状態となることを予防するため、加齢に伴って生じる心身の変化を自覚して常に健康の保持増進に努めることが規定されている。

2　✕　要介護状態となった場合においても、進んでリハビリテーションその他の適切な保健医療サービスおよび福祉サービスを利用することにより、その有する能力の維持向上に努めることが規定されている。

3　✕　高齢者が「生きがいをもてる健全で安らかな生活を保障」は老人福祉法の基本的理念に含まれる内容であり、介護保険法には規定されていない。

4　✕　そのような内容は規定されていない。なお、介護保険は社会保険であり、一定の要件を満たすことで強制適用となるため、加入は努力義務ではない。

5　〇　共同連帯の理念に基づき、介護保険事業に要する費用を公平に負担する義務を負うことが示されている。

問題　3

関連
⇨ p.106、107
速習 介 L 8

【正答】　1　2　4

1　〇　障害者総合支援法の生活介護および施設入所支援の支給決定を受けて指定障害者支援施設に入所している身体障害者・精神障害者・知的障害者は、介護保険の適用除外となり、被保険者とならない。

2 ○ 介護保険の被保険者となるためには、一定の年齢到達、住所の存在、第2号被保険者では医療保険加入という要件を満たす必要がある。住所があるとは、一般に住民基本台帳上の住所を有することで、日本国籍があっても海外に長期滞在しているなど日本に住民票がない場合は、被保険者にならない。

3 ✕ 生活保護受給者は国民健康保険の適用除外となるが、健康保険等に加入している場合は、資格要件を満たし、介護保険の被保険者となる。

4 ○ 生活保護法における救護施設の入所者は、介護保険の適用除外となり、被保険者とならない。

5 ✕ 介護保険の被保険者資格は強制適用であり、介護保険の適用要件となる事実が発生したときに、何ら手続きを要せず資格を取得する。

問題 4

関連
⇨ p.102、103
速習 介 L 7

【正答】 1 2 5

1 ○ 市町村が条例に定めることで支給限度基準額（区分支給限度基準額・福祉用具購入費支給限度基準額・住宅改修費支給限度基準額）の上乗せができる。

2 ○ 市町村特別給付は、要介護者・要支援者を対象とした市町村独自の保険給付で、法定給付以外のサービスを市町村が条例に定め、給付の対象とする。

3 ✕ 市町村は、普通徴収にかかる保険料の納期について条例に定める。

4 ✕ 市町村が条例で定めることができるのは、行政上の秩序罰とされる「過料」に関する事項である。設問の「科料」は刑事罰にあたる。

5 ○ 市町村が指定する指定居宅介護支援（基準該当含む）、指定地域密着型サービス、指定地域密着型介護予防サービス、指定介護予防支援（基準該当含む）について人員・設備・運営に関する基準を条例に定める。

問題 5

関連
⇨ p.120、121
速習 介 L12

【正答】 3 5

1 ✕ 特定入所者介護サービス費は、特定介護サービスを利用した場合の食費と居住費（滞在費）について、負担限度額を超えた費用が現物給付される。

2 ✕ 負担限度額は、所得と預貯金など資産の状況に応じて定められる。

3 ○ 支給対象となるのは、低所得の要介護者である。被保険者の属する世帯全員（世帯分離の場合も含む）が市町村民税世帯非課税者で、さらに選択肢2の解説のとおり、預貯金等の資産も勘案される。

4 ✕ 支給対象となる特定介護サービスとは、施設サービス、地域密着型介護老人福祉施設入所者生活介護、短期入所生活介護、短期入所療養介護である。

5 ○ 市町村は、厚生労働大臣の定める基準により、不正受給額の返還額に加えて給付額の2倍以下の金額を加算して徴収することができる。

問題　6

関連
⇨ p.128、129
速習 介 L15

【正答】　2　3　4

1　✕　労働者災害補償保険法その他法令によって、療養補償や介護補償などの介護保険の給付に相当するものを受けることができるときは、労働者災害補償保険法などの法令が優先して適用され、一定の限度において介護保険による給付は行われない。

2　〇　障害者が介護保険の給付を受ける場合は、介護保険と重複するサービスについては介護保険の給付が優先する。一方、障害者施策固有のサービスは障害者総合支援法その他障害者制度から給付が行われる。

3　〇　市町村は、サービス提供事業者や施設が、偽りや不正行為によって現物給付の支払いを受けた場合には、その返還させるべき額に4割を加算して徴収することができる。

4　〇　市町村は、保険給付が適正に行われるよう、受給者や事業者・施設のサービス担当者、住宅改修を行う者などに、文書等の物件の提出や提示を求め、質問を行うことができる。また、受給者が正当な理由なく求めに応じないなどの場合は、保険給付の全部または一部を制限することができる。

5　✕　介護保険の保険給付を受ける権利（受給権）は、差し押さえたり、他人に譲り渡したり、担保にしたりすることはできない。

問題　7

関連
⇨ p.120、121
速習 介 L12、13

【正答】　1　3

1　〇　利用者負担は定率1割だが、2015（平成27）年8月から一定以上所得のある第1号被保険者は2割負担となり、さらに2018（平成30）年8月から、2割負担者のうち現役並み所得者は3割負担になった。

2　✕　通所系サービスにおける食費は、全額自己負担となる。

3　〇　おむつ代は、短期入所サービス、施設サービス、地域密着型介護老人福祉施設入所者生活介護では保険給付の対象である。

4　✕　介護保険制度では、利用者が一定の要件を満たした場合には、保険者が事業者や施設に直接給付分の支払いをする法定代理受領（現物給付）が行われるが、特定福祉用具販売は償還払いされるサービスである。

5　✕　刑事施設や労役場などに拘禁されている期間は、保険給付は行われない。

問題8 注目

関連
⇨ p.130、131
速習 介 L16

【正答】　1　3　4

1　〇　市町村長は、市町村介護保険事業計画における必要利用定員総数に達しているなどの場合、認知症対応型共同生活介護、地域密着型特定施設入居者生活介護、地域密着型介護老人福祉施設入所者生活介護の指定をしないことができる。

2　✕　都道府県知事が、都道府県介護保険事業支援計画における必要利用定員

総数に達しているなどの場合に、介護老人保健施設、介護医療院、特定施設入居者生活介護の指定をしないことができる。

3 ○ 選択肢1の解説のとおり、指定をしないことができる。

4 ○ 地域密着型通所介護については、その市町村の区域内に①定期巡回・随時対応型訪問介護看護等の事業所があり、かつ②地域密着型通所介護等の地域密着型サービスの種類ごとの量が、市町村介護保険事業計画において定める見込み量に達しているなどの場合は、地域密着型通所介護の指定をしないことができる。

5 ✕ 定期巡回・随時対応型訪問介護看護には指定拒否のしくみは設けられておらず、市町村協議制などで普及の促進が図られているサービスである。

問題　9　　【正答】　3　4

1 ✕ 介護支援専門員として実務を行うためには、都道府県知事が行う介護支援専門員実務研修受講試験に合格後、実務研修を修了して、都道府県知事から登録と介護支援専門員証の交付を受ける必要がある。

2 ✕ 介護支援専門員がほかの都道府県に登録を移転した場合、その介護支援専門員証は効力を失うため、登録移転先の都道府県知事に申請して介護支援専門員証の交付を受ける必要がある（有効期間は前の介護支援専門員証の残りの期間）。

3 ○ 介護支援専門員証の有効期間は5年で、更新のためには更新研修を受ける必要がある。ただし、登録後5年を超え介護支援専門員証を失効している場合は再研修を受ける。

4 ○ このほか、介護保険法に規定する介護支援専門員の義務には、公正・誠実な業務遂行義務、基準遵守義務、資質向上努力義務、秘密保持義務などがある。

5 ✕ 都道府県知事は、介護支援専門員が業務禁止処分に違反した場合は、職権で介護支援専門員の登録を消除しなければならない。このほか、一定の欠格事由に該当した場合、不正な手段により登録や介護支援専門員証の交付を受けた場合なども職権で必ず消除が行われる。

問題　10　　【正答】　2　3　4

1 ✕ 居宅サービス事業者の指定は、事業所ごと、サービスの種類ごとに、原則申請に基づいて行われる。

2 ○ 6年を経過するまでに指定の更新を受けなければ、有効期間満了日をもって指定の効力を失う。

3 ○ 申請者が社会保険各法または労働保険の保険料の徴収等に関する法律に

規定する保険料などの滞納を3か月以上続けている場合には、指定を受けることができない。申請者が都道府県の条例で定める者でないこと、人員基準を満たしていないか設備・運営基準に従い適切な運営ができない場合、申請者が禁錮以上の刑を受けている場合なども同様である。

4　○　都道府県知事は、事業者が一定の取り消し事由に該当した場合は、指定を取り消すか、期間を定めて指定の全部または一部の効力を停止できる。

5　×　事業の廃止または休止をしようとする場合に、休廃止の1か月前までに指定を受けた都道府県知事に届出をする。事業所の名称や所在地等に変更があったとき、休止した事業を再開したときは、その10日以内に届け出る必要がある。

問題11 👶
注目

関連
⇒ p.136、137
速習 介 L18

【正答】　1　3　4

1　○　介護サービス事業者経営情報の調査および分析等にかかる事項は、2023（令和5）年の制度改正で位置づけられたもので、地域において必要とされる介護サービスの確保を目的としている。

2　×　介護サービス事業者は、厚生労働省令で定めるところにより、介護サービス事業者経営情報を都道府県知事に報告しなければならない（義務）。

3　○　介護サービス情報の報告を受けた都道府県知事は、その報告の内容を公表し、必要がある場合は、その介護サービス情報について都道府県の定める指針に従い調査をすることができる。

4　○　厚生労働大臣は、介護サービス事業者経営情報を国民に迅速に提供することができるよう必要な施策を実施し、必要時に都道府県知事に介護サービス事業者の活動の状況などに関する情報の提供を求めることができる。

5　×　都道府県知事は、介護サービス事業者が報告命令等に従わない場合に、自ら指定した事業者には指定・許可の取り消しや、効力停止を行うことができるが、地域密着型サービス事業者など市町村長が指定する事業者についてはできないため、指定取り消しなどが適当な旨を市町村長に通知する。

問題12

関連
⇒ p.146〜149
速習 介 L22

【正答】　2　5

1　×　第1号被保険者の保険料は、原則9段階の所得段階別定額保険料により算定されるが、各市町村が所得段階をさらに細分化したり、各段階の保険料率を変更したりすることも可能となっている。

2　○　第1号被保険者の保険料の徴収は、年金保険者を通して徴収する特別徴収が原則だが、無年金者、低年金者など特別徴収に該当しない場合は、市町村が直接徴収する普通徴収が行われる。この普通徴収の収納事務は、コンビニエンスストアなど私人への委託も可能となっている。

3 × 健康保険などの被用者保険では、支払基金への介護給付費・地域支援事業支援納付金は、加入者の報酬額に比例したもの（総報酬割）となっている。

4 × 介護保険の第1号被保険者が保険料を滞納している場合、滞納期間に応じて市町村による段階的な措置が講じられるが、被保険者資格を喪失することはない。

5 ○ 財政安定化基金の財源は、国、都道府県、市町村が3分の1ずつ負担するが、市町村の負担分は第1号被保険者の保険料が充てられる。

問題 13　【正答】　3　4

関連
⇒ p.146、147
速習 介 L22

1 × 調整交付金は、国がその全額を負担する。介護給付費（保険給付費）の財源のうち、国の負担分はすべての市町村に一律に交付される定率負担金と、市町村の財政力の格差に応じ傾斜的に交付される調整交付金から構成される。

2 × 調整交付金は市町村の財政力に応じて交付され、一律ではない。総額で保険給付費の5％だが、市町村の財政力によって5％未満になったり、5％以上になったりする。

3 ○ 2014（平成26）年の法改正により、地域支援事業のうち介護予防・日常生活支援総合事業についても調整交付金が支給されている。

4 ○ 普通調整交付金は、後期高齢者の加入割合、第1号被保険者の所得水準の分布状況を考慮して算定される。

5 × 特別調整交付金は、災害時などの保険料減免や定率負担の減免による保険料減収などやむを得ない特別の事情を考慮して算定される。

問題14 　【正答】　3　4

関連
⇒ p.138、139
速習 介 L19

1 × 第1号事業（介護予防・生活支援サービス事業）は、基本チェックリストに該当した第1号被保険者のほか、要支援者と要介護者（要介護認定前から市町村の補助により実施される第1号事業を利用していた人にかぎる）も利用対象であり、保険給付によるサービスと併用することができる。

2 × 従来の介護予防訪問介護相当のサービスのほか、予防給付よりも緩和した基準によるサービス、住民主体による支援、専門職による短期集中予防サービスなど多様な提供主体によるサービスが行われる。

3 ○ 第1号通所事業では、専門職による短期集中予防サービスが実施可能であり、運動器の機能向上や栄養改善プログラム等が行われる。

4 ○ 第1号生活支援事業では、栄養改善などを目的とした配食、住民ボランティア等が行う定期的な安否確認と緊急時の対応、その他介護予防と自立した日常生活の支援のために市町村が定めるサービスが行われる。

5 × 第1号介護予防支援事業は、市町村の直接実施のほか、地域包括支援セ

ンターへの委託が可能である。また、地域包括支援センターは、業務の一部を指定居宅介護支援事業者に委託することができる。

問題　15

関連
⇨ p.144、145
速習 介 L21

【正答】　1　2

1　○　認知症対応型共同生活介護、地域密着型特定施設入居者生活介護、地域密着型介護老人福祉施設入所者生活介護の必要利用定員総数については、市町村介護保険事業計画に定めるべき事項である。

2　○　被保険者の地域における自立した日常生活の支援、要介護状態等となることの予防または要介護状態等の軽減・悪化の防止および介護給付等に要する費用の適正化に関し、市町村が取り組むべき施策（これらを自立支援等施策という）に関する事項、またこれらの目標に関する事項は、市町村介護保険事業計画に定めるべき事項である。

3　✕　介護専用型特定施設入居者生活介護の必要利用定員総数は、都道府県介護保険事業支援計画に定めるべき事項である。

4　✕　都道府県介護保険事業支援計画に定めるよう努める事項である。また、これらに資する都道府県と連携した取り組みに関する事項は、市町村介護保険事業計画に定めるよう努める事項である。

5　✕　有料老人ホーム、サービス付き高齢者向け住宅それぞれの入居定員総数は、市町村介護保険事業計画に定めるよう努める事項である。

問題　16

関連
⇨ p.150、151
速習 介 L24

【正答】　2　3　4

1　✕　介護保険審査会は、被保険者からの市町村の処分に関する審査請求を受け付ける専門の第三者機関で、都道府県知事の附属機関として各都道府県に1つずつ設置される。

2　○　審査請求ができる事項は、保険給付に関する処分（被保険者証の交付の請求に関する処分、要介護認定等に関する処分を含む）と保険料その他介護保険法に規定する徴収金に関する処分である。

3　○　介護保険審査会は、被保険者代表委員3人、市町村代表委員3人、公益代表委員3人以上で構成される。

4　○　また、要介護認定等以外の処分の審査請求は、公益代表委員3人（会長1人含む）、市町村代表委員3人、被保険者代表委員3人の合議体で取り扱う。

5　✕　被保険者が審査請求の対象となる処分の取り消しを裁判所に訴える場合は、介護保険審査会の裁決を経たあとでなければならない。なお、審査請求を行った日から3か月を過ぎても裁決がないときは、裁決なしで提起することが可能とされている。

問題 17

関連
⇒ p.110、111
速習 介 L 9

【正答】 1　2　5

1　○　介護保険施設である介護老人福祉施設、介護老人保健施設、介護医療院、指定居宅介護支援事業者、地域密着型介護老人福祉施設は、運営基準の要介護認定等の申請にかかる援助の規定に違反したことがないことを条件に、申請代行ができる。また、地域包括支援センターも申請代行ができる。

2　○　社会保険労務士法に基づく社会保険労務士は申請代行ができる。

3　✕　市町村長は、申請の代行・代理を行うことはできない。

4　✕　福祉事務所のケースワーカーは、担当する生活保護受給者のためであっても、申請の代行・代理を行うことはできない。

5　○　家族や親族等は、本人に代わり代理で申請を行うことができる。

問題18

関連
⇒ p.112、113
速習 介 L10

【正答】 1　2　4

1　○　要介護認定等基準時間は、基本調査の項目を①直接生活介助、②間接生活介助、③認知症の行動・心理症状（BPSD）関連行為、④機能訓練関連行為、⑤医療関連行為の5分野に区分し、コンピュータで分析して1日に必要な介護時間を算出する。輸液の管理は、医療関連行為に含まれる。

2　○　洗濯などの家事援助は、間接生活介助として、要介護認定等基準時間に含まれる。

3　✕　病院での診療は介護に要する時間にあたらず、要介護認定等基準時間に含まれない。

4　○　徘徊に対する探索は、認知症の行動・心理症状（BPSD）関連行為として要介護認定等基準時間に含まれる。

5　✕　家族の就業時間は、介護に要する時間にあたらず、要介護認定等基準時間に含まれない。

問題 19

関連
⇒ p.112、113
速習 介 L10

【正答】 1　4　5

1　○　介護認定審査会は、複数の市町村による共同設置、都道府県や他市町村への審査・判定業務の委託、広域連合・一部事務組合の活用による広域的な実施が認められている。ただし、共同設置や委託の場合は、認定調査や認定は各市町村が行わなければならない。広域連合等で実施する場合は、認定調査や認定も含めて行うことができる。

2　✕　審査・判定にあたり、必要があれば、被保険者、家族、主治医、認定調査員などの関係者に意見を聴くことができる。

3　✕　介護認定審査会の委員は、保健・医療・福祉の学識経験者を市町村長が任命する。原則として市町村の職員は委員となることができない。

4　○　委員の身分は、特別職の非常勤公務員であり、職務上知り得た個人の情

報に関する守秘義務が課せられる。

5　○　要介護状態等の軽減または悪化の防止のために必要な療養に関する事項のほか、サービスの適切かつ有効な利用などに関し被保険者が留意すべき事項、認定の有効期間の短縮や延長に関する事項について意見を付すことができる。

問題　20

関連
⇨ p.96、97
速習 介 L 3

【正答】　3　5

1　✕　介護支援専門員には、利用者や家族の間、またサービス提供機関との間で中立性を保つことが求められており、特定の者や機関の利益のために働くようなことがあってはならない。同一の事業主体の事業者に偏るようなことは避けなければならない。

2　✕　介護支援専門員は常に人権擁護の視点をもつ必要がある。ただし固定観念で家族の虐待と決めつけず、利用者や家族とも面談をし、まず正確な事実把握に努める必要がある。

3　○　介護支援専門員は、専門的援助を行う支援者であり、利用者に対しては公平性を保つ必要がある。知り合いであっても特別に扱うようなことは避けなければならない。

4　✕　介護支援専門員には、秘密保持義務がある。家族であっても、利用者の了承なく、利用者の個人情報を安易に開示することは控えるべきである。

5　○　自立支援とは、利用者が主体的に、その人らしく生きることを支援することである。寝たきりの状態になった人にも、その人らしい生活の実現を目指す支援が大切である。

問題　21

関連
⇨ p.156〜159
速習 介 L25、26

【正答】　2　3　5

1　✕　介護支援専門員が行うアセスメントは、利用者の居宅を訪問し、利用者および家族に面接して行わなければならない。

2　○　サービス担当者会議をテレビ電話装置その他の情報通信機器を活用する際には、利用者またはその家族が参加する場合には、利用者等にその旨の同意を得なければならない。

3　○　介護支援専門員は、居宅サービス計画に位置づけた指定居宅サービス事業者等に対して、それぞれが作成する個別支援計画の提出を求める。

4　✕　適切な保健医療・福祉サービスが総合的かつ効果的に提供されていても、利用者が介護保険施設への入所を希望する場合、または利用者が居宅において日常生活を営むことが困難になったと認める場合には、介護保険施設への紹介その他の便宜の提供を行う。

5　○　訪問看護などの医療サービスは主治医の指示がある場合にかぎり居宅

サービス計画に位置づけることができる。利用者が医療サービスの利用を希望している場合などには、利用者の同意を得て主治医の意見を求め、その場合に居宅サービス計画を主治医に交付しなければならない。

問題 22

関連
⇒ p.158、159
速習 介 L26

【正答】 2 4

1 ✕ ケアマネジメントにおけるモニタリングは、利用者の状況に即した支援を行うために、サービスの実施状況や利用者の生活状況の変化を把握することを目的としている。

2 ◯ サービス提供後に、利用者の心身機能や介護環境に変化があり、居宅サービス計画と利用者のニーズにミスマッチが生じることがある。モニタリングでミスマッチを発見し、修正を加えることで利用者の状況に合ったサービスを提供することができる。

3 ✕ 居宅サービス計画の作成後も、利用者や家族、主治医、指定居宅サービス事業者等との連絡を継続的に行うが、その場合でも少なくとも1か月に1回は利用者の居宅を訪問・面接してモニタリングを行う必要がある。

4 ◯ 選択肢3の解説に加えて、少なくとも1か月に1回のモニタリング結果の記録が必要である。モニタリング結果の記録は2年間保存する。

5 ✕ 保険者に定期的に提出する必要はない。

問題23

注目

関連
⇒ p.160、161
速習 介 L27

【正答】 4 5

1 ✕ 担当職員は、保健師、介護支援専門員、社会福祉士、経験のある看護師、高齢者保健福祉に関する相談業務などに3年以上従事した社会福祉主事のいずれかの者である。

2 ✕ 指定介護予防支援事業所の管理者は常勤で必要だが、特段の専門資格の定めはない。

3 ✕ 委託にあたっては、中立性・公平性を確保するため、地域包括支援センター運営協議会の議を経る必要がある。

4 ◯ 指定介護予防支援の基本取扱方針として、設問の内容のほか、医療サービスとの連携や、自ら提供するサービスの質の評価を行い、常に改善を図ることも規定されている。

5 ◯ 2023（令和5）年の制度改正で、地域包括支援センターの業務が見直され、包括的支援事業における包括的・継続的ケアマネジメント支援業務として、介護予防サービス計画の検証も行うことになった。これに伴い必要があると認める場合には、市町村長は指定介護予防支援事業者に介護予防サービス計画の実施状況等に関する情報提供を求めることができるようになった。

問題 24　【正答】　1　4

関連
⇨ p.96〜98、
116、117、
156、157

速習 介 L 3、
11、
26

1　○　Aさんが介護保険のサービス内容を誤解している可能性もある。サービス内容を理解してもらい、利用につなげる働きかけは適切な対応といえる。

2　×　相談支援では、夫婦の意見の違いも踏まえて、課題を分析して必要な支援につなげていくことが大切である。

3　×　介護支援専門員は、利用者の主体性を尊重し、利用者が望む暮らしを実現するための自己決定ができるよう支援する。Aさんの考え方や行動について、自分の価値観で一方的に意見を述べるような態度は望ましくない。

4　○　介護支援専門員は、さまざまな専門職と連携し、必要な社会資源を利用者につなげていく役割を担っている。

5　×　Aさん夫婦には有料老人ホームへの入居の希望がなく、一方的に入居を勧めることは適切ではない。まず、Aさんや妻の将来の生活のイメージを明らかにし、自己決定を促すことが望ましい。

問題 25　【正答】　1　4　5

関連
⇨ p.96、97、
206、207

速習 介 L 3
保 L17

1　○　地域包括支援センターでは、包括的支援事業における権利擁護業務として消費者被害を未然に防止する取り組みを行っている。Aさんと地域包括支援センターに相談に行くのは適切な対応である。

2　×　問題解決のためであっても、Aさんの同意なく、現在の状況を近所の住民に話すのは適切な対応ではない。プライバシーや個人情報に配慮する必要がある。

3　×　Aさんがだまされていると決めつけたり、認知症に対する病識が不足していると指摘するような対応は適切ではない。介護支援専門員には、利用者の人権を擁護し、人間としての尊厳に敬意を表する姿勢が求められる。自分の価値観や社会通念により、一方的に評価したり意見を表明したりしてはならない。

4　○　何らかの支援を必要とする人のニーズと社会資源を結びつける支援方法がケアマネジメントである。民生委員は、高齢者に対する見守り活動や相談支援を行っている地域の重要な資源であることから、一緒に訪問し、Aさんとの関係づくりを支援することは適切な対応である。

5　○　オレンジカフェ（認知症カフェ）は、認知症の人やその家族が、地域の人や専門職と相互に情報を共有し、理解し合う場所として運営されている。軽い認知症があり、1人暮らしをしているAさんには適切な対応である。

問題 26

関連
⇨ p.182、183
速習 保 L 6

【正答】　1　4　5

1　○　一般的に胃潰瘍では食後に痛みが悪化し、十二指腸潰瘍では空腹時に痛みが悪化する。その他の症状として、胸やけ、食欲不振、吐き気、ゲップなどがある。

2　✕　たんぱく質は、摂取量が少ない状態が続くと胆石の成長を助長するため、ある程度とる必要がある。また、コレステロールの多い食べ物は控え、食物繊維は多くとるようにする。

3　✕　潰瘍性大腸炎の症状が悪化しているときには、脂っこいもの、辛いもの、繊維質が多いもの、乳製品、アルコールは控える必要がある。

4　○　慢性腎不全では、腎不全の進行を抑え、自覚症状を改善させることが治療の中心となり、人工透析の開始を遅らせることが重要なポイントになる。

5　○　前立腺肥大症は、前立腺が肥大し、尿道が圧迫されて排尿障害や腎臓機能障害を起こす疾患で、加齢とともに症状が強くなる。自覚症状には個人差が大きく、積極的な治療をしないで経過観察になることもある。

問題 27

関連
⇨ p.188、189
速習 保 L 9

【正答】　2　4　5

1　✕　低体温となるのは、低栄養や甲状腺機能低下症などである。甲状腺機能亢進症や感染症では、一般に高体温（発熱）がみられるが、高齢者では発熱がみられないことがある。

2　○　脈拍は、100以上を頻脈、60未満を徐脈という。頻脈は、感染症、甲状腺機能亢進症、うっ血性心不全、脱水などでみられる。

3　✕　加齢に伴って動脈の血管の弾力性が失われるため、高齢者では収縮期血圧が高く、拡張期血圧が低くなる傾向がある。

4　○　意識レベルの詳細な評価方法として、覚醒度によって意識レベルを分類し、評価するジャパン・コーマ・スケール（JCS）のほか、開眼・言語反応・運動反応にわけて評価を行うグラスゴー・コーマ・スケール（GCS）がある。

5　○　高齢者でも1回の換気量（吸入または呼出される空気量）は一般成人と変わらないが、肺活量（息を最大限吸い込んだあとに吐き出せる空気量）は低下傾向となる。

第2回　解答・解説

問題 28

関連
⇒ p.192、193
速習 保 L10

【正答】　1　4

1　○　上腕周囲長や下腿周囲長（かたい）は、寝たきりなどの場合の低栄養判定に有効とされている。

2　×　γ-GTPの上昇では、脂肪肝やアルコール性肝炎が疑われる。γ-GTP、AST（GOT）やALT（GPT）は、肝臓などに含まれる酵素であり、肝・胆道疾患の指標となる。

3　×　血小板数は、肝硬変や薬の副作用、特発性血小板減少性紫斑病などで減少し、炎症があると増加する。

4　○　糖尿病の診断には、空腹時血糖値、食後の血糖値（75g経口糖負荷試験）のほか、ヘモグロビンA1$_c$も用いられる。

5　×　ホルター心電図は、小型軽量の装置を身につけ、日常生活における24時間の心電図を測定する検査のため、入院や安静の必要はない。

問題 29

関連
⇒ p.168、169、
172、173
速習 保 L 1、
2

【正答】　2　4

1　×　発症に生活習慣が関与するのは2型糖尿病である。1型糖尿病は、主に自己免疫異常などによりインスリン量が絶対的に少ないために発症する。

2　○　HDLコレステロールは、「善玉コレステロール」とも呼ばれ、体内の余分なコレステロールを回収し、肝臓に送り動脈硬化を防ぐ働きがある。低値では、メタボリックシンドロームの危険因子とされ、肥満と深い関係がある。

3　×　低ナトリウム血症は、絶対的なナトリウムの摂取不足と、疾病などにより体内の水分が過剰となり、水分とナトリウムのバランスが崩れて相対的に低ナトリウム状態が進むことで起こる。

4　○　サルコペニアは筋肉減弱症ともいい、加齢に伴う筋肉量（骨格筋）減少を必須に、筋力低下または身体能力低下のいずれかを伴う場合に診断される。

5　×　加齢とともにがんの発症頻度は増加する。高齢者では、同時に原発性のがんが複数の臓器に生じる多発がんの頻度も上昇する。

問題 30

関連
⇒ p.180、181
速習 保 L 5

【正答】　1　2　5

1　○　慢性閉塞性肺疾患（COPD）では、慢性の咳、痰、息切れ、呼吸困難などがみられるほか、全身の炎症や骨格筋の機能障害、栄養障害、骨粗鬆症（こつそしょうしょう）などの併存症を伴う。

2　○　高齢者の肺炎は、基礎疾患や低栄養、免疫力の低下などを背景に、再発や再燃を繰り返し、難治化することも多い。

3　×　以前に感染した結核菌が体内に残っている場合は、再度発症するリスクがある。特に高齢者では、既感染率が高く、免疫力の低下などをきっかけにして発症しやすくなるため、注意が必要である。

4　✕　急性上気道炎は風邪症候群のひとつであり、ウイルス感染が多い。自覚症状は発熱、頭痛、全身倦怠感（けんたい）、鼻症状、咽喉症状（いんこう）で、安静、水分補給により自然治癒するので、抗菌薬は一般的には不要なことが多い。

5　○　喘息（気管支喘息）は、中年期・高齢期での発症も多い。気管支に炎症が生じる原因の多くは、ダニやハウスダスト、花粉などのアレルギーだが、中年期以降の発症では、アレルギーよりも感染により発作が起こる確率が高くなり、治癒しにくいといわれる。

問題　31

関連
⇨ p.178、179
速習 保 L 4

【正答】　1　3　4

1　○　飛行機などで長時間同じ姿勢をとり続けることで発症する場合もあり、エコノミークラス症候群とも呼ばれる。災害時の長期間の車内での寝泊まりや寝たきり高齢者では注意が必要となる。

2　✕　発症後短時間であれば、塞がった冠動脈を再び開通させる再疎通療法が適用となる。

3　○　起立性低血圧は、降圧薬や利尿薬、抗うつ薬、血管拡張薬などの薬の服用や、飲酒なども原因となる。

4　○　心臓の機能が低下すると血管外に体液がたまり、浮腫（むくみ）が現れる。このため体重増加は、急性増悪の指標となり早期受診が重要になる。

5　✕　閉塞性動脈硬化症は、動脈硬化によって血管が狭窄または閉塞し、身体の末梢に十分な血液が送られなくなる病態である。

問題　32

関連
⇨ p.194、195
速習 保 L11

【正答】　1　5

1　○　褥瘡は、皮膚の脆弱化、不潔、湿潤、摩擦などの局所的要因、低栄養、浮腫、基礎疾患などの全身的要因、介護力不足などの社会的要因が相互に影響を及ぼし発生する。

2　✕　褥瘡は持続的に圧がかかるところにできやすく、仙骨部のほか、後頭部、肩甲骨部、臀部（でん）、大転子部、踵部、くるぶしなどにできやすい。

3　✕　発生初期では皮膚の障害は表皮にとどまり紅斑（発赤）がみられる状態である。褥瘡の発生から約1～2週間の時期を急性期といい、治癒せずに慢性期に移行すると、真皮に達する浅い褥瘡や脂肪組織に達する深い褥瘡へ進行する。

4　✕　発赤など褥瘡がある部位には摩擦を与えないようにする。なお、介護職は褥瘡への軟膏の塗布など医行為（医療行為）は行うことができない。清潔保持、皮膚の保護などの予防的な介護が重要である。

5　○　また、褥瘡が発生した場合も、褥瘡の創面から分泌液や浸出液などにより、たんぱく質などの栄養分が失われるため、十分な栄養補給が必要となる。

45

問題　33

関連
⇨ p.196、197
速習 保 L14

【正答】　1　4

1　○　睡眠には、深い睡眠で脳を休ませるノンレム睡眠と眠りの浅いレム睡眠があり、睡眠中はその2つの状態を繰り返している。

2　×　高齢者に多い不眠症には、入眠困難、中途覚醒、早朝覚醒、熟眠障害がある。設問の内容は熟眠障害である。早朝覚醒とは、早朝に目が覚めて、その後眠れなくなる症状をいう。

3　×　設問の内容は中途覚醒の症状である。熟眠障害とは、睡眠時間はある程度とれているが、眠りが浅く、すっきり目覚められない不眠症である。

4　○　認知症やうつ病など、脳の器質的・機能的疾患により睡眠パターンが変化し、不眠になることもある。

5　×　アルコールやカフェインを含む飲料は、眠りを浅くし安眠の妨げになる。また、睡眠薬も高齢者では副作用が強く出ることがあるため、安易な使用は避ける。

問題　34

関連
⇨ p.214、215
速習 保 L20

【正答】　1　2　4

1　○　栄養と食に関する課題には複合的な要因が絡んでいる。1日の食事内容や食事の状況だけでなく、環境や生活パターン、身体状況、精神的問題の有無など、生活全般の総合的なアセスメントが必要になる。

2　○　身体計測における身長、体重、BMI、上腕周囲長・下腿周囲長の値はすべて栄養状態を示す指標となる。

3　×　下腿周囲長は体重を反映し、浮腫の有無の判断材料になる。上腕周囲長は、骨格、内臓、筋肉などの総和を反映する。

4　○　水分は食事からもとれるため、食事摂取量の減少は水分摂取量不足につながる。高齢者は口渇感も低下することから、脱水予防のためには積極的な水分補給が必要である。

5　×　経管栄養法や中心静脈栄養法を実施している場合は、栄養補給が十分でない場合もある。また、感染症などのリスクも考慮しアセスメントする。

問題35

注目
関連
⇨ p.212、213
速習 保 L19

【正答】　2　4　5

1　×　インフォームド・コンセントとは、患者が医師から検査の必要性や検査の結果、今後の治療について十分な説明を受け、その説明に納得し、同意をするプロセスのことである。

2　○　インフォームド・コンセントによって、患者は自分の病気の内容を知り、これからどのような治療を受けるかまたは受けないかを自己決定する権利がある。

3　×　設問の内容は、エビデンス・ベースド・メディスン（EBM）である。

ナラティブ・ベースド・メディスン（NBM）とは、患者本人の病気についての語りを中心にして、患者の自己決定を支援する医療のことである。

4 ○ 予後とは病気の経過の見通しで、病気の結果を推測し、治療の期間が示される。医師からの診断と予後の説明があって初めてインフォームド・コンセントが成立することから、説明は本人に対して行われる。

5 ○ 利用者の能力（セルフケア）、家族の介護力、現在の住環境、また利用者が生活のなかで大切にしていることなどは、病院で十分に把握していない場合も多い。退院に向けた方針を決めるためにも、介護支援専門員は、こうした利用者の生活に関する情報を病院に伝えることが望ましい。

問題 36

関連
⇨ p.204〜209
速習 保 L17

【正答】 1 3

1 ○ 認知症の進行初期では、症状の中心は健忘である。認知障害により、炊事や洗濯、掃除、買い物、金銭管理などを含むIADLが低下する。

2 × 環境因子の影響を強く受けるのはBPSD（認知症の行動・心理症状）で、発症原因や誘因を除去することで予防や改善が望める。一方、病識の低下や他者の気持ちが理解できないなど社会的認知の障害は脳の病変に起因する中核症状であり、予防や改善は難しい。

3 ○ レビー小体型認知症ではαシヌクレインというたんぱく質が大脳のほか、脳幹部や末梢自律神経にも広く沈着するため、認知障害だけでなく起立性低血圧やパーキンソン症状などもみられる。転倒はアルツハイマー型認知症の10倍多いといわれている。

4 × MCIは、軽度認知障害のことで、健常者と比べて認知機能が以前より低下しているが、認知症とはいえない状態を指す。一部は健常に戻り、すべてが認知症に移行するわけではない。

5 × 慢性硬膜下血腫は、頭部外傷などを原因とする硬膜とくも膜の間の小さな出血が1〜3か月かけて増大し、大きな血腫となり脳を圧迫することで症状が現れる。

問題 37

関連
⇨ p.210、211
速習 保 L18

【正答】 1 2 4

1 ○ うつ病の症状が進むと罪業妄想、貧困妄想、心気妄想などの症状が現れ、自殺を考え、実際に企てる（自殺企図）こともある。

2 ○ 統合失調症の症状は、幻覚や妄想、滅裂思考、奇異な行動といった陽性症状と、感情鈍麻や無気力、自発性の低下など精神機能の減退がみられる陰性症状に大別される。

3 × 遅発パラフレニーとは、老年期の代表的な妄想性障害で、体系化された妄想が主症状である。人格や感情反応は保たれ、日常生活に大きな破綻をき

たさない特徴がある。

4　〇　高齢者のアルコール依存症では、身体的な老化や喪失体験などもあり糖尿病や高血圧などの身体合併症が出現しやすい。精神症状としてうつや認知症の合併もみられる。

5　✕　神経症は、男性よりも女性に多くみられる傾向がある。神経症とは、心理的・環境的要因によって起こる心身の機能障害の総称であり、さまざまな不安がきっかけとなって発症する。

問題　38　　【正答】　2　4　5

関連
⇨ p.220～223
速習 保 L22

1　✕　在宅自己注射は、医師の指示のもと、適切な量を適切な時間、方法、場所で行うことが必要であり、自己判断で行うことはできない。

2　〇　疼痛管理の薬の形式には、経口薬、貼り薬、座薬、舌下錠、バッカル錠、注射薬がある。自動注入ポンプは、注射薬の量をきめ細かく調整し継続的投与する場合に用いられる。

3　✕　酸素供給器には高濃度の酸素が入っているため、火気は厳禁である。使用中は機器の周囲2m以内に火気を置かず、禁煙を必ず守るようにする。

4　〇　喀痰吸引で使用する吸引器は介護保険の給付対象にならない。自費でレンタルするか購入する必要があるが、身体障害者手帳の交付を受けている場合は、購入の補助が受けられることがある。

5　〇　ストーマは人工的に造られた便や尿の排泄口である。一時的に造設される場合もあれば永久的ストーマもある。永久的ストーマの場合、身体障害者手帳の交付を受けていると、市町村からストーマ装具の購入補助が受けられることがある。

問題　39　　【正答】　2　3　5

関連
⇨ p.224、225
速習 保 L23

1　✕　インフルエンザウイルスの感染は、特にCOPDなど慢性疾患があると重症化することがある。高齢者には毎年接種することが推奨されている。

2　〇　高齢者への肺炎球菌ワクチンの定期予防接種の機会は1回のみとなるため、機会を逃さないようにする。

3　〇　呼吸器感染症は、呼吸器に起こる感染症の総称で、肺炎（誤嚥性肺炎含む）、気管支炎、膿胸、肺結核などがある。主な症状には、咳嗽、喀痰、呼吸困難、チアノーゼ、発熱、頻脈などがあり、食欲不振やせん妄が現れることもある。

4　✕　ノロウイルス感染症では、下痢や嘔吐の症状がなくなっても、患者の便や吐物から大量のウイルスが排出され、二次感染を起こすことがある。

5　〇　MRSAの保菌者が施設にいる場合は、必ずしも個室管理は必要ないが、

標準予防策を遵守し、接触感染予防策を徹底することで、他の入所者への感染予防を行う。

問題 40　【正答】　2　4

1　✕　病気治療のための積極的な治療は行わないが、急変や痛みがある場合はそれらに対応し、苦痛のない状態を維持するための治療は行われる。

2　○　嚥下機能の衰えもあり、誤嚥による誤嚥性肺炎の予防が重要である。食後の口腔ケアのほか、口腔内や口の周囲に刺激を加えたり、誤嚥しにくい食形態に変更したりするなどのくふうをする。

3　✕　ターミナル期では食事量を維持できるようくふうするが、医学的に改善できない場合は、食事の楽しみや満足感を重視することが大切である。食べたいものを、食べたいときに、食べたい分だけとればよいと考える。

4　○　息切れや息苦しさ、痰のからみやのどの違和感など、ターミナル期にみられる呼吸器症状については、姿勢のくふうや口腔内清掃、吸引など介護職が行うケアで軽減することができる。

5　✕　死後に行われる本人に対するケアはエンゼルケアといい、医療器具などははずし、身体を清潔にし、その人らしい外見に整える。グリーフケアとは、利用者の死後における遺族の悲嘆への配慮や対応をいう。

問題 41　【正答】　1　4　5

関連
⇨ p.242、243
速習 保 L31

1　○　医療機関等が提供するサービスであり、喀痰吸引や経管栄養など医療的な対応を必要とする人、リハビリテーションを必要とする人、緊急対応が必要な人も利用することができる。

2　✕　難病などのある中重度の要介護者やがん末期の要介護者を対象に、日中のみの日帰りのサービス（特定短期入所療養介護）も実施している。

3　✕　短期入所療養介護のサービス内容には、検査、投薬、注射、処置などの診療や疾病に対する医学的管理、医療機器の調整・交換、専門職によるリハビリテーション、緊急時の受け入れや急変時の対応、ターミナルケアも含まれている。

4　○　作成した短期入所療養介護計画は、利用者またはその家族に対し説明し、利用者の同意を得て利用者に交付しなければならない。

5　○　緊急利用が必要と介護支援専門員が認めて緊急時の受け入れを行った場合、緊急短期入所受入加算が算定できる。

関連
⇨ p.230、231
速習 保 L26

　　【正答】　２　４

関連
⇒ p.244、245
速習 保 L32

1　✕　利用者は中重度の要介護者が想定されるが、医師の指示に基づく看護サービスを必要としない者も含まれる。

2　〇　事業所には、①利用者の心身の状況などの情報を蓄積できる機器と、②随時適切に利用者からの通報を受けることができる通信機器（携帯電話などでも可）を備え、必要に応じてオペレーターに携帯させなければならない。ただし、①については、事業所が利用者の情報を蓄積できる体制があり、オペレーターがその情報を常に閲覧できる場合は、備えなくてよいとされる。

3　✕　定期巡回・随時対応型訪問介護看護計画は、計画作成責任者（看護師、介護福祉士、医師、保健師、准看護師、社会福祉士、介護支援専門員のいずれか）が作成する。保健師または看護師にかぎられるものではない。

4　〇　サービス提供日時は、居宅サービス計画に位置づけられた日時にかかわらず、計画作成責任者が決定することができる。なお、この場合は、その定期巡回・随時対応型訪問介護看護計画を、利用者を担当する介護支援専門員に提出する。

5　✕　介護・医療連携推進会議は、利用者、家族、地域住民の代表者、医療関係者、地域包括支援センターの職員などで構成される。おおむね６か月に１回以上開催し、サービス提供状況などを報告し、評価を受けるとともに、必要な要望・助言などを聴く機会を設ける。これらの記録は公表しなければならない。

　　【正答】　１　３　４

関連
⇒ p.240、241
速習 保 L30

1　〇　心身機能の維持回復や生活機能の維持向上のほか、認知症高齢者の症状軽減、落ち着きのある日常生活の回復、社会関係能力の維持回復、社会交流の機会の増加を目的として行われる。

2　✕　事業所に配置する従業者として、医師、理学療法士、作業療法士、言語聴覚士、看護師、准看護師、介護職員の配置が規定されているが、看護師を常勤で１人以上配置する必要はない。

3　〇　リハビリテーション会議は、医師、理学療法士、作業療法士、言語聴覚士、介護支援専門員、看護師、介護職員などから構成され、利用や家族の参加を基本とする。

4　〇　通所リハビリテーション計画は、医師の診療または運動機能検査、作業能力検査などに基づき、医師および理学療法士または作業療法士などの従業者が共同して作成する。

5　✕　送迎時に実施した居宅内の介助に要する時間は、一定の要件を満たせば１日30分を限度に通所リハビリテーションの所要時間に含めてよいことになっている。

問題　44　　【正答】　2　4　5

関連
⇨ p.248、249
速習 保 L34

1　✕　入所定員にかかわらず、施設には1人以上の支援相談員を配置しなければならない。

2　〇　施設の介護支援専門員が、施設サービス計画作成に関する業務を担当する（計画担当介護支援専門員）。

3　✕　利用者が居宅への外泊をしている場合、介護保健施設サービス費（基本報酬）は算定できないが、代わりに1か月に6日まで外泊時費用を算定できる。

4　〇　2021（令和3）年の改正で、施設系サービス（介護保険施設と地域密着型介護老人福祉施設）では、入所者の栄養管理と口腔衛生の管理を基本サービスに組み込むことになり、運営基準に明記された。

5　〇　介護老人保健施設の形態には、このほか、小規模な形態で運営するサテライト型小規模介護老人保健施設や医療機関併設型小規模介護老人保健施設、介護療養型老人保健施設がある。

第2回　解答・解説

問題　45　　【正答】　1　2　5

関連
⇨ p.250～253
速習 保 L35

1　〇　また、施設の形態として、単独の介護医療院のほか、医療機関併設型介護医療院や併設型小規模介護医療院（医療機関併設型のうち、入所定員が19人以下）がある。

2　〇　介護医療院は介護保険法に基づく施設であるが、医療を提供する機能も併せもつことから、介護老人保健施設と同様に、医療法上、医療提供施設として位置づけられている。

3　✕　診察室、処置室ともに設ける必要がある。処置室には診察の用に供するエックス線装置を備える。このほか、定員4人以下の療養室、機能訓練室、談話室、レクリエーション・ルーム、食堂、浴室、洗面所などを備える必要がある。

4　✕　管理者は、介護医療院に医師を宿直させなくてはならないが、入所者に対するサービスの提供に支障がない場合は、宿直医師を置かないこともできる。

5　〇　施設サービス計画の作成にあたっては、入所者の日常生活全般を支援する観点から、入所者の希望や課題分析の結果に基づき、介護保険サービス以外の地域住民による自発的な活動によるサービスも盛り込み、総合的な計画となるよう努めなくてはならない。

問題　46

【正答】　2　3　4

1　✕　ソーシャルワーカーには、クライエントに対する非審判的態度が求められる。自己の価値観、社会的通念や規範により、クライエントを一方的に評価したり意見を表明したりすべきではない。

2　○　受容的な態度で接する一方、クライエントの感情に巻き込まれず、自分の感情を意識的にコントロールする。そのためには、自らの感情や価値観に左右されないように、自己覚知（自らを知る）も重要である。

3　○　ソーシャルワーカーの行う相談援助には、家族や関係者との関係調整や支援も含まれる。

4　○　目の前の問題点の解決だけではなく、クライエントの生活について、全体的・総合的に把握する姿勢をもつ必要がある。

5　✕　高齢者の抱えるニーズは、保健、福祉、医療、年金、住宅など多領域にわたることが少なくない。このため、ソーシャルワーカーは、地域の社会資源を熟知し、多職種・他機関と連携して支援にあたる必要がある。

問題　47

【正答】　3　4　5

1　✕　クライエントの自立を促し、自己決定を最大限尊重する姿勢が重要であり、援助者がすべてを引き受けてしまうような庇護的な態度は好ましくない。

2　✕　クライエントからの相談は、同じようなケースで分類するのではなく、クライエント独自の生活習慣や宗教など信仰も含めた価値観といった個別性を第一に考え、個々のニーズに合った個別的な対応を心がける。

3　○　面接の場面では、相手のあるがままの姿を受け入れ、クライエントの言動の背景にある事情を理解することが重要であるとともに、その理解や共感を自分の言葉や態度で伝えていくことが求められる。

4　○　社会的雑音とは、偏見や誤解に基づく先入観などを指し、相手の尊厳や個性を傷つけてしまうことにつながる。排除は容易ではないため、個人ではなく社会や地域レベルでの解決が必要な課題とされている。

5　○　第二次共感では、相手の話していない内面や想いを深く洞察し、その想いと想いの出てきた背景を的確に理解することが求められる。内面や想いは、表情、姿勢、うなずきなどの非言語的コミュニケーションとして表出されることが多く、そこに注目することも必要である。

問題　48　【正答】　1　3　4

関連
⇨ p.254、255
速習 福 L1

1　〇　「ソーシャルワーク専門職のグローバル定義」では、ソーシャルワークは、社会変革と社会開発、社会的結束、および人々のエンパワメントと解放を促進する、実践に基づいた専門職であり学問であることが示されている。

2　✕　利用者とその家族を対象とするのは、ミクロ・レベルのソーシャルワーク（個別援助）である。家族は、クライエントにとって最も身近な支援者であると同時に、支援対象者でもある。支援者はクライエントと家族をひとつの家族システムととらえて支援する。

3　〇　地域社会、組織、国家、制度・政策、社会規範、地球環境などに働きかけ、それらの社会変革を通して、個人や集団のニーズの充足をめざすアプローチである。

4　〇　ソーシャル・アクションは、マクロ・レベルのソーシャルワークの支援方法のひとつであり、社会福祉制度の改革や社会資源、制度の創設をめざす。

5　✕　ミクロ・メゾ・マクロの各領域は相互に関連し合う。地域包括支援センターで行われる実践には、ミクロ・レベルでは個別相談、メゾ・レベルではグループ相談、マクロ・レベルでは地域調査などがある。

問題　49　【正答】　3　5

関連
⇨ p.254〜257
速習 福 L1

1　✕　個人に対する個別援助であり、集団援助には該当しない。

2　✕　福祉サービスへの参加を促す地域社会全体への働きかけであり、地域援助に該当する。

3　〇　地域支援事業で行われる介護予防教室でのプログラム活動は、集団援助に該当する。

4　✕　虐待が疑われる家族との相談面接は、個別援助である。

5　〇　通所介護で行う、要介護者を対象としたレクリエーション活動は、集団援助に該当する。

問題　50　【正答】　3　5

関連
⇨ p.266〜269
速習 福 L4

1　✕　訪問介護事業所の管理者には、特段の専門職の定めはない。

2　✕　利用者の身体的理由や暴力行為などで1人での訪問介護が困難な場合には、同時に訪問介護員等2人が訪問介護を行うことが認められている。

3　〇　通院等のための乗車または降車の介助では、訪問介護員等が自ら運転する車両で利用者宅に訪問し、外出前の用意、車への移動・移乗の介助、病院での受付までの移動の介助、受診の手続き介助を行うサービスである。

4　✕　身体介護で算定できるのは、嚥下困難者のための流動食、糖尿病食など特段の専門的配慮をもって行う調理である。細かく切り分けただけでは、一

般的な調理として生活援助で算定する。

5　○　程度にかかわらず、褥瘡の処置は医行為となり、訪問介護員等が行うことはできない。なお、痰の吸引・経管栄養は、2012（平成24）年4月から、一定の研修を受けた介護福祉士および介護職員等は、一定の条件下で行うことが可能となった。訪問介護では、身体介護で算定できる。

問題　51

関連
⇨ p.270、271
速習 福 L 5

【正答】　4　5

1　✕　感染症に罹患している、医療器具をつけている、ターミナル期にある、介護環境に課題があり居宅の浴槽での入浴が困難など、さまざまな人に対応し、入浴の機会を保障するサービスである。

2　✕　運営基準上、訪問入浴介護計画の作成は義務づけられておらず、看護師が行うといった規定もない。

3　✕　利用者に病状の急変が生じた場合は、すみやかに主治の医師やあらかじめ定めた協力医療機関への連絡を行うなどの必要な措置を講じる必要がある。

4　○　利用者の選定による特別な浴槽水の費用や通常の事業の実施地域を越えて行う場合の交通費については、利用料とは別に徴収できる。

5　○　1回ごとのサービスは、原則看護職員1人、介護職員2人の3人で担当するが、利用者の身体の状況等から支障がない場合は、主治医の意見を確認したうえで、介護職員3人でサービスを行うことができる。この場合、介護報酬は所定単位数の95%に減算される。

問題　52

関連
⇨ p.272、273
速習 福 L 6

【正答】　1　3　4

1　○　通所介護には共生型通所介護の基準が設定されており、障害者福祉制度における生活介護、自立訓練、児童発達支援、放課後等デイサービスの指定を受けた事業所であれば、基本的に共生型通所介護の指定を受けられる。

2　✕　事業所の管理者には、保有資格や研修修了者など特段の定めはない。

3　○　居宅サービス計画に沿って、利用者全員に通所介護計画が作成される。

4　○　通所介護費は、事業所の規模（通常規模型、大規模型Ⅰ、大規模型Ⅱ）に応じ、所要時間別（6区分）、要介護1〜5別に設定される。

5　✕　通所介護事業所で夜間・深夜に提供する宿泊サービスは、通常の通所介護とは区別され保険給付の対象外である。

問題　53　　【正答】　1　3　4

関連
⇨ p.274、275
速習福 L 7

1　○　人員基準には、医師、生活相談員、介護職員または看護職員、栄養士（利用者40人を超える場合）、機能訓練指導員、調理員その他の従業者が規定されている。

2　✕　短期入所生活介護は、利用者の心身の状況のほか、家族の疾病、冠婚葬祭、出張等の理由により、または家族の身体的・精神的な負担の軽減を図るために利用できる。利用に際し、やむを得ない事情の有無は要件として問われない。

3　○　食堂および機能訓練室はそれぞれの合計面積が利用定員×3.0㎡以上とされているが、食事の提供と機能訓練に支障のない広さを確保できている場合は、同一の場所にすることができる。

4　○　おむつ代は、通所介護では利用者から別途支払いを受けることができる費用にあたるが、短期入所サービスや施設サービスでは、おむつ代は保険給付（短期入所生活費）に含まれ、別途の支払いは必要ない。

5　✕　短期入所生活介護計画は管理者が作成し、生活相談員に作成義務はない。なお、管理者は計画の作成に関し経験のある者や、介護の提供に豊富な知識および経験のある者にとりまとめを行わせる。事業所に介護支援専門員がいる場合は、介護支援専門員に行わせることが望ましいとされる。

問題　54　　【正答】　1　3　4

関連
⇨ p.280、281
速習福 L10

1　○　屋内だけでなく、玄関から道路までの通路など屋外での手すりの設置も給付対象になる。また、手すりの取りつけのための壁の下地補強も対象になる。

2　✕　段差解消機、昇降機、リフトなど動力により段差を解消する機器を設置する工事は給付の対象にならない。

3　○　各室の床材変更、玄関から道路までの通路の材料変更、その変更に伴う下地補修や根太の補強、路盤の整備は給付対象となる。

4　○　扉全体の取り替え、ドアノブの変更、扉の撤去、戸車の設置などのほか、扉位置の変更などに比べ、工事費用が抑えられる場合は、引き戸などの新設も給付の対象になる。

5　✕　暖房や洗浄機能を付加するだけの工事や、水洗式洋式便器への取り替えにおける水洗化工事は給付の対象にならない。

【正答】　2　4

1　✕　従業者のうち１人以上は、看護師または准看護師でなくてはならない。

2　〇　登録定員は29人以下（サテライト型では18人以下）で、利用者は１か所の事業所にかぎり利用登録をすることができる。

3　✕　小規模多機能型居宅介護と同時に利用できるサービスは、訪問看護、訪問リハビリテーション、福祉用具貸与、居宅療養管理指導である。福祉用具購入、住宅改修も利用できる。訪問介護や訪問入浴介護など、事業所のサービスで利用できるものは同時利用の対象とならない。

4　〇　また、利用者の負担で、小規模多機能型居宅介護従業者以外の者による介護を受けさせてはならない。

5　✕　小規模多機能型居宅介護費は、同一建物の居住者か否か、要介護度別に、１か月の定額報酬である。その他、短期利用の場合の単位も設定されている。

関連
⇒ p.290、291
速習 福 L14

【正答】　1　2　4

1　〇　市町村が指定する地域密着型サービスのひとつであり、住み慣れた地域で身近なコミュニティで生活を続けることができるよう、原則としてその市町村の被保険者である地域住民が利用対象者となる。

2　〇　施設の設置形態には、単独の小規模な介護老人福祉施設、居宅サービス事業所や地域密着型サービス事業所に併設された小規模な介護老人福祉施設、本体施設のあるサテライト型居住施設の３つがある。

3　✕　介護老人福祉施設と同様に、原則は要介護３以上を入所対象とするが、やむを得ない事情がある場合は、特例的に要介護１、２でも入所できる。

4　〇　また、行政機関への手続き代行、家族との交流などの機会の確保、入所者の外出の機会の確保など、社会生活上の便宜を提供する。

5　✕　定期的に開催するものとされ、頻度の規定はない。なお、委員会での検討結果については従業員に周知徹底するとともに、虐待の防止のための指針の整備や研修の定期的な実施などの措置を講じ、これら措置を適切に実施するための担当者を置く必要がある。

関連
⇒ p.294、295
速習 福 L16

【正答】　2　3　5

1　✕　生活保護制度は、日本国憲法第25条に規定する生存権の保障の理念に基づいた制度である。すべて国民は、健康で文化的な最低限度の生活を営む権利（生存権）を有し、国は、その権利を保障する義務がある。

2　〇　生活保護法には無差別平等の原理があり、生活困窮者の信条や性別、社会的身分または生活困窮に陥った原因にかかわりなく、経済的状態にのみ着目して保護を行う。

関連
⇒ p.302、303
速習 福 L20

3　〇　生活保護の8つの扶助のうち、教育扶助は義務教育の就学に必要な費用を対象としている。それ以上の高等学校への就学や技能修得などの費用は生業扶助から給付される。

4　✕　介護保険の第1号被保険者では、介護保険料は生活扶助から、定率負担分は介護扶助から給付される。

5　〇　提出先は福祉事務所である。介護保険の被保険者でない場合は、申請の際に居宅介護支援計画などの写しは必要ない。

問題58
注目

関連
⇒ p.304、305
速習 福 L22

【正答】　2　3

1　✕　後期高齢者医療制度の運営主体は、都道府県ごとにすべての市町村が加入して設立される後期高齢者医療広域連合である。ただし、保険料の徴収や資格の得喪に関する届出の受付などの事務は市町村が行う。

2　〇　生活保護世帯に属する人は適用除外となる。

3　〇　75歳以上の人と、設問のとおり障害認定を受けた65歳以上75歳未満の人が被保険者となる。

4　✕　原則1割負担だが、現役並み所得者は3割負担である。また、現役並み所得者以外で一定の収入がある75歳以上の利用者負担割合は2割である。

5　✕　公費が約5割、被保険者の保険料が約1割、現役世代の保険料が約4割である。

問題　59

関連
⇒ p.312、313
速習 福 L28

【正答】　2　3　4

1　✕　民生委員は行うことができない。後見開始等の審判の請求（申し立て）ができるのは、本人、配偶者、四親等内の親族、検察官等のほか、市町村長も、65歳以上の者、知的障害者、精神障害者について、その福祉を図るため必要があるときは行うことができる。

2　〇　家庭裁判所が成年後見人等を職権で選任する。

3　〇　補助開始の審判の請求には、本人の同意が必要である。なお、保佐開始および後見開始の審判の請求は本人の同意は不要である。

4　〇　保佐開始の審判により、保佐人には民法に定める一定の行為（不動産売買、借金、相続の承認、預貯金の払い戻し、新築、改築など）について取消権と同意権が与えられる。被保佐人が保佐人の同意なく家の改築をすることはできない。

5　✕　補助人には、本人の同意のうえ、申し立ての範囲内で家庭裁判所が審判で定める特定の法律行為について同意権・取消権や代理権を与えることができるが、範囲は保佐人よりも限定されたものになる。

問題60
注目

関連
⇨ p.306、307
速習 福 L25

【正答】　2　3　5

1　✕　個人情報とは、生存する個人に関する情報であり、開示に関しては原則としてその本人の同意が必要となる。

2　◯　個人情報とは、氏名、生年月日その他の記述等により特定の個人を識別することができるもの、個人識別符号が含まれるものを指す。顔写真や電磁記録の音声、動作なども特定の個人を識別できるものであり、本人の同意が必要である。

3　◯　あらかじめ本人の同意なく、第三者である民間の保険会社に健康状態などの個人データを提供するようなことをしてはならない。

4　✕　個人情報取扱事業者とは、個人情報データベース等を事業の用に供している者で、国の機関、地方公共団体、独立行政法人等、地方独立行政法人は除外される。

5　◯　個人情報を第三者に提供する場合でも、法令に基づく場合、人の生命・身体・財産の保護に必要で、本人の同意を得ることが困難な場合、個人データを学術研究の用に供する目的で取り扱う必要がある場合などでは、本人の同意が不要とされている。

≪第３回模擬試験　解答一覧≫

・間違えた問題は、解説をよく読んで理解を深めるとともに、本書の「テーマ別要点チェック問題」で関連する内容もあわせて復習してください。

＊関連項目番号は、「テーマ別要点チェック問題」のテーマ番号を表します。
（例）２→２介護保険制度の改正と制度の目的等

問題番号		解答番号			「テーマ別要点チェック問題」関連項目番号
問題　1	1	3	4		2
問題　2	2	4	5		2
問題　3	2	4			6
問題　4	1	3	5		5
問題　5	1	3	4		11
問題　6	2	3	5		10
問題　7	2	4	5		9
問題　8	1	2	4		23
問題　9	3	5			14
問題　10	1	2	5		16
問題　11	2	3	4		21
問題　12	1	3			20
問題　13	2	3	4		17
問題　14	2	4			19
問題　15	2	3	5		22
問題　16	1	3	4		17、18
問題　17	3	5			7
問題　18	1	2	3		7
問題　19	2	4			8
問題　20	2	5			23
問題　21	2	3	4		24
問題　22	1	3	5		24
問題　23	1	2	4		26
問題　24	1	2	5		23、24、59
問題　25	1	3	4		3、7、64

介護支援分野

問題番号		解答番号			「テーマ別要点チェック問題」関連項目番号
保健医療サービスの知識等	問題 26	4	5		37
	問題 27	2	3	5	38
	問題 28	1	3		30、49
	問題 29	2	3	5	29、31、32
	問題 30	1	4	5	30、32、35、36
	問題 31	2	3	5	41
	問題 32	1	4	5	39、40
	問題 33	1	2	5	39
	問題 34	1	2	4	45
	問題 35	3	5		46
	問題 36	3	4		42
	問題 37	2	4		43
	問題 38	1	3	5	47
	問題 39	2	3	5	48
	問題 40	1	2	5	29、40、50
	問題 41	3	5		52
	問題 42	2	3	4	53
	問題 43	1	2	5	58
	問題 44	1	4	5	55
	問題 45	1	4	5	59
福祉サービスの知識等	問題 46	1	5		62
	問題 47	2	5		62
	問題 48	2	3		61
	問題 49	1	3		63
	問題 50	1	4	5	64
	問題 51	3	4	5	72
	問題 52	2	4		67
	問題 53	1	5		66
	問題 54	1	3	5	69
	問題 55	2	3	4	75
	問題 56	1	2	4	77
	問題 57	1	4	5	80
	問題 58	2	3		83
	問題 59	3	4	5	81
	問題 60	3	5		79

問題1 注目

関連
⇒ p.94、95
速習 介 L 4

【正答】　1　3　4

1　○　2005（平成17）年の改正は、要介護者等の増加、給付率の増加などを背景に、制度の持続可能性を高めるための見直しが行われた。予防重視型システムへの転換として新予防給付、地域支援事業、地域包括支援センターが創設された。

2　✕　サービスの質向上の観点から、事業者等の指定や介護支援専門員の資格の更新制が導入されたのは、2005（平成17）年の改正である。

3　○　2014（平成26）年の改正は、地域包括ケアシステムの構築と費用負担の公平化の2つを大きな柱として行われた。全国一律の予防給付であった介護予防訪問介護と介護予防通所介護が各市町村の地域支援事業の介護予防・日常生活支援総合事業に移行した。

4　○　介護医療院が新たな介護保険施設として創設された。主として長期にわたり療養が必要である者を対象とし、日常的な医学管理、看取りやターミナルケアを提供するとともに生活施設としての機能も備えている。

5　✕　2020（令和2）年の改正で、多様化・複雑化する地域生活課題に対応するため、社会福祉法に基づく重層的支援体制整備事業が創設された。市町村が任意で行う事業であり、地域支援事業の必須事業ではない。社会福祉法のほか、介護保険制度、障害者総合支援制度、子ども・子育て支援制度、生活困窮者自立支援制度に基づく①相談支援、②参加支援、③地域づくりに向けた支援を、対象者の世代や属性を問わず一体的に実施する。

問題　2

関連
⇒ p.94、95
速習 介 L 6

【正答】　2　4　5

1　✕　介護保険の保険給付は被保険者の要介護状態・要支援状態に対して行われるため、要介護状態等の予防ではなく要介護状態等の軽減を図り、悪化の防止に資するよう行われる。

2　○　介護を必要とする高齢者は、介護サービスと医療サービスの両方を必要とすることも多いため、医療との連携に十分な配慮が求められる。

3　✕　被保険者の選択に基づき、適切な保健医療サービスおよび福祉サービスが、多様な事業者または施設から、総合的かつ効率的に提供される。

4　○　選択肢3の解説のとおり。介護保険制度では、地方公共団体や社会福祉法人のほか、農協や消費生活協同組合、NPO法人、株式会社などの多様なサービス提供主体により、それぞれの特性を生かしたサービス提供が行われる。

5　○　居宅における自立支援は介護保険の基本理念である。

問題　3

関連

⇒ p.106,107
速習 介 L 8

【正答】　2　4

1　✕　住所地特例の対象となるのは、介護保険施設、特定施設（有料老人ホーム、軽費老人ホーム、養護老人ホームで、地域密着型特定施設でないもの）、老人福祉法上の入所措置をとる養護老人ホームである。有料老人ホームに該当するサービス付き高齢者向け住宅は、住所地特例の対象となる。

2　〇　設問の内容を住所地特例という。介護保険施設などの多い市町村の保険給付費負担が重くなり財政上の不均衡が生じるのを避けるために設けられた制度である。

3　✕　2つ以上の施設に順次入所し、そのつど住所を変更した場合は、最初の施設に入所する前の住所地の市町村が保険者となる。障害者支援施設、救護施設など一定の適用除外施設の退所者もこれと同じ考え方が適用される。

4　〇　地域密着型サービスは、原則としてその市町村の被保険者を対象とするが、住所地特例適用被保険者は住所地の一定の地域密着型（介護予防）サービス（認知症対応型共同生活介護など併用できないサービスは除く）、介護予防支援、地域支援事業が利用できる。

5　✕　保険者である市町村に対して届出が必要となる。

問題　4

関連

⇒ p.102,103
速習 介 L 7

【正答】　1　3　5

1　〇　都道府県は、市町村支援に関する事務として、介護保険審査会を設置する。

2　✕　居宅介護支援事業者に対する指定・指定更新は、市町村の事業者・施設に関する事務である。

3　〇　都道府県は、市町村支援に関する事務として、要介護認定等にかかる審査・判定業務の受託および受託した場合の都道府県介護認定審査会の設置を行う。

4　✕　保健福祉事業は、市町村が行うことのできる事業である。

5　〇　国民健康保険団体連合会への指導監督については、介護保険事業の健全・円滑な運営のための指導・監督・助言等に関する事務として国が行う事務にも含まれている。

問題　5

関連
⇒ p.124,125
速習 介 L13

【正答】　1　3　4

1　〇　介護報酬の1単位の単価は、基本10円だが、サービスの種類ごとに8つの地域区分で地域差が反映されている。

2　✕　介護給付費等審査委員会は、介護給付費等の審査を専門的見地から公正かつ中立的に処理するため、都道府県単位で設置される国民健康保険団体連合会（国保連）に設置される。

3　○　委員は、国保連が委嘱し、①介護給付等対象サービス担当者または総合事業担当者を代表する委員、②市町村代表委員、③公益代表委員で構成される。

4　○　介護保険法では、①保険料、介護給付費・地域支援事業支援納付金その他介護保険法の規定による徴収金を徴収する権利、②①の徴収金の還付を受ける権利、③介護保険の保険給付を受ける権利は、２年を経過したときに時効により消滅する。

5　×　介護報酬の過払い返還請求権は公法上の債権と考えられるため、消滅時効は地方自治法に基づき５年である。なお、過払いの原因が不正請求である場合は、介護保険法上の徴収金と考えられるため、消滅時効は２年となる。

問題　6

関連
⇨ p.120、121
速習 介 L12

【正答】　2　3　5

1　×　市町村による定率負担の減免は、災害その他の特別な事情で一時的に定率負担が困難な利用者に対し、その負担を減額または免除する制度である。利用者の要介護度は関係ない。

2　○　給付率は、９割（２割負担者では８割、３割負担者では７割）を超え、10割以下で定めることができる。

3　○　主たる生計維持者の死亡、心身の重大な障害や長期入院で収入が著しく減少した場合は、減免の対象になる。

4　×　住民税非課税世帯であるなど単に収入が低いことのみを理由で行われる措置ではないため、減免の対象とならない。

5　○　震災、風水害、火災などの災害により、住宅や家財などの財産に著しく損害を受けた場合は、減免の対象になる。

問題　7

関連
⇨ p.116、117
速習 介 L11、12

【正答】　2　4　5

1　×　施設介護サービス費は、現物給付される。

2　○　住宅改修費は、償還払いで支給される。

3　×　居宅介護サービス計画費は、費用の10割が現物給付される。

4　○　給付名の前に特例がつくものは、認定の申請前にサービスを受けた場合や基準該当サービス、離島などにおける相当サービスを受けた場合などに、市町村が必要と認めれば償還払いで保険給付されるものである。設問のほか、特例居宅介護サービス費、特例居宅介護サービス計画費、特例施設介護サービス費、特例特定入所者介護サービス費などがある。

5　○　要介護者が１年間に支払った介護サービス利用者負担額と、各医療保険における利用者負担額の合計額が世帯の所得区分に応じた上限額を超えた場合、超えた額が高額医療合算介護サービス費としてそれぞれの制度から償還払いで支給される。

問題　8　【正答】　1　2　4

関連
⇨ p.152、153
速習 介 L25

1　○　同一事業者によって提供されたものが占める割合について利用者に説明が必要なサービスは、訪問介護、通所介護、福祉用具貸与、地域密着型通所介護である。居宅介護支援事業者は、それぞれのサービスが占める割合などについて利用者に説明を行い、理解を得なければならない。

2　○　また、利用者が偽りその他不正の行為によって保険給付を受け、または受けようとしたときも遅滞なく、意見を付して市町村に通知する。

3　×　利用者がほかの居宅介護支援事業者の利用を希望する場合は、利用者に直近の居宅サービス計画を交付しなければならない。利用者が要支援認定を受けた場合、その他利用者が申し出をした場合も同様である。

4　○　運営基準の「勤務体制の確保」において、指定居宅介護支援事業者は、介護支援専門員の資質の向上を図るため、その研修の機会を確保しなければならないことが規定されている。

5　×　居宅サービス計画など指定居宅介護支援の提供に関する記録は、サービス完結の日から、2年間の保存義務がある。このほか、市町村への通知にかかる記録、苦情の内容等の記録、事故の状況および事故に際してとった処置についての記録もその完結の日から2年間保存する。

問題　9　【正答】　3　5

関連
⇨ p.130、131
速習 介 L16
　　福 L 6、7

1　×　2017（平成29）年の介護保険制度改正で位置づけられた。介護保険または障害福祉のいずれかのサービスの指定を受けている事業所が、もう一方の制度における指定も受けやすくするための特例である。

2　×　介護保険制度において対象となるサービスは、訪問介護、通所介護、地域密着型通所介護、短期入所生活介護、介護予防短期入所生活介護である。認知症対応型通所介護は対象外である。

3　○　選択肢3の解説のとおり、地域密着型通所介護は対象となる。

4　×　障害者福祉制度における短期入所（併設型および空床利用型に限る）の指定を受けた事業所であれば、基本的に共生型短期入所生活介護の指定を受けられるものとして基準が設定される。

5　○　障害者福祉制度における生活介護、自立訓練、児童発達支援、放課後等デイサービスの指定を受けた事業所であれば、基本的に共生型通所介護の指定を受けられるものとして基準が設定される。

関連
⇒ p.136、137
速習 介 L18

【正答】　1　2　5

1　○　事業所の指定および直近の更新年月日は基本情報として公表される。

2　○　従業者である介護支援専門員が有している資格は基本情報として公表される。

3　×　公表項目には含まれていない。

4　×　退職者数は基本情報として公表されるが、離職率は公表項目に含まれていない。

5　○　設問の内容は、安全管理および衛生管理のために講じている措置に含まれ、運営情報として公表される。

問題　11

関連
⇒ p.148、149
速習 介 L22

【正答】　2　3　4

1　×　第1号被保険者の保険料算定の基礎となる保険料率は、各市町村が政令で定める基準に従い、3年ごとに条例で定める。

2　○　保険料率は、被保険者の所得水準に応じた原則9段階の所得段階別定額保険料で、これにより個別の保険料額が算出される。

3　○　第1号被保険者の保険料の徴収は、年金保険者が年金から天引きする特別徴収が原則である。対象となるのは、年額18万円以上の老齢・退職年金、遺族年金、障害年金の受給者である。

4　○　福祉事務所は、保護の目的を達成するために必要があるときは、被保護者に代わって、介護保険料を市町村に直接支払うことができる。

5　×　第1号被保険者の普通徴収にかかる納期は、市町村が条例で定める。

問題　12

関連
⇒ p.146〜149
速習 介 L22

【正答】　1　3

1　○　保険給付である介護給付と予防給付の費用（介護給付費）は、公費（国、都道府県、市町村）50％と保険料50％で賄う。

2　×　市町村は、保険財政の管理にあたっては、一般会計と経理を区分して、介護保険の収入および支出を管理する特別会計を設ける。介護保険の事務費は、一般会計で賄われる。

3　○　保険料の負担割合は、第1号被保険者と第2号被保険者の人口比に応じ、1人あたりの平均的な保険料がほぼ同じ水準になるように、3年ごとに第2号被保険者の負担率が国の政令によって改定される。

4　×　被保険者に、認定前に保険料の滞納があり、時効により徴収権が消滅した期間がある場合は、給付の差し止めではなく消滅した期間に応じ、給付率が7割（3割負担の対象者は6割）に引き下げられる。

5　×　国の調整交付金は、市町村の財政力格差を調整するもので、災害時などの保険料減免や定率負担の減免による保険料減収は特別調整交付金として交

付される。後期高齢者の加入割合や第１号被保険者の所得水準の分布状況による格差を調整するのは普通調整交付金である。

問題　13　**【正答】**　２　３　４

関連
⇨ p.138、139
速習 介 L19

1　✕　包括的支援事業のなかの認知症総合支援事業として行われる。
2　○　任意事業のなかの家族介護支援事業として行われる。
3　○　任意事業のなかのその他の事業のひとつとして行われる。
4　○　任意事業のなかのその他の事業のひとつとして行われる。
5　✕　市町村の保健福祉事業として行われる。

問題　14　**【正答】**　２　４

関連
⇨ p.144、145
速習 介 L21

1　✕　医療法に基づく医療計画と整合性を確保して作成されるのは、都道府県介護保険事業支援計画である。
2　○　また、市町村は、その評価の結果を公表するように努めるとともに、これを都道府県知事に報告する。
3　✕　市町村介護保険事業計画は、老人福祉法に基づく市町村老人福祉計画と一体的に作成される。
4　○　市町村介護保険事業計画は、「高齢者の居住の安定確保に関する法律」に基づく市町村高齢者居住安定確保計画と調和をとり作成される。
5　✕　市町村は、市町村介護保険事業計画を作成・変更する際には、「定めるべき事項」のうち一定の事項についてあらかじめ都道府県の意見を聴き、作成・変更した計画は、都道府県知事に提出しなければならない。

問題　15　**【正答】**　２　３　５

関連
⇨ p.150、151
速習 介 L24

1　✕　介護保険審査会は、都道府県知事の附属機関として設置されるが、行政から独立した専門の第三者機関として職務を執行するものであり、都道府県知事の指揮監督は受けない。
2　○　市町村が行った保険給付に関する処分（被保険者証の交付の請求に関する処分、要介護認定等に関する処分を含む）は、審査請求の対象である。
3　○　保険料その他介護保険法の規定による徴収金に関する処分は、審査請求の対象である。ただし、財政安定化基金拠出金、介護給付費・地域支援事業支援納付金およびその納付金を滞納した場合の延滞金に関する処分は対象外となる。
4　✕　介護保険審査会は、市町村が行った行政処分に対する被保険者の不服審査を行う機関であり、事業者指定に関する不服審査は対象外である。

5 ○ 要介護認定・要支援認定の審査請求の処理を迅速に、また正確に行うために、専門調査員を設置することができる。都道府県知事が、保健・医療・福祉の学識経験者のなかから任命する。

問題 16

関連
⇒ p.138～141
速習 介 L19、20

【正答】 1 3 4

1 ○ 包括的・継続的ケアマネジメント支援業務の効果的な実施のために、市町村は、地域ケア会議を設置するよう努めなければならない。

2 × 地域ケア会議は、自治体職員、地域包括支援センターの職員、介護支援専門員、保健医療・福祉の専門家、民生委員その他の関係者などで構成され、地域包括支援センターや市町村が開催する。

3 ○ 支援困難事例など個別ケースの支援内容の検討を通じて、①地域の介護支援専門員の、自立支援に資するケアマネジメント支援、②地域包括支援ネットワークの構築、③地域課題の把握を行う。個別ケースの検討は、主に地域包括支援センターが開催する地域ケア個別会議で行われる。

4 ○ 把握された地域課題の検討を通じて、地域づくり・社会資源の開発や必要な政策形成に反映していく。これらの検討は、主に市町村が開催する地域ケア推進会議で行われる。

5 × 地域ケア会議で検討を行うため、必要に応じて関係者などに資料または情報の提供、意見の開陳など必要な協力を求めることができる。命令ではない。関係者などはこれに協力するよう努めなければならない。

問題 17
関連
⇒ p.114
速習 介 L9

【正答】 3 5

1 × 潰瘍性大腸炎は、介護保険の特定疾病に指定されていない。

2 × 特定疾病として指定されているのは、糖尿病性神経障害、糖尿病性腎症、糖尿病性網膜症で、これら三大合併症のない糖尿病は特定疾病に該当しない。

3 ○ 慢性閉塞性肺疾患は、介護保険の特定疾病である。

4 × 狭心症は、介護保険の特定疾病に指定されていない。

5 ○ 早老症は、介護保険の特定疾病である。

問題18
注目
関連
⇒ p.110、111
速習 介 L9

【正答】 1 2 3

1 ○ 基本調査は、一次判定での要介護認定等基準時間を算出するために使用される。身体機能・起居動作、生活機能、認知機能、精神・行動障害、社会生活への適応、特別な医療、日常生活自立度に関連する項目が含まれる。麻痺等の有無は、身体機能・起居動作に関連する項目に含まれる。

2 ○ 生活機能に関連する項目として、外出頻度のほか、移乗、移動、食事摂

取、排尿、排便などが含まれる。

3 ○ 認知機能に関連する項目として、意思の伝達、短期記憶、徘徊などが含まれる。

4 × 訪問診療、訪問看護などの医学的管理の必要性は、主治医意見書に含まれる内容である。

5 × 認定調査票は、利用者の心身の状況などを調べるものであり、家族の介護意思など本人以外の内容は含まれない。

問題 19 【正答】2 4

関連
⇨ p.112、113
速習 介 L10

1 × 市町村が介護認定審査会の審査・判定に基づき認定を行い、被保険者にその結果を通知する。

2 ○ 市町村は、介護認定審査会から療養に関する事項について意見が述べられている場合は、その意見に基づき、その被保険者が受けられるサービスの種類を指定することができる。

3 × 新規認定の効力は、申請日に遡る。

4 ○ 市町村が更新認定の調査を委託できるのは、指定市町村事務受託法人、地域包括支援センター、指定居宅介護支援事業者、地域密着型介護老人福祉施設、介護保険施設、介護支援専門員である。

5 × 更新認定の有効期限は、原則12か月である。また、更新認定において、直前の要介護度・要支援度と同じ判定がされた場合に有効期間を48か月まで延長できる（3～48か月の間での短縮・延長が可能）。

問題 20 【正答】2 5

関連
⇨ p.152、153
速習 介 L25

1 × 常勤で1人以上の介護支援専門員を配置する。利用者35人またはその端数を増すごとに1人を基準に増員する。増員については非常勤でもよい。

2 ○ 指定居宅介護支援の提供の開始に際し、あらかじめ利用者またはその家族に、病院・診療所に入院した場合には、その入院先に介護支援専門員の氏名・連絡先を伝えるよう求める必要がある。

3 × 正当な理由なくサービス提供を拒んではならない。正当な理由とは、事業所の現員では利用申し込みに応じきれない、利用申込者の居住地が事業所の通常の事業の実施地域外である、利用申込者が他の居宅介護支援事業者にもあわせて依頼をしていることが明らかな場合である。

4 × 外部評価の規定はない。指定居宅介護支援事業者は、自ら提供する指定居宅介護支援の質の評価を行い、常にその改善を図らなければならない。

5 ○ また、介護支援専門員は、利用者に対し、特定の居宅サービス事業者等によるサービスを利用するよう指示等を行ってはならない。

【正答】　2　3　4

1　✕　世帯主の課税所得金額の項目は含まれない。

2　○　利用者の社会保障制度の利用情報として、被保険者情報（介護保険、医療保険等）、年金の受給状況（年金種別等）、生活保護受給の有無、障害者手帳の有無、その他の社会保障制度等の利用状況について記載する項目がある。

3　○　IADLとして、服薬管理のほか、調理、掃除、洗濯、買い物、金銭管理、電話、交通機関の利用、車の運転等に関する項目がある。

4　○　居住環境として、日常生活を行う環境（浴室、トイレ、食事をとる場所、生活動線等）、居住環境においてリスクになりうる状況（危険箇所の有無など）、自宅周辺の環境やその利便性等について記載する項目がある。

5　✕　主治医の意見に関する項目は含まれない。主治医の意見としては主治医意見書がある。

関連
⇨ p.155〜157
速習 介 L26

【正答】　1　3　5

1　○　アセスメントは、利用者が生活の質を維持・向上させていくうえで生じている問題を明らかにし、利用者が自立した日常生活を営むことができるように支援するうえで解決すべき課題を把握する手続きである。

2　✕　利用者のニーズは、多くの場合複数あり、原則としては優先順位の高いニーズから順に記載する。

3　○　長期目標には、最終的に要介護者がめざす目標や、ニーズが実現（解決）したときの結果を記入する。一方、短期目標は長期目標を実現するための、一定期間に実現できる当面の具体的な目標であり、援助内容はこの短期目標を達成するために必要なものを設定する。

4　✕　居宅介護支援経過（第5表）は、介護支援専門員がモニタリングを通じて把握した利用者やその家族の意向、満足度、目標の達成度、事業者との調整内容などを記入するもので、利用者に説明・同意・交付を要しない。

5　○　また、その居宅サービス計画は市町村に届け出る必要がある。

関連
⇨ p.156〜159
速習 介 L26

【正答】　1　2　4

1　○　利用者に提供する情報としては、地域の指定介護予防サービス事業者等に関するサービスや住民による自発的な活動によるサービスの内容、利用料などがこれにあたる。

2　○　また、指定介護予防サービス事業者のサービスの提供状況や利用者の状態等に関する報告を少なくとも1か月に1回は聴取しなければならない。

3　✕　サービスの評価期間が終了する月だけではなく、少なくともサービスの提供開始月の翌月から起算して3か月に1回、利用者の状況に著しい変化が

関連
⇨ p.162、163
速習 介 L28

あったときは、利用者の居宅を訪問し面接により行わなければならない。

4 ○ 利用者の居宅を訪問しない月は、可能なかぎり、介護予防通所リハビリテーション事業所等を訪問するなどの方法により利用者と面接するよう努め、面接ができない場合には、電話連絡などにより、利用者自身にサービスの実施状況などについて確認を行う。

5 ✕ 地域ケア会議は関係者などに資料または情報提供、意見の開陳などを求めることができ、指定介護予防支援事業者は、この求めに協力するよう努めることが規定されている。努力義務であり、指定の効力には影響しない。

問題 24

関連
⇨ p.156〜161、248、249
速習 介 L25、26
保 L34

【正答】 1 2 5

1 ○ 介護保険の給付サービスのほか、多様なサービスによりAさんの生活全般を支える必要があり、適切である。

2 ○ なお、利用者の退院・退所にあたり、居宅介護支援事業所の介護支援専門員が病院や施設の職員と必要な情報を共有して居宅サービス計画を作成し、サービスの調整を行った場合は、退院・退所加算が算定できる。

3 ✕ あらかじめ、居宅サービス計画を作成するなどの援助を行うのは、居宅介護支援事業所の介護支援専門員である。

4 ✕ 介護支援専門員の判断で退所時期を相談するのは適切ではない。

5 ○ 施設の理学療法士等と連携して確認することは適切である。

問題 25

関連
⇨ p.96、97、110、111、266〜269
速習 介 L 3、9
福 L 4

【正答】 1 3 4

1 ○ 関節リウマチは、40歳以上65歳未満の第2号被保険者の認定要件となる特定疾病であり、Aさんも認定されれば介護保険サービスを利用できる。

2 ✕ 妹については介護保険のサービス対象にはならない。

3 ○ 介護支援専門員には、家族の自己実現が図られるよう支援することも求められている。支援に向け、Aさんと妹から今後の生活の希望について聞き取りを行うことは適切な対応である。

4 ○ 介護支援専門員には、利用者が心身ともに自立した日常生活を送れるように、本人のもつ意欲や能力を引き出し、状態の軽減や悪化防止に役立つ支援を行うことが求められている。使いやすい自助具を用い、自立生活の維持を支援することは適切な対応である。

5 ✕ 介護支援専門員には、さまざまな専門職と連携し、必要な社会資源を利用者につなげていく役割があるが、同時に個人情報の保護も求められている。相談者であるAさんの問題解決のためであっても、妹の障害について、本人の承諾なく他機関の職員と情報を共有することは適切ではない。

問題　26

関連
⇨ p.188、189
速習 保 L9

【正答】　4　5

1　✕　稽留熱は、解熱せずに持続する発熱で、肺炎や感染性心膜炎、腫瘍熱などでみられる。胆道感染症で特徴的にみられる熱型は回帰熱で、有熱期と解熱期を繰り返す。

2　✕　高齢者では、一般に脈拍数が少なくなる。脈拍が60未満を徐脈、100以上を頻脈という。重度の徐脈では意識障害や失神を伴うこともある。

3　✕　加齢による動脈硬化から、高齢者は収縮期血圧は高くなり、拡張期血圧は低くなる傾向がある。

4　◯　ジャパン・コーマ・スケールとは3－3－9度方式とも呼ばれる意識レベルの評価方法である。刺激に対する覚醒状態を数値で示すもので、数値が大きいほど意識レベルが低いことを示している。

5　◯　高齢者の1回の換気量（吸入または呼出される空気量）は一般成人と変わらないが、残気量（最大限に空気を吐き出したあとに肺に残る空気量）は増加し、肺活量（息を最大限吸い込んだあとに肺から吐き出せる空気量）は低下する傾向がある。

問題　27

関連
⇨ p.192、193
速習 保 L10

【正答】　2　3　5

1　✕　脊椎圧迫骨折などによる脊椎の変形（円背）や膝などの関節が十分に伸びなくなることから、高齢になると見かけ上の身長が低くなる。このため、BMIは本来の値より大きくなる傾向がある。

2　◯　血清中のたんぱく質の総量を血清総たんぱくといい、この主成分がアルブミンである。健康な高齢者では、加齢による低下はみられないことから、高齢者の長期にわたる栄養状態や生命予後をみるための最も有用な指標になる。

3　◯　AST（GOT）は肝臓のほか、心臓の筋肉や骨格筋、赤血球などにも多く含まれるため、肝臓の疾患だけでなく、胆道疾患、心臓疾患、筋疾患、溶血性疾患でも数値の上昇がみられる。一方、ALT（GPT）はほぼ肝臓にのみ含まれる。

4　✕　CRP（C反応性たんぱく質）は、感染症などの炎症がある場合に血液中に増加するが、高値となるのは発症後しばらくたってから（12時間後以降）という特徴がある。なお、同様に炎症の指標となる白血球数は、発症直後から上昇を示す。

5　◯　心電図では、心臓の収縮や拡張の状態、冠状動脈の血流、心筋の異常のほか、カルシウムやカリウムなどの電解質の異常もみることができる。

【正答】　1　3

関連
⇨ p.172、173、
226、227
速習 保 L 2、
24

1　○　高齢者は老年症候群があり、複数の疾患を併せもち、症状の現れ方には個人差が大きい。また、症状が非定型的、慢性の疾患が多い、合併症を起こしやすい、予後やQOLが医療だけではなく社会的要因に大きく影響されるという特徴がある。

2　×　高齢者は、副作用が出やすいという特徴がある。また、複数の薬を併用しているため、相互作用などで副作用の頻度も高くなる。

3　○　高齢者では、非典型的な症状が現れることが少なくない。心筋梗塞を発症しても、胸痛ではなく腹痛が主症状のこともある。

4　×　食事中または食事直後の呼吸困難で最も考えられるのは誤嚥や窒息である。肺梗塞の呼吸困難は急激に起こり、胸痛を伴うことが多い。

5　×　浮腫は、皮下組織に余分な水分が貯留している状態で、心不全、低栄養、肝硬変、腎臓病、悪性腫瘍などでみられる。水分は重力で下がるため足から生じることが多いが、寝たきりでも起こり、その場合は背部や仙骨部に生じる。

【正答】　2　3　5

関連
⇨ p.168、169、
174、175、
178、179
速習 保 L 1、
3、
4

1　×　フレイル（虚弱）とは、高齢になって筋力や活動が低下している状態をいう。健康と要介護状態の中間的な段階で、体重減少、歩行速度の低下、筋力低下、疲労感、身体活動の減少のうち3項目以上あればフレイルとみなされる。

2　○　感音性難聴は、内耳から大脳に異常があるために生じる難聴で、高齢者に多い。治療は困難で補聴器の使用が勧められる。一方、外耳や中耳の異常により生じる難聴を伝音性難聴といい、耳垢塞栓など治療により改善が望める。

3　○　パーキンソン病の治療の基本は薬物療法だが、動かないでいると廃用症候群が進むため、全経過を通じて下肢の筋力や平衡機能維持のための運動療法が重要である。

4　×　心房細動は不整脈の一種で、特に高齢者では心臓に血栓が形成されやすい。はがれた血栓が脳の血管（脳の根元に近い太い血管）に至り詰まる心原性脳塞栓症の原因となる。一方、ラクナ梗塞は、脳の細い血管に小さな脳梗塞が起こるものである。

5　○　一方、労作時（身体を動かしているとき）に心拍数が増加して起こるものを労作性狭心症という。いずれも前胸部の圧迫感が特徴的である。

問題　30

【正答】　1　4　5

関連
⇨ p.172、173、
178、179、
184〜187
速習保 L 2、
4、
7、
8

1　○　糖尿病の三大合併症に糖尿病性網膜症、糖尿病性腎症、糖尿病性神経障害があり、糖尿病性網膜症が進行すると失明の原因となる。また、動脈硬化により心疾患、脳梗塞を合併しやすいほか、認知症にかかるリスクも高くなる。

2　✕　呼吸困難時には、側臥位や仰臥位ではなく、身体を起こした起座位または半座位にすることで症状が改善する。

3　✕　薬剤使用後、1〜2週間で皮膚に発疹が現れることが多い。症状が現れたら、原因と思われる薬剤（被疑薬）を特定し、すみやかに使用を中止する。

4　○　高齢者は転倒が骨折の原因となることが多く、特に大腿骨頸部骨折は寝たきりの原因となるため転倒予防が重要である。

5　○　疥癬は、ヒゼンダニが、皮膚の角層に寄生して起こる感染症である。普通の疥癬のほか、ダニの数がきわめて多く、感染力の強いノルウェー疥癬（角化型疥癬）がある。

問題　31

【正答】　2　3　5

関連
⇨ p.202、203
速習保 L16

1　✕　介護保険が主に担うのは維持的リハビリテーションである。リハビリテーションは、その果たす機能と時期により、予防的リハビリテーション、治療的リハビリテーション（急性期・回復期）、維持的リハビリテーションにわけられる。

2　○　ADL、IADLの援助では、残存能力を積極的に活用し、自立の促進と介助者の負担軽減を目指す。状態に応じ、自助具や福祉用具の活用、居住環境の整備などが行われる。

3　○　運動麻痺には、脳や脊髄の病気による中枢性麻痺と末梢神経や筋肉の病気による末梢性麻痺がある。一般に、中枢性麻痺では手足が突っ張り思うように動かせなくなり、末梢性麻痺では力が入らなくなる。

4　✕　感覚失語は言葉の理解が障害されるもので、文字盤やカードを使ったコミュニケーションは困難である。失語症は言語中枢の障害により起こり、感覚失語のほか、主に言葉の表出が障害される運動失語、物の名前を呼ぶことが困難になる失名詞失語、復唱が障害される伝導失語、言語機能全般が障害される全失語がある。

5　○　左半側空間失認（無視）は、左半側を無視してしまう症状のため、意識的に失認空間へ注意を向けるくふうやリハビリテーションが必要である。

問題 32

関連
⇨ p.194、195、
200、201
速習 保 L12

【正答】　1　4　5

1　○　摂食・嚥下プロセスには、第1期（先行期：認知期）、第2期（準備期）、第3期（口腔期）、第4期（咽頭期）、第5期（食道期）という過程からなり、いずれかに障害がある状態が摂食・嚥下障害である。

2　✕　食事のアセスメントでは、本人の身体・精神機能、嗜好・嗜癖・習慣・食生活状況、食に関する意欲や知識・技術などのほか家族介護者の状態や食に関連する手段・環境などについてさまざまな職種と連携し情報収集を行う。

3　✕　唾液には、口腔の清掃、創傷の治癒、義歯装着時の安定、口腔諸組織の保護作用、味覚誘起、そしゃく・嚥下・発音の補助などさまざまな働きがある。口腔ケアにより唾液腺を刺激し唾液分泌を促すことが必要である。

4　○　オーラルフレイルとは、口腔機能の軽微な低下や食の偏りなどを含む身体の衰えのひとつで、口腔ケアにより口腔と口腔周囲を動かし、嚥下反射を促進することが予防につながる。

5　○　口腔ケアのケアプラン立案では、口腔内の清潔保持のほか、リハビリテーションによる口腔機能の維持・向上を含めた支援を念頭におき、多職種との連携が必要である。

問題 33

関連
⇨ p.196、197
速習 保 L13

【正答】　1　2　5

1　○　排泄障害とは、尿意や便意を知覚してから、排尿や排便をするまでのいくつかの連続した行為の一部または全部に障害をきたした状態をいう。

2　○　排泄行為は、日常生活のなかでも複雑でプライベートな営みであり、その介護は、利用者、介護者いずれにも心理的な負担が大きい。利用者の自尊心に配慮し、本人ができるだけ自立した排泄行動がとれるよう配慮することが求められる。

3　✕　排泄障害にはさまざまな内容があり、すべてが医学的治療を要するものではない。課題に応じた適切な支援や環境整備が必要である。

4　✕　ポータブルトイレの使用など、排泄用具の検討が必要なのは機能性尿失禁である。神経因性膀胱では、神経障害により排尿が難しいため、導尿やバルーンカテーテル法を検討する必要がある。

5　○　便秘の症状改善に使用する緩下剤（かんげ）によって下痢になることもあるため、服薬状況を確認する必要がある。

問題 34

関連
⇨ p.214、215
速習 保 L20

【正答】　1　2　4

1　○　栄養状態の悪化により、皮膚や筋肉の耐久性が低下し、褥瘡の要因となることがある。

2　○　栄養状態の指標として、上腕や下腿の周囲長の観察があげられる。特に

下腿の周囲長は体重を反映するため、体重減少を知る目安となる。

3 ✕ 高齢者では口渇感が低下し、水分摂取量が減少しやすい。

4 ○ 低栄養状態では筋肉量が減少する。その他、体重減少、BMIの低下、血清アルブミン値の低下などが低栄養の指標となる。

5 ✕ 高齢者では、低栄養状態のほか、メタボリックシンドロームなどの過栄養となることも少なくない。糖尿病、脂質異常症、高血圧などの生活習慣病への対応が重要となる。

問題 35

関連
⇒ p.216～218
速習 保 L21

【正答】 3 5

1 ✕ 食品や嗜好品、健康食品のなかには、薬と相互作用を起こすものがある。納豆やクロレラに含まれるビタミンKは、ワーファリンなど血液を固まりにくくする抗凝固薬の作用を妨げるため、服用中の摂取は控える必要がある。

2 ✕ アルコールで薬を服用すると、薬の作用が増強することがある。薬は基本的に約100mLの水またはぬるま湯で飲むのが望ましい。

3 ○ グレープフルーツジュースに含まれる酵素は、降圧薬をはじめ、免疫抑制剤、抗真菌薬、抗がん薬などさまざまな薬の代謝を妨げ、薬の作用が増強する。

4 ✕ 抗菌薬の飲み忘れや中断によって、一度は弱った菌が復活したり、これまでの薬に耐性ができ、効きにくい菌に変化してしまったりすることがある。

5 ○ ステロイド薬を長期または大量に服用している場合、身体は薬が体内にある状態に順応しているため、急に服用を中止することで倦怠感や関節痛、嘔気、頭痛などの離脱症状が起こることがある。

問題 36

関連
⇒ p.204,205
速習 保 L17

【正答】 3 4

1 ✕ アルツハイマー型認知症では、主症状となる健忘が初期から現れ、特に近時記憶の障害が著しい。病識が低下して取り繕いが目立ち、見当識障害、注意障害、遂行機能障害などもみられるようになる。

2 ✕ 血管性認知症では、大脳基底核に血管性病変があると、パーキンソン症状などの運動障害を伴う。大脳白質虚血では、認知スピードが遅くなり、反応が鈍くなる。また、前頭葉白質が障害されるため、アパシーやうつ状態が引き起こされやすい。

3 ○ レビー小体型認知症では、大脳のほか脳幹部や末梢自律神経系にも病変が広がることから認知障害だけでなく、多様な症状が現れる。自律神経症状には、起立性低血圧、血圧の変動、失神、便秘などがある。

4 ○ リアルな幻視が特徴的な症状である。また、レム睡眠行動障害やうつ、嗅覚低下は比較的早期に出現する。

5 ✕ 主に前頭葉が萎縮するタイプでは、比較的記憶は保たれるものの、病識を欠き、他人の気持ちの理解や共感ができなくなる、社会のルールが守れなくなるなどの社会的認知（社会脳）の障害がみられる。また、側頭葉の萎縮では、物の名前が出てこないなどの意味記憶障害や相貌失認などがみられる。

問題 37 【正答】 2 4

関連
⇨ p.210、211
速習 保 L18

1 ✕ 高齢者は、体内の水分量の低下、アルコール代謝酵素の活性低下、アルコールの感受性の亢進などから、飲酒量が減少してもアルコール依存症を発症しやすいとされる。

2 〇 身体的老化のほか、喪失体験や社会的孤立などの環境の変化が発症のきっかけになることが多い。

3 ✕ 高齢者では、離脱症状（体内のアルコール減少による不快気分や自律神経症状、いわゆる禁断症状）が長引きやすく、糖尿病、認知症やうつ病を合併しやすい特徴がある。

4 〇 治療には離脱治療と依存治療の2段階がある。離脱治療は入院して行い、その後の依存治療ではアルコール依存症リハビリテーションプログラムが用いられる。高齢者に特化したプログラムも開発されている。

5 ✕ 断酒の継続には孤独を生まない環境づくりが必要である。同じ問題を抱える当事者の集まり「断酒会」への継続参加や生活に楽しみがもてるよう支援する。

問題 38 【正答】 1 3 5

関連
⇨ p.220、221
速習 保 L22

1 〇 血液透析では、透析施設に週2～3回通院して、透析装置を使い4～5時間程度かけて血液の老廃物を除去し、再び血液を血管に戻す処置を行う。医療職が行うため安全性は確保されるが、通院頻度や拘束時間の長さがデメリットとされる。

2 ✕ 点滴栄養剤は、体液より濃度が高く体液の水分を吸収する作用があることから、静脈炎を防ぐため、鎖骨下静脈など心臓に近い太い静脈から栄養剤の注入が行われる。

3 〇 在宅酸素療法で使用される吸入器具には、設問の簡易酸素マスクのほか、両側の鼻腔から酸素を投与する鼻カニューレ、気管切開をしている場合に使用するトラキマスクがある。

4 ✕ 酸素の吸入量や時間は、医師の指示に基づいて行う。呼吸の息苦しさがあっても、医師の指示を超えて酸素流量を増やしてはならない。

5 〇 在宅自己導尿では、利用者自らが膀胱内にカテーテルを挿入し、尿を排泄する。排尿後にカテーテルを抜き取るため、カテーテルを膀胱内に留置す

るバルーンカテーテル法よりも感染症の危険性が低い。

問題 39

関連
⇒ p.224、225
速習 保 L23

【正答】 2　3　5

1　✗　標準予防策とは、あらゆる人の血液、体液、分泌物、排泄物、創傷のある皮膚、粘膜には感染性があると考え、すべての人に対して行われる感染予防策である。

2　○　手指衛生は標準予防策の基本であり、食事介助のときや排泄介助のあとは徹底して行う。手袋をしていてもはずしたあとに流水と石けんによる手洗い、あるいはアルコール製剤による消毒を行う。

3　○　使い捨てのマスクを着用している場合でも、口やのどに病原体を吸い込むことはあるため、うがいをして洗い流すことが必要である。

4　✗　主な感染経路は接触感染であるが、排泄物や吐物に大量のウイルスが排出されるため、処理時に飛沫感染することがある。また、処理後には、アルコールではなく次亜塩素酸ナトリウムで拭き取る必要がある。

5　○　B型肝炎のほか、水痘、麻疹、風疹、流行性耳下腺炎などもワクチンで予防可能な感染症とされている。なお、C型肝炎については有効な予防接種はない。

問題40
注目

関連
⇒ p.168、169、
200、201、
228、229
速習 保 L 1、
12、
25

【正答】 1　2　5

1　○　健康日本21（第3次）では、「すべての国民が健やかで心豊かに生活できる持続可能な社会の実現」をビジョンとしており、実現に向けた基本的な方向として、第2次と同じ①健康寿命の延伸と健康格差の縮小のほか、②個人の行動と健康状態の改善、③社会環境の質の向上、④ライフコースアプローチを踏まえた健康づくりの4つが掲げられている。

2　○　高齢者のフレイル予防には、栄養（食・口腔機能）、身体活動（運動、社会活動）、社会参加（就労、余暇活動、ボランティアなど）の3つの要素をバランスよく生活に取り入れることが大切になる。

3　✗　高齢者に必要とされるたんぱく質の量は一般成人と変わらない。フレイルやサルコペニアを予防するためにも、十分なカロリーとたんぱく質をとる必要がある。

4　✗　口腔環境と心疾患、脳血管障害、認知症との関連が指摘されている。特に糖尿病患者では、歯周疾患の悪化により糖尿病性腎症、心筋梗塞を起こしやすいといわれている。

5　○　適度な運動により骨形成が促進され、骨粗鬆症の予防や改善の効果がある。

問題 41

関連
⇨ p.232、233
速習 保 L27

【正答】　３　５

1　✕　「緊急時訪問看護加算」を組み込むことで、24時間365日のサービス提供が可能となっている。

2　✕　指定訪問看護ステーションの実情に応じ、理学療法士、作業療法士、言語聴覚士を適当数配置する。人数の定めはない。

3　○　急性増悪時に、主治医から特別訪問看護指示書（特別指示書）が交付された場合の訪問看護は、医療保険から原則として月１回、14日間を限度に給付される。

4　✕　精神科訪問看護は医療保険から給付されるが、認知症は対象外であり、要介護者の場合は介護保険から給付される。

5　○　症状の緩和に努め、在宅での終末期を望む要介護者や家族を支援することも訪問看護の重要な役割であり、在宅での看取りに必須のサービスとされる。

問題 42

関連
⇨ p.236、237
速習 保 L28

【正答】　２　３　４

1　✕　訪問看護ステーションの理学療法士・作業療法士・言語聴覚士が訪問してリハビリテーションを提供する場合は、訪問リハビリテーションではなく訪問看護として算定される。訪問リハビリテーションを提供できるのは、病院・診療所、介護医療院、介護老人保健施設の理学療法士等である。

2　○　事業所には、常勤の医師１人以上の配置が必要である。

3　○　訪問リハビリテーションでは、要介護度に応じ、重点的目標を定めてサービスを行う。なお、設問のほかに要支援１・２では予防を、要介護１・２では自立支援を目標にしたリハビリテーションが行われる。

4　○　訪問リハビリテーションのサービス内容には、生活機能の維持・回復に向けたリハビリテーションのほか、訪問介護事業所等の従業員への技術指導や助言、福祉用具利用や住宅改修に関する助言や指導なども含まれる。

5　✕　リハビリテーション会議は、テレビ電話装置等を活用して開催することもできる。利用者や家族が会議に参加する場合は、その活用について同意を得なければならない。

問題 43

関連
⇨ p.246、247
速習 保 L33

【正答】　１　２　５

1　○　事業者の代表者は認知症ケアに従事した経験または保健医療・福祉サービスの経営に携わった経験があり、厚生労働大臣の定める研修の修了者、または保健師か看護師と規定されている。

2　○　訪問看護および小規模多機能型居宅介護を一体的に提供し、通い、訪問、宿泊を柔軟に組み合わせて日常生活上の世話、機能訓練、療養上の世話、必

要な診療の補助を行うサービスである。

3 ✕ サービスを利用している間も、訪問リハビリテーション、居宅療養管理指導、福祉用具貸与を算定できる。

4 ✕ 事業所の介護支援専門員が登録者の居宅サービス計画と看護小規模多機能型居宅介護計画を作成するが、看護小規模多機能型居宅介護報告書は看護師等（准看護師を除く）が作成する。

5 ◯ 原則として登録定員、通いサービス、宿泊サービスの利用定員を超えてサービスの提供を行ってはならないが、やむを得ない事情がある場合には例外的に利用定員を超えることは許容されている。

問題 44

関連
⇨ p.240、241
速習 保 L30

【正答】 1 4 5

1 ◯ 通所リハビリテーションの目的には、コミュニケーション能力、社会関係能力の維持・回復、社会交流の機会の増加なども含まれる。

2 ✕ 事業所には、常勤で1人以上の医師のほか、理学療法士、作業療法士、言語聴覚士、看護師、准看護師、介護職員のなかで専従の従業者の配置が規定されている。

3 ✕ 管理者は、医師、理学療法士、作業療法士、言語聴覚士、または専らサービス提供にあたる看護師のうちから選任した者に、必要な管理を代行させることができる。

4 ◯ 通所リハビリテーションなど通所系のサービスは、事業所と同一建物の居住者または事業所と同一建物から事業所に通う利用者にサービスを提供する場合に、介護報酬が減算される。

5 ◯ 介護予防通所リハビリテーションでは、基本サービスに選択的サービス（運動器機能向上サービス・栄養改善サービス・口腔機能向上サービス）を組み合わせて実施（加算）する。さらに、選択的サービスを複数組み合わせてサービス提供を行った場合は、選択的サービス複数実施加算が算定できる。

問題 45

関連
⇨ p.248、249
速習 保 L34

【正答】 1 4 5

1 ◯ 介護老人保健施設の開設者は、地方公共団体、医療法人、社会福祉法人その他厚生労働大臣が定める者とされている。厚生労働大臣が定める者とは、国、独立行政法人地域医療機能推進機構、地方独立行政法人、日本赤十字社、共済組合、健康保険組合、国民健康保険組合などである。

2 ✕ 支援相談員は、常勤での配置が必要である。

3 ✕ 介護老人保健施設には、リハビリテーション施設としての役割があるが、体力や基本動作能力の獲得、活動や参加の促進のほか、生活機能の向上を目的に集中的な生活期（維持期）のリハビリテーションを行う。

4 ○ 入所者の病状や心身の状況に照らし、退所して居宅での生活が可能かどうか定期的に協議・検討し、その内容等は記録する。なお、検討は少なくとも3か月ごとに行うこととされている。

5 ○ 入所者の病状から、施設で自ら必要な医療を提供することが困難な場合、施設の医師は、協力病院その他適当な病院・診療所への入院のための措置を講じ、またはほかの医師の対診を求めるなど診療について適切な措置を講じなければならない。

問題　46　　【正答】　1　5

関連
⇨ p.258、259
速習 福 L 2

1　○　クライエントから得る個人情報の利用目的や範囲については、初回面接で伝え、クライエントの了解をとっておく必要がある。

2　✕　面接でのやりとりや、相談援助者がクライエントと面接して感じたことがら、そのときの本人や家族の表情なども守るべき個人情報であり、相談援助者は本人の許可なく外部に漏らしてはならない。家族であっても同様である。

3　✕　相談援助者は、クライエントの考え方や行動などを自分の価値観や社会通念によって、一方的に評価したり、意見を表明したりしてはならない。

4　✕　相談援助者の秘密保持義務は、所属機関を退職したあとも続く。

5　○　相談援助を行う過程では、相談援助者とクライエントの間に価値や倫理をめぐるジレンマが必ず起こるとされる。そのような場合は、ソーシャルワーカーの倫理綱領や行動規範に照らし合わせたり、他者に相談してスーパービジョンを得たりするなども有効な方法である。

問題　47　　【正答】　2　5

関連
⇨ p.258、259
速習 福 L 2

1　✕　相談援助者は、面接においてクライエントの人権を擁護し、人間としての尊厳に敬意を表し、お互いの立場は対等だということを伝えることが必要である。

2　○　面接の場面では、情緒的に対応する一方、クライエントの感情に巻き込まれず、自分の感情を意識的にコントロールし、クライエントの要求に対し、常に冷静に対応することが求められる。

3　✕　クライエントや家族の意思を尊重し、誤りのない自己決定ができるよう環境や条件を整え、その決定を支援することが大切である。

4　✕　イーガンは、「私はあなたに十分関心を持っています」と相手に伝えるための5つの基本動作を示した。動作の頭文字をとってソーラー（SOLER）と名づけている。

5　○　「なぜ」「どうして」の質問は、聞く側が納得できないことを無意識に含んでおり、相手のとまどいを増幅させ、防衛的にさせてしまうことがある。安易に用いず、質問のくふうが必要とされる。

問題 48

関連
⇨ p.254、255
速習 福 L 1

【正答】 2 3

1 ✕ 高齢者やその家族が直面している課題のなかには、医療など地域の資源にかかわる問題や、失業など社会情勢の影響を受けるものも多く、切り離して考えることはできない。

2 ◯ 設問のように積極的に出向き、ニーズの発見を行う働きかけをアウトリーチといい、援助者には、アウトリーチの姿勢が求められる。

3 ◯ 居宅介護支援事業所、地域包括支援センターなどの相談機関、介護保険施設や病院などで、個別援助が行われる。入退院にかかわる、生活上の調整や心理的課題などへの対応も行う。

4 ✕ 家族は最も身近な社会資源だが、意向が対立することも少なくない。個別援助では、高齢者と家族をひとつのシステムととらえて双方のアセスメントを行い、全体の調和とQOLの最適化を図る。

5 ✕ 多様な社会資源を活用し、チームで連携しながら援助を展開していくことが重要であり、相談を受けた者だけが解決にあたるものではない。

問題 49

関連
⇨ p.264、265
速習 福 L 3

【正答】 1 3

1 ◯ 支援困難は本人や家族の身体的・精神的な要因から起こることもある。医療関係者と連携しながら、治療の実施と生活課題の整理が進められるよう働きかけていくことが必要である。

2 ✕ 支援拒否の場合でも、強制的にサービスを入れるようなことはしない。支援拒否の要因や背景を共感的な対話や観察から探り、信頼関係の構築によって必要な支援が導入できるよう環境を整えていく。

3 ◯ 本人が信頼する特定の人からの助言や手助けを受け入れる場合もある。キーパーソンを探し、支援につなげていく方法も検討する。

4 ✕ 支援者は能力、支援体制、経験などの成熟度を高め、行政を含めた多機関・多職種のかかわりにより問題を解決していく姿勢が求められる。まずは地域包括支援センターなどと連携を図ることが必要である。

5 ✕ 地域から孤立している場合、背景にはさまざまな要因がある。現在、Aさんと息子は近隣との付き合いがない状態であり、本人の同意なく、プライバシーを漏らすことは適切ではない。

問題 50

関連
⇨ p.266〜269
速習 福 L 4

【正答】 1 4 5

1 ◯ サービス提供責任者は、介護福祉士または実務者研修修了者、旧介護職員基礎研修課程修了者、旧1級課程修了者である常勤の訪問介護員等から選出される。

2 ✕ 厚生労働省が示す「医行為（医療行為）ではないと考えられる行為」は、

身体介護として行うことができる。ただし、耳垢塞栓の除去は医行為（耳垢の除去は医行為ではない）とされ、介護職員等が行うことはできない。

3　✕　利用者の状態変化やサービスへの意向を定期的に把握するのは、サービス提供責任者の責務である。このほか、訪問介護計画の作成にかかる業務や訪問介護員等の業務の実施状況の把握、業務管理、研修、技術指導、居宅介護支援事業者等への利用者の服薬状況・口腔機能などの心身の状態・生活の状況について必要な情報提供などを行う。管理者は、事業所の従業者や業務の管理・統括、従業者に運営基準を遵守させるための指揮命令を行う。

4　◯　訪問介護員等は、自身の同居家族に対し、訪問介護を行うことはできないが、基準該当訪問介護では提供が可能とされている。

5　◯　通院などのための乗車または降車の介助（通院等乗降介助）は、訪問介護員等が自ら運転する車両で利用者宅を訪問し、外出前の用意、乗車・降車の介助、通院先・外出先での移動等の介助や受診等の手続き援助などを包括的に行うものである。1回につき算定する。

問題　51

関連
⇨ p.286、287
速習 福 L12

【正答】　3　4　5

1　✕　療養通所介護は地域密着型通所介護の一類型で、利用定員は通常の地域密着型通所介護と同様に18人以下である。

2　✕　利用者1.5人につき、1人以上の看護職員または介護職員（1人以上は常勤専従の看護師）の配置が規定されている。

3　◯　管理者は常勤専従の看護師でなければならない。また、管理者である看護師が療養通所介護計画を作成する。

4　◯　療養通所介護の利用者は、難病などにより重度の介護を必要とする、またはがん末期の要介護者で、医療と介護ニーズの両方を併せもつことから、主治医や訪問看護事業者等と密接な連携に努めることとされている。

5　◯　療養通所介護計画は、訪問看護計画書の内容との整合性を図りつつ作成する必要がある。すでに居宅サービス計画が作成されている場合は、居宅サービス計画の内容に沿ったものにしなければならない。

問題　52

関連
⇨ p.274、275
速習 福 L7

【正答】　2　4

1　✕　短期入所生活介護には、単独型、併設型、空床利用型の3類型がある。単独型は利用定員が20人以上とされるが、併設型、空床利用型では、20人未満とすることができる。20人未満としなければならないわけではない。

2　◯　共生型サービスの対象になるのは、訪問介護、通所介護、地域密着型通所介護、（介護予防）短期入所生活介護である。障害者福祉制度における短期入所（併設型および空床利用型に限る）の指定を受けた事業所であれば、

基本的に共生型短期入所生活介護の指定を受けることができる。

3　✕　協力医療機関の定めにかかわらず、短期入所生活介護では、1人以上の医師の配置が求められている。

4　○　利用者がおおむね4日以上継続して入所する場合、事業所の管理者が居宅サービス計画に沿って短期入所生活介護計画を作成する。

5　✕　災害や虐待などやむを得ない事情がある場合には、利用定員を超えて短期入所生活介護を行うことができる。

問題　53　　【正答】　1　5

1　○　通所介護の基本方針には、サービスの実施により、利用者の社会的孤立感の解消と心身機能・生活機能の維持・向上、利用者の家族の身体的・精神的負担の軽減を図ることが規定されている。家族の私的な理由でも利用できる。

2　✕　機能訓練指導員は、理学療法士、作業療法士、言語聴覚士、看護職員、柔道整復師、あん摩マッサージ指圧師、一定の実務経験を有するはり師・きゅう師のいずれか1人以上であり、理学療法士にかぎるものではない。

3　✕　通所介護では、送迎は基本サービス費に含まれており、加算の設定はない。送迎を行わない場合には、所定単位数から減算される。

4　✕　通所介護費は、事業所の規模（通常規模型、大規模型Ⅰ、大規模型Ⅱ）に応じ、所要時間別（3時間以上9時間未満で6区分）、要介護度別に単位が定められている。事業所規模が大きくなるほど単位数は低くなる。

5　○　事業所と同一建物に居住する者または同一建物から通所する者にサービス提供を行った場合、所定単位数から減算される。

問題　54　　【正答】　1　3　5

1　○　福祉用具貸与では、車いす、特殊寝台、床ずれ防止用具など軽度者（要支援者および要介護1の人など）に利用が想定されにくいものは原則として給付されない。ただし、医師の判断、適切なケアマネジメントにより必要と判断された場合は、給付が可能となっている。

2　✕　介護福祉士、保健師、看護師、准看護師、義肢装具士、理学療法士、作業療法士、社会福祉士であれば、福祉用具専門相談員となることができるが、介護支援専門員は含まれていない。なお、福祉用具専門相談員指定講習の課程を修了し、修了証明書の交付を受けた者もなることができる。

3　○　このほか、管理者の配置が必要である。

4　✕　福祉用具の搬出入に特別な措置が必要な場合は、通常の利用料とは別にその費用の支払いを受けることができる。特定福祉用具販売の搬入の際も同

様である。

5　○　事業所の福祉用具専門相談員は、居宅サービス計画に沿って、福祉用具貸与計画または特定福祉用具販売計画（福祉用具サービス計画）を作成する。事業者が貸与と販売を同時に提供する場合は、これらの計画は一体のものとして作成する。

問題 55

関連
⇨ p.292、293
速習 福 L15

【正答】　2　3　4

1　✕　計画作成担当者は、事業所ごとに専従で1人以上置く必要がある。このうち少なくとも1人を介護支援専門員とする。また、厚生労働大臣の定める研修を修了している必要がある。

2　○　管理者は、3年以上認知症ケアに従事した経験があり、厚生労働大臣の定める研修を修了していることが要件とされている。

3　○　2021（令和3）年度から認められたサテライト事業所は、本体事業所とは自動車などでおおむね20分以内に移動できる距離であることが条件とされており、同一建物や同一敷地内は認められない。

4　○　事業者自らサービスの質の評価を行うとともに、外部の者の評価または運営推進会議の評価のいずれかを受けなければならない。評価の結果は公表する。

5　✕　認知症対応型共同生活介護を利用している間は、居宅療養管理指導を除くほかの居宅サービス、地域密着型サービス、居宅介護支援については保険給付されない。

問題 56

関連
⇨ p.296、297
速習 福 L17

【正答】　1　2　4

1　○　入所対象者は、身体上・精神上著しい障害があるため常時介護を必要とする原則要介護3以上の要介護者だが、やむを得ない事情がある場合は、要介護1・2でも特例的に入所が認められる。

2　○　指定介護老人福祉施設は、明るく家庭的な雰囲気を有し、地域や家庭との結びつきを重視した運営を行うことなどが基本方針に定められている。

3　✕　感染症および食中毒の予防およびまん延の防止のための指針を整備し、従業者の研修ならびに訓練を定期的に行う必要がある。また、感染対策委員会をおおむね3か月に1回以上開催し、その結果を従業者に周知徹底する。

4　○　施設では、入所者の栄養状態の維持・改善を図り、自立した日常生活を営むことができるよう、各入所者の状態に応じた栄養管理を計画的に行う必要がある。

5　✕　施設では、入所者に対して、入所者の負担により、施設の従業者以外の者による介護を受けさせてはならない。

問題 57 　【正答】　1　4　5

関連
⇒ p.302、303
速習 福 L20

1　◯　保護は原則として保護の申請に基づき行われるが、要保護者が急迫した状況にあるときは、保護の申請がなくても、必要な保護を行うことができる。

2　✕　生活保護制度は「生存権の保障」の理念に基づき、国が生活に困窮している国民に必要な保護を行い、最低限度の生活を保障するとともに、その自立を助長することを目的とした制度である。

3　✕　生活保護には8種類の扶助があり、このうち医療扶助と介護扶助については原則として現物給付が行われ、それ以外は原則として金銭給付である。

4　◯　介護予防・日常生活支援（生活保護受給者が介護予防・日常生活支援総合事業を利用した場合の費用）も介護扶助の対象となっている。

5　◯　指定介護機関は、福祉事務所から毎月被保護者ごとに交付される介護券に基づいて介護サービスを提供する。

問題 58 　【正答】　2　3

関連
⇒ p.312、313
速習 福 L28

1　✕　任意後見制度は、判断能力が衰える前に本人が任意後見人になってくれる人（任意後見受任者）を指定し、後見事務の内容を契約によって決めておく制度である。任意後見人には、身上監護や財産管理に関するさまざまな代理権を与えることができるが、法定後見制度のような同意権や取消権はない。

2　◯　任意後見契約は公証人が作成する公正証書で行わなければならない。公正証書以外の方式で契約しても、任意後見契約として成立しない。

3　◯　任意後見は、本人の判断能力が不十分になったときに、本人、配偶者、四親等内の親族、任意後見受任者の請求により、家庭裁判所が任意後見監督人を選任することで開始される。

4　✕　任意後見人に不正があるときは、任意後見監督人の報告を受けた家庭裁判所が任意後見人を解任することができる。

5　✕　任意後見監督人は、任意後見受任者本人や、任意後見受任者の配偶者、直系血族および兄弟姉妹はなることができない。

問題 59 　【正答】　3　4　5

関連
⇒ p.304、305
速習 福 L21

1　✕　生活困窮者自立支援制度は、生活保護に至る前の自立支援策の強化を図ることが目的とされているため、生活保護受給者は制度対象に含まれない。

2　✕　都道府県のほか、市および福祉事務所を設置する町村が事業を実施する。

3　◯　必須事業には、生活困窮者自立相談支援事業と生活困窮者住居確保給付金がある。生活困窮者自立相談支援事業は、任意事業である生活困窮者家計改善支援事業、生活困窮者就労準備支援事業（いずれも実施努力義務）と一体的に行うこととされている。

4　○　生活困窮者住居確保給付金は離職等により住宅を失った、またはそのおそれが高い生活困窮者に対して、原則として3か月間（最長9か月間）家賃相当額を支給するものである。

5　○　子どもの学習・生活支援事業では、生活困窮者である子どもへの学習支援だけでなく、子どもと保護者に対して、子どもの生活習慣・育成環境の改善に関する助言や教育・就労等に関する相談、必要な情報提供・助言、関係機関との連絡調整等も行う。

問題　60　【正答】　3　5

関連
⇒ p.300、301
速習 福 L19

1　×　制度の対象者は身体障害者、知的障害者、精神障害者（発達障害者を含む）、難病患者等である。

2　×　補装具費は、自立支援給付に含まれるが、日常生活用具の給付は、市町村を実施主体とする市町村地域生活支援事業のなかで行われる。

3　○　訓練等給付のうち就労定着支援は、就労移行支援等により一般就労した人に、課題解決に向けた指導や助言を行うサービスである。

4　×　介護保険にないサービスは利用することができる。同行援護は視覚障害者に対して、外出時に同行して移動の援護や必要な支援を行うものである。

5　○　なお、訓練等給付では障害支援区分の認定を経ることなく、市町村による支給決定がされる。

テーマ別
要点チェック問題

総人口の概観や高齢者介護を取り巻く状況について適切なものはどれか。2つ選べ。

1 国立社会保障・人口問題研究所の「日本の将来推計人口（令和5年推計）」によると、65歳以上の高齢者の割合は上昇を続けると予測されている。

2 国立社会保障・人口問題研究所の「日本の将来推計人口（令和5年推計）」によると、2045（令和27）年には、75歳以上の後期高齢者と20歳から64歳の稼働年齢層の比率は、およそ1：4になると予測されている。

3 厚生労働省調査などによると、85歳以上で要介護認定・要支援認定を受けている人の割合は約3割である。

4 厚生労働省の推計によると、2025（令和7）年には、65歳以上の高齢者の約2割が、認知症高齢者になると予測されている。

5 国立社会保障・人口問題研究所の「日本の世帯数の将来推計（平成30年推計）」によると、世帯主が75歳以上の者の世帯は、今後は減少すると見込まれている。

介護保険制度施行前の制度と介護保険制度の創設について適切なものはどれか。3つ選べ。

1 介護保険制度施行前の老人福祉制度では、サービスの費用は、公費のほかは利用者本人または扶養義務者の所得に応じた利用者負担額から賄われていた。

2 介護保険制度施行前は、急性期の治療を必要としない介護にかかる医療費が増えていたため、医療資源の非効率的な使用と医療費の増加をもたらしていた。

3 介護保険制度施行前は、特別養護老人ホームへの入所など福祉分野における介護サービスと訪問看護など保健医療分野における介護サービスの利用窓口は、一本化されていた。

4 介護保険制度では、介護支援専門員が利用者に代わりサービスの選択や事業者との利用契約を行う。

5 介護保険は社会保険のひとつであり、利用者負担では受けたサービスの総量に応じて費用を負担する応益負担が基本となっている。

1　解説

1 ○　わが国では少子高齢化が進んでおり、高齢者の割合は上昇を続けている。特に75歳以上の後期高齢者の増加が著しく、2050（令和32）年には人口の23.2％となる見込みである。

2 ×　75歳以上の後期高齢者と20歳から64歳の稼働年齢層の比率は、2020（令和2）年には、1：3.7だったが、2045（令和27）年には1：2.4になると予測されている。つまり、20歳から64歳の2.4人で1人の後期高齢者を支えることになる。

3 ×　要介護者等の割合は加齢とともに上昇する。75歳以上の後期高齢者になると認定率は約3割、85歳以上では約6割の認定率となる（厚生労働省「介護保険事業状況報告〔2022年9月末現在〈暫定〉〕」、総務省「人口推計〔2022年10月1日現在〕」）。

4 ○　後期高齢者の増加に伴い、認知症高齢者の割合は増加を続けている。厚生労働省の推計では、2025（令和7）年には高齢者人口の約2割、2060（令和42）年には約3割が認知症高齢者になると見込まれている。

5 ×　国立社会保障・人口問題研究所の「日本の世帯数の将来推計（平成30年推計）」によると、今後、75歳以上が世帯主である世帯数は増加すると見込まれている。

正答　1・4

2　解説

1 ○　介護保険制度施行前の老人福祉制度では、措置制度によりサービスが提供されていた。措置制度のなかで行われていた利用者の一部費用負担は、利用者本人または扶養義務者の所得に応じたもので応能負担と呼ばれる。

2 ○　介護保険制度施行前は、社会的入院の増加など介護にかかる費用までを医療保険で負担していたため、医療資源の非効率的な使用、医療費の増加といった問題が指摘されていた。

3 ×　福祉サービスと保健医療サービスでは、窓口が違うほか、利用者負担や手続きにも不合理な格差や不便があるなど、利用しにくいものとなっていた。p.92

4 ×　介護保険制度は、利用者自らの選択でニーズに応じた介護サービスを利用できる利用者本位の制度であり、利用者が事業者や施設と契約する。介護支援専門員は、利用者のニーズと社会資源を結びつける役割を担う。

5 ○　介護保険制度は、社会保険方式による制度運営がされ、給付と負担の関係が明確である。

正答　1・2・5

合格エッセンス 従来の制度の問題点と介護保険制度の創設

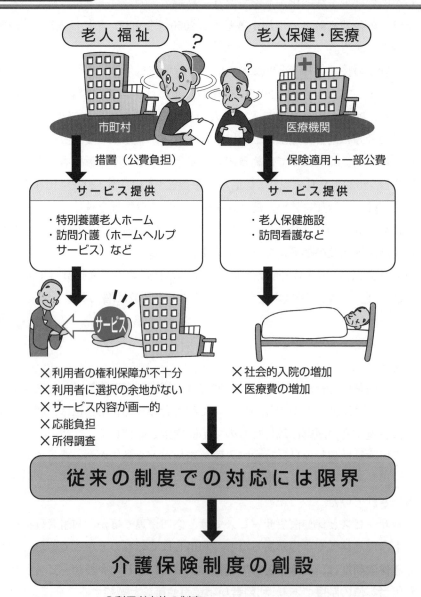

老人福祉

市町村

措置（公費負担）

サービス提供

・特別養護老人ホーム
・訪問介護（ホームヘルプ
　サービス）など

×利用者の権利保障が不十分
×利用者に選択の余地がない
×サービス内容が画一的
×応能負担
×所得調査

老人保健・医療

医療機関

保険適用＋一部公費

サービス提供

・老人保健施設
・訪問看護など

×社会的入院の増加
×医療費の増加

従来の制度での対応には限界

介護保険制度の創設

○利用者本位の制度
○サービスの総合的・一体的・効率的な提供
○多様な民間事業者の参入
○社会的入院の是正
○社会保険方式による応益負担

高齢者介護を担っていた老人福祉制度や老人医療制度の問題点を整理して再編成
し、介護を社会全体で支えるために創設されたのが、介護保険制度です。

合格エッセンス 制度施行後の介護保険制度の改正

改正年	主な改正内容
2005年	○予防重視型システムへの転換、新予防給付、地域支援事業、地域包括支援センターの創設、地域密着型サービスの創設
2008年	○介護サービス事業者の不正事案の再発防止→業務管理体制の整備など
2011年	○地域包括ケアシステムの推進、介護給付に定期巡回・随時対応型訪問介護看護、複合型サービス（看護小規模多機能型居宅介護）、地域支援事業に介護予防・日常生活支援総合事業を創設
2014年	○包括的支援事業に新たな事業を追加 ○市町村による地域ケア会議の設置を努力義務として法定化 ○介護予防訪問介護・介護予防通所介護を地域支援事業に移行 ○特別養護老人ホームの入所対象を原則要介護3以上に ○一定以上所得のある第1号被保険者を2割負担に
2017年	○介護医療院の創設 ○高齢者と障害者が同一の事業所でサービスを受けやすくするため、共生型サービスを創設 ○2割負担者のうち、特に所得の高い人を3割負担に
2020年	○重層的支援体制整備事業（社会福祉法）創設、複数の制度による①相談支援、②参加支援、③地域づくりに向けた支援を一体的に実施（市町村の任意実施） ○地域共生社会の実現、認知症施策の総合的な推進、介護人材確保と業務の効率化、医療・介護のデータ基盤の整備等のため国・地方公共団体の責務や介護保険事業計画などを改正
2023年	○生産性の向上への取り組み推進のため、都道府県の責務や介護保険事業計画を改正 ○介護サービス事業者経営情報の定期的な報告、都道府県知事による調査および分析等 ○指定居宅介護支援事業者を指定介護予防支援事業者の指定対象に

 合格エッセンス 地域包括ケアシステムと地域共生社会

　地域包括ケアシステムとは、地域の実情に応じて、高齢者が、可能なかぎり、住み慣れた地域でその有する能力に応じ自立した日常生活を営むことができるよう、医療、介護、介護予防、住まいおよび自立した日常生活の支援が包括的に確保される体制をいう。

　地域共生社会とは、制度・分野ごとの「縦割り」や「支え手」「受け手」という関係を超えて、地域住民や多様な主体が参画し、世代や分野を超えてつながることで、住民一人ひとりの暮らしと生きがい、地域をともに創っていく社会を指す。

★★★

3 介護保険制度について正しいものはどれか。2つ選べ。

1 要介護認定等を受けた人の数は、2006（平成18）年度以降、減少傾向がみられる。

2 2021（令和3）年度末現在、第1号被保険者数のうち、後期高齢者よりも前期高齢者のほうが多い。

3 2011（平成23）年の制度改正により、介護予防・日常生活支援総合事業が創設された。

4 2020（令和2）年の制度改正で、共生型サービスが位置づけられた。

5 2023（令和5）年の制度改正で、都道府県の責務として、介護サービス事業所等において生産性の向上に資する取り組みが促進されるよう努めることとされた。

★★★

4 介護保険制度について正しいものはどれか。3つ選べ。

1 介護保険法第1条の目的には、要介護者等の尊厳を保持することが含まれる。

2 介護保険法第4条には、国民は共同連帯の理念に基づき、介護保険事業に必要な費用を公平に負担する義務を負うことが明記されている。

3 介護保険法第2条には、介護保険は、被保険者の要介護状態・要支援状態、または要介護状態・要支援状態になるおそれの高い状態に関し、必要な保険給付を行うものであることが明記されている。

4 介護保険法第2条には、医療との連携については規定されていない。

5 介護保険法第2条には、介護保険の保険給付の内容および水準は、被保険者が要介護状態となっても、可能なかぎり、その居宅において、その有する能力に応じ、自立した日常生活を営むことができるように配慮されることが明記されている。

3 解説

1 ✕ 介護保険制度施行以来、要介護認定等を受けた人の数は増加し続けている。特に、要支援、要介護1の軽度者の増加が特徴的であったため、2006（平成18）年度から介護予防を重視した介護保険制度が実施されている。

2 ✕ 2021（令和3）年度介護保険事業状況報告によると、被保険者数は、65歳以上の第1号被保険者が3,589万人で、このうち前期高齢者が1,715万人、後期高齢者が1,873万人で、後期高齢者のほうが多い。

3 ◯ 医療、介護、予防、住まい、生活支援サービスを切れ目なく提供する「地域包括ケアシステム」を実現し、将来にわたって安定した持続可能な制度を実現していくため、定期巡回・随時対応型訪問介護看護や複合型サービスの創設、介護予防・日常生活支援総合事業の創設などが行われた。

4 ✕ 共生型サービスが位置づけられたのは、2017（平成29）年の改正である。高齢者と障害者が同一事業所でサービスを受けやすくするため、介護保険制度、障害者福祉制度の両制度に創設された。

5 ◯ 都道府県は、介護サービスの提供事業所・施設の業務の効率化、介護サービスの質の向上その他の生産性の向上に資する取り組みが促進されるよう努めなければならない。📖p.93　　　　正答　**3・5**

4 解説

1 ◯ 介護保険法では、要介護者等が、尊厳を保持し、その有する能力に応じて自立した日常生活を営むことができるように、必要な保健医療サービスおよび福祉サービスの給付を行うため、国民の共同連帯の理念に基づいた介護保険制度を設け、国民の保健医療の向上および福祉の増進を図ることにある、と規定している。

2 ◯ 介護保険法第4条には「国民の努力及び義務」として、国民は共同連帯の理念に基づき、介護保険事業に必要な費用を公平に負担する義務があること、また、常に健康の保持増進に努め、要介護状態となった場合においても、進んでリハビリテーションや適切な保健医療・福祉サービスを利用することでその有する能力の維持向上に努めることが規定されている。

3 ✕ 介護保険法第2条では、保険給付の基本的な考え方が規定されている。保険給付は、要介護者・要支援者と認定された人に行われ、要介護状態・要支援状態になるおそれの高い高齢者に対しては、保険給付とは別に、地域支援事業において介護予防のためのサービスを実施する。

4 ✕ 保険給付は、要介護状態等の軽減または悪化の防止に資するよう行われるとともに、医療との連携に十分配慮して行われなければならないことが規定されている。

5 ◯ 介護保険制度では、居宅での自立支援を目標に、在宅介護を重視している。

正答　**1・2・5**

5 介護支援専門員の役割などについて正しいものはどれか。2つ選べ。

1 ケアマネジメントは、家族など介護者の負担を軽減し、家族本位のアプローチを行うシステムである。

2 介護支援専門員は、介護保険法上、介護予防・日常生活支援総合事業を行う者との利用調整を行う者とは明記されていない。

3 介護支援専門員は、地域包括ケアシステムのなかにおいて、さまざまな専門職と連携し、必要な社会資源を利用者につなげて支援していく役割を担う。

4 介護支援専門員は、できるかぎり利用者に代わり、適切なサービスを選択して決定する。

5 介護支援専門員は、利用者の権利擁護の視点をもつ。

6 介護支援専門員について正しいものはどれか。2つ選べ。

1 介護支援専門員証の交付を受けなければ、業務を行うことはできない。

2 介護支援専門員は、公正かつ誠実に業務を行わなければならないことが、法律に規定されている。

3 介護支援専門員には、利用者の要介護度を改善する義務が法律に規定されている。

4 介護支援専門員が、不正な手段で登録を受けたり介護支援専門員証の交付を受けたりした場合、厚生労働大臣が登録を消除しなければならない。

5 介護支援専門員証の有効期限は、6年である。

5 解説

1 ✕ ケアマネジメントは、**利用者本位**の制度であり、何らかの支援を必要とする人のニーズと社会資源を結びつける支援方法である。介護保険制度には、このケアマネジメントが導入され、ケアマネジメントを行う専門職として介護支援専門員(ケアマネジャー)が位置づけられている。

2 ✕ 介護保険法第7条第5項において、介護支援専門員は、要介護者等からの相談に応じ、**市町村**、サービス提供事業者や施設、特定介護予防・日常生活支援総合事業を行う者などと**連絡調整**等を行う者であると明記されている。 📖p.98

3 ○ 地域包括ケアシステムは、医療、介護、介護予防、住まいおよび自立した日常生活の支援が包括的に確保される体制をいう。おおむね30分以内に必要なサービスが提供される日常生活圏域を単位として設定している。

4 ✕ サービスを選択し、決定するのは**利用者本人**である。介護支援専門員は、介護保険制度の基本理念である利用者の自立支援、自己決定の支援、生活の継続性の実現を念頭におき、利用者を支援する。

5 ○ 介護支援専門員は、利用者の意向を代弁し、利用者が望む暮らしを実現するため、適切な自己決定ができるように支援していく。

正答 3・5

6 解説

1 ○ 一定の実務経験を満たし、都道府県知事が行う介護支援専門員実務研修受講試験に合格し、実務研修を修了して、都道府県知事から登録と**介護支援専門員証の交付**を受ける必要がある。

2 ○ 介護支援専門員には、**公正・誠実な業務遂行義務**がある。また、基準(指定居宅介護支援等基準の基本取扱方針)遵守義務もある。これらに違反した場合は、都道府県知事は**必要な指示**を行い、指定する研修を受けるよう**命令**することができる。介護支援専門員がこの指示や命令に従わない場合は、1年以内の期間を定めて**業務禁止処分**とすることができる。また、介護支援専門員が業務禁止処分に違反した場合、都道府県知事はその登録を**消除**しなければならない。

3 ✕ 利用者の要介護度を改善する義務規定はない。 📖p.98

4 ✕ 介護支援専門員の登録や介護支援専門員証の交付を行うのは都道府県知事であり、不正な手段で登録を受けたり介護支援専門員証の交付を受けたりした者については、**都道府県知事**が登録の消除を行わなければならない。

5 ✕ 介護支援専門員証の有効期間は、5年である。更新する場合は、原則として都道府県知事またはその指定する機関が行う**更新研修**を受けなければならない。

正答 1・2

合格エッセンス 介護支援専門員

介護支援専門員は、次のように定義されている。（法第7条第5項〔要旨〕）

要介護者等（要介護者・要支援者）からの相談に応じ、要介護者等がその心身の状況など
に応じた適切な居宅サービス、地域密着型サービス、施設サービス、介護予防サービス、
地域密着型介護予防サービスまたは特定介護予防・日常生活支援総合事業*を利用できる
ように、市町村、サービス提供事業者や施設、特定介護予防・日常生活支援総合事業を行
う者などと連絡・調整などを行う者で、要介護者等が自立した日常生活を営むのに必要な
援助に関する専門的知識や技術を有する者として、介護支援専門員証の交付を受けた者。

*第1号訪問事業、第1号通所事業、第1号生活支援事業

■介護支援専門員の義務など

公正・誠実な 業務遂行義務	○要介護者等の人格を尊重し、常に要介護者等の立場に立って、提供するサービス等が特定の種類や事業者・施設に不当に偏ることがないよう、公正かつ誠実に業務を行わなければならない。
基準遵守義務	○厚生労働省令で定める基準（指定居宅介護支援等基準の基本取扱方針を指す）に従って、業務を行わなければならない。
資質向上努力義務	○要介護者等が自立した日常生活を営むのに必要な援助に関する専門的知識・技術の水準を向上させ、その資質の向上を図るよう努めなければならない。
名義貸しの禁止など	介護支援専門員証を不正に使用したり、他人にその名義を貸して、介護支援専門員の業務のため、使用させてはならない。
信用失墜行為の禁止	介護支援専門員の信用を傷つけるような行為をしてはならない。
秘密保持義務	正当な理由なしに、その業務について知り得た人の秘密を漏らしてはならない。介護支援専門員でなくなったあとも同様である。

 介護支援専門員は、ケアマネジメントのすべての過程で、利用者の立場に立った
支援を行っていきます。法律に定められた介護支援専門員の義務などのほかにも、
「人権の擁護」「主体性の尊重」「公平性」「中立性」「自立支援」といった視点を
常にもって業務にあたることが大切です。

合格エッセンス サービスの利用

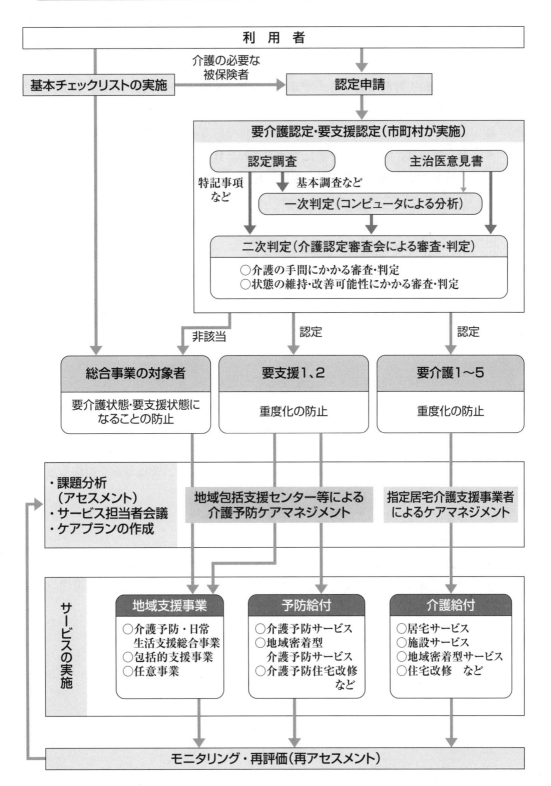

利 用 者

介護の必要な
被保険者

基本チェックリストの実施 → 認定申請

要介護認定・要支援認定（市町村が実施）

認定調査　　　　　　　　　　主治医意見書

特記事項　　　　　基本調査など
など　　　　　一次判定（コンピュータによる分析）

二次判定（介護認定審査会による審査・判定）
○介護の手間にかかる審査・判定
○状態の維持・改善可能性にかかる審査・判定

非該当　　　　　　　　認定　　　　　　　　認定

総合事業の対象者	要支援1、2	要介護1～5
要介護状態・要支援状態になることの防止	重度化の防止	重度化の防止

・課題分析
（アセスメント）　　地域包括支援センター等による　　指定居宅介護支援事業者
・サービス担当者会議　　介護予防ケアマネジメント　　　によるケアマネジメント
・ケアプランの作成

サービスの実施

地域支援事業	予防給付	介護給付
○介護予防・日常生活支援総合事業 ○包括的支援事業 ○任意事業	○介護予防サービス ○地域密着型介護予防サービス ○介護予防住宅改修　　など	○居宅サービス ○施設サービス ○地域密着型サービス ○住宅改修　など

モニタリング・再評価（再アセスメント）

7 社会保障制度について正しいものはどれか。2つ選べ。

1 社会保障とは、公的責任で国民の最低限度の生活を支える給付を行うものである。

2 社会保障に含まれるとされる制度には、社会福祉、公的扶助があり、社会保険は含まれない。

3 社会保障を財源の調達方式で分類すると、公的扶助や社会福祉は、社会扶助方式に分類される。

4 社会保障の給付方式は、すべて現物給付である。

5 社会保険は、国民生活を安定させることを目的に、疾病や死亡、老齢、失業など生活を脅かす保険事故に対し保険給付を行うものである。

8 社会保険制度の特徴について正しいものはどれか。3つ選べ。

1 介護保険では、要介護状態・要支援状態を保険事故として、介護サービスの現物給付を主に行う。

2 医療保険では、業務外の事由による被保険者の疾病、負傷などを保険事故とした医療の現物給付を主に行う。

3 年金保険は、老齢、障害、失業を保険事故として、所得を保障するための年金の金銭給付を主に行うものである。

4 介護保険は、会社員も含めて対象とするため職域保険に位置づけられる。

5 雇用保険は、単年度または数年度において収支のバランスを図る短期保険に位置づけられる。

7　解説

1　✕　1993（平成5）年の社会保障制度審議会の報告では、社会保障は「国民の生活の安定が損なわれた場合に、国民にすこやかで安心できる生活を保障することを目的として、公的責任で生活を支える給付を行うもの」と定義され、「最低限度」を保障するものではない。

2　✕　社会保障に含まれるとされる制度には、社会保険、公的扶助（生活保護）、社会福祉（児童福祉、障害者福祉、高齢者福祉、社会手当て）がある。なお、介護保険は、社会保険に含まれる。

3　○　社会扶助方式とは、給付に保険のしくみを用いないで、主に租税（公費）で財源を賄う方式である。一方、社会保険方式とは、給付に保険のしくみを用いて、主に保険料で財源を賄う（一部公費負担もある）方式である。

4　✕　社会保障の給付方式は、現物給付と金銭給付にわけられる。現物給付は、現物（物品）またはサービス（医療行為や介護サービスなど）により給付を行うものである。金銭給付は金銭により給付を行うもので、主に所得保障を目的に行われる。

5　○　社会保険は、一定の条件に該当する者に強制適用される。医療保険、年金保険、労働者災害補償保険、介護保険、雇用保険の5つがある。

正答　3・5

8　解説

1　○　介護保険は、40歳以上の地域住民を対象として、要介護状態・要支援状態となったときに保険給付を行うものである。

2　○　一方、業務上の事由または通勤による被保険者の疾病、負傷、障害、死亡などを保険事故とするのは労働者災害補償保険で、医療の現物給付および所得保障のための年金の給付を行う。

3　✕　年金保険の保険事故は、老齢、障害、死亡などで失業は含まれない。失業を保険事故とするのは雇用保険で、労働者の生活の安定を図り、必要な手当てなどの金銭給付を行う。

4　✕　介護保険は地域住民を被保険者とする地域保険であり、被保険者には被用者も自営業者も含まれる。一方、職域保険は、会社員、公務員など組織に雇用される被用者を対象とするもので、健康保険、厚生年金保険などがある。

5　○　短期保険には、このほか介護保険、医療保険がある。一方、長期保険は長期間にわたり収支のバランスを図るもので、年金保険がある。

正答　1・2・5

5 保険者・国・都道府県の責務等

→速習 介 L 7

★★★

9 市町村が条例に定める事項について正しいものはどれか。3つ選べ。

1 介護保険審査会の委員の定数

2 地域密着型介護老人福祉施設の入所定員

3 第2号被保険者の保険料率

4 区分支給限度基準額の上乗せ

5 普通徴収にかかる保険料の納期

★★

10 国・都道府県などの責務・事務などについて正しいものはどれか。3つ選べ。

1 国は、第2号被保険者の負担率を設定する。

2 社会保険診療報酬支払基金は、第1号被保険者の保険料を各市町村に納入する。

3 都道府県は介護保険審査会の設置・運営を行う。

4 国および地方公共団体は、障害者その他の者の福祉に関する施策との有機的な連携を図るよう努めなければならない。

5 国および地方公共団体は、認知症に関する施策を総合的に推進するにあたっては、研究機関、医療機関の意向の尊重に配慮するよう努めなければならない。

9 解説

1 ✕ 市町村が条例に定めるのは、**介護認定審査会の委員の定数**である。市町村は、審査・判定の件数などを考慮し、必要数の**合議体**を設置できる員数を条例に定める。介護保険審査会の委員の定数は、法律（介護保険法）に規定されているが、公益代表委員については、3人以上の人数を各都道府県の規模や認定に関する処分の件数に応じて、都道府県が条例で定めることになっている。

2 ◯ なお、介護老人福祉施設の入所定員は、**都道府県が条例において30人以上の数を**定める。

3 ✕ 市町村が条例に定めるのは、**第1号被保険者の保険料率**についてである。第2号被保険者の保険料率は、医療保険者が定める。

4 ◯ 市町村は、独自の判断で厚生労働大臣（国）が定める**区分支給限度基準額を上回る額**を、その市町村の支給限度基準額として条例で定めることができる。

5 ◯ **普通徴収**は、市町村が第1号被保険者に納入通知書を送付して、直接保険料の納付を求めるもので、その**納期は市町村が条例に定める**。

正答 2・4・5

10 解説

1 ◯ 第2号被保険者の負担率の設定は、**国の事務**で、3年ごとに第1号被保険者と第2号被保険者の人口割合に応じて政令により改定される。介護給付費は、利用者負担分を除いて公費（50%）と保険料（50%）で賄われるが、2021（令和3）年度から2023（令和5）年度までの第2号被保険者の負担率は27%である。

2 ✕ 社会保険診療報酬支払基金（支払基金）は、各医療保険者から徴収した**第2号被保険者の保険料**を、各市町村に介護給付費交付金・地域支援事業支援交付金として定率交付する。

3 ◯ 都道府県は、**介護保険審査会の設置・運営**を行う。また、市町村への財政支援のため**財政安定化基金**を設置し、運営する。

4 ◯ また、国および地方公共団体は、地域住民が相互に人格と個性を尊重し合いながら、**参加し、共生する地域社会の実現**に資するよう努めなければならない。

p.105

5 ✕ 認知症に関する施策を総合的に推進するにあたっては、**認知症の人およびその家族の意向の尊重**に配慮するとともに、認知症の人が地域社会において尊厳を保持しつつほかの人々と共生することができるように努めなければならない。

p.105

正答 1・3・4

合格エッセンス 市町村、国、都道府県などの主な事務

市町村および特別区＝保険者（介護保険制度の運営主体）

○被保険者の資格管理に関する事務

○要介護認定・要支援認定に関する事務 　　○保険給付に関する事務

○事業者・施設に関する事務（地域密着型サービス事業、地域密着型介護予防サービス事業、居宅介護支援事業、介護予防支援事業、地域包括支援センターの基準の設定、地域密着型サービス事業者、地域密着型介護予防サービス事業者、居宅介護支援事業者、介護予防支援事業者に対する指定や指導監督など）

○地域支援事業および保健福祉事業に関する事務

○市町村介護保険事業計画の策定・変更に関する事務

○保険料に関する事務 　　○条例・規則などに関する事務

○財政運営に関する事務 　　○介護保険制度関連の他制度に関する事務

 重層的な支援

国
○制度の基本的な枠組みの設定（要介護認定等や事業者・施設の基準づくり、介護報酬の額や支給限度基準額の設定、第2号被保険者負担率の設定）
○財政面の支援に関する事務（調整交付金の交付、介護給付費と地域支援事業に要する費用の定率の国庫負担、財政安定化基金の国庫負担）
○指導・監督（事業者、施設、都道府県、市町村、国保連に対する指導監督）
○市町村、都道府県への援助など

都道府県
○市町村支援に関する事務（要介護認定の審査・判定業務の受託、介護保険審査会の設置など）
○事業者・施設に関する事務（居宅サービス事業者、介護予防サービス事業者、介護保険施設に対する基準の設定、指定〔許可〕や指導監督など）
○介護サービス情報の公表に関する事務
○介護支援専門員に関する事務
○財政支援に関する事務（財政安定化基金の設置など）
○都道府県介護保険事業支援計画の策定・変更に関する事務

医療保険者
所属する第2号被保険者の保険料率の算定と保険料の徴収、支払基金への納入

年金保険者
第1号被保険者の保険料の徴収（年金天引き）と市町村への納入

合格エッセンス 国および地方公共団体の責務

　国は、介護保険事業の運営が健全かつ円滑に行われるように、保健医療サービスおよび福祉サービスを提供する**体制の確保**に関する施策など必要な措置を講じなければならない。

　都道府県は、介護保険事業の運営が健全かつ円滑に行われるように、必要な**助言**および適切な**援助**をしなければならない。その際には、介護サービス提供事業所・施設の**業務の効率化**、**介護サービスの質の向上**その他の**生産性の向上**に資する取り組みが促進されるよう努めなければならない。

　国および地方公共団体は、次の点に**努め**なければならない。

■国および地方公共団体が努めること

地域包括ケアの推進	介護サービスに関する施策、介護予防のための施策、地域における自立した日常生活の支援のための施策を、医療と居住に関する施策との有機的な連携を図りつつ、包括的に推進
福祉に関する施策との有機的な連携	地域包括ケアを推進するにあたり、障害者その他の者の福祉に関する施策との有機的な連携
地域共生社会の実現	地域住民が相互に人格と個性を尊重し合いながら、参加し、共生する地域社会の実現

 合格エッセンス 認知症に関する施策の総合的な推進等

　「認知症施策推進大綱」の基本的な考え方等を踏まえ、国および地方公共団体は次のような点に努めることが規定されている。

■認知症に関する施策の総合的な推進等のポイント

○認知症に関する**知識の普及**および**啓発**
○研究機関、医療機関、介護サービス事業者等との連携、認知症の予防・診断・治療、リハビリテーション、介護方法についての**調査研究の推進**やその成果の普及・活用・発展
○地域の認知症の人の**支援体制の整備**、認知症の人の介護者の支援やそのための人材の確保と資質の向上、その他の認知症に関する施策の総合的な推進
○これら施策を推進するにあたり、認知症の人と家族の**意向の尊重**に配慮、認知症の人の地域社会における**尊厳の保持**と**共生**

★★★
11
☑☑

介護保険の被保険者について正しいものはどれか。3つ選べ。

1 40歳以上65歳未満の生活保護の受給者が医療保険に加入していない場合は、介護保険の第2号被保険者とならない。

2 海外に長期滞在のため日本に住民票がない場合は、介護保険の被保険者とならない。

3 第1号被保険者は、医療保険加入者でなくなったときに、被保険者資格を喪失する。

4 身体障害者の場合は、障害者総合支援法からの給付を受けるため、介護保険の被保険者の適用除外となる。

5 転出などにより被保険者資格を喪失した場合は、すみやかに市町村に被保険者証を返還する。

★★
12
☑☑
注目

住所地特例について正しいものはどれか。3つ選べ。

1 DさんはA市に居住していたが、B市の小規模（入所定員29人以下）特別養護老人ホームに入所するため施設所在地のB市に住所を変更した。現在の保険者はA市である。

2 DさんはA市に居住していたが、養護老人ホームへ措置入所するためB市に住所を変更した。現在の保険者はA市である。

3 DさんはA市に居住していたが、介護老人保健施設に入所するため施設所在地のB市に住所を変更した。現在の保険者はB市である。

4 DさんはA市に居住していたが、有料老人ホームに該当するサービス付き高齢者向け住宅に入居するためB市に住所を変更した。DさんがB市の地域密着型通所介護を利用した場合、保険給付はA市からされる。

5 DさんはA市に居住していたが、B市の救護施設に入所するためB市に住所を変更し、その後救護施設を退所してC市の介護医療院に入所した。現在の保険者はA市である。

11　解説

1 ○　第2号被保険者の資格要件には、年齢到達、住所の存在のほか医療保険への加入がある。生活保護の受給者の場合は、国民健康保険の適用除外となるため、注意が必要となる。

2 ○　住所があることが介護保険の資格要件のひとつである。住所があるとは、一般的には住民基本台帳上の住所があることを指し、日本に住民票がなければ住所があるとは認められない。日本国籍のない外国人でも、住所があると認められ、年齢などほかの資格要件も満たしていれば被保険者となる。

3 ×　第1号被保険者には、医療保険加入という資格要件がないため、医療保険未加入により資格を喪失することはない。第2号被保険者の場合（選択肢1参照）は、医療保険未加入となったときに資格を喪失する。

4 ×　障害者の場合でも、指定障害者支援施設に入所して障害者総合支援法に基づき生活介護および施設入所支援を受けているなど適用除外となる場合を除き、介護保険の資格要件を満たしていれば、被保険者となる。📖p.108

5 ○　被保険者証は、第1号被保険者には全員に、第2号被保険者には要介護認定・要支援認定の申請を行った人か交付の求めがあった人に交付されるが、被保険者資格を喪失した場合は、すみやかに市町村に返還する。

正答　1・2・5

12　解説

1 ×　住所地特例が適用されるのは、住所地特例対象施設への入所や入居により、その施設のある市町村に住所を変更した場合である。住所地特例対象施設とされているのは、介護保険施設、特定施設、養護老人ホームであり、入所定員29人以下の特別養護老人ホーム（地域密着型介護老人福祉施設）や地域密着型特定施設は、住所地特例対象施設には該当しない。現在の保険者は住所変更後のB市である。

2 ○　Dさんは養護老人ホームへの入所措置によって住所変更しているため住所地特例が適用される。現在の保険者は入所措置前に居住していたA市である。

3 ×　住所地特例により、Dさんの保険者は施設入所前に居住していたA市になる。

4 ○　Dさんには住所地特例が適用される。Dさんが住所地であるB市の地域密着型通所介護などの地域密着型サービスを利用した場合、保険給付は保険者であるA市から受ける。

5 ○　2017（平成29）年制度改正により、救護施設など一部の適用除外施設を退所して、別の市町村の介護保険施設などに入所した場合、適用除外施設入所前の市町村を保険者とすることになった。📖p.109

正答　2・4・5

	第1号被保険者	第2号被保険者
資格要件	市町村の区域内に住所を有する65歳以上の者	市町村の区域内に住所を有する40歳以上65歳未満の医療保険に加入している者
資格の取得日	40歳以上65歳未満の医療保険未加入者が、65歳に到達したとき（誕生日の前日）	医療保険加入者である市町村の住民が、40歳に到達したとき（誕生日の前日）
		40歳以上65歳未満の市町村住民が医療保険の加入者となったとき（当日）
	適用除外でなくなったとき（施設の退所日）	
	40歳以上65歳未満の医療保険加入者または65歳以上の者が、その市町村の住民になったとき（当日）	

 合格エッセンス 適用除外施設

　次の適用除外施設に入所（入院）している人については、当分の間、介護保険の被保険者から除外される。

○指定障害者支援施設（障害者総合支援法の支給決定を受けて、生活介護および施設入所支援を受けている人）
○障害者支援施設（身体障害者福祉法、知的障害者福祉法に基づく措置により入所している人）
○指定障害福祉サービス事業者であって、障害者総合支援法の規定により療養介護を行う病院
○医療型障害児入所施設（児童福祉法）
○医療型児童発達支援を行う指定医療機関（児童福祉法）
○独立行政法人国立重度知的障害者総合施設のぞみの園法に規定する福祉施設（独立行政法人国立重度知的障害者総合施設のぞみの園法）
○国立ハンセン病療養所等（ハンセン病問題の解決の促進に関する法律）
○救護施設（生活保護法）
○被災労働者の受ける介護の援護を図るために必要な事業にかかる施設（労働者災害補償保険法）

合格エッセンス 住所地特例

　介護保険制度では、住所地である市町村の被保険者となることが原則である。しかし、介護保険施設などの多い市町村は介護費用の負担が重くなり、市町村間に財政不均衡をまねいてしまう。このため、**住所地特例対象施設**へ入所や入居することにより、その施設のある市町村に住所を変更した場合には、**変更前の市町村が保険者**になる特例が設けられている。

対象者	介護保険制度における被保険者
住所地特例対象施設	介護保険施設、特定施設（有料老人ホーム、軽費老人ホーム、養護老人ホームで、地域密着型特定施設でないもの）、養護老人ホーム（老人福祉法上の入所処置） ※有料老人ホームに該当するサービス付き高齢者向け住宅も対象。 ※2018（平成30）年度から、障害者支援施設、救護施設など一部の適用除外施設を退所した被保険者が住所地特例対象施設に入所した場合、適用除外施設入所前の住所地の市町村が保険者となった（下図の②Bさんの場合と同様）。
住所地特例適用被保険者の扱い	○サービスは住所地の市町村から受ける。 ※地域密着型サービス、地域支援事業、介護予防支援は、原則として事業所が所在する市町村の被保険者に利用が制限されるが、2015（平成27）年度から、住所地特例適用被保険者も住所地の地域密着型サービス等が利用可能となった。 ○保険給付は、転居前の市町村（保険者）から受ける。 ○保険料は、転居前の市町村（保険者）に支払う。

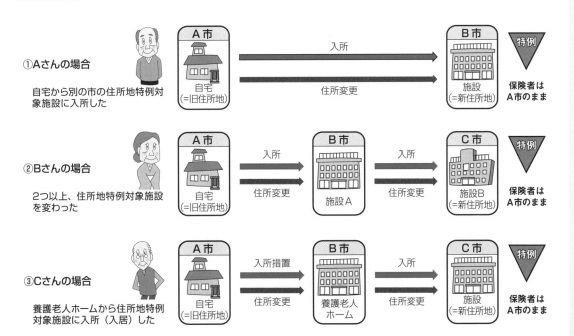

①Aさんの場合

自宅から別の市の住所地特例対象施設に入所した

②Bさんの場合

2つ以上、住所地特例対象施設を変わった

③Cさんの場合

養護老人ホームから住所地特例対象施設に入所（入居）した

★★★
13
☑☑　要介護認定・要支援認定について正しいものはどれか。2つ選べ。

1　要介護認定・要支援認定の認定調査や審査・判定にあたっては、地域の実情に合わせるため、市町村独自の基準が用いられる。

2　認定の申請は、指定居宅介護支援事業者が代行することはできない。

3　第1号被保険者および第2号被保険者は、認定の申請時に医療保険の被保険者証を提示する必要がある。

4　指定市町村事務受託法人は、新規認定、更新認定、区分変更認定にかかる認定調査を市町村の委託を受けて行うことができる。

5　認定調査における基本調査の項目には、家族の経済状態については含まれない。

★★★
14
注目 ☑☑　主治医意見書について正しいものはどれか。3つ選べ。

1　主治医意見書の記載内容には、特別な医療や生活機能とサービスに関する意見などが含まれる。

2　申請書に、特定疾病の有無を記載した第2号被保険者のみ、主治医意見書が必要となる。

3　主治医がいない場合、被保険者は市町村の指定する医師や市町村の職員である医師の診断を受けなければならない。

4　主治医意見書は、要介護認定にのみ利用されるものであり、地域包括支援センターの担当職員は、介護予防支援におけるアセスメントなどの参考資料とすることはできない。

5　主治医意見書は、被保険者ではなく市町村が主治医に意見を求めて、主治医により作成されるものである。

13 解説

1 × 認定調査や審査・判定にあたっては、公平性と客観性の観点から、全国一律の基準が用いられる。

2 × 認定の申請は、本人以外にも家族、親族、成年後見人などによる申請代理、地域包括支援センター、指定居宅介護支援事業者・地域密着型介護老人福祉施設・介護保険施設による申請代行が行われる。このほか、社会保険労務士法に基づく社会保険労務士による申請代行も行われる。

3 × 認定の申請には、申請書と介護保険の被保険者証が必要である（介護保険の被保険者証の交付を受けていない第2号被保険者は不要）。また、第2号被保険者の場合は医療保険の被保険者証を市町村の窓口に提示する必要がある。

4 ○ 新規認定にかかる認定調査については、原則的に市町村職員が行うが、例外的に指定市町村事務受託法人には、委託が可能である。また更新認定では、指定居宅介護支援事業者や地域密着型介護老人福祉施設、介護保険施設、地域包括支援センター、介護支援専門員への委託も可能である。

5 ○ 認定調査は、利用者の心身状況や生活機能、特別な医療などに関して調査するもの。これが要介護度を審査・判定するための資料となる。家族の経済状態は、審査・判定に必要な情報ではない。 📖p.115

正答　4・5

14 解説

1 ○ 主治医意見書は、介護認定審査会による審査・判定（二次判定）の重要な資料となり、一次判定でも一部用いられる。書面には、傷病に関する意見、特別な医療、心身の状態に関する意見、生活機能とサービスに関する意見、特記すべき事項が記載される。 📖p.115

2 × 特定疾病（📖p.114）の有無によらず、市町村は、申請したすべての被保険者について、被保険者が申請書に記載した主治医に主治医意見書への記載を求める必要がある。

3 ○ 被保険者に主治医がいない場合は、市町村の指定する医師や市町村の職員である医師が診断し、主治医意見書を作成する。

4 × 主治医意見書は、介護予防支援におけるアセスメントを行うにあたって、利用者の状態をある程度把握するための資料として活用することができる。介護支援専門員が居宅サービス計画を作成する際も同様である。

5 ○ 市町村が、被保険者の申請書に記載された主治医に対し記載を求める。

正答　1・3・5

★★★
15 一次判定・二次判定について正しいものはどれか。2つ選べ。

1 一次判定で算定される要介護認定等基準時間は、実際に家庭で行われている介護時間を示すものである。

2 要介護認定等基準時間には、輸液の管理などの診療の補助に関する時間が含まれる。

3 介護認定審査会の審査・判定は5人程度の合議体で行われ、構成する委員の全員が出席しなければ、会議を開くことはできない。

4 介護認定審査会は、審査・判定の際、必要があれば、被保険者、家族、主治医、認定調査員などの意見を聴くことができる。

5 介護認定審査会の議事は、出席した委員の全員によって議決されなければならない。

★★
16 市町村の認定について正しいものはどれか。2つ選べ。

1 市町村が、介護認定審査会の意見に基づいてその被保険者が受けられるサービスの種類を指定した場合、指定外のサービスについては保険給付されない。

2 認定申請前に被保険者がサービスを利用していた場合、それが緊急やむを得ない理由であっても保険給付の対象にはならない。

3 認定の有効期間は、新規認定・更新認定ともに原則12か月である。

4 認定の有効期間中に被保険者の要介護度等に変化がある場合、被保険者が申請しなければ認定区分の変更が行われることはない。

5 要介護者等が別の市町村に住所を移転した場合は、新しい市町村であらためて要介護認定を受ける必要がある。

15　解説

1 ✕　一次判定で算定される要介護認定等基準時間は、認定調査の基本調査の項目をコンピュータで分析して、5分野（8種類）の行為に要する1日の時間を算定したものである。ただし、この時間は、あくまでも**介護の手間**（介護の必要の程度）をはかるものさしであって、実際の介護サービスの提供時間や家庭で行われている介護時間と一致するものではない。📖**p.115**

2 ◯　要介護認定等基準時間には、輸液の管理、褥瘡の処置などの診療の補助に関する**医療関連行為**が含まれる。また、基本調査の「特別な医療に関連する項目」は、この医療関連行為に合算される。

3 ✕　合議体を構成する委員の**過半数の出席**がなければ、会議を開いたり議決を行うことはできない。

4 ◯　審査・判定を行ううえで必要な場合は、審査対象者である**被保険者**のほか、**家族**、**主治医**、**認定調査員**などの関係者の意見を聴くことができる。

5 ✕　議事は、出席した委員の過半数によって議決する。可否同数の場合は合議体の長が決することとされている。

正答　2・4

16　解説

1 ◯　市町村が介護認定審査会の意見に基づいてサービスの種類を指定した場合、それ以外のサービスについて保険給付を受けることができない。ただし被保険者は、指定されたサービスの種類について、市町村に対して変更を求めることができる。

2 ✕　新規認定された場合、認定の効力は申請日に遡り、認定申請日からのサービスが保険給付の対象となる。しかし、緊急やむを得ない理由により、必要であると市町村が認めたときには、認定申請前でも保険給付（償還払い）の対象となる。

3 ✕　認定の有効期間は、新規認定・変更認定では原則6か月、更新認定では原則12か月である。また、介護認定審査会の意見に基づき市町村が必要と認めた場合に、新規認定・変更認定では3〜12か月の範囲で、更新認定では3〜48か月の範囲での短縮と延長が認められる。

4 ✕　認定の有効期間中に要介護度等に変化があった場合、被保険者は市町村に要介護状態区分等の変更認定を申請することができる。また被保険者の介護の必要の程度が低下し、要介護状態区分等を変更する必要がある場合は、被保険者の申請を待たずに**市町村の職権**により要介護状態区分等の変更認定を行うことができる。

5 ◯　要介護者等は、移転前の市町村から認定について証明する書類の交付を受け、その書面を添えて移転先の市町村に認定の申請（転入日から14日以内）を行い、あらためて認定を受ける必要がある。ただし、審査・判定の手続きは行われない。

正答　1・5

合格エッセンス 要介護状態・要支援状態

要介護状態	要支援状態
身体上または精神上の障害があるために、入浴、排泄、食事などの日常生活における基本的な動作の全部または一部について、6か月にわたり継続して、常時介護を要すると見込まれる状態を指す。	身体上もしくは精神上の障害があるために、入浴、排泄、食事などの日常生活における基本的な動作の全部もしくは一部について、6か月にわたり継続して、常時介護を要する状態の軽減もしくは悪化の防止のために支援を要する、または日常生活を営むのに支障があると見込まれる状態を指す。

＊末期がんにより要介護状態や要支援状態となった場合で、余命が6か月に満たないと判断される場合は、継続見込み期間を死亡までの間とする。

 合格エッセンス 特定疾病

　40歳以上65歳未満の第2号被保険者への保険給付は、要介護状態・要支援状態の原因が、以下の16の特定疾病である場合にかぎられる。

①がん（いわゆるがん末期）
②関節リウマチ
③筋萎縮性側索硬化症
④後縦靭帯骨化症
⑤骨折を伴う骨粗鬆症
⑥初老期における認知症（アルツハイマー病、血管性認知症、レビー小体型認知症など）
⑦進行性核上性麻痺、大脳皮質基底核変性症およびパーキンソン病
⑧脊髄小脳変性症
⑨脊柱管狭窄症
⑩早老症
⑪多系統萎縮症
⑫糖尿病性神経障害、糖尿病性腎症および糖尿病性網膜症
⑬脳血管疾患（脳出血、脳梗塞など）
⑭閉塞性動脈硬化症
⑮慢性閉塞性肺疾患（肺気腫、慢性気管支炎、気管支喘息、びまん性汎細気管支炎）
⑯両側の膝関節または股関節に著しい変形を伴う変形性関節症

合格エッセンス 認定調査票の項目と要介護認定等基準時間

一次判定では、認定調査票の**基本調査**の項目がコンピュータに入力され、5分野（8種類）の行為ごとの1日に必要な介護の時間を合算したものとして**要介護認定等基準時間**が算出される。

■基本調査の項目

1群	身体機能・起居動作に関連する項目（麻痺などの有無、歩行、立ち上がりなど）
2群	生活機能に関連する項目（移動、排尿、排便、外出頻度など）
3群	認知機能に関連する項目（意思の伝達、短期記憶、場所の理解、徘徊など）
4群	精神・行動障害に関連する項目（被害的、作話、大声、介護抵抗など）
5群	社会生活への適応に関連する項目（薬の内服、金銭の管理、買い物など）
その他	特別な医療に関連する項目、日常生活自立度に関連する項目

■5分野（8種類）の行為

直接生活介助	入浴、排泄、食事などの介護（食事、排泄、移動、清潔保持の4種類）
間接生活介助	洗濯、掃除などの家事援助など
BPSD関連行為	徘徊に関する探索、不潔な行為に対する後始末など
機能訓練関連行為	歩行訓練、日常生活訓練などの機能訓練
医療関連行為	輸液の管理、褥瘡の処置などの診療の補助など

 合格エッセンス 主治医意見書の主な項目

0 **基本情報**（氏名、同意について、医師・医療機関名など）

1 **傷病**に関する意見

2 **特別な医療**（過去14日間以内に受けた医療）

3 **心身の状態**に関する意見（日常生活の自立度〔障害高齢者の日常生活自立度、認知症高齢者の日常生活自立度〕、認知症の**中核症状**と**行動・心理症状（BPSD）**、精神・神経症状の有無と専門医受診の有無、身体の状態）

4 **生活機能とサービス**に関する意見（移動、栄養・食生活、現在あるか今後発生の可能性の高い状態と対処方針、サービス利用による生活機能の維持・改善の見通し、**医学的管理の必要性**〔訪問診療、訪問薬剤管理指導、訪問看護などの医療サービスから主治医が必要性を判断〕、サービス提供時における医学的観点からの留意事項、感染症の有無）

5 **特記すべき事項**

17 保険給付について正しいものはどれか。2つ選べ。

1 市町村特別給付は、要介護者・要支援者を対象としている。

2 市町村特別給付の財源は、すべて市町村の一般財源から賄う。

3 市町村特別給付として、市町村が実施できるサービスの種類については、厚生労働大臣が定める。

4 保健福祉事業の財源は、市町村の公費で賄われる。

5 認定申請前に緊急やむを得ず施設サービスを受けた場合は、市町村が認めれば償還払いで給付される。

18 保険給付について正しいものはどれか。3つ選べ。

1 介護給付には、特例地域密着型介護サービス費が含まれる。

2 予防給付には、介護予防施設介護サービス費が含まれる。

3 地域密着型介護予防サービスには、介護給付での夜間対応型訪問介護に相当するサービスは含まれない。

4 居宅介護福祉用具購入費は、指定居宅サービス事業者から、特定福祉用具を購入した場合に償還払いで支給される。

5 特定施設入居者生活介護は、施設サービスである。

17 解説

1 ○ 市町村特別給付は**要介護者・要支援者を対象とした市町村独自の保険給付**である。
📖 p.118

2 × 財源は、第1号被保険者の保険料からすべて賄われるため、市町村特別給付を実施する市町村では、第1号保険料の保険料水準が高くなる。

3 × 市町村特別給付は、市町村が条例に定め実施する独自給付であり、具体的な給付内容については**条例に盛り込まれる**。

4 × 保健福祉事業は、保険給付とは別に、**市町村が実施することのできる事業**である。財源は第1号被保険者の保険料である。

5 ○ 現物給付を基本とするが、認定申請前に緊急やむを得ず施設サービスを受けたり、緊急やむを得ず被保険者証を提示しないで施設サービスを受けたりした場合には、**特例施設介護サービス費**として償還払いとなる。

正答 **1・5**

18 解説

1 ○ 特例地域密着型介護サービス費のほか、特例居宅介護サービス費、特例居宅介護サービス計画費、特例施設介護サービス費、特例特定入所者介護サービス費も介護給付に規定されている。

2 × 要支援者を対象とした予防給付には**施設サービスは含まれない**ため、介護予防施設介護サービス費も存在しない。

3 ○ 地域密着型介護予防サービスは、**介護予防認知症対応型通所介護、介護予防小規模多機能型居宅介護、介護予防認知症対応型共同生活介護**の3つである。夜間対応型訪問介護に相当するサービスは、予防給付には設定されない。

4 ○ 特定福祉用具販売は**居宅サービスのひとつ**で、都道府県知事の指定を受けた事業者が提供する。ただし、ほかの居宅サービスとは異なり**償還払い**となる。

5 × 特定施設（介護保険法上、有料老人ホーム、軽費老人ホーム、養護老人ホームを指す）の居室は介護保険法における「居宅」とされ、特定施設入居者生活介護は**居宅サービスに分類**される。介護保険法の施設サービスは、**介護保険施設**（指定介護老人福祉施設、介護老人保健施設、介護医療院）の入所者に提供されるサービスである。

正答 **1・3・4**

合格エッセンス 介護給付・予防給付・市町村特別給付

　介護保険法で実施を定められている給付に**介護給付**と**予防給付**があります。**市町村特別給付**は、市町村が**条例**に定めて独自に実施する給付です。市町村特別給付の財源は、**第1号保険料**で賄われます。

■保険給付の種類

給付の種類	対象者	提供するサービス
介護給付	要介護者	居宅サービス、地域密着型サービス、施設サービス、居宅介護支援など
予防給付	要支援者	介護予防サービス、地域密着型介護予防サービス、介護予防支援など
市町村特別給付	要介護者・要支援者	市町村独自に実施するサービス　例）寝具乾燥サービス、配食サービス、移送サービスなど

 市町村特別給付は横出しサービスともいう。この給付を実施することにより、その市町村での第1号被保険者の保険料は高くなるけど、利用できる給付サービスの選択肢は増えることになるね。

 合格エッセンス 介護給付と予防給付の内訳と提供サービス

　介護給付と予防給付は、提供するサービスにより、次のように給付名がわかれています。

■主な介護給付・予防給付とサービスの関係

介護給付		予防給付	
給付の名前	提供サービス	給付の名前	提供サービス
居宅介護サービス費	居宅サービス	介護予防サービス費	介護予防サービス
居宅介護福祉用具購入費	居宅サービスのうち特定福祉用具販売	介護予防福祉用具購入費	介護予防サービスのうち特定介護予防福祉用具販売
地域密着型介護サービス費	地域密着型サービス	地域密着型介護予防サービス費	地域密着型介護予防サービス
居宅介護サービス計画費	居宅介護支援	介護予防サービス計画費	介護予防支援
居宅介護住宅改修費	住宅改修	介護予防住宅改修費	介護予防住宅改修
施設介護サービス費	施設サービス		

 **合格エッセンス** サービスの内容

■サービスの種類

	居宅サービス	介護予防サービス
訪問	○訪問介護　○訪問入浴介護 ○訪問看護 ○訪問リハビリテーション ○居宅療養管理指導	○介護予防訪問入浴介護 ○介護予防訪問看護 ○介護予防訪問リハビリテーション ○介護予防居宅療養管理指導
通所	○通所介護 ○通所リハビリテーション	○介護予防通所リハビリテーション
短期入所	○短期入所生活介護 ○短期入所療養介護	○介護予防短期入所生活介護 ○介護予防短期入所療養介護
居住系	○特定施設入居者生活介護	○介護予防特定施設入居者生活介護
その他	○福祉用具貸与 ○特定福祉用具販売	○介護予防福祉用具貸与 ○特定介護予防福祉用具販売
	地域密着型サービス	地域密着型介護予防サービス
訪問	○定期巡回・随時対応型訪問介護看護 ○夜間対応型訪問介護	
通所	○地域密着型通所介護 ○認知症対応型通所介護	○介護予防認知症対応型通所介護
訪問・通所・宿泊	○小規模多機能型居宅介護 ○看護小規模多機能型居宅介護	○介護予防小規模多機能型居宅介護
居住系	○認知症対応型共同生活介護 ○地域密着型特定施設入居者生活介護	○介護予防認知症対応型共同生活介護
小規模施設	○地域密着型介護老人福祉施設入所者生活介護	
ケアマネジメント	居宅介護支援	介護予防支援
その他	住宅改修	介護予防住宅改修
施設に入所して受ける	施設サービス ○ 介護福祉施設サービス 　（介護老人福祉施設に入所） ○ 介護保健施設サービス 　（介護老人保健施設に入所） ○ 介護医療院サービス 　（介護医療院に入所）	※介護予防訪問介護、介護予防通所介護は、2017（平成29）年度をもって介護予防・日常生活支援総合事業に移行した。 ※介護療養型医療施設は、2023（令和5）年度をもって廃止となる。

★★★
19 利用者負担について正しいものはどれか。3つ選べ。
☑☑

1 利用者が介護保険施設を利用した場合の食費は、原則その1割を負担する。

2 認知症対応型共同生活介護におけるおむつ代は、保険給付の対象外である。

3 要介護者が居宅サービス計画の作成を指定居宅介護支援事業者に依頼せず、また自らも作成しないで訪問介護や通所介護を受けた場合は、現物給付とはならない。

4 高額介護サービス費の負担上限額は、すべて個人の所得に応じて個人単位で設定されている。

5 特定福祉用具販売の自己負担分については、高額介護サービス費の対象とならない。

★★★
20 利用者負担などについて正しいものはどれか。2つ選べ。
注目 ☑☑

1 居宅介護サービス計画費の利用者負担はない。

2 特定入所者介護サービス費は、預貯金の額などの資産にかかわらず、一定の所得額に満たない要介護者が対象となる。

3 生計維持者の事業の休廃止や著しい損失、失業などにより大幅収入減がある利用者に対して、市町村は利用者の定率負担の減額または免除を行うことができる。

4 保険料をおさめている被保険者は、保険給付が制限されることはない。

5 社会福祉法人などによる利用者負担額軽減制度は、低所得者が介護保険施設や短期入所生活介護などを利用した際の食費、居住費のみを対象に実施されるものである。

19 解説

1 ✕ 食費や居住費は施設介護サービス費、居宅介護サービス費等の保険給付の対象外で、全額利用者負担となる。📖p.122

2 ○ おむつ代が保険給付の対象となるのは、施設サービス、地域密着型介護老人福祉施設入所者生活介護、短期入所生活介護と短期入所療養介護（介護予防サービスも同様）である。

3 ○ 事前に居宅介護支援を受ける旨を市町村に届け出るか、自ら作成した居宅サービス計画を市町村に届け出ることが、現物給付の要件のひとつとなる。

4 ✕ 所得に応じて世帯単位または個人単位の上限額が設定されている。

5 ○ 高額介護サービス費（高額介護予防サービス費）は、1か月に支払った介護保険での定率の利用者負担額が一定の負担上限額を超えた場合に、超えた分が払い戻されるもの。ただし、特定福祉用具販売（福祉用具購入費）と住宅改修費の利用者負担額については対象外である。

正答　2・3・5

20 解説

1 ○ 利用者負担はサービス費用の定率1割（一定以上所得のある第1号被保険者は2割または3割）だが、要介護者への居宅介護サービス計画費および要支援者への介護予防サービス計画費は10割が保険給付され、利用者負担はない。

2 ✕ 特定入所者介護サービス費の給付対象となるのは生活保護受給者等と市町村民税世帯非課税者だが、所得が低くても現金、預貯金などの資産が一定額を超えている場合は対象外となる。📖p.122

3 ○ 災害その他の特別な事情により、定率負担が困難な利用者に対して、市町村はその負担を減額または免除することができる。

4 ✕ 刑事施設や労役場などに拘禁されている間は介護給付等は行われない。また、故意の犯罪行為や重大な過失、またはサービス利用などに関する指示に従わないことで要介護状態等になったり悪化を招いた者などに対して、市町村は介護給付等の全部または一部を行わないことができる。

5 ✕ 社会福祉法人および市町村が訪問介護、通所介護など一定の福祉サービスを低所得者に提供する場合、サービスの定率の負担額および食費、居住費、滞在費、宿泊費の利用者負担額（生活保護受給者は個室の居住費、滞在費）を軽減するものである。

正答　1・3

合格エッセンス 保険給付対象外となる費用

▢ ：利用者負担部分

おむつ代は、よく問われるポイントだよ！

┌─────── サービス等の費用 ───────┐
┌─ 保険給付の対象 ─┐

施設介護サービス費 居宅介護サービス費等	居住費・滞在費・宿泊費	食費	その他の日常生活費	特別なサービスの費用
1割（2割・3割）負担				

食費・居住費・宿泊費
日常生活費
○利用者負担が適当な理美容代、教養娯楽費など
○おむつ代については、施設サービス・地域密着型介護老人福祉施設入所者生活介護、短期入所サービスでは給付対象
特別なサービス
○施設サービスでの特別な居室や特別な食事の費用
○通常の事業実施地域外の利用者への交通費　など

 合格エッセンス 特定入所者介護サービス費

支給内容	居住費（滞在費・宿泊費）、食費の負担限度額を超えた費用（基準費用額との差額）を現物給付。
対象者	○生活保護受給者等、市町村民税世帯非課税者。 ※世帯が違っていても配偶者が市町村民税課税者の場合は対象外。 ※現金、預貯金などの資産が一定額を超える場合は対象外。 ※支給段階の判定にあたり、非課税年金（遺族年金、障害年金）も勘案。
支給対象サービス	○施設サービス、地域密着型介護老人福祉施設入所者生活介護 ○短期入所生活介護、短期入所療養介護（予防給付のサービスも同様）

合格エッセンス 区分支給限度基準額

	サービスの種類 <small>（特例によるサービスも含む）</small>	支給限度基準額の考え方
居宅サービス等区分	●訪問介護　　●訪問入浴介護　●訪問看護 ●訪問リハビリテーション　●通所介護 ●通所リハビリテーション　●福祉用具貸与　●短期入所生活介護 ●短期入所療養介護　　●夜間対応型訪問介護 ●定期巡回・随時対応型訪問介護看護 ●地域密着型通所介護　　●認知症対応型通所介護 ●小規模多機能型居宅介護 ●短期利用の認知症対応型共同生活介護 ●短期利用の特定施設入居者生活介護、地域密着型特定施設入居者生活介護 ●看護小規模多機能型居宅介護	**要介護状態区分等ごとに、 1か月の単位で定める** 要介護5: 36,217 要介護4: 30,938 要介護3: 27,048 要介護2: 19,705 要介護1: 16,765 要支援2: 10,531 要支援1: 5,032 （1か月単位） 市町村はサービスの種類ごとの限度額を定められる
介護予防サービス等区分	●介護予防訪問入浴介護　　●介護予防訪問看護 ●介護予防訪問リハビリテーション ●介護予防通所リハビリテーション ●介護予防福祉用具貸与　　●介護予防短期入所生活介護 ●介護予防短期入所療養介護　●介護予防認知症対応型通所介護 ●介護予防小規模多機能型居宅介護 ●短期利用の介護予防認知症対応型共同生活介護	
単品で設定	●福祉用具購入費	**要介護状態区分等に関係なく、 同一年度で10万円** 特別な事情がある場合を除いて 原則一年度で同一種目につき1回
	●住宅改修費	**要介護状態区分等と期間に関係なく、 同一住宅で20万円** 転居した場合、介護の必要の程度が著しく 重くなった場合は、再度給付を受けられる

 合格エッセンス 支給限度基準額の設定されないサービス

○居宅療養管理指導
○介護予防居宅療養管理指導
○特定施設入居者生活介護（短期利用を除く）
○介護予防特定施設入居者生活介護
○地域密着型特定施設入居者生活介護（短期利用を除く）
○認知症対応型共同生活介護（短期利用を除く）

○介護予防認知症対応型共同生活介護（短期利用を除く）
○居宅介護支援
○介護予防支援
○地域密着型介護老人福祉施設入所者生活介護
○施設サービス

居宅サービスの「特定福祉用具販売」は、単独で福祉用具購入費支給限度基準額が設定されます。「区分支給限度基準額」には含まれない点に注意してください。

21 介護報酬について正しいものはどれか。3つ選べ。

1 介護報酬の算定基準は都道府県知事が定めている。

2 利用者に提供した介護サービスにかかった実際の費用が介護報酬額を下回った場合でも、事業者は介護報酬額を利用者と保険者に請求できる。

3 市町村は、独自の介護報酬を設定できる。

4 厚生労働大臣が介護報酬の算定基準を定めようとする際には、あらかじめ社会保障審議会の意見を聴かなくてはならない。

5 介護報酬は、介護給付費単位数表の単位数に1単位の単価を掛けて算定する。

22 介護報酬の請求について正しいものはどれか。2つ選べ。

1 事業者・施設による介護報酬の請求は、サービス提供月ごとに翌月15日までに行わなければならない。

2 被保険者が償還払いで保険給付を受ける権利は、2年を経過したときに時効により消滅する。

3 事業者・施設が介護報酬を受ける権利の消滅時効は、サービス提供月の翌月の1日を起算日とする。

4 介護給付費等審査委員会は、それぞれ同数の①介護給付等対象サービス担当者または総合事業担当者の代表委員、②市町村代表委員、③公益代表委員から構成される。

5 介護給付費等審査委員会には、事業者や施設に帳簿書類の提出や提示を求める権限はない。

21 解説

1 ✗ 介護報酬は介護サービス費用の額で、厚生労働大臣が定めて告示する。

2 ✗ 実際に提供したサービスにかかった費用が介護報酬の額を下回った場合、事業者は利用者や保険者に対して実際にかかった額を請求することになる。

3 ◯ 介護報酬は、厚生労働大臣（国）の定める基準によるが、市町村はその基準の範囲内で、独自の介護報酬を設定することができる。

4 ◯ 介護報酬の算定基準と厚生労働省令に定める事業者・施設の人員・設備・運営基準を設定する際には、社会保障審議会の意見を聴くことが規定されている。

5 ◯ なお、1単位の単価は10円が基本であるが、サービスの種類ごとに8つの地域区分で地域差が反映されている。ただし、居宅療養管理指導・介護予防居宅療養管理指導と福祉用具貸与・介護予防福祉用具貸与については、地域差はない。

正答 3・4・5

22 解説

1 ✗ 現物給付の場合の事業者・施設による介護報酬の請求は、請求書と明細書を伝送または磁気媒体により提出して行う。期日はサービス提供月ごとに翌月10日までで、その翌月末に支払いを受ける。

2 ◯ 介護保険の保険給付を受ける権利、保険料などの徴収金を徴収する権利は、2年を経過したときに時効により消滅する。償還払いでは、被保険者がサービス費用を支払った日の翌日が消滅時効の起算日となる。

3 ✗ 事業者や施設が法定代理受領で保険給付を受ける権利は、サービス提供月の翌々々月の1日を起算日として、2年を経過したときに時効によって消滅する。また、市町村が介護報酬を過払いした場合の返還請求権の消滅時効は、それが不正請求によるものの場合は2年、不正請求ではない場合は5年となる。

4 ◯ 介護報酬支払いの審査のため、介護給付費等審査委員会が国保連に設置される。審査は委員定数の半数以上の出席により行い、出席した委員の過半数によって議決する。可否同数の場合は、会長が決することとされる。

5 ✗ 審査を行うために必要な場合は、都道府県知事（または市町村長）の承認を得て、事業者・施設に報告、帳簿書類の提出または提示、開設者・管理者・サービス担当者などの出頭を求めることができる。

正答 2・4

12 支給限度基準額

→速習 介 L14

23 支給限度基準額について正しいものはどれか。2つ選べ。

1　区分支給限度基準額の未利用分は、翌月に繰り越して利用することができる。

2　住宅改修費支給限度基準額は、現在住んでいる居宅について30万円を限度として設定されている。

3　市町村は、国の支給限度基準額を上回る額を、その市町村の支給限度基準額として条例に定めることができる。

4　市町村が支給限度基準額の上乗せを行う場合、その費用は基本的に第1号被保険者の保険料から賄われる。

5　市町村が定める種類支給限度基準額は、厚生労働大臣の定める区分支給限度基準額を超える範囲で定めることができる。

24 居宅介護サービス費等区分支給限度基準額が適用されるサービスについて正しいものはどれか。2つ選べ。

1　看護小規模多機能型居宅介護

2　居宅療養管理指導

3　短期入所生活介護

4　介護福祉施設サービス

5　特定福祉用具販売

23 解説

1 ✕ 区分支給限度基準額は、要介護状態等区分別に、1か月を単位に設定されるが、未利用分を翌月に繰り越すことはできない。

2 ✕ 住宅改修費支給限度基準額は、現在住んでいる居宅について20万円と設定されている。転居した場合には再度給付が受けられる。また、同一住宅であっても、最初に支給を受けた住宅改修の着工時点と比較して、要介護状態区分を基準とした「介護の必要の程度」が著しく高くなった場合（要介護状態区分等で要介護者は3区分以上、要支援者は4区分以上の上昇）にも、1回にかぎり再度の給付が受けられる。

3 ○ 利用者に介護給付や予防給付をより多く給付できるようにするため、これを上乗せサービスともいう。一方、市町村特別給付は移送サービスなど介護給付・予防給付にはないサービスを条例に定め、保険給付の対象とすることで、これを横出しサービスともいう。

4 ○ 市町村は、第1号被保険者の保険料の水準、介護サービスの基盤整備状況、上乗せにかかる費用などを考慮し、上乗せの可否や程度を決定する。

5 ✕ 市町村が定める種類支給限度基準額は、地域におけるサービスの整備状況に応じて、区分支給限度基準額の範囲内で、特定のサービスの種類別の種類支給限度基準額を条例に定めるものである。

正答 3・4

24 解説

　設問のうち、居宅介護サービス費等区分支給限度基準額が適用される居宅サービス、地域密着型サービスは、看護小規模多機能型居宅介護、短期入所生活介護であり、選択肢1・3が○となる。居宅介護サービス費等区分支給限度基準額が適用されない居宅サービス、地域密着型サービスは、居宅療養管理指導、特定施設入居者生活介護（短期利用を除く）、地域密着型特定施設入居者生活介護（短期利用を除く）、認知症対応型共同生活介護（短期利用を除く）、地域密着型介護老人福祉施設入所者生活介護、特定福祉用具販売（単独で福祉用具購入費支給限度基準額が設定される）である。このほか、居宅介護支援や介護予防支援は利用者負担がなく、施設サービスは単独で利用するサービスであり、支給限度基準額は設定されない。 p.123

正答 1・3

25 原則として介護保険法よりも優先する給付として正しいものはどれか。2つ選べ。

1 労働者災害補償保険法による療養補償給付

2 障害者総合支援法に規定する自立支援給付

3 介護保険の被保険者である生活保護の被保護者に対して行う介護扶助

4 国家公務員災害補償法による療養補償給付

5 保険優先の公費負担医療

26 他法との給付調整やその他通則について正しいものはどれか。3つ選べ。

1 介護保険制度施行後は、要介護高齢者への福祉サービスはすべて介護保険制度に移行し、老人福祉法による措置制度は廃止された。

2 障害者施策固有のサービスについては、要介護者等に対しても、障害者施策から給付される。

3 要介護認定を受けている者であっても、急性期医療を受ける場合は、介護保険ではなく医療保険から給付される。

4 被保険者が、偽りや不正行為によって特定入所者介護サービス費の給付を受けた場合には、市町村はその給付額の返還に加えて加算金を徴収することができる。

5 介護保険の保険給付を受ける権利は、やむを得ない理由がある場合は、借金の担保にしたり差し押さえたりすることが可能である。

25 解説

　選択肢の1と4が、介護保険の給付に優先する。介護保険法の給付と、他制度による給付内容が重複する場合、原則的に介護保険法からの給付が優先する。ただし、**災害補償関係各法**については**例外**で、介護保険の給付に相当する給付を受けられるときは災害補償関係各法が優先して適用され、一定の限度で介護保険による給付は行われない。

正答 1・4

26 解説

1 ✕ 　認知症などで意思能力が乏しく、本人を代理する家族がいない、本人が家族の虐待や無視を受けている場合などのやむを得ない事由がある場合は、措置が行われる。

2 ◯ 　介護保険にはない**障害者施策固有のサービス**については、**障害者総合支援法その他障害者福祉制度**から給付される。

3 ◯ 　急性期医療は、要介護者等であるか否かにかかわらず、従来どおり**医療保険**から給付が行われる。

4 ◯ 　この場合、市町村は、厚生労働大臣の定める基準により、被保険者に対して、その返還させるべき額の**2倍以下**の額を加算して徴収することができる。

5 ✕ 　保険給付を受ける権利は、他人に譲り渡したり、担保にしたり、差し押さえたりすることはできない。また、保険給付として受けた金品に対し、**租税や公課**を課すことはできない。

正答 2・3・4

 合格エッセンス 生活保護と介護保険の給付調整

☐ 介護保険法による給付　　☐ 生活保護による給付

■介護保険の被保険者

① 居宅サービスの場合

保険給付 （9割分）	介護扶助 （1割負担）

└──── 支給限度基準額 ────┘

② 施設サービスの場合

保険給付 （9割分）	介護扶助 （1割負担）	食事 介護扶助 （負担限度額）

＊ 日常生活に必要な費用と保険料が必要な者については、生活扶助により支給する。

■介護保険の被保険者以外の場合（医療保険未加入の40～64歳）

① 居宅サービスの場合

介護扶助 （10割全額）

└──── 支給限度基準額 ────┘

② 施設サービスの場合

介護扶助 （10割全額）

＊ 障害者施策等ほかに適用される法がある場合、優先して活用し、不足する分について介護扶助を給付する。また、日常生活に必要な費用等は被保険者の場合と同じ。

★★★
27 事業者の指定について正しいものはどれか。2つ選べ。

1 特定福祉用具販売事業者は、都道府県知事が指定する。

2 指定介護予防支援事業者の指定申請者は、地域包括支援センターの設置者に限られている。

3 地域密着型通所介護は、市町村長による公募指定の対象である。

4 都道府県知事は、指定の申請者が過去6年以内に指定の取り消しを受けている場合には、指定をしてはならない。

5 介護医療院は、別段の申し出がないかぎり、申請することなく通所リハビリテーション事業者の指定を受けたものとみなされる。

★★★
28 事業者の指定や指定の取り消しについて正しいものはどれか。3つ選べ。

1 市町村長は、市町村介護保険事業計画での必要利用定員総数に達しているなどの場合は、認知症対応型共同生活介護の指定をしてはならない。

2 事業者や施設に対して報告または帳簿書類の提出や提示を命じたり、出頭を求めたり、立ち入り検査を行ったりするなどの権限は、都道府県知事にのみ与えられている。

3 都道府県知事は、指定居宅サービス事業者が、要介護認定の調査結果について虚偽の報告をした場合には、指定を取り消すことができる。

4 都道府県知事は、事業者の指定を取り消した場合、その旨を公示しなければならない。

5 事業者や施設が受ける指定（許可）には有効期間があり、6年ごとに指定の更新の申請を行わなければならない。

27 解説

1 ○ 特定福祉用具販売事業者は、居宅サービス事業者のひとつである。都道府県知事は、居宅サービス事業者のほか、介護予防サービス事業者、介護保険施設の指定を行う。📖p.134

2 ✕ これまでは地域包括支援センターの設置者に限られていたが、介護保険法の改正により、2024（令和6）年4月から、指定居宅介護支援事業者も市町村長の指定を受け、指定介護予防支援事業者となることができる。

3 ✕ 市町村長による公募指定（公募による選考）の対象となるのは、定期巡回・随時対応型訪問介護看護、小規模多機能型居宅介護、看護小規模多機能型居宅介護である。

4 ✕ 指定の申請者が指定を取り消された日から5年が経過していない場合は、原則として指定をしてはならない。

5 ○ 介護医療院は、通所リハビリテーション（介護予防通所リハビリテーション）と短期入所療養介護（介護予防短期入所療養介護）については申請をしなくても、指定を受けたとみなされる。📖p.135

正答 1・5

28 解説

1 ✕ 市町村介護保険事業計画の必要利用定員総数に達しているなどの場合は、認知症対応型共同生活介護、地域密着型特定施設入居者生活介護、地域密着型介護老人福祉施設入所者生活介護の指定をしないことができる。

2 ✕ 市町村長は、自ら指定した事業者以外にも、居宅介護サービス費等の支給に関し必要な場合は、事業者・施設に対する報告または帳簿書類の提出・提示、事業者や事業所の従業者への出頭要請、立ち入り検査を行うことができる。都道府県知事は、自ら指定した事業者・施設に対してのみ行うことができる。

3 ○ その他、人員基準を満たせなくなったとき、設備・運営基準に従い適正な事業運営ができなくなったとき、介護報酬の不正請求、不正な手段で指定を受けた、介護保険法に規定する義務規定違反などの場合も、指定を取り消すか、期間を定めて指定の全部または一部の効力を停止することができる。

4 ○ 都道府県知事または市町村長は、①事業者の指定をしたとき、②事業の廃止の届出（指定介護老人福祉施設、指定地域密着型介護老人福祉施設では指定の辞退）があったとき、③指定の取り消しまたは効力停止を行ったときには、その旨を公示しなければならない。

5 ○ 指定（許可）には6年間の有効期間が設けられている。指定要件を満たしていない場合には、都道府県知事または市町村長は指定をしてはならない。

正答 3・4・5

★★
29 指定居宅サービス事業者の基準の共通事項について正しいものはどれか。3つ選べ。

1 サービス提供の開始にあたっては、被保険者証で被保険者資格、要介護認定の有無、有効期間などを確認しなければならない。

2 利用者が偽りその他不正な行為により保険給付を受けたり受けようとしたときには、意見を付して介護保険審査会に通知しなければならない。

3 利用者からの苦情に関して市町村や国民健康保険団体連合会が行う調査に協力し、指導や助言を受けた場合はそれに従い必要な改善を行わなければならない。

4 利用申込者の要介護度が重く、事業所では対応できない場合は、サービスの提供を拒否する正当な理由となる。

5 サービス利用申込者が要介護認定の申請を行っていない場合には、利用申込者の意思を踏まえてすみやかに認定申請が行われるよう必要な援助を行わなければならない。

★★
30 指定居宅サービス事業者の基準省令に規定される事項について正しいものはどれか。3つ選べ。

1 通所介護事業者は、事業所ごとに計画作成担当者として介護支援専門員を置かなければならない。

2 虐待の防止のための対策を検討する委員会を定期的に開催しなければならない。

3 運営規程の概要などの重要事項は、利用者に文書として渡せば、事業所に掲示する必要はない。

4 従業者は事業所を退職したあとでも、業務上知り得た利用者やその家族の情報を漏らしてはならない。

5 訪問介護事業者は訪問介護員に身分を証明する書類を携行させ、初回訪問時や利用者またはその家族から求められたときは、これを提示することを指導しなければならない。

29 解説

1 ○ また、被保険者証に認定審査会の意見が記載されている場合には、これに配慮したサービス提供に努めなければならない。

2 × 事業者が意見を付して通知しなければならないのは、**市町村**に対してである。

3 ○ 国民健康保険団体連合会（国保連）が**苦情処理**に関する業務を行うこととされているが、利用者に身近な**市町村**も苦情に関する調査や指導・助言を行えること、そして指定居宅サービス事業者はそれに協力しなければならないことが国の運営基準上で明確にされている。

4 × 事業者は、正当な理由なくサービスの提供を拒否することはできず、特に**要介護度が重い**ことや**所得の多寡**を理由に拒否することはできない。正当な理由としては、その事業所の現員では利用申し込みに応じきれない、通常の事業の実施地域外である、などがあげられている。

5 ○ **認定の効力は申請日**に遡るため、申請をすれば保険給付の対象となることを踏まえ、必要な申請のための援助を行う。また、更新認定では、認定は申請の日から30日以内に行われることを踏まえ、居宅介護支援が利用者に対して行われていないなど必要な場合は、遅くとも有効期間が終了する30日前には申請がなされるよう、援助を行う。

正答 　1・3・5

30 解説

1 × 通所介護事業者に、**介護支援専門員は必置**ではない。指定居宅サービス事業者のうち、特定施設入居者生活介護には、計画作成担当者として介護支援専門員の配置が義務づけられている。

2 ○ 介護サービス事業者は、虐待の発生または再発を防止するため、①**虐待の防止**のための対策を検討する委員会の定期的な開催とその結果の周知徹底、②**指針の整備**、③**研修の定期的な実施**のほか、①〜③を実施するための担当者を定めなければならないことが規定されている。

3 × 事業所の見やすい場所に、運営規程の概要、従業者の勤務体制そのほかサービス選択にかかわる重要事項を掲示しなければならない。

4 ○ 従業者は正当な理由なく、業務上知り得た利用者の情報を漏らしてはならない。また、事業者は雇用時に**秘密保持**の取り決めをするなどの措置を講じなければならない。

5 ○ 訪問系の指定居宅サービスについては、利用者が安心してサービスを受けられるように、従業者は**身分を証する書類**の携行が求められる。

正答 　2・4・5

合格エッセンス 指定の要件

指定を受けるには、次のような要件が必要となる。

○法人である。

　※病院・診療所、薬局が特定の医療サービスを行う場合は法人格の有無は問われない。

○人員基準を満たしている。

○設備・運営基準に従い、適正な運営ができる。

○その他一定の欠格事由に該当しない。

 合格エッセンス 事業者・施設の指定

　サービスの提供は、都道府県知事の指定（許可）または市町村長の指定を得た事業者が行う。指定は申請により、サービスの種類ごとに、事業所を単位（施設では施設ごと）に受けるのが原則である。

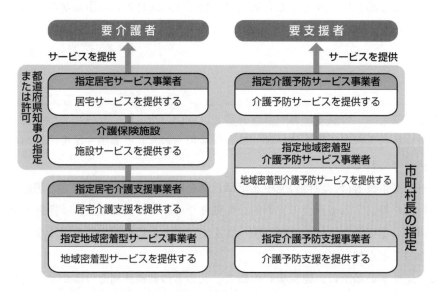

※都道府県知事が行う指定等（指定、指定の取り消し、指導・監督）は、指定都市・中核市
　では市長が行う（大都市特例）。

基本的な事項ですが、試験でもよく出ます。2018（平成30）年度から、指定居宅介護支援事業者の指定権限は、市町村に移譲されたことに注意しましょう。

合格エッセンス 指定の申請者

事業者種別			申請者
都道府県知事が指定・許可するもの	指定居宅サービス事業者		法人 ※病院・診療所、薬局は法人格不要。
	指定介護予防サービス事業者		
	介護保険施設	指定介護老人福祉施設	老人福祉法上の設置認可を得た特別養護老人ホームのうち、入所定員30人以上で、都道府県の条例で定める数であるものの開設者（原則として地方公共団体と社会福祉法人）。
		介護老人保健施設	地方公共団体、医療法人、社会福祉法人など非営利の団体が、介護保険法上の開設許可を受ける。
		介護医療院	
市町村長が指定するもの	指定地域密着型サービス事業者		法人　※地域密着型介護老人福祉施設入所者生活介護では、老人福祉法上の設置認可を得た特別養護老人ホームのうち、入所定員29人以下で、市町村の条例で定める数であるものの開設者。
	指定地域密着型介護予防サービス事業者		法人 ※病床を有する診療所が看護小規模多機能型居宅介護を行う場合は法人格は不要。
	指定居宅介護支援事業者		
	指定介護予防支援事業者		地域包括支援センターの設置者、指定居宅介護支援事業者。

 合格エッセンス 指定の特例がある事業者・施設

　保険医療機関や保険薬局などは、特定のサービス（下表参照）にかぎり、申請をしなくてもサービス事業者としての指定を受けたとみなされる。この特例をみなし指定ともいう。

事業者・施設	申請不要な居宅サービス	申請不要な介護予防サービス
病院・診療所	居宅療養管理指導 訪問看護 訪問リハビリテーション 通所リハビリテーション 短期入所療養介護*	介護予防居宅療養管理指導 介護予防訪問看護 介護予防訪問リハビリテーション 介護予防通所リハビリテーション 介護予防短期入所療養介護*
薬局	居宅療養管理指導	介護予防居宅療養管理指導
介護老人保健施設 介護医療院	短期入所療養介護 通所リハビリテーション	介護予防短期入所療養介護 介護予防通所リハビリテーション

＊療養病床を有する病院・診療所であること

★★★

31 介護サービス情報の公表について正しいものはどれか。3つ選べ。

1 介護サービス事業者は、介護サービス情報を、指定した都道府県知事または市町村長に報告しなければならない。

2 介護サービス事業者が報告した内容は、指定調査機関により必ず調査される。

3 都道府県知事は、介護サービス情報の公表事務の全部または一部を、都道府県ごとに指定する指定情報公表センターに行わせることができる。

4 介護サービス事業者が報告を行わなかったり、虚偽の報告をした場合、調査を受けなかったときなどには、都道府県知事は期間を定めて報告することや調査を受けることなどを命じることができる。

5 指定情報公表センターには、指定調査機関と同様に秘密保持義務が課されている。

★★★

32 介護サービス情報の公表について正しいものはどれか。3つ選べ。

1 介護サービスの提供開始時に、都道府県知事へ報告すべき情報として規定されているものに、介護サービスの内容がある。

2 介護サービスの提供開始時に、都道府県知事へ報告すべき情報として規定されているものに、情報管理および個人情報保護のために講じている措置がある。

3 公表される介護サービス情報には、苦情対応窓口の状況については含まれない。

4 都道府県知事は、地域密着型サービス事業者に調査命令をした場合、その旨を市町村長に通知しなければならない。

5 都道府県知事は、介護サービス事業者経営情報について調査・分析を行い、その内容を公表するよう努めなければならない。

31 解説

1 ✕ 介護サービス事業者は、介護サービス情報を都道府県知事（指定都市では市長、以下同）に報告し、都道府県知事は必要と認める場合に調査を行い、報告の内容または調査結果を公表する。なお、報告義務のある介護サービス情報には基本情報と運営情報があり、事業者は①サービスの提供を開始するときに基本情報を、②都道府県知事が定める計画に基づき定期的に年1回程度、基本情報と運営情報を都道府県知事に報告する。

2 ✕ 前述のとおり、都道府県知事は必要と認める場合に、都道府県の定める指針に従い調査する。また、指定調査機関に調査事務を行わせることができる。

3 ○ 指定情報公表センターは、都道府県知事の依頼を受けて介護サービス情報の公表事務の全部または一部を行う機関である。

4 ○ この命令に従わない場合に、都道府県知事は、指定権限のある事業者・施設については、指定・許可の取り消しや指定・許可の全部または一部の効力停止を行うことができる。市町村長の指定する事業者については、指定の取り消しや効力停止が適当である場合は、その旨を理由をつけて市町村長に通知する。

5 ○ 指定調査機関および指定情報公表センターには秘密保持義務がある。

正答 3・4・5

32 解説

1 ○ 介護サービスの提供開始時には、介護サービスの内容などの基本情報を報告する。基本情報には、このほか事業所・施設の名称、所在地、連絡先、サービス従業者に関する情報、事業所の運営方針、苦情対応窓口の状況、利用料などがある。

2 ✕ 設問の内容は運営情報で、介護サービスの提供開始時に報告する必要はない（問題31の選択肢1の解説参照）。運営情報には、このほか、利用者の権利擁護のために講じている措置、介護サービスの質の確保のために講じている措置、相談・苦情などの対応のために講じている措置、介護サービスの内容の評価や改善のために講じている措置、適切な事業運営確保のために講じている措置、安全管理や衛生管理のために講じている措置などがある。

3 ✕ 苦情対応窓口の状況については、基本情報として公表対象である。

4 ○ 都道府県知事は、市町村が指定をした事業者に対して、介護サービス情報の報告命令や調査命令をした場合には、その旨を市町村長に通知する。

5 ○ 都道府県知事は、地域において必要とされる介護サービスの確保のため、介護サービス事業者の介護サービス事業者経営情報について調査・分析を行い、その内容を公表するよう努める。また、介護サービス事業者は、定期的に介護サービス事業者経営情報を都道府県知事に報告しなければならない。

正答 1・4・5

33 地域支援事業について正しいものはどれか。3つ選べ。

1 第1号生活支援事業は、介護予防・日常生活支援総合事業において行われる。

2 地域リハビリテーション活動支援事業は、包括的支援事業において行われる。

3 市町村は、任意事業として、家族介護支援事業を行うことができる。

4 包括的支援事業の包括的・継続的ケアマネジメント支援業務の効果的な実施のために、地域ケア会議の充実・推進が図られている。

5 生活支援体制整備事業において、チームオレンジコーディネーターが配置される。

34 地域支援事業について正しいものはどれか。2つ選べ。

1 介護予防・日常生活支援総合事業における介護予防・生活支援サービス事業（第1号事業）の対象者は、要支援者にかぎられる。

2 介護予防・日常生活支援総合事業のうち、第1号訪問事業と第1号通所事業は、市町村が指定する総合事業の指定事業者がすべて実施する。

3 第2号被保険者は、要支援認定を受けていれば介護予防・日常生活支援総合事業を利用することができる。

4 包括的支援事業は、市町村が適当と認めれば、老人介護支援センターの設置者以外の、医療法人やNPO法人への委託も認められる。

5 任意事業の財源は、公費と第1号被保険者および第2号被保険者の保険料で負担する。

33 解説

1 ○ 介護予防・日常生活支援総合事業（総合事業）のうち、介護予防・生活支援サービス事業（第1号事業）には、訪問型サービス（第1号訪問事業）、通所型サービス（第1号通所事業）、生活支援サービス（第1号生活支援事業）、介護予防ケアマネジメント（第1号介護予防支援事業）がある。 🔖p.143

2 × 包括的支援事業ではなく、総合事業の一般介護予防事業において行われる。

3 ○ 家族介護支援事業では、介護方法の指導など要介護者を介護する人を支援するための事業や介護教室の開催、認知症高齢者の見守り事業などを行う。任意事業として介護給付等費用適正化事業、その他の事業も実施することができる。

4 ○ 包括的・継続的ケアマネジメント支援業務（事業）の効果的な実施のために、市町村が地域ケア会議を設置するよう努めることが法律に規定されている。また、2015（平成27）年度から包括的支援事業に在宅医療・介護連携推進事業、生活支援体制整備事業、認知症総合支援事業が加わっている。

5 × チームオレンジコーディネーターは、認知症総合支援事業において配置される。生活支援体制整備事業では、生活支援コーディネーター（地域支え合い推進員）や就労的活動支援コーディネーター（就労的活動支援員）が配置される。

正答　**1・3・4**

34 解説

1 × 介護予防・生活支援サービス事業（第1号事業）の対象者は、要支援者および要介護者（要介護認定前から、第1号事業のうち市町村の補助により実施されるサービスを継続的に利用していた人〔継続利用要介護者〕にかぎる）と基本チェックリストに該当した第1号被保険者である。一般介護予防事業は、すべての第1号被保険者が対象となる。

2 × 市町村の指定事業者による専門的なサービスのほか、市町村の直接実施や、市町村が委託したNPO法人や民間法人などによる実施、ボランティアなどへの市町村の補助による実施など多様な事業主体により柔軟なサービス提供が行われる。

3 ○ 第2号被保険者の場合は、認定を受けた要支援者のみ、総合事業を利用できる。第1号被保険者の場合は、選択肢1の解説のとおりである。

4 ○ 市町村は、包括的支援事業を老人福祉法上の老人介護支援センターの設置者、一部事務組合、広域連合、医療法人、社会福祉法人、一般社団法人または一般財団法人、NPO法人などに委託することができる。

5 × 包括的支援事業および任意事業では、第2号被保険者の保険料負担はなく、その分は公費で賄われる。総合事業は、公費と第1号被保険者・第2号被保険者の保険料で負担する。

正答　**3・4**

★★
35
☑☑

地域包括支援センターについて正しいものはどれか。3つ選べ。

1 地域包括支援センターは、老人福祉法に基づき、老人福祉の一般施策として業務を実施する。

2 都道府県は、地域包括支援センターが設置されたときなどは、事業の内容および運営状況に関する情報を公表するよう努める。

3 医療法人は、地域包括支援センターを設置できる。

4 地域包括支援センターの設置・運営に関しては、市町村単位で設置される地域包括支援センター運営協議会が関与する。

5 地域包括支援センターには、原則として保健師、社会福祉士、主任介護支援専門員が配置される。

★★
36
☑☑

地域包括支援センターについて正しいものはどれか。3つ選べ。

1 包括的支援事業のすべてを一体的に実施しなければならない。

2 総合相談支援業務では、高齢者からの相談対応やサービスや制度の情報提供などを行っている。

3 地域ケア会議において、サービス担当者間で介護予防サービス計画の調整を行う。

4 保険給付の介護予防支援と地域支援事業の介護予防ケアマネジメントを実施する。

5 老人福祉施設などへの措置入所の支援を行う。

35　解説

1　✕　地域包括支援センターは、介護保険法に基づき設置された、地域包括ケアを行う中核的機関である。**市町村が直接設置**するか、市町村から包括的支援事業（新規事業のみの委託を受けたものを除く）の**委託を受けた法人**が設置する。

2　✕　**市町村が地域包括支援センターの事業内容と運営状況に関する情報の公表**を行うよう努める。また、市町村は定期的に事業の実施状況について、**評価**を行う。

3　◯　地域包括支援センターは、市町村または市町村から包括的支援事業の一括委託を受けた法人が設置することができる。委託を受けられる法人は、老人介護支援センターの設置者、医療法人、社会福祉法人、一般社団法人・一般財団法人、特定非営利活動法人（NPO法人）などで市町村が適当と認める者である。

4　◯　地域包括支援センターの中立性・公正性の確保や人材確保支援などの観点から、**市町村ごとに地域包括支援センター運営協議会が設置**される。同協議会は、介護サービス事業者、関係団体、被保険者、学識経験者などで構成される。

5　◯　地域包括支援センターには、原則として常勤専従の保健師、社会福祉士、主任介護支援専門員（これらに準ずる者を含む）が各1人配置される。

正答　3・4・5

36　解説

1　✕　①介護予防ケアマネジメント、②総合相談支援業務、③権利擁護業務、④包括的・継続的ケアマネジメント支援業務は、一体的な実施が必要である。しかし、2015（平成27）年度からの新規事業である、⑤在宅医療・介護連携推進事業、⑥生活支援体制整備事業、⑦認知症総合支援事業は、地域包括支援センター以外の実施主体（法人格は問わない）が実施することも可能となっている。

2　◯　高齢者の心身の状況や家族の状況などについての実態把握、高齢者からの相談対応、サービスや制度の情報提供や関連機関の紹介など総合相談支援を行う。

3　✕　地域ケア会議は、サービス担当者間での調整を行うものではない。支援困難事例など個別ケースの支援内容の検討を通じて、①地域の介護支援専門員の、高齢者の自立支援に資するケアマネジメント支援、②地域包括支援ネットワークの構築、③地域課題の把握を行い、これらの検討を通じて蓄積された地域課題を、さらに地域の社会資源の開発や必要な政策形成に反映していく。p.142

4　◯　地域包括支援センターが介護予防支援と介護予防ケアマネジメントを一括して担当し、一貫性・連続性のある支援を行っていく。

5　◯　権利擁護業務において、虐待の防止や早期発見のための業務その他権利擁護のために必要な援助が行われる。

正答　2・4・5

合格エッセンス 地域ケア会議

2014（平成26）年の介護保険制度改正で、包括的・継続的ケアマネジメント支援業務の効果的な実施のために、**市町村が地域ケア会議を設置するよう努める**ことが法律に規定された。介護支援専門員、保健医療・福祉の専門家、民生委員、その他の関係者などにより構成される。

地域ケア会議は、地域包括支援センターまたは市町村が開催し、主に地域包括支援センターによる個別ケースの検討会議（地域ケア個別会議）と主に市町村による代表者レベルの会議（地域ケア推進会議）の重層構造になっている。個別ケースの支援内容の検討などを通じて、地域課題を把握・発見し、地域づくりや資源開発、政策形成につなげていく機能がある。

■地域ケア会議の5つの機能

個別課題の解決	自立支援に資するケアマネジメントの支援、地域の介護支援専門員への支援困難事例に関する相談・助言
地域包括支援ネットワークの構築	自立支援に資するケアマネジメントの普及、関係者の共通認識、住民との情報共有、課題の優先度の判断
地域課題の発見	潜在ニーズの顕在化と相互の関連付け
地域づくり・資源開発	インフォーマルサービスなど地域で必要な資源を開発
政策の形成	地域に必要な取り組みを明らかにし、政策を立案、提言していく

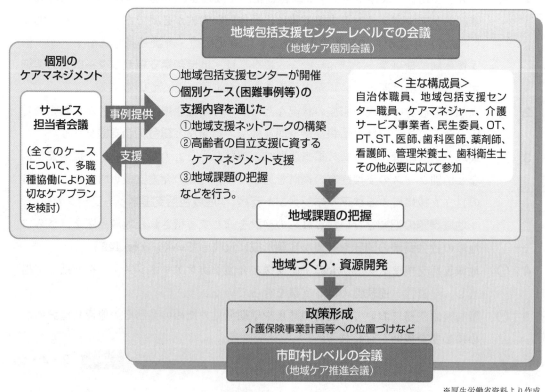

※厚生労働省資料より作成

合格エッセンス **地域支援事業の全体像**

2014（平成26）年の介護保険制度改正により、これまで全国一律で実施されていた介護予防訪問介護と介護予防通所介護が地域支援事業に移行し、包括的支援事業に新しい事業（下表の在宅医療・介護連携推進事業、生活支援体制整備事業、認知症総合支援事業）が加わるなど地域支援事業が再編された。

■地域支援事業の構成

		事業内容	対象
必須事業	介護予防・日常生活支援総合事業	○介護予防・生活支援サービス事業（第1号事業） ・第1号訪問事業 ・第1号通所事業 ・第1号生活支援事業 ・第1号介護予防支援事業	要支援者等
		○一般介護予防事業 ・介護予防把握事業 ・介護予防普及啓発事業 ・地域介護予防活動支援事業 ・一般介護予防事業評価事業 ・地域リハビリテーション活動支援事業	第1号被保険者
	包括的支援事業	○第1号介護予防支援事業（要支援者以外） ○総合相談支援業務 ○権利擁護業務 ○包括的・継続的ケアマネジメント支援業務 〕地域包括支援センターの運営 （地域ケア会議推進事業） ○在宅医療・介護連携推進事業 〕社会保障充実分 ○生活支援体制整備事業 ○認知症総合支援事業	被保険者
任意事業	任意事業	○介護給付等費用適正化事業 ○家族介護支援事業 ○その他の事業	被保険者や介護者など

※地域ケア会議の推進にかかる業務は、法律上は包括的・継続的ケアマネジメント支援業務の一部として行われるが、地域ケア会議の実施にかかる費用は、「地域ケア会議推進事業」として社会保障充実分で計上される。

37 市町村介護保険事業計画について正しいものはどれか。3つ選べ。

1 市町村は、市町村介護保険事業計画を策定したあとに、被保険者の意見を聴く機会を設けなければならない。

2 市町村は、市町村介護保険事業計画において、事業所等における生産性の向上に資する都道府県と連携した取り組みに関する事項を定めるよう努める。

3 市町村は、市町村介護保険事業計画において、介護老人保健施設の必要入所定員総数を定めなければならない。

4 市町村は、市町村介護保険事業計画において、被保険者の自立支援、介護予防、要介護状態の悪化防止などへの取り組みを定めなければならない。

5 市町村介護保険事業計画は、老人福祉法に基づく市町村老人福祉計画と一体のものとして作成されなければならない。

38 都道府県介護保険事業支援計画について正しいものはどれか。3つ選べ。

1 都道府県は、策定または変更した都道府県介護保険事業支援計画を市町村に提出しなければならない。

2 都道府県は、市町村介護保険事業計画の作成に資するため、要介護認定調査に関する状況の調査・分析および公表を行わなければならない。

3 都道府県は、都道府県介護保険事業支援計画において、特定施設入居者生活介護等の指定を受けていない有料老人ホームの入居定員総数を定めるよう努めなければならない。

4 都道府県は、都道府県介護保険事業支援計画において、介護支援専門員の資質の向上のための事業に関する事項を定めるよう努めなければならない。

5 都道府県介護保険事業支援計画は、医療介護総合確保法に基づく都道府県計画と整合性を確保して作成されなければならない。

37 解説

1 ✕ 市町村は、市町村介護保険事業計画を定め、または変更しようとするときには、あらかじめ被保険者の意見を反映させるために必要な措置を講じなければならない。

2 ◯ 市町村は、市町村介護保険事業計画において、介護給付等対象サービスの提供または地域支援事業の実施のための事業所・施設における業務の効率化、介護サービスの質の向上その他の生産性の向上に資する都道府県と連携した取り組みに関する事項を定めるよう努める。「生産性の向上」は2023（令和5）年の改正で追加された事項である。

3 ✕ 介護老人保健施設など介護保険施設の必要入所定員総数は、都道府県介護保険事業支援計画で定める事項である。市町村介護保険事業計画に必ず定める事項としては、認知症対応型共同生活介護などの必要利用定員総数や地域支援事業の量の見込みなどがある。

4 ◯ 被保険者の地域における自立した日常生活の支援、要介護状態等となることの予防または要介護状態等の軽減・悪化の防止、介護給付等に要する費用の適正化に関し、市町村が取り組むべき施策（自立支援等施策という）に関する事項、およびその目標に関する事項も定めなければならない。

5 ◯ なお、都道府県は、都道府県介護保険事業支援計画と都道府県老人福祉計画を一体のものとして作成することとされる。

正答 2・4・5

38 解説

1 ✕ 都道府県は、策定または変更した都道府県介護保険事業支援計画を、市町村ではなく、厚生労働大臣に提出しなければならない。

2 ✕ 市町村介護保険事業計画および都道府県介護保険事業支援計画の作成等に資するため、要介護認定調査に関する状況などの介護保険等関連情報の調査および分析・公表を行うのは厚生労働大臣（国）である。

3 ◯ 2020（令和2）年の改正により、特定施設入居者生活介護等の指定を受けていない有料老人ホームおよびサービス付き高齢者向け住宅の入居定員総数について定めるよう努めることになった。なお、市町村介護保険事業計画においても同様である。

4 ◯ 都道府県介護保険事業支援計画には、介護支援専門員その他の介護給付等対象サービスの従事者や地域支援事業の従事者の確保および資質の向上に資する事業に関する事項を定めるよう努めなければならない。

5 ◯ 医療法に基づく医療計画とも整合性を確保する。また、市町村介護保険事業計画は、医療介護総合確保法に基づく市町村計画と整合性を確保して作成されなければならない。

正答 3・4・5

39 保険財政について正しいものはどれか。2つ選べ。

1 市町村における介護保険財政の支出と収入の経理は、一般会計のなかで行う。

2 介護給付費と総合事業の国の負担分には、調整交付金が含まれる。

3 地域支援事業の総合事業における費用負担割合は、介護給付費における施設等給付費の費用負担割合と同じとなっている。

4 後期高齢者比率が低く、第1号被保険者の所得水準が高い市町村では、調整交付金の額は実質5％以上となる。

5 保険料の1人あたり平均負担額は、第1号被保険者と第2号被保険者でほぼ同じ水準になるように定められている。

40 財政安定化について正しいものはどれか。3つ選べ。

1 都道府県に設置される財政安定化基金の財源は、国、都道府県、市町村がそれぞれ3分の1ずつ公費から負担している。

2 見込みを上回る介護給付費の増大などにより、市町村の財政不足が生じた場合に、財政安定化基金が必要な額の貸付をする。

3 市町村が財政安定化基金から貸付を受けた場合は、貸付を受けた計画期間の終了年度末に一括して基金に返済しなければならない。

4 災害時などの保険料減免や定率負担の減免による保険料減収がある場合は、国の調整交付金により、市町村の財政格差が調整される。

5 市町村相互財政安定化事業を行うことで、複数の市町村がお互いの黒字と赤字を補い合って相互に財政調整を行うことが可能である。

39 解説

1 ✕ 介護保険事業運営のために特別会計を設置し、市町村の一般会計と明確に区分する。なお、介護保険の事務費については、その全額が市町村の一般財源から賄われる。

2 ◯ 介護給付費と総合事業の国の負担分には、定率交付分と調整交付金5%相当が含まれる。調整交付金は市町村の財政力の格差を是正するためのものである。

3 ✕ 総合事業の費用負担割合は国25%、都道府県と市町村が各12.5%、2021（令和3）年度〜2023（令和5）年度の第1号保険料が23%、第2号保険料が27%で、介護給付費（保険給付費）のうち居宅給付費の負担割合と同じである。施設等給付費は、介護保険施設と特定施設（介護予防含む）に関する給付費（居宅給付費はそれ以外の給付費）で、国20%、都道府県17.5%、市町村12.5%となっている。第1号保険料と第2号保険料の負担割合は同じである。

4 ✕ 後期高齢者比率が高く、第1号被保険者の所得水準が低い市町村では、実質5%以上となる。実質5%未満となるのは、後期高齢者比率が低く、第1号被保険者の所得水準が高い市町村である。

5 ◯ 第1号被保険者全体の介護給付費の負担割合は平均で23%、第2号被保険者全体の負担割合は27%で、それぞれの人口比に応じたものとなっている。

正答　2・5

40 解説

1 ✕ 財政安定化基金の財源は、国、都道府県、市町村が3分の1ずつ負担するが、市町村の負担分は公費ではなく、第1号被保険者の保険料から賄われる。

2 ◯ なお、財政安定化基金の事業には、交付と貸付があり、市町村が通常の努力を行ってもなお生じる保険料収納率の悪化により、財政不足が生じた場合は、計画期間の3年度目に、不足額の2分の1を市町村に交付する（残りの不足額については貸付）。

3 ✕ 市町村が貸付を受けた場合、次の計画期間において、第1号保険料を財源として、基金に対して3年間で分割で返済する（無利子）。

4 ◯ 調整交付金には、市町村の保険料基準額の格差がある場合に調整する「普通調整交付金」のほか、選択肢の記述のように災害など特別な事情がある場合の保険料減収などを調整する「特別調整交付金」がある。

5 ◯ 規模の小さな市町村の場合、財政運営が不安定になることが予想されるため、市町村相互財政安定化事業を行うことができる。この事業は、複数の参加市町村が共通の調整保険料率を設定し、保険料収入額が黒字になった市町村は、赤字が生じた市町村にその分を交付して財政調整を行うものである。

正答　2・4・5

★★★

41 第1号被保険者の保険料について正しいものはどれか。2つ選べ。

1 第1号被保険者の保険料率は、各市町村が3年ごとに算定する。

2 第1号被保険者の所得段階別定額保険料は全国一律で、各市町村が独自に保険料率を変更することはできない。

3 第1号被保険者の保険料の徴収は、普通徴収が原則である。

4 普通徴収の場合、第1号被保険者の配偶者には保険料の連帯納付義務があるが、世帯主には連帯納付義務はない。

5 要介護認定を受けている第1号被保険者が介護保険料の滞納を続けた場合、まず給付が償還払いとなる。

★★★

42 第2号被保険者の保険料について正しいものはどれか。2つ選べ。

1 健康保険に加入している第2号被保険者の介護保険料については、医療保険料とは異なり、事業主負担は行われない。

2 第2号被保険者の保険料は、医療保険者が医療保険料と一体的に徴収する。

3 第2号被保険者の保険料負担分は、社会保険診療報酬支払基金が、各市町村に対して交付する。

4 第2号被保険者の保険料の一部は、市町村特別給付の財源に充てられる。

5 健康保険組合は、所得段階別定額保険料を設定することは認められていない。

41 解説

1 ○ 第1号被保険者の保険料率は、政令に定める基準に従い、各市町村が**3年の計画期間**ごとに算定する。具体的には、3年間で必要となる第1号保険料で賄（まかな）うべき総額を出して保険料率（所得段階別定額保険料）を設定し、個々の保険料を算定する。

2 ✕ 第1号被保険者の所得段階別定額保険料は**9段階**が基本だが、各市町村が所得段階をさらに**細分化**したり、**各段階の保険料率を変更**したりすることも可能である。

3 ✕ 第1号被保険者の保険料の徴収は、**特別徴収**が原則である。年金から天引きする特別徴収の対象は、老齢・退職年金受給者、障害年金受給者、遺族年金受給者で、かつ年額18万円以上を受給している者である。

4 ✕ 普通徴収の場合、配偶者だけでなく世帯主に対しても保険料の**連帯納付義務**が課せられている。なお、普通徴収の収納事務は市町村が行うが、コンビニエンスストアなど**私人への委託**も可能となっている。

5 ○ 滞納を続けた場合、まず給付の**償還払い化**、次に保険給付の全部または一部の一時差し止め、なお納付しない場合には、本人に通知したうえで**差し止められた保険給付**から**滞納保険料を相殺**するという段階的な措置が講じられる。

正答 **1・5**

42 解説

1 ✕ 健康保険の場合、介護保険料は、医療保険料と同様に**事業主負担**が行われる。なお、健康保険では、40歳以上の被扶養者がいる40歳未満の被保険者に、介護保険料を算定することができる。

2 ○ 第2号被保険者の保険料は、各医療保険者が**医療保険料**と一体的に徴収し、支払基金に介護給付費・地域支援事業支援納付金として納付する。

3 ○ 各市町村には、介護保険の給付費に定率27％の負担率を乗じた額が介護給付費交付金・地域支援事業支援交付金として交付される。

4 ✕ 市町村が市町村特別給付を実施する場合に、財源に充てられるのは第1号被保険者の保険料である。

5 ✕ 一定の要件を満たし、厚生労働大臣の承認を受けた健康保険組合は、所得段階別定額保険料（**特別介護保険料額**）を設定することができる。

正答 **2・3**

★★
43 国民健康保険団体連合会について正しいものはどれか。3つ選べ。

1 国保連は国が設置する法人である。

2 市町村の委託を受け、第三者行為への損害賠償金の徴収や収納の事務を行う。

3 サービス提供事業者や施設が指定基準に違反したことがわかった場合、国保連は、強制権限を伴う立ち入り検査や指定の取り消しを行うことができる。

4 苦情処理の業務は、市町村の委託ではなく国保連の独立した業務として行う。

5 指定居宅介護支援の事業を行うことができる。

★★★
44 介護保険審査会について正しいものはどれか。2つ選べ。

1 被保険者証の交付の請求に関する処分は、審査請求の対象とならない。

2 被保険者は、市町村の行う要介護認定等の不服については、いかなる場合も、介護保険審査会の裁決なしに裁判所に訴えることはできない。

3 要介護認定等に関する処分の審査請求は、公益代表委員で構成される合議体で取り扱う。

4 介護保険審査会の会長は、委員による選挙で被保険者代表委員から選出される。

5 審査請求に迅速、正確に対応するため、保健・医療・福祉の学識経験者による専門調査員を置くことができる。

43 解説

1 ✕ 国民健康保険団体連合会（国保連）は、国民健康保険の保険者が共同で設置している法人で、都道府県単位で設置されている。

2 ◯ 保険給付を行った被保険者の要介護状態・要支援状態の原因が第三者の加害行為による場合、市町村は給付額を限度として、被保険者が第三者に対してもつ損害賠償権を得ることができる。その権利を**第三者行為への損害賠償請求権**という。

3 ✕ 強制権限を伴う立ち入り検査や指定の取り消しを行う権限があるのは、国保連ではなく**都道府県知事や市町村長**である。

4 ◯ 苦情処理の業務は、市町村からの委託でなく**国保連の独立した業務**で、事務局を設置し、学識経験者を**苦情処理担当の委員**として委嘱して行う。

5 ◯ 国保連は、介護保険事業の円滑な運営に資するための指定居宅サービス、指定地域密着型サービス、指定居宅介護支援、指定介護予防サービス、指定地域密着型介護予防サービスの事業や介護保険施設の運営を行うことができる。

正答 2・4・5

44 解説

1 ✕ 介護保険審査会の審査対象は、保険給付に関する処分（被保険者証の交付の請求に関する処分および**要介護認定または要支援認定に関する処分**を含む）と保険料その他介護保険法の規定による**徴収金**に関する処分（財政安定化基金拠出金、介護給付費・地域支援事業支援納付金およびその納付金を滞納した場合の延滞に関する処分を除く）である。

2 ✕ 基本的に介護保険審査会の裁決を経たあとでなければ裁判所に訴えることができないが、審査請求を行った日から**3か月を過ぎても裁決がないとき**などは、裁決なしで提起することが行政事件訴訟法で認められている。

3 ◯ 要介護認定等以外の処分の審査請求は、市町村代表委員（3人）、被保険者代表委員（3人）、公益代表委員（3人）の合議体で取り扱う。

4 ✕ 公益代表委員のなかから、委員による選挙で会長が選出される。

5 ◯ 専門調査員は都道府県知事が任命し、迅速、正確な審査請求を処理するための調査にあたる。また、介護保険審査会委員と同様、守秘義務が課せられる。

正答 3・5

45 指定居宅介護支援事業者について正しいものはどれか。3つ選べ。

1 指定居宅介護支援事業者は、指定居宅介護支援の提供の開始に際し、あらかじめ、利用者は複数の指定居宅サービス事業者等を紹介するよう求めることができることなどにつき説明を行い、理解を得なければならない。

2 1か月の平均利用者数が35人に満たない事業所では、介護支援専門員は非常勤でよい。

3 管理者は、介護支援専門員の職務との兼務が認められている。

4 要介護認定を受けていた利用者が要支援認定を受けた場合は、利用者に直近の居宅サービス計画とその実施状況に関する書類を交付しなければならない。

5 指定居宅介護支援事業者は、その業務の一部を指定介護予防支援事業者に委託することができる。

46 指定居宅介護支援事業者について正しいものはどれか。2つ選べ。

1 指定居宅介護支援事業者が、更新認定での認定調査結果において、利用者の希望に基づき、実際と異なる記述をした場合、指定取り消しの対象となる。

2 利用者の希望により通常の事業の実施地域以外の居宅を訪問して居宅介護支援を行う場合、利用者から交通費の支払いは受けられない。

3 居宅サービス計画に基づき提供しているサービスについて、利用者の要望や苦情がひんぱんにあり、円滑なサービス提供に支障がある場合は、市町村に意見を付してその旨を通知しなければならない。

4 特定の居宅サービス事業者などによるサービス利用の対償として、事業者などから金品などを受け取ってはならない。

5 事業者は、十分な説明をしていなくても、利用者から居宅サービス計画作成などの予約を受けることができる。

45　解説

1 ○　このほか、入院時に担当介護支援専門員の氏名や連絡先を入院先の病院・診療所に伝えるよう求める。また、2021（令和3）年度からの改正で、前6か月間に事業所で作成された居宅サービス計画のうち、①訪問介護、通所介護、福祉用具貸与、地域密着型通所介護の各サービスの利用割合、②これらサービスごとの同一事業者によって提供されたものの割合についても説明し、理解を得ることになった。

2 ✕　介護支援専門員の標準担当件数は1か月で35件とされ、事業所には、常勤の介護支援専門員を1人以上配置する。利用者の数が35人またはその端数を増すごとに増員するのが望ましいが、増員する介護支援専門員については非常勤でもよい。

3 ○　同一敷地内のほかの事業所の職務との兼務も認められている。なお、管理者は、原則として主任介護支援専門員でなくてはならない（2027［令和9］年3月31日まで要件適用の猶予などの措置あり）。

4 ○　利用者がほかの居宅介護支援事業者の利用を希望する場合、その他利用者からの申し出があった場合も、直近の居宅サービス計画などを交付しなければならない。

5 ✕　指定介護予防支援事業者は、業務の一部を指定居宅介護支援事業者に委託することができるが、指定居宅介護支援者の業務は、他事業者に委託はできない。

正答　1・3・4

46　解説

1 ○　利用者の希望の有無にかかわらず、認定調査結果において虚偽の報告を行った場合は、指定取り消しの対象となる。

2 ✕　利用者の希望により通常の事業の実施地域以外の居宅を訪問して居宅介護支援を行う場合、利用者から交通費の支払いを受けることができる。ただし、あらかじめ利用者またはその家族に費用の説明をして同意を得なければならない。

3 ✕　指定居宅介護支援事業者が、市町村に通知しなければならない場合とは、利用者が①正当な理由なくサービスの利用に関する指示に従わず要介護状態の程度を増進させたとき、②偽りその他不正の行為により保険給付を受けたり受けようとしたときで、設問のような例では、ケアプランの見直しや変更が必要かどうか検討する。市町村は利用者に対し、①については保険給付の制限、②については不正利得の徴収を行うことができる。

4 ○　また自己の利益を図るための利益収受が認められた場合、ただちに市町村長は居宅介護支援事業者の指定を取り消すことができる。

5 ✕　十分な説明がなされないままのサービス利用の予約は認められない。サービス提供を始める前に、居宅介護支援を始めることに対する同意を必ず得ておく必要がある。重要事項は、わかりやすい文書を交付してていねいに説明する。

正答　1・4

合格エッセンス 要介護認定とケアマネジメント

★は介護支援専門員が担う部分

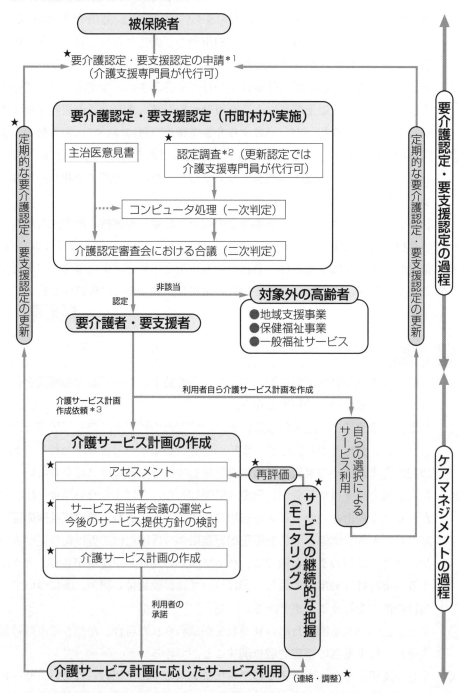

*1 地域包括支援センターのほか、居宅介護支援事業者や介護保険施設などへの委託が可能
*2 新規認定は市町村実施、更新認定では居宅介護支援事業者や介護保険施設などへの委託が可能
*3 介護保険施設に入所する場合は、施設内で介護サービス計画作成が必須

（厚生労働省資料を一部改変）

合格エッセンス **課題分析標準項目**

	標準項目名	項目の主な内容
基本情報に関する項目	基本情報（受付、利用者等基本情報）	居宅サービス計画作成についての利用者受付情報、利用者の基本情報、利用者以外の家族等の基本情報、居宅サービス計画作成の状況（初回、初回以外）
	これまでの生活と現在の状況	利用者の現在の生活状況、これまでの生活歴など
	利用者の社会保障制度の利用情報	利用者の被保険者情報、年金の受給状況、生活保護受給の有無、障害者手帳の有無、その他の社会保障制度等の利用状況
	現在利用している支援や社会資源の状況	利用者が現在利用している社会資源
	日常生活自立度（障害）	障害高齢者の日常生活自立度について、現在の認定を受けた際の判定、介護支援専門員から見た現在の自立度
	日常生活自立度（認知症）	認知症高齢者の日常生活自立度について、現在の認定を受けた際の判定（判定結果、確認書類、認定年月日）、介護支援専門員から見た現在の自立度
	主訴・意向	利用者、家族等の主訴や意向
	認定情報	利用者の認定結果（要介護状態区分、介護認定審査会の意見、区分支給限度基準額など）
	今回のアセスメントの理由	今回のアセスメントの実施に至った理由（初回、認定更新、区分変更、サービスの変更、退院・退所、入所、転居、生活状況変化など）
課題分析（アセスメント）に関する項目	健康状態	利用者の健康状態および心身・受診・服薬に関する状況
	ADL	ADL（寝返り、起き上がり、移乗、歩行、更衣、入浴、トイレ動作など）
	IADL	IADL（調理、掃除、洗濯、買い物、服薬管理、金銭管理など）
	認知機能や判断能力	日常の意思決定を行うための認知機能の程度、判断能力の状況など
	コミュニケーションにおける理解と表出の状況	視覚、聴覚等の能力、意思疎通、コミュニケーション機器・方法など
	生活リズム	1日および1週間の生活リズム・過ごし方、日常的な活動の程度、休息・睡眠の状況
	排泄の状況	排泄の場所・方法、尿・便意の有無、失禁の状況、後始末の状況等、排泄リズム、排泄内容（便秘や下痢の有無など）
	清潔の保持に関する状況	入浴や整容・皮膚や爪・寝具や衣類の状況
	口腔内の状況	歯の状態、義歯の状況、かみ合わせ・口腔内の状態、口腔ケアの状況
	食事摂取の状況	食事摂取の状況、摂食嚥下機能、必要な食事量、食事制限の有無
	社会とのかかわり	家族等とのかかわり、地域とのかかわり、仕事とのかかわり
	家族等の状況	本人の日常生活あるいは意思決定にかかわる家族等の状況、家族等による支援への参加状況、家族等について特に配慮すべき事項
	居住環境	日常生活を行う環境、リスクになりうる状況、自宅周辺の環境など
	その他留意すべき事項・状況	利用者に関連して、特に留意すべき状況（虐待、経済的困窮、身寄りがない、外国人、医療依存度が高い、看取りなど）

※2023（令和5）年10月16日に一部改正がありました

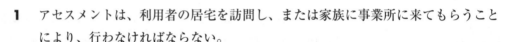
★★

47 居宅介護支援の実施について正しいものはどれか。3つ選べ。

1 利用者が居宅介護支援を利用せずに、自ら居宅サービス計画を作成し、市町村に提出することも可能である。

2 居宅介護支援では、利用者やその家族のもつニーズと社会資源を結びつけ、在宅生活を支援する。

3 指定居宅介護支援事業所の管理者は、事業所の介護支援専門員に、居宅サービス計画の作成に関する業務を担当させる。

4 居宅介護支援は、居宅の利用者に対するケアマネジメントであり、介護保険施設などへの紹介はサービスに含まれない。

5 居宅介護支援は、利用者が入院中の場合には行うことはできない。

★★

48 アセスメント（課題分析）について正しいものはどれか。2つ選べ。

1 アセスメントは、利用者の居宅を訪問し、または家族に事業所に来てもらうことにより、行わなければならない。

2 市町村から要介護更新認定の委託を受けている介護支援専門員は、効率よく作業を進めるために認定調査とアセスメントのための面接を一緒に行うことができる。

3 課題分析票でたずねるべき項目のガイドラインは、厚生労働省から示されている。

4 アセスメントにおいては、利用者の家族の介護意思などについてはたずねない。

5 住宅改修の必要性や危険個所などを確認するため、アセスメントでは居住環境に関する項目についてもたずねる。

47 解説

1 ○ 居宅介護支援とは、**居宅介護支援事業者**が行うケアマネジメントで、その利用については**全額が保険給付**（無料）される。ただし居宅介護支援を利用せずに、利用者自らが居宅サービス計画を作成することもできる（介護予防サービス計画でも同様）。自己作成では、利用者が市町村に居宅サービス計画を提出しサービスの利用調整をするが、給付管理票の作成や国保連への提出は、市町村が行う。

2 ○ 居宅介護支援は利用者のニーズと多様な社会資源を結びつけ、利用者に**総合的・一体的・効率的**にサービスを提供する機能をもつ。

3 ○ 居宅介護支援事業所には**介護支援専門員**が必置であり、介護支援専門員は職務として居宅サービス計画の作成など一連の居宅介護支援を行う。

4 ✕ 必要に応じ**介護保険施設**や**地域密着型介護老人福祉施設**への紹介も行う。

5 ✕ 利用者が**入院中**でも、退院後の居宅での生活にスムーズに移行できるよう、居宅介護支援を行うことができる。なお、利用者の退院・退所にあたり、病院や施設の職員と面談を行い、利用者に関する必要な情報の共有を行って居宅サービス計画を作成し、サービスの調整を行った場合、退院・退所加算が算定できる。

正答　1・2・3

48 解説

1 ✕ アセスメントは、利用者が入院中など物理的な理由がある場合を除き、必ず利用者の**居宅を訪問**し、利用者と家族に面接して行わなければならない。また、これを守っていない場合は、介護報酬で減算される。

2 ✕ 認定調査と称してアセスメントを一緒に行うことは**認められていない**。

3 ○ 課題分析票でたずねるべき項目のガイドラインは**課題分析標準項目**（基本情報に関する項目とアセスメントに関する項目あわせて23項目）と呼ばれ、**厚生労働省**から示されている。課題分析票の内容や形式は全国一律ではなく、課題分析標準項目を目安にしてさまざまなものが開発されている。 p.155

4 ✕ アセスメントでは、介護者の有無、介護意思などをたずね、**介護力**を把握する。

5 ○ アセスメントでは、現在の**居住環境**についても把握する。

正答　3・5

★★★

49 居宅サービス計画の作成について正しいものはどれか。3つ選べ。

注目

1　介護支援専門員が、医療サービスの利用について主治の医師等の意見を求めた場合、その主治の医師等に作成した居宅サービス計画を交付しなければならない。

2　居宅サービスを選択し、決定するのは利用者本人であるが、経済的負担も考えて介護給付対象サービスについてのみ情報を提供すべきである。

3　短期入所生活介護または短期入所療養介護を居宅サービス計画に取り入れる場合、連続利用は30日を上限に保険給付されることに注意しなければならない。

4　居宅サービス計画の原案の内容については、必ずしも文書による利用者の同意を得る必要はない。

5　居宅サービス計画に、特定福祉用具販売を位置づける場合は、その必要な理由を記載しなければならない。

★★★

50 サービス担当者会議やモニタリングなどについて正しいものはどれか。3つ選べ。

注目

1　サービス担当者会議で利用者やその家族の個人情報を用いる場合には、あらかじめ文書で個人情報を用いる本人の同意を得ておかなければならない。

2　介護支援専門員は、作成した居宅サービス計画原案の内容について、原則としてサービス担当者会議の開催により、サービス担当者から専門的な見地からの意見を求める。

3　サービス担当者会議には、サービス担当者だけではなく、利用者や家族も参加することを基本とする。

4　介護支援専門員は、作成した居宅サービス計画を、利用者に交付するとともに、保険者である市町村に提出しなければならない。

5　介護支援専門員に何らかの事情があった場合は、月に1回の利用者への訪問や面接を行わなくてもやむを得ないとされる。

49　解説

1 ○　介護支援専門員は、利用者が訪問看護などの医療サービスの利用を希望する場合は、主治の医師等の意見を求めなければならず、主治の医師等の指示があるときにかぎり、居宅サービス計画に医療サービスを盛り込むことができる。また、2018（平成30）年度から、この意見を求めた主治の医師等に対し、居宅サービス計画を交付することが義務づけられた。

2 ×　経済的負担を考える場合には、ボランティアの活用を考慮するなど、保険給付対象外のサービスも含む、詳細で総合的な情報を提供する必要がある。

3 ○　短期入所生活介護または短期入所療養介護の連続利用は、30日を上限とし、30日を超えた分については保険給付が行われない。また、その利用日数が要介護認定の有効期間のおおむね半数を超えないように留意する。

4 ×　介護支援専門員は、居宅サービス計画の原案に位置づけた指定居宅サービスなどについて、各サービスが介護保険の給付対象か対象外かを区分したうえで利用者や家族に説明し、文書によって利用者の同意を得なければならない。

5 ○　また、福祉用具貸与を居宅サービス計画に位置づける場合も、その利用の妥当性を検討し、福祉用具貸与が必要な理由の記載が必要だが、加えて計画の作成後も必要に応じて随時サービス担当者会議を開き、その継続の必要性について検証し、必要な場合は再度その理由を居宅サービス計画に記載しなければならない。

正答　1・3・5

50　解説

1 ○　利用者やその家族の個人情報を用いる場合、利用者の情報の場合は利用者から、家族の情報の場合は家族から、それぞれ文書による同意を得ておく必要がある。

2 ○　サービス担当者会議は、居宅サービス計画の新規作成時や変更時のほか、利用者が更新認定や変更認定を受けたときに原則として必ず開催する（利用者・家族の同意があれば、テレビ電話などを活用しての開催も可能）。

3 ○　サービス担当者のほか、利用者とその家族も参加することを基本とする（家庭内暴力があるなど利用者やその家族の参加が望ましくない場合を除く）。

4 ×　利用者およびサービス担当者に交付し、市町村に提出する必要はない。また、介護支援専門員は、サービス提供事業者の担当者から、訪問介護計画など個別サービス計画の提出を求めることとなっている。

5 ×　特段の事情がないかぎり、最低でも1か月に1回は利用者の自宅での面接を行い、1か月に1回はモニタリングの結果を記録しなければならない。特段の事情とは、利用者が緊急入院した場合など利用者の事情によるもので、介護支援専門員に起因する事情は認められない。

正答　1・2・3

★★★
51 地域包括支援センターの設置者である指定介護予防支援事業者について正しいものはどれか。2つ選べ。

1 事業所の管理者について、特に保有資格の規定はない。

2 事業所には、主任介護支援専門員を配置しなければならない。

3 指定居宅介護支援事業者に指定介護予防支援の業務の一部を委託する場合は、あらかじめ都道府県知事の意見を求める必要がある。

4 指定居宅介護支援事業者に委託できる指定介護予防支援の業務の件数は、上限が定められている。

5 指定居宅介護支援事業者に指定介護予防支援の委託を行った場合でも、介護予防サービス計画原案の内容や評価の内容について確認を行い、必要な援助や指導を行う。

★★
52 指定介護予防支援事業者について正しいものはどれか。2つ選べ。

1 指定介護予防支援の提供の開始の際には、利用者またはその家族に、入院した場合にはその入院先の主治医の名前と連絡先を、担当職員に伝えるよう求めなければならない。

2 目標志向型の介護予防サービス計画を策定しなければならない。

3 地域ケア会議において、資料や情報の提供などを求められた場合には、これに協力するよう努めなければならない。

4 指定居宅介護支援事業者は、市町村長から介護予防支援事業者として指定を受けることはできない。

5 介護予防サービス計画を利用者に交付していない場合は、介護報酬上、減算するしくみが設けられている。

51 解説

1 ○ なお、管理者は、事業所の管理に支障がない場合は、事業所のほかの職務や地域包括支援センターの職務との**兼務**も認められている。

2 × 事業所には、**保健師、介護支援専門員、社会福祉士、経験ある看護師**、高齢者保健福祉に関する相談業務などに3年以上従事した社会福祉主事のうちいずれかの者を、**担当職員として1人以上配置**する。

3 × 委託先となる指定居宅介護支援事業者の選定や委託する業務の範囲について、中立性および公平性の確保を図るため、あらかじめ**地域包括支援センター運営協議会の議を経る**必要がある。

4 × 指定居宅介護支援事業者に委託できる件数は、原則的に上限はないが、本来行うべき居宅介護支援業務の適正な実施に影響を及ぼすことのないよう、**委託する業務量**などに**配慮**しなければならない。

5 ○ 委託を行っても、指定介護予防支援の責任主体は、指定介護予防支援事業者であるため、指定居宅介護支援事業者が作成した**介護予防サービス計画原案**や評価の内容などについて確認を行い、**必要な援助や指導を行う**。

正答 **1・5**

52 解説

1 × 居宅介護支援と同様に、サービス提供開始の際には、利用者またはその家族に対して、入院した場合はその入院先の病院・診療所に、**担当職員の名前や連絡先**を伝えるよう求めなければならない。

2 ○ 基本取扱方針において、**介護予防の効果を最大限に発揮**し、利用者が**生活機能の改善**を実現するための適切なサービスを選択できるよう、**目標志向型の介護予防サービス計画**を策定することが規定されている。

3 ○ 地域包括ケアシステムの構築を推進するため、**地域ケア会議**において、**個別のケアマネジメントの事例**など資料や情報の提供、意見の開陳が求められた場合にはこれに協力するよう努める。指定居宅介護支援事業者においても、同様の規定が設けられている。

4 × 制度改正により、2024（平成6）年度から、指定居宅介護支援事業者も地域包括支援センターの設置者と同様に、**市町村長の指定**を受けて指定介護予防支援事業者となり、指定介護予防支援を実施することができる。

5 × 居宅介護支援において設定されている運営基準**減算**は、**介護予防支援では設定されていない**。

正答 **2・3**

53 地域支援事業における介護予防ケアマネジメントについて正しいものはどれか。3つ選べ。

1 サービス担当者会議やモニタリングは行わないことも可能である。
2 「介護予防サービス・支援計画書」におけるアセスメント（課題分析）領域は、①運動・移動、②家族の経済状況、③健康管理、の3つである。
3 「介護予防サービス・支援計画書」の「課題に対する目標と具体策の提案」欄には、専門家としての具体的な提案を記載する。
4 「介護予防サービス・支援計画書」の「目標」は、利用者の好みを反映していれば、達成可能なものでなくてもよい。
5 要支援者は、対象となる。

54 介護予防支援の進め方について正しいものはどれか。3つ選べ。

1 介護予防サービス計画の原案については、サービス担当者会議において専門的見地からの意見を求めたうえで、最終決定した内容を利用者に説明し、口頭または文書により同意を得て交付する必要がある。
2 サービス担当者会議は、利用者の状態に変化があった場合に、必要に応じて開催するものとされる。
3 各サービス事業者の個別サービス計画の作成を指導するとともに、サービスの提供状況や利用者の状態などに関する報告を少なくとも1か月に1回、各サービス事業者から聴取しなければならない。
4 モニタリングにあたり、少なくともサービス提供開始月の翌月から3か月に1回、およびサービス評価期間終了月、利用者の状況に著しい変化があったときには利用者の居宅を訪問し、面接を行う必要がある。
5 介護予防サービス計画に位置づけた期間が終了するときは、その計画の目標の達成状況について評価しなければならない。

53 解説

1 ○ 利用者の状態や基本チェックリストの結果、本人の希望するサービスなどを踏まえて、サービス担当者会議は開催せず、モニタリングを適宜行ったり、サービス開始時にアセスメントを行い、その結果を利用者と共有するなどの原則のプロセス以外の介護予防ケアマネジメントも可能となっている。

2 × ①運動・移動、②日常生活（家庭生活を含む）、③社会参加・対人関係・コミュニケーション、④健康管理の4つがある。各領域の課題から共通の原因や背景を見つけ、「総合的課題」としてまとめる。

3 ○ 課題分析から得られた総合的課題に基づき、計画作成者の**専門的観点**から、最も適切と考えられる目標とその達成のための**具体策**について提案する。

4 × 目標は、利用者の希望や価値観、好みを十分考慮するが、利用者が一定の期間に**達成可能**なものである必要がある。

5 ○ 介護予防・日常生活支援総合事業のみを利用する**要支援者**（継続利用要介護者を含む）および**基本チェックリスト**に該当した第1号被保険者が対象となる。なお、要支援者が介護保険の予防給付も同時に受ける場合は、保険給付の介護予防支援が行われる。
　　　　　　　　　　　　　　　　　　　　　　　　　　　　　正答　1・3・5

54 解説

1 × 介護予防サービス計画の原案の内容については、利用者または家族に説明し、必ず利用者本人から**文書による同意**を得ておく必要がある。そして、最終的に決定した介護予防サービス計画は、利用者に交付する。

2 × 介護予防サービス計画の新規作成時や変更時、更新認定時および変更認定時には、やむを得ない場合を除き、原則として**サービス担当者会議を開催**し、**専門的な見地からの意見**を求めなければならない。

3 ○ 担当職員または介護支援専門員は、介護予防サービス計画の内容に沿って個別サービス計画が作成されるよう、サービス事業者に対して、計画の作成を指導する。また、**少なくとも1か月に1回**は、各事業者への訪問、電話、ファクスなどの方法によりサービスの実施状況や利用者の状態などに関する**報告を聴取**しなければならない。

4 ○ また、利用者宅を訪問しない月でも、担当職員等が事業所への訪問、利用者への電話などにより、**利用者自身にサービスの実施状況などについて確認**する。これらのモニタリングの結果については、**少なくとも1か月に1回は記録**する。

5 ○ 評価の実施の際には、利用者宅を訪問して行う。評価の結果により、必要に応じて介護予防サービス計画の見直しを行うことになる。
　　　　　　　　　　　　　　　　　　　　　　　　　　　　　正答　3・4・5

55 介護保険施設について正しいものはどれか。2つ選べ。

1 指定介護老人福祉施設の入所定員は、30人以上であって市町村の条例で定める数である。

2 入所者が100人未満の介護保険施設では、常勤の介護支援専門員を置かなくてもよい。

3 身体的拘束等の適正化のための対策を検討する委員会を3月に1回以上開催しなければならない。

4 介護保険施設では、感染症および食中毒の予防およびまん延の防止のため必要な研修を行っていれば、従業者の訓練を定期的に実施する必要はない。

5 介護保険施設では、口腔衛生の管理体制を整備し、口腔衛生の管理を計画的に行わなければならない。

56 介護保険施設の施設サービス計画の作成を担当する介護支援専門員について正しいものはどれか。3つ選べ。

1 計画担当介護支援専門員は、その施設内で利用できるサービスだけで施設サービス計画を作成しなければならない。

2 施設において身体的拘束等が行われた場合、計画担当介護支援専門員は、その態様および時間、その際の入所者の心身の状況と緊急やむを得ない理由を記録しなければならない。

3 施設サービス計画は、必ずしも入所者に交付する必要はない。

4 入所者の退所時に、居宅介護支援事業者へ情報を提供し、居宅サービス計画の作成を援助する。

5 計画担当介護支援専門員は、定期的に入所者に面接を行い、モニタリングを実施しなければならない。

55 解説

1 ✕ 指定地域密着型介護老人福祉施設、指定介護老人福祉施設の入所定員は、指定をする自治体の条例に委任されており、指定介護老人福祉施設の入所定員は、30人以上であって都道府県の条例で定める数である。また、地域密着型介護老人福祉施設の入所定員は、29人以下であって市町村の条例で定める数である。

2 ✕ 入所者が100人未満の介護保険施設でも、常勤で1人以上の介護支援専門員が必要である。介護保険施設には、入所者100人またはその端数を増すごとに1人を標準として配置するが、増員にかかる介護支援専門員については、非常勤でも差しつかえないとされる。

3 ○ 身体的拘束等の適正化のための対策を検討する委員会を3か月に1回以上開催し、その結果について周知徹底を図ること、身体的拘束等の適正化のための指針の整備や定期的な研修を実施することが義務づけられている。これらを守っていない場合は、身体拘束廃止未実施減算がされる。

4 ✕ 指針を整備し、従業者の研修および訓練を定期的に実施しなければならない。このほか、感染症および食中毒の予防およびまん延の防止のための対策を検討する委員会（感染対策委員会）をおおむね3か月に1回以上開催し、その結果を従業者に周知徹底する必要がある。

5 ○ 介護保険施設の運営基準には、口腔衛生の管理体制を整備し、口腔衛生の管理を計画的に行う義務規定がある。

正答 3・5

56 解説

1 ✕ 介護給付等対象サービス以外の地域住民の自発的活動（入所者の話し相手、会食など）によるサービスなどの利用も含めて施設サービス計画に位置づけ、総合的な計画になるように努めなければならない。

2 ○ 身体的拘束等の記録のほか、苦情を受け付けた場合は苦情の内容等、事故が発生した場合は事故の状況および事故に際してとった処置についても計画担当介護支援専門員が責務として記録することとされている。

3 ✕ 文書による同意を得て、入所者に施設サービス計画を交付しなければならない。

4 ○ 計画担当介護支援専門員の責務として、入所者の退所時に居宅介護支援事業者へ情報を提供し、居宅サービス計画の作成を援助することが定められている。

5 ○ 施設サービス計画の作成後、計画担当介護支援専門員は定期的に入所者に面接し、モニタリングの結果を記録しなければならない。

正答 2・4・5

★★★

57 施設におけるケアマネジメントについて正しいものはどれか。3つ選べ。

1 施設サービス計画は、栄養ケア計画など個別援助計画の基本計画になるものである。

2 入所者のその人らしい暮らしを支える視点が必要である。

3 アセスメントにおける情報収集は、入所前の入所申込みの時点から行ってはならない。

4 アセスメントを行うにあたっては、課題分析標準項目に準拠した課題分析表を用いて行うことが必要である。

5 計画担当介護支援専門員は、施設サービス計画の作成にあたっては、必ずサービス担当者会議を開催しなければならない。

★★★

58 施設サービス計画の作成について正しいものはどれか。3つ選べ。

1 アセスメントで把握・分析する情報には、入所申込者の家族等による支援への参加状況などの情報は含まれない。

2 アセスメントで把握・分析する情報には、社会とのかかわりに関することも含まれる。

3 施設サービス計画書の総合的な援助の方針は、入所者や家族の意見をケアチームが代弁して記入するものである。

4 計画担当介護支援専門員は、週間サービス計画表または日課計画表のどちらかを選択することができる。

5 施設サービス計画書の標準様式には、サービス利用票は含まれない。

57　解説

1 ○　施設では、個別に栄養ケア計画などのさまざまな個別援助計画が作成されるが、施設サービス計画は、その**基本計画**（マスタープラン）になるものである。

2 ○　施設におけるケアマネジメント（施設介護支援）では、施設もその人の住まいと考え、そこに住む利用者の生活を支えるという視点をもつことが重視される。その人らしい暮らしを支え、利用者の**自立的な生活**の維持を支援し、**生活の質**（QOL）の向上をめざす。

3 ×　施設介護支援のプロセスは、入所前の**インテーク段階**から始まっており、入所申込みの段階から、アセスメントに必要な多くの情報が収集される。入所後も、あらためて面接を行い、アセスメントに必要な情報を収集する。

4 ○　課題分析票は施設の独自の様式を用いることができるが、居宅サービス計画と同様に、国の**課題分析標準項目**を含むものである必要がある。📖p.155

5 ×　サービス担当者会議の開催または担当者に対する照会により、施設サービス計画原案の内容について、専門的な見地から意見を求める。入所者の更新認定や区分変更認定の際も同様である。運営基準においては、居宅介護支援のように原則開催の規定はない。

正答　1・2・4

58　解説

1 ×　アセスメントにおいて把握・分析するべき情報は、国の**課題分析標準項目**を含む必要があり、家族等による支援への参加状況などの情報も収集対象である。

2 ○　**社会とのかかわり**として、家族等とのかかわり、地域や仕事とのかかわりに関する情報についても把握し、分析する必要がある。

3 ×　「総合的な援助の方針」は、入所者や家族の意向を記載する「利用者及び家族の生活に対する意向」とは別に、その意向をくんで、ケアチームが入所者と家族に対して、**今後どのような方針で援助していくのか**を記載するものである。入所者や家族の意見をそのまま代弁して記載するものではない。

4 ○　**日課計画表**は施設サービス計画での独自の様式で、1日のなかで提供されるサービスを時間経過に沿って記載するものである。週間サービス計画表は、居宅サービス計画のものと様式は同じとなる。計画担当介護支援専門員は、どちらかを選んで記載することができる。

5 ○　施設でのケアマネジメントは、サービスのなかで包括的に行われるため、サービス利用票により給付管理を行う必要はない。

正答　2・4・5

59 高齢者の加齢変化や起こりやすい症状について適切なものはどれか。3つ選べ。

1 病的老化は、加齢により、すべての人に必然的に生じる老化である。

2 せん妄は、軽い意識障害に加えて、一過性の認知機能低下、見当識障害、不眠、興奮、錯乱、幻聴、幻覚などが現れる。

3 せん妄は、環境変化の著しい日中に症状が強く出やすいといわれる。

4 栄養が低下すると、浮腫や貧血を生じやすく免疫機能も低下しやすい。

5 亜鉛欠乏症は高齢者に多く、味覚障害の原因となる。

60 高齢者に起こりやすい症状について適切なものはどれか。2つ選べ。

1 高齢者は若年者と比べ体内の水分量が少ないうえ、口渇感を感じにくいことも脱水の原因になる。

2 高齢者に特に多い良性発作性頭位めまい症は、小脳疾患が主な原因となる。

3 感音性難聴は、外耳から中耳の異常により生じ、治療による改善が期待できる。

4 体重減少、意欲低下がみられれば、フレイルとみなすことができる。

5 高齢者の場合、敷居などのわずかな室内段差や電気コード類が、転倒の要因となることがある。

59 解説

1 ✕ 加齢により、すべての人に必然的に生じる老化は生理的老化であり、病的老化は疾病に起因するものである。病的老化により、生理的老化も著しく加速される。

2 ○ せん妄は、脳の器質的疾患や肺炎などの重篤な身体疾患、薬の副作用のほか、環境変化や手術前の不安、適切な眼鏡や補聴器が使用できないなどの感覚遮断などさまざまな環境的・精神的原因・誘因によって引き起こされる。症状は一過性であり、原因・誘因を取り除くことや薬物療法で、改善・消失する。

3 ✕ せん妄は、夜間に症状が現れる夜間せん妄が多いのが特徴である。

4 ○ 低栄養により、免疫機能が低下すると感染症にもかかりやすくなる。このほか、褥瘡、低体温なども引き起こされる。

5 ○ 亜鉛欠乏症は高齢者に多く、降圧薬、脂質異常治療薬などの副作用で引き起こされることもある。このほか、ジギタリス製剤、認知症治療薬、非ステロイド性消炎鎮痛薬などにより食欲不振が引き起こされることがある。

正答　2・4・5

60 解説

1 ○ 高齢者の脱水の原因としては、設問の内容のほか、糖尿病による高血糖、高血圧、腎臓病、下痢、利尿薬の服用による副作用などがあげられる。また、認知機能やADLの低下によって自力で水分摂取が困難になることも飲水量の減少の要因である。

2 ✕ 高齢者に多い良性発作性頭位めまい症は、内耳の障害によって激しい回転性めまいが引き起こされるものである。めまいには、回転感のほか眼前暗黒感、浮動感などの感覚が含まれ、それぞれ原因が異なる。📖p.171

3 ✕ 感音性難聴は、内耳から大脳に異常があるために生じる。治療は困難で、補聴器の適切な使用が勧められる。外耳から中耳の異常により生じるのは伝音性難聴で、治療による改善が可能である。📖p.171

4 ✕ フレイルとは、健康と病気の中間的な段階で、高齢になり筋力や活動が低下している状態を指す。①体重減少（6か月に2kg以上減少）、②筋力低下、③疲労感、④歩行速度の低下、⑤身体活動の減少のうち3項目以上あてはまればフレイルとみなされる。

5 ○ 高齢者は、運動機能の低下、薬の影響、視力の低下、認知機能の低下などにより転倒しやすく、特にカーペットの端のめくれや電気コード類、敷居などのわずかな段差が転倒の原因となる。手すりや照明の設置、すべりにくい床材の使用、移動時の見守りなどの転倒予防が重要である。

正答　1・5

 **合格エッセンス** 廃用症候群

　廃用症候群（生活不活発病）は、心身の機能を十分に使わずにいるために、身体的な機能や精神的な機能が全般的に低下した状態である。その多くは寝たきりによって悪化するため、早期のリハビリテーションが重要となる。廃用症候群の主な要因は次のとおりである。

■廃用症候群の要因

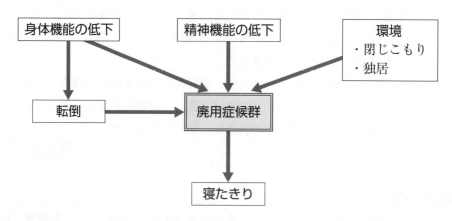

■廃用症候群の具体的な症状・主な原因と予防法

諸症状	原因	予防法
筋の萎縮	運動不足	早期離床、リハビリテーション
関節の拘縮	関節運動の欠如	関節可動域（ROM）訓練
骨萎縮	体重負荷と筋収縮の欠如	早期離床、起立訓練
骨粗鬆症	運動不足、カルシウム不足、日光浴不足、女性ホルモンの分泌低下	運動、カルシウム摂取、日光浴
尿路結石	骨の脱灰、尿路感染	早期離床、膀胱留置カテーテルの使用中止
起立性低血圧	臥床の継続	立位訓練、脱水や降圧薬の過剰投与に注意
認知症	単調な生活、孤独、不活発	作業・レクリエーション療法、社会的孤立の予防
沈下性肺炎	胸郭拡張欠如、体位不良	体位変換、関節可動域訓練
褥瘡（床ずれ）	継続的な圧迫	体位変換、皮膚の清潔保持、栄養改善
尿失禁	排尿機会の欠如	適切な膀胱留置カテーテルの使用、ポータブルトイレの設置
便秘	排便機会の欠如、薬の副作用、不適当な食事、運動不足	適度な運動、水分補給、繊維性食品の摂取

合格エッセンス 感音性難聴・伝音性難聴

高齢者の場合、高音域が聞き取りにくくなる感音性難聴が多くみられる。感音性難聴とは、音の振動を電気信号として脳に伝え、音を認知する「感音系」に障害のある難聴のことで、老人性難聴はそのひとつ。一方、伝音性難聴は、音の振動を耳の奥に伝える「伝音系」に障害のある難聴を指し、耳垢塞栓などがある。

■聞くことのしくみ

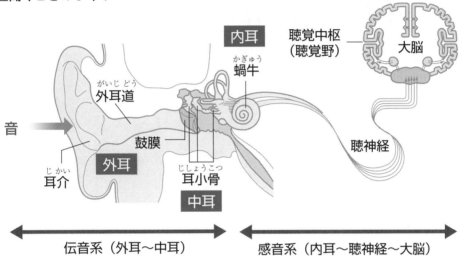

保健医療サービス分野

 合格エッセンス めまい

めまいには、目の前がぐるぐるする**回転感**、目の前が暗くなり、場合によっては失神する**眼前暗黒感**、目の前がふわふわする**浮動感**という感覚が含まれ、それぞれ原因が異なる。

■めまいの感覚と主な原因

回転感	眼前暗黒感	浮動感
多くは内耳の障害により起こる。メニエール病、良性発作性頭位めまい症、前庭神経炎など	起立性低血圧、低血糖、徐脈性不整脈	抗不安薬、睡眠薬、筋弛緩薬などの薬の副作用、小脳疾患、パーキンソン病

171

30 高齢者の疾患の特徴・代謝異常による疾患とがん

★★★

61 次の記述のうち適切なものはどれか。2つ選べ。

1 高齢者の疾患の特徴として、症状が定型的なことがあげられる。

2 高齢者の疾患の特徴として、予後やQOLが社会的要因により大きく影響されることがあげられる。

3 糖尿病性神経症は、細小血管の病変により起こり、下肢の知覚障害などが現れる。

4 2型糖尿病の治療では、血糖コントロールを行うため、薬物治療が優先される。

5 糖尿病の薬物治療中に、風邪に罹患し食事がとれない場合には、本人や介護者の判断で、薬物の量を減らしたり、中止してもよい。

★★

62 次の記述のうち適切なものはどれか。3つ選べ。

1 血液中のHDLコレステロールが減少した状態も脂質異常症に含まれる。

2 がんの化学療法は、在宅で行うこともできる。

3 高齢者のがんでは、積極的な治療は一般に行わず、緩和医療が基本となる。

4 認知機能の低下では、慢性の低ナトリウム血症が原因となっていることがある。

5 発汗作用のある抗コリン薬が、熱中症の要因となることがある。

61 解説

1 ✕ 高齢者の疾患は、症状が**非定型的**で、症状や徴候がはっきりしないことが多い。また、老年症候群があり、複数の疾患を併せもち、症状の現れ方には**個人差**が大きい。

2 ○ 高齢者の予後やQOL は、医療だけではなく**社会的要因**（療養環境、家庭や地域社会の対応など）により**大きく影響される**ことに留意する。このほか、**慢性の疾患**が多く治療が長引きやすい、**合併症**を起こしやすい、**薬の副作用**が出やすいといった特徴がある。

3 ○ 糖尿病の罹患年数が長く、血糖コントロールが悪いと、細小血管（小さく細い血管）の病変や動脈硬化が進み、さまざまな合併症が起こる。細小血管の病変による合併症の代表的なものに神経症（神経障害）、網膜症、腎症の**三大合併症**があり、神経症では進行すると足の潰瘍（かいよう）や壊疽（えそ）を起こしやすい。また、太い血管の動脈硬化による合併症には狭心症や心筋梗塞、脳梗塞などがある。

4 ✕ ２型糖尿病は生活習慣が原因となるため、まず**食事療法や運動療法**を行い、合併症を予防する。食事療法、薬物療法で血糖コントロールが不良な場合に血糖降下薬やインスリン注射などの薬物治療を行う。

5 ✕ 風邪などのほかの病気にかかる**シックデイ**では、血糖コントロールが不良になる。特に高齢者では急性合併症も招きやすいため、薬の減量や薬の中止などについては**医師の判断**が必要である。また、薬の量が適切でも、食事摂取量の減少により薬が効き過ぎて低血糖を起こすこともあり、注意が必要である。

正答 2・3

62 解説

1 ○ 脂質異常症は、血液中のLDLコレステロールが過剰な**高LDLコレステロール血症**、HDLコレステロールが減少した**低HDLコレステロール血症**、中性脂肪が過剰な**高中性脂肪血症**にわけられる。HDLコレステロールは、体内の余分なコレステロールを回収し、肝臓に送って動脈硬化を防ぐため「善玉コレステロール」と呼ばれ、少ないと問題となる。

2 ○ がんの化学療法には抗がん剤治療があるが、通院で治療することも可能である。

3 ✕ 高齢者の場合でも、**手術療法、化学療法、放射線療法**などの治療を、がんの状態や進行度、本人の希望などに応じて治療場所を選択して行う。

4 ○ 嘔気、食欲低下、倦怠感（けんたい）、頭痛、見当識障害などの症状のほか、ナトリウム低下が慢性に経過すると、認知機能の低下がみられることがある。

5 ✕ 風邪薬などに含まれる**抗コリン薬**には発汗を抑制する作用があるため、発汗による体温の調節機能が働かなくなり、熱中症の要因となることがある。熱中症の予防では、水分のほか塩分や糖分の摂取、冷房などの環境調整が必要となる。

正答 1・2・4

63 脳血管障害（脳卒中）について、より適切なものはどれか。3つ選べ。

1 脳出血や脳血栓の原因となる動脈硬化の危険因子に糖尿病がある。

2 高齢者の場合、動脈硬化の危険因子がなくても脳梗塞が起こることがある。

3 脳塞栓は、心房細動によりできた血栓が血流に乗って脳に至り、発症することが多い。

4 ラクナ梗塞は、動脈硬化や血栓により比較的太い血管が詰まるものである。

5 くも膜下出血は、脳の中の細かい血管が破れて出血するものである。

64 神経系の疾患について、より適切なものはどれか。2つ選べ。

1 筋萎縮性側索硬化症（ALS）では、初期の段階から知覚神経や眼球運動が障害される。

2 パーキンソン病では、四大運動症状が現れ、しだいに自立が困難となるが、知能は保たれるため、認知症などの精神症状が現れることはない。

3 パーキンソン病の治療では、薬の服用中止による悪性症候群に留意する。

4 大脳皮質基底核変性症では、パーキンソン病に似た症状がみられるが、左右どちらかに症状が強く出ることも大きな特徴である。

5 脊髄小脳変性症の主症状は、高次脳機能障害である。

63 解説

1 ○ 脳出血や脳血栓の原因となる動脈硬化の危険因子としては、糖尿病のほか、高血圧症、心疾患、脂質異常症、肥満、飲酒、喫煙習慣などがあげられる。

2 ○ 脳梗塞（脳血栓・脳塞栓）は、加齢そのものが危険因子となり、高齢者の場合、動脈硬化の危険因子がなくても脳梗塞が起こることがある。

3 ○ 脳塞栓は、心臓などで生じた血栓が脳に至り発症することが多いため、不整脈（特に心房細動）や弁膜症などの心疾患は危険因子となる。

4 × ラクナ梗塞は、1.5mm未満の細い血管に血栓が詰まることにより発症する。

5 × くも膜下出血は、脳動脈にできたこぶ（動脈瘤）が破れて、脳の表面とくも膜の間に出血する。 📖p.176

正答 1・2・3

64 解説

1 × 筋萎縮性側索硬化症（ALS）は、全身の骨格筋が徐々に萎縮していく進行性の疾患である。数年で四肢の筋力低下、嚥下障害、言語障害などを生じ、自立困難となるが、眼球運動、肛門括約筋、知覚神経、記憶力、知能、意識は末期まで保たれる。介護保険の特定疾病に指定されている。

2 × パーキンソン病の四大運動症状は、安静時の振戦、筋固縮、無動、姿勢・歩行障害で、進行すると認知症やうつ状態などの精神症状や、起立性低血圧、排尿障害などの自律神経症状が現れ、15 〜 20年の経過でしだいに自立が困難となる。パーキンソン病は、介護保険の特定疾病に指定されている。 📖p.177

3 ○ 悪性症候群は、急な服用中止による副作用で高熱、意識障害、著しい筋固縮などが起こる。体外からドパミンを補うL-ドパでは数年間服用すると有効時間が短くなり、不随意運動や幻覚・妄想などの精神症状の副作用が生じやすい。

4 ○ 大脳皮質基底核変性症、進行性核上性麻痺、パーキンソン病は症状が共通したものが多く、3つを総称してパーキンソン病関連疾患という。大脳皮質基底核変性症では、症状に左右差が目立ち、いずれかに症状が強く出る。進行性の失行もみられ、進行すると転倒や誤嚥を起こしやすい。

5 × 脊髄小脳変性症は、脊髄と小脳に変性をきたすもので、小脳性運動失調が主症状である。ろれつがまわらない、上肢運動の拙劣、上肢のふるえ、歩行がふらつくなどが起こる。自律神経症状やパーキンソン症状を伴う場合もある。

正答 3・4

合格エッセンス 脳血管障害（脳卒中）

脳の血管に障害が起こる疾患を総称して、脳血管障害（脳卒中）という。発生原因によって、次のように分類される。

■脳血管障害（脳卒中）の分類

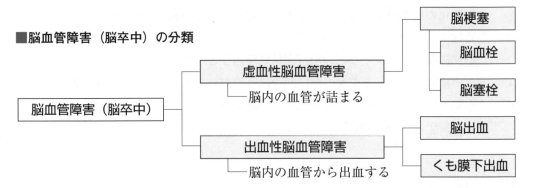

■脳血管障害の症状の比較

病名	虚血性		出血性	
	脳血栓	脳塞栓（そくせん）	脳出血	くも膜下出血（まくか）
原因	動脈硬化により脳内に生じたアテローム血栓が、その動脈の支配領域に虚血性の壊死病変を生じさせるために脳梗塞が起こる。	心臓などで生じた血栓が、血流に乗って脳に至り、血管を詰まらせるために脳梗塞が起こる。	動脈硬化などによって脳内の動脈が破裂し、脳内に出血が起こる。	脳の表面を走る動脈の一部にできた動脈瘤（どうみゃくりゅう）などが破れて、脳の表面とくも膜の間（くも膜下腔）に血液が広がり、脳を圧迫する。
危険因子	高血圧、糖尿病など。	不整脈、弁膜症などの心疾患。	高血圧、糖尿病など。	
発症	・症状は数時間から1、2日かかって、ゆっくり現れる。 ・安静時、血圧の低下するとき、起床直後に発症することが多い。	・症状は数分以内に急激に現れる。	・血圧の高くなる時間帯（昼間などの活動時）に発症することが多い。	
症状	脳の局所症状（運動麻痺（まひ）、感覚障害、運動障害、呼吸中枢の障害、高次脳機能障害など）。			脳の局所症状は目立たない。
	・壊死を生じない場合は、一過性脳虚血発作として、数分から数時間で症状が消える。 ・一過性脳虚血発作による起床時のめまい、ふらつき、嘔気（おうき）など。	・出血性脳梗塞の場合は、頭蓋内圧亢進症状（ずがいないあつこうしん）（頭痛、嘔吐（おうと）、意識障害など）が出現し、回復が困難。	・頭蓋内圧亢進症状。	・突発性の激しい頭痛、嘔気、嘔吐、意識障害、脳神経症状。

合格エッセンス　高次脳機能障害

　脳が損傷を受けたために、思考・言語・記憶・認知・判断など高次な脳の働きに障害が起きた状態をいう。損傷部位により、半側空間無視（見ている片側を見落とす）、失語（言葉をうまく組み立てたり、理解したりできない）、失認（わかっていたものが認識できない）、失行（動作や行為を意図して行うことができない）などが現れる。

合格エッセンス　パーキンソン病の症状と治療

　四大運動症状（下表）のほか、認知症やうつ状態などの精神症状、排尿障害などの自律神経症状も現れる。運動療法、薬物治療を行うが、数年間の服用で薬効が少なくなり、不随意運動や精神症状などの副作用を生じやすくなる。また、1日のうちで薬が効いている時間と効いていない時間がみられ、症状が変動しやすい。

■四大運動症状

振戦	無動
安静時に手や足がふるえる（安静時振戦）。初発症状として最も多い。 	あらゆる動作が乏しくなる。表情の変化がない仮面様顔貌（がんぼう）が現れ、動作が下手になり鈍くなる。 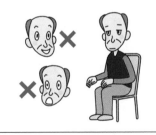
筋固縮	姿勢・歩行障害
筋肉が緊張し、筋肉を伸張するとガクガクと歯車のような抵抗を感じる（歯車現象）。 カク カク 	上半身が前屈みになり、手の振りが乏しく小刻みに歩く。転倒しやすくなる。 

保健医療サービス分野

177

65 循環器系の疾患について、より適切なものはどれか。3つ選べ。

1 心筋梗塞では、痛みが前胸部のほか、肩や背中、首に現れることもある。

2 高齢者の心筋梗塞では、自覚症状がないこともある。

3 異型狭心症は、労作時の心拍数が増加したときに発症する。

4 安静時にも起こるようになった狭心症は、不安定狭心症として心筋梗塞への移行の可能性が高い。

5 高血圧症のうち、遺伝的な素因や加齢、塩分摂取過多などから生じるものを二次性高血圧症という。

66 循環器系の疾患について、より適切なものはどれか。2つ選べ。

1 心不全の主な症状は、呼吸困難、浮腫、食欲低下などだが、高齢者では活動性の低下や認知症の症状として出現することもある。

2 心不全の呼吸困難時には、仰臥位にすることで症状が改善する。

3 起立性低血圧は、立ったままの状態が長く続くと低血圧になるものである。

4 高齢者において不整脈が発見された場合でも、すべてが治療の対象となるわけではない。

5 閉塞性動脈硬化症で生じる歩行時の下肢痛は、立ち止まって休むとさらに悪化する。

65 解説

1 ○ 心筋梗塞や狭心症では、心臓のある前胸部だけではなく、左肩や頸部、背中など_{けい}に痛みが現れることがある。これを放散痛という。狭心症に比べて、痛みの持続時間は心筋梗塞のほうが長く、30分以上の痛みが続く場合は心筋梗塞が疑われる。

2 ○ 高齢者の心筋梗塞では、自覚症状が非特異的で、痛みを感じないこともあるため注意が必要である。

3 ✕ 異型狭心症は、労作の有無と関係なく、冠動脈がけいれんし、収縮して起こるもので、特に夜間、未明、睡眠中に発症しやすい。これに対し運動などにより心拍数が増加し、多くの酸素を必要とするために誘発される狭心症を労作性狭心症という。

4 ○ 狭心症のなかでも、発作頻度が増加してきたもの（増悪型）、安静時にも起こる_{ぞうあく}ようになったもの（安静型）は不安定狭心症として、心筋梗塞への移行の危険性が高いため、すみやかな治療が必要となる。

5 ✕ 遺伝的な素因や加齢、塩分摂取過多などから生じるものは本態性高血圧症という。二次性高血圧症は、腎臓や内分泌の異常などから二次的に生じる高血圧症である。_{ぶんぴつ}

正答 1・2・4

66 解説

1 ○ 心不全は、心臓機能が低下した状態で、心筋梗塞、弁膜症、不整脈、高血圧性の心肥大などが原因疾患となる。高齢者では、症状が非特異的なことがある。

2 ✕ 呼吸困難時には、身体を起こした起座位または半座位にすることで、血行動態や自覚症状の改善が得られる。心不全は夜間に急激に増悪して呼吸困難を起こすことがある。感染症の合併にも注意が必要である。

3 ✕ 起立性低血圧は、臥位や座位から急に立ち上がったときなどに血圧が低下して起こるもので、ふらつきやめまい、場合によっては眼前暗黒感、失神がみられる。原因は、加齢による交感神経系の調節反射の障害で、降圧薬や利尿薬、抗うつ薬、血管拡張薬などの薬の服用、飲酒も原因となる。

4 ○ 不整脈は健康な人にも起こることがあり、すべての不整脈が治療の対象となるわけではない。ただし、血圧低下や意識障害、心不全を伴う不整脈などではすみやかな治療が必要となる。また、心房細動がある場合は、心原性脳塞栓をきたすことがあり、抗凝固薬の服用が推奨される。

5 ✕ 閉塞性動脈硬化症（ASO）では、動脈硬化により血管が狭窄・閉塞し、身体の_{きょうさく}末梢に十分な血液が送られなくなる。下肢への血流悪化が多くみられ、歩いているときに下肢痛が起こり、立ち止まって休むと痛みが軽減する間欠（歇）性跛行_{かんけつ}_{せいはこう}が特徴的な症状である。

正答 1・4

67 慢性閉塞性肺疾患（COPD）について、より適切なものはどれか。2つ選べ。

1 慢性閉塞性肺疾患（COPD）では、初期から特有の呼吸器症状を自覚することが多く、早期発見・早期治療がされやすい疾患である。

2 慢性閉塞性肺疾患のある高齢者が、インフルエンザワクチンを接種した場合は、同時期に肺炎球菌ワクチンを接種することは避けたほうがよい。

3 慢性閉塞性肺疾患の最大の原因は、喫煙である。

4 慢性閉塞性肺疾患患者に、栄養障害が現れることは少ない。

5 肺気腫の呼吸不全が重症になると、在宅酸素療法の適応となることがある。

68 呼吸器系の疾患について、より適切なものはどれか。3つ選べ。

1 高齢者の肺炎では、高熱などの典型的な症状が強く現れやすい。

2 高齢者の肺炎の注意すべき症状として、呼吸数の増加や頻脈があげられる。

3 気管支喘息は喘鳴を伴う発作性の呼吸困難を繰り返し生じるもので、発作は特に夜間にみられる。

4 高齢者の肺結核では、咳、痰、血痰、喀血、胸痛などの症状が強く現れやすい。

5 肺結核が発病し、結核菌が排菌されている状態では、指定医療機関での入院治療が必要となる。

67 解説

1 × 慢性閉塞性肺疾患（COPD）は慢性の咳、痰（たん）、息切れ、運動時の呼吸困難などの呼吸器症状のほか、全身の炎症、骨格筋の機能障害、栄養障害、骨粗鬆症などの併存症を伴う全身性の疾患である。しかし初期にはこれらの自覚症状が乏しく、発見が遅れることが多くなっている。

2 × 慢性閉塞性肺疾患患者では、感染により、症状が急激に増悪（ぞうあく）することがあり、インフルエンザワクチンや肺炎球菌ワクチンを併用して接種することが推奨される。また、誤嚥性肺炎予防のため、口腔ケアも重要である。

3 ○ 慢性閉塞性肺疾患は、有害物質の長期吸入、特に喫煙が最大の原因となる。このため、禁煙指導が重要となる。このほか、治療においては、薬物療法や呼吸リハビリテーション（口をすぼめてゆっくりと息を吐く口すぼめ呼吸など）などが行われる。

4 × 慢性閉塞性肺疾患があると、呼吸困難による食欲低下や疲労感、呼吸時のエネルギー増加などにより、エネルギーを十分に摂取できず、栄養障害に陥りやすい。このため、食事指導や栄養指導が重要となる。

5 ○ 肺気腫の主な症状は、喘鳴（ぜんめい）、大量の痰、労作時呼吸困難だが、呼吸困難から呼吸不全に進み、重症になると、在宅酸素療法の適応となる。なお、在宅酸素療法を行う人の基礎疾患は慢性閉塞性肺疾患が最も多く、なかでも肺気腫が多い。

正答 3・5

68 解説

1 × 高齢者の場合、肺炎の典型的な症状である高熱が出ないで、食欲不振、倦怠感（けんたい）など非特異的な初発症状が出ることが多く、肺炎に気づかず重症化することもある。

2 ○ 高齢者の肺炎では、このほか精神・神経症状が目立つこと、意識障害やショックなど、症状の急変がみられることにも注意が必要である。

3 ○ 気管支喘息（ぜんそく）の特徴は、喘鳴を伴う発作性の呼吸困難で、夜間に増悪するが、薬物などで改善がみられる。

4 × 高齢者の場合、咳、痰、血痰（けったん）、喀血（かっけつ）、胸痛などの肺結核の症状がはっきりと現れないことがあり、疾患の早期発見、感染予防が重要となる。また、高齢者では、以前に感染した結核菌が残っている場合もあり、加齢や薬剤の使用による免疫力の低下をきっかけにして発症しやすくなるため、注意が必要である。

5 ○ 排菌（菌の排出）がある場合は指定医療機関への入院治療が必要となり、化学療法が行われる。抗結核薬の内服で、最短でも6か月間の加療が必要である。

正答 2・3・5

34 消化器・腎臓・尿路の疾患

★★
69 次の記述のうち適切なものはどれか。3つ選べ。
☑☑

1 胃潰瘍の主な原因として、ヒト・パピローマ・ウイルスの感染による慢性胃炎があげられている。

2 一般的に胃潰瘍では食後の腹痛が強くなり、十二指腸潰瘍では空腹時に腹痛が強くなる。

3 抗凝固薬の服用を続けている場合、胃や十二指腸に潰瘍ができやすくなることがある。

4 前立腺肥大症の自覚症状には個人差が大きく、積極的治療をせず経過観察となることもある。

5 慢性腎不全の食事では全体の摂取カロリーを抑え、たんぱく質、食塩、カリウム、水分を制限する。

★★
70 次の記述のうち適切なものはどれか。2つ選べ。

☑☑

1 急性肝炎は、肝炎ウイルス以外の原因で発症することはない。

2 慢性的なB型肝炎やC型肝炎が、肝硬変、肝臓がんに進行する場合もある。

3 肝硬変による肝性脳症がある場合は、たんぱく質を制限することが必要である。

4 潰瘍性大腸炎の症状は結腸から症状が広がり、進行すると大腸全体に病変が広がることもある。

5 胆石症がある場合は、疝痛発作を防ぐために、たんぱく質の多い食事は控えるようにする。

69 解説

1　✕　胃潰瘍や胃がんの原因となるのは、ピロリ菌（ヘリコバクター・ピロリ）である。ヒト・パピローマ・ウイルスは、子宮頸がんの発症に関与している。

2　○　胃潰瘍および十二指腸潰瘍では、設問以外の症状として胸焼け、食欲不振、吐き気、ゲップがあり、症状が悪化すると吐血や下血（タール便）などの消化管出血や消化管穿孔を起こしたり、重度の腹膜炎を合併することがあり注意が必要である。

3　○　血栓防止のための抗凝固薬や、非ステロイド性消炎鎮痛薬を服用している場合、潰瘍ができやすいため、日ごろから食後や空腹時の上腹部の痛み、胸焼け、食欲不振、吐き気などの諸症状に注意が必要である。

4　○　前立腺肥大症の症状には、夜間頻尿や尿が出にくいなどの症状がみられるが、自覚症状には個人差が大きく、程度によっては積極的に治療せず、経過観察になることもある。ただし、風邪薬に入っている抗ヒスタミン薬、向精神薬、抗うつ薬などで尿閉を起こすことがあるため、服薬状況の確認は必要である。

5　✕　摂取カロリーを維持しつつ、たんぱく質や食塩、カリウム、水分の制限を行う。また、慢性腎不全は難治性で長期化するため、患者の抑うつ状態への対応も重要となる。

正答　2・3・4

70 解説

1　✕　肝炎には急性肝炎と慢性肝炎があり、急性肝炎の原因はA型肝炎ウイルスやE型肝炎ウイルスのほか、自己免疫疾患、薬剤アレルギーで起こることもある。

2　○　なお、一般にA型肝炎は慢性化せず、劇症化することも少なく、予後は良好である。

3　○　肝硬変では代謝能力が低下するため、たんぱく質を制限する必要がある。むくみや腹水がある場合は、塩分制限をする。

4　✕　潰瘍性大腸炎は、粘血便、血便、下痢、腹痛などの症状がみられ、進行すると大腸全体で潰瘍がみられることもある。軽症から中等症では薬物治療、重症では入院のうえ脱水や栄養障害を含めた治療が行われる。治療効果が少ない場合は、手術で病変部を切除することもある。

5　✕　疝痛発作は、食後に胆汁の分泌が増えて上腹部（みぞおち）の痛みが出るものである。胆石症がある場合には、脂っこいものやコレステロールの多い食事は、胆汁の分泌が増加して疝痛発作の原因となる。胆石の成長を抑えるためには、たんぱく質（特に魚介類など）をある程度とり、食物繊維を多めにとって便秘を防ぐ必要がある。

正答　2・3

★★★
71 骨・関節系の疾患について、より適切なものはどれか。3つ選べ。

1 関節リウマチでは、進行しても関節変形など関節にのみ症状が現れることに特徴があり、全身症状が現れることはない。

2 関節リウマチの症状には日内変動があり、朝方には関節が動きやすいが、昼間は動きにくくなる。

3 関節リウマチの根本的な治療法はまだないため、薬物療法、リハビリテーション、手術療法などが行われる。

4 変形性膝関節症の治療では、大腿四頭筋を強化するための運動が有効である。

5 脊柱管狭窄症では、前屈姿勢をとると痛みがやわらぐことが多い。

★★
72 骨・関節系の疾患について、より適切なものはどれか。3つ選べ。
注目

1 後縦靱帯骨化症では、転倒を契機に急激に症状が悪化することがある。

2 骨粗鬆症は、高齢女性に多く、性ホルモンの分泌低下も発症要因となる。

3 骨粗鬆症の予防では、カルシウム摂取と適度な運動、日光浴を心がける。

4 大腿骨頸部骨折は高齢者に多く、治療においては可能なかぎり安静臥床を基本とし、早期のリハビリテーションは行わない。

5 大腿骨頸部骨折の治療では、患部を固定するヒップ・プロテクターが用いられることが多い。

71 解説

1 ✗ 関節リウマチは、原因不明の全身の免疫異常により、さまざまな症状を起こす疾患で、初期には朝の指の関節のこわばり（起床時に指の関節の屈曲が難しくなる症状が1時間以上続く）、関節の痛み、腫れ、熱感などがあり、進行すると関節の変形と拘縮を起こし、発熱、体重減少、易疲労感、貧血などの全身症状が現れる。

2 ✗ 関節リウマチの症状である関節の痛みやこわばりには日内変動があり、朝は関節がこわばって動きにくい。昼間は動きやすく、夕方には動きが悪くなる。また、気候、気圧、湿度などが痛みや体調に影響し、雨の日や寒い日は痛みが強まる。

3 ○ 日常生活をできるだけ不自由なく送れるように、鎮痛剤、副腎皮質ステロイド剤、抗リウマチ薬などの薬物療法、リハビリテーションや自助具、福祉機器などの活用、手術療法が行われる。

4 ○ また、膝関節への負担を軽くするため肥満の人には減量指導を行う。治療は、初期では鎮痛薬の服用、進行した段階では関節内へのステロイド薬やヒアルロン酸の注射により痛みを軽減する。

5 ○ 脊柱管狭窄症は、腰痛、下肢痛、しびれのほか、間欠（歇）性跛行が特徴的な症状である。座位や前屈（前かがみ）の姿勢で痛みがやわらぐ。逆に、背筋を伸ばしたり後屈したりすると、しびれや痛みが出るため注意が必要である。

正答 3・4・5

72 解説

1 ○ 後縦靱帯骨化症は、転倒や転落などによって頸髄に無理な力が加わると、急激に悪化することがある。また、首を後ろにそらすと脊柱管が狭くなり、脊髄等が圧迫されて痛みが強くなる。特に理髪店、美容院や歯科治療では注意が必要となる。

2 ○ 骨粗鬆症は骨の形成が阻害され、骨密度が減少してもろくなり骨折しやすくなる疾患である。性ホルモンの分泌低下やカルシウム不足、運動不足、日光浴不足などが原因で起こる原発性骨粗鬆症と、ホルモン異常や薬の副作用（特にステロイド薬の長期服用）などで二次的に起こる続発性骨粗鬆症がある。

3 ○ 治療では、十分なカルシウムとビタミンD、ビタミンKを摂取する食事療法、骨吸収を抑える薬剤、骨形成を助ける薬剤などの薬物療法を中心に、骨密度を低下させない運動療法も有効である。

4 ✗ 高齢者に多い大腿骨頸部骨折は、長期の安静臥床により、廃用症候群や認知症、寝たきりの原因にもなるので注意が必要となる。治療では早期手術、術前術後のリハビリテーションによる早期離床を基本とし、転倒予防対策も重要となる。

5 ✗ ヒップ・プロテクターは、転倒の際に股関節にかかる外力を軽減し、股関節を保護するパンツのような用具で、特に大腿骨頸部の骨折予防に有効である。

正答 1・2・3

★★

73 目の疾患に関する次の記述のうち、より適切なものはどれか。2つ選べ。

1 高齢者では、白内障が認知症やうつ状態を悪化させる要因になる。

2 抗白内障点眼薬の使用により、症状の視力回復が期待できる。

3 緑内障の症状としては、必ず眼圧の上昇がみられる。

4 急性緑内障では、脳卒中と類似の症状がみられることから、治療には鑑別が重要になる。

5 加齢黄斑変性症の初期症状は、視野周辺部のゆがみである。

 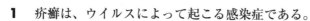

★★★

74 皮膚の疾患について、より適切なものはどれか。3つ選べ。

1 疥癬は、ウイルスによって起こる感染症である。

2 施設でノルウェー疥癬が発生した場合は、感染者の個室管理を行わなければならない。

3 薬疹では、通常、薬剤の使用から24時間以内に皮膚に発疹が現れる。

4 帯状疱疹は、高齢者の場合は重症化しやすく、帯状疱疹後神経痛として長く痛みが残ったり、潰瘍になったりすることもある。

5 皮膚カンジタ症は、皮膚だけにとどまらず内臓や感覚器にも症状が広がることがある。

73 解説

1 ○ 白内障の視力障害により視覚から入る情報や刺激が遮断されることで、認知症やうつ状態の悪化といった**精神症状の進行**につながることがある。

2 ✕ 初期の段階では点眼薬により症状の進行を予防することができるが、視力を回復する方法としては**手術治療**しかない。

3 ✕ 緑内障は、眼内を循環する房水と呼ばれる液体の流れが阻害されて眼圧が上昇し、視神経と視野が障害されて起こる。ただし、眼圧に異常がなくても視神経の障害が生じる**正常眼圧緑内障**もあり、日本人に多い。わが国の中途失明原因第1位の疾患である。

4 ○ 急性緑内障とは、眼圧が急激に上昇し、**眼痛、頭痛、嘔吐**などの症状を起こすものである。頭痛や嘔吐が激しい場合は、脳卒中も疑われるため、すぐに診断・治療を受ける必要がある。

5 ✕ **網膜中心部**にある黄斑が加齢により変性するため、初期症状として、**視野中心部のゆがみ**（変視症）があり、進行すると中心部が黒く（中心暗点）なる。

正答　1・4

74 解説

1 ✕ 疥癬は、ヒゼンダニが皮膚の最も外側にある角層に寄生して起こる感染症である。手、外陰部、わきの下など、皮膚のやわらかいところにできやすい。手や手首に現れる**疥癬トンネル**と呼ばれる細長い発疹が特徴的である。

2 ○ 普通の疥癬の場合は個室管理は必要ないが、**ノルウェー疥癬**は感染力が非常に強いため、一定期間の**個室管理**が必要となる。施設では疥癬に**集団感染**することもあるため、衣類や寝具の日光消毒を徹底するなどの予防策が重要である。

3 ✕ 薬疹は、薬剤へのアレルギーにより引き起こされるもので、薬剤使用後の1～2週間で**全身性の発疹**が現れることが多い。どのような薬剤でも使用期間にかかわらず発症する可能性があり、症状が現れたら医師に相談し、すみやかに原因薬剤を特定し、その投与を中止することが原則となる。

4 ○ 帯状疱疹は、身体の右または左半身に、痛みを伴う小さな水疱ができる疾患で、軽症であれば自然治癒が可能である。ただし、高齢者では重症化しやすく、**帯状疱疹後神経痛**として長く痛みが残ることがある。重症の場合は入院して抗ウイルス薬や皮膚科外用薬処置、疼痛治療などを並行して行うこともある。

5 ○ 皮膚カンジタ症は、カビの一種であるカンジタが起こす皮膚疾患である。通常はおむつの中など湿った環境を好むが、**免疫機能が低下**していると、カンジタ菌が血流に乗り、**心臓弁や脾臓、腎臓、眼**などの部位に症状を広げることがある。

正答　2・4・5

★★★
75 バイタルサインについて、より適切なものはどれか。3つ選べ。

1 体温は一般に早朝に最も高く、夕方に低くなる。

2 低栄養や甲状腺機能低下症で、高体温になることがある。

3 有熱期と解熱期を繰り返す回帰熱は、胆道感染症にみられる特徴的な熱型である。

4 ジギタリス製剤の副作用で、徐脈になることがある。

5 頻脈がある場合は、感染症や甲状腺機能亢進症が疑われる。

★★★
76 バイタルサインについて、より適切なものはどれか。2つ選べ。

1 大動脈疾患や進行した動脈硬化がある患者の場合は、血圧測定は左右両方の腕で行う。

2 後期高齢者であっても、診察室での血圧推奨値は一般成人と変わらない。

3 意識レベルの重要な指標となるジャパン・コーマ・スケール（JCS）では、最も意識レベルが高い状態をレベル300で表している。

4 口すぼめ呼吸は、糖尿病性ケトアシドーシスに特徴的な呼吸である。

5 脳血管障害では、チェーンストークス呼吸がみられることがある。

75 解説

1 ✕ 体温には日内変動があり、一般に早朝に最も低く、夕方に最も高くなる。

2 ✕ 低温の環境、低栄養、甲状腺機能低下症、薬剤などにより低体温となることがある。感染症、がん、脱水、甲状腺機能亢進症などでは高体温（発熱）になるが、高齢者では高熱が出にくい。

3 ◯ 発熱は、1日の経過などにより分類することができ、これを熱型と呼ぶ。熱型によって、ある程度原因となる疾患などを推定することができる。熱型には、設問の回帰熱のほか、稽留熱（解熱せず持続する）、弛張熱（完全に解熱せず、微熱になったのち再び高熱になる）、間欠熱（急激な発熱と解熱を繰り返す）がある。

4 ◯ 脈拍が1分間に60未満のものを徐脈という。脳出血による頭蓋内圧亢進に伴う迷走神経刺激や心臓の刺激伝達系の異常、ジギタリス製剤などの薬剤の副作用、甲状腺機能低下症などによっても徐脈は生じる。

5 ◯ 頻脈は脈拍が1分間に100以上のものをいう。頻脈は感染症や甲状腺機能亢進症のほか、うっ血性心不全や脱水などでも引き起こされる。 📖p.190

正答 3・4・5

76 解説

1 ◯ 大動脈疾患や進行した動脈硬化がある患者では、左右の上肢で血圧に差がみられることがある。このため、血圧測定は、両方の腕で行う。また、上腕での測定が難しい場合には、下肢で測定してもよい。

2 ✕ 診察室での血圧推奨値は、一般成人や前期高齢者では130/80mmHg未満、後期高齢者では140/90mmHg未満をめざす。

3 ✕ ジャパン・コーマ・スケール（JCS＝Japan Coma Scale）は、3－3－9度方式とも呼ばれ、痛みや呼びかけに対する反応を3群にわけ、さらに各群を3段階にわけている。数値が大きいほど意識レベルが低いことを示し、レベル300は最も意識レベルが低い状態である。

4 ✕ 口すぼめ呼吸は、口をすぼめて息を吐く呼吸法で、気管支内の圧力が高くなり呼吸を楽にする効果がある。慢性閉塞性肺疾患の患者によくみられ、リハビリテーションでも有効とされる。糖尿病性ケトアシドーシスでは、異常に深大な呼吸が規則正しく続くクスマウル呼吸がみられる。

5 ◯ チェーンストークス呼吸は、小さい呼吸から徐々に大きな呼吸となったあと、しだいに呼吸が小さくなり、一時的に呼吸停止、という周期を繰り返すもので、脳血管障害、心不全など重症の疾患時にみられる。また、臨死期にもみられる呼吸である。 📖p.190

正答 1・5

合格エッセンス　バイタルサイン

意識レベル ●まず意識があるか確認

清明	傾眠	昏迷	半昏睡	昏睡
せいめい	けいみん	こんめい	はんこんすい	こんすい
正常な意識状態	刺激がないと眠ってしまう	強い刺激でかろうじて開眼	ときどき体動がみられるのみ	自発的運動なし・痛覚刺激にも反応なし

体温 ●疾患の指標

○発熱があれば感染症を疑う
○低体温では、栄養失調、中枢性の疾患、甲状腺機能低下症、気管支肺炎、腎不全などを疑う

口腔検温法

直腸検温法

腋窩検温法

呼吸 ●疾患の指標

○頻呼吸：呼吸数25回以上／分、換気量減
○徐呼吸：呼吸数9回以下／分
◆口すぼめ呼吸
　慢性閉塞性肺疾患（COPD）
◆下顎呼吸
　始まると1〜2時間で亡くなることが多い
◆チェーンストークス呼吸
　重症の疾患時（脳血管障害や心不全など）
◆クスマウル呼吸
　糖尿病性ケトアシドーシス、尿毒症など
◆ビオー呼吸
　髄膜炎、脳腫瘍など

脈拍 ●心臓血管系の機能をみる

血圧 ●バイタルサインをみるうえで重要

血圧上昇	・運動後　・入浴時や食事後 ・怒りやストレス、緊張　・気温が低い
血圧低下	・全身の体力の低下　・気温が高い ・心臓そのものが弱っている

 合格エッセンス　脈拍

	脈の状態・疑われる疾病
脈拍数	○頻脈（正常より脈拍数が多い＝1分間に100以上） ➡感染症、甲状腺機能亢進症、うっ血性心不全、脱水を疑う。 ○徐脈（正常より脈拍数が少ない＝1分間に60未満） ➡心臓の刺激伝達系の異常、脳出血による頭蓋内圧亢進に伴う迷走神経刺激、薬物作用（ジギタリス製剤など）、甲状腺機能低下症などを疑う。
脈拍のリズム	○整脈（規則正しいリズムの脈拍） ○不整脈（リズムが乱れている） ➡心臓拍動の異常を疑う。健康な人でもみられ、すべてが治療の対象になるわけではない。 ○結滞（脈拍のひとつがリズムを乱して速くなるため、脈拍がひとつ欠損したように感じられる） 　➡頻回にある場合は、心疾患を疑う。

血圧低下、意識障害、心不全を伴う不整脈はすみやかな治療が必要となります。特に心房細動がある場合は、脳塞栓の原因となることがあり、要注意です。

合格エッセンス 検査項目と検査でわかる症状・疾患など

保健医療サービス分野

検査項目		検査でわかる症状・疾患、異常値となる原因など
体格指数（BMI）		（18.5未満）低体重、（25以上）肥満
体重		（急激な減少）低栄養、（増加）浮腫性疾患など
身長		（短縮）脊椎の圧迫骨折、円背、骨粗鬆症
肝機能	AST（GOT）	（上昇）肝・胆道疾患、心臓疾患、筋疾患、溶血性疾患
	ALT（GPT）	（上昇）特に肝・胆道疾患
	γ－GTP	（上昇）脂肪肝、アルコール性肝炎
腎機能	血清クレアチニン（Cr）	（上昇）腎機能低下
	尿素窒素（BUN）	（上昇）腎機能低下、脱水、高たんぱく食、消化管出血、がん、高熱
血算	ヘモグロビン、ヘマトクリット	（減少）鉄欠乏性貧血
	赤血球数、ヘマトクリット	（赤血球数が減少、ヘマトクリットが上昇）大球性貧血、ビタミンB_{12}や葉酸の欠乏
	白血球数	（増加）細菌感染や炎症、喫煙、副腎皮質ステロイド投与、ストレス、がん、白血病 （減少）体質にもよるが、ウイルス感染、再生不良性貧血
	血小板数	（増加）炎症 （減少）薬剤の副作用、肝硬変、特発性血小板減少性紫斑病
空腹時血糖		（上昇）耐糖能低下、糖尿病
血糖（75g経口糖負荷試験）		（上昇）耐糖能低下、糖尿病
ヘモグロビンA1c（HbA1c）		検査日から過去1～2か月の平均的な血糖状態
CRP（C反応性たんぱく質）		（上昇）炎症、感染症、がん、膠原病、心筋梗塞、組織崩壊など
電解質（ナトリウム、カリウム、クロール）		脱水、水分過多、腎機能障害、降圧薬・利尿薬・強心薬・副腎ステロイド薬などの薬剤投与
心電図		循環器疾患、電解質異常など
X線検査・CT検査		（胸部X線）呼吸器疾患、心疾患 （腹部X線）イレウス、消化管穿孔、尿管結石 （頭部CT）脳血管障害、頭部外傷
尿検査		腎臓病、糖尿病、尿路感染症

★★★
77 検査値について、より適切なものはどれか。3つ選べ。

1 急激な体重減少があった場合は、低栄養が疑われる。

2 血清アルブミンは、健康な高齢者では、加齢による低下はみられない。

3 ALT（GPT）は、溶血性疾患で上昇することがある。

4 血清クレアチニンの上昇は、腎機能の低下を示している。

5 ヘモグロビンA1cは過去2～3日の血糖レベルをみることができ、糖尿病の診断にも有用である。

★★★
78 検査値について、より適切なものはどれか。3つ選べ。

1 喫煙やストレスにより、白血球数は増加する。

2 体内に炎症があると、血小板数は減少する。

3 CRPは、体内に炎症がある場合に血液中に増加し、感染症などの指標として有用である。

4 高カリウム血症では、心室細動などの致死性不整脈を引き起こすことがある。

5 ホルター心電図は、安静時の心電図を24時間測定するもので、一般には入院して測定する。

77 解説

1 ○ 肥満よりも低体重が生命予後においては問題となる。また、腹囲はメタボリックシンドロームの診断に使われ、上腕周囲長や下腿周囲長（かたい）は寝たきりなどの場合の低栄養判定に有効となる。なお、体重増加は心不全の悪化、ネフローゼなどの浮腫性疾患で起こることがある。

2 ○ アルブミンはたんぱく質の主成分で、長期にわたる栄養状態や生命予後をみるために、最も有効な指標である。低下している場合は低栄養が疑われ、3.6g/dL以下では骨格筋の消耗が始まっている可能性がある。

3 × ALT（GPT）はほぼ肝臓にのみ存在する酵素で、肝臓の障害がある場合に上昇する。一方、AST（GOT）は肝臓のほか、心臓の筋肉や骨格筋、赤血球などにも多く含まれるため、胆道疾患、心臓疾患、筋疾患、溶血性疾患でも上昇する。

4 ○ クレアチニン（Cr）は腎臓のみから排泄されるため、腎機能が低下すると数値が上昇する。また、尿素窒素（ちっそ）（BUN）も腎機能低下で上昇し、指標となる。

5 × ヘモグロビンA1c（HbA1c）は糖化ヘモグロビンともいい、糖がヘモグロビンと結合している割合を示し、過去1〜2か月の平均的な血糖状態を反映している。検査時点の血糖レベルをみる空腹時血糖や食後血糖（経口糖負荷試験）とともに、糖尿病の診断に用いられる。

正答　1・2・4

78 解説

1 ○ 白血球数は細菌感染や炎症のほか、喫煙、副腎皮質ステロイド投与、ストレス、がんなどで増加する。逆に減少している場合は、体質にもよるがウイルス感染、再生不良性貧血が疑われる。 p.191

2 × 体内に炎症がある場合には、血小板数は増加する。減少する場合は、薬剤の副作用、肝硬変、特発性血小板減少性紫斑病（しはん）などが疑われる。

3 ○ CRP（C反応性たんぱく質）は体内に炎症が起きたり、組織細胞が壊れたりした場合に血液中に増加するたんぱく質である。このため、感染症、心筋梗塞、がん、膠原病、組織崩壊などの指標として有用である。また、発症12時間以降に数値が上昇する傾向がある。

4 ○ 血中のカリウム濃度が異常に上がる高カリウム血症では、不整脈や頻脈などを引き起こすことがある。なかでも心室細動は心臓の動きが不規則になり、全身に血液を送り出せなくなった状態で、不整脈のなかでも致死性が高い。すみやかなAEDの使用が有効である。

5 × ホルター心電図は日常生活において24時間の心電図計測が可能な携帯用機器で、一過性に短時間出没する心臓の異常をとらえることができる。入院したり、安静にしたりする必要はない。

正答　1・3・4

★★★
79 褥瘡について、より適切なものはどれか。3つ選べ。

1 褥瘡の発生を促す全身的要因として、低栄養や加齢、やせた体格などがある。

2 褥瘡は、座位を保持できれば発症することはない。

3 エアーマットなどの褥瘡予防用具を用いた場合でも、体位変換を行わないと褥瘡が発生することがある。

4 褥瘡の発赤の段階では、血行を促すための発赤部分のマッサージを行い、重症化させないことが重要である。

5 入浴には、褥瘡の予防や改善効果があるため、褥瘡のある人にもすすめられる。

★★★
80 食事の介護について、より適切なものはどれか。2つ選べ。

1 食事の目的には、エネルギーの補給により生命活動を維持することだけでなく、毎日の楽しみやその人らしい生活を維持することも含まれる。

2 摂食・嚥下の過程において、口腔期の食塊がのどに移行する流れは、嚥下反射の働きによって進められる。

3 高齢者に食欲や意欲がない場合には、便秘や脱水がないかを確認することも必要である。

4 食事介助をする際は、そしゃくを促し誤嚥を予防するため、やや大きめの一口大の量を口の中に入れるようにするとよい。

5 食品は、固形状のものを細かく刻んだり、液体にしたほうが飲み込みやすく誤嚥を防ぐことができる。

79 解説

1 ○ 低栄養、加齢、基礎疾患があること、やせた体格、浮腫、日常活動性の低下などの全身的要因、体重による圧迫、皮膚の不潔、湿潤、摩擦などの局所的要因、介護力不足などの社会的要因が、相互に影響し、褥瘡（じょくそう）の発生にかかわっている。

2 × 褥瘡は、寝たきりのほか、座った状態でも同じ姿勢を続けることで発症しやすい。感覚障害のある人や、自分で身体を動かせない人は発生リスクが上がる。

3 ○ 褥瘡予防用具は補助的に使用し、体重による圧迫を分散させるために、**体位変換**を定期的（2時間ごと）に行う。背中や足に枕やクッションをあてがい、楽に体位を保てるようにする。

4 × 発赤（ほっせき）は、**褥瘡の初期段階**であり、発赤部へのマッサージを行ってはならない。医療職に相談し、消毒、軟膏の塗布、人工被覆材（ひふく）の使用など適切な医療処置を行ってもらう。

5 ○ 皮膚の不潔や湿潤は、褥瘡の発生要因となる。このため、**失禁対策を講じ、常に清潔を保つ**ことが重要となる。特に入浴には**血液の循環を促し**、褥瘡の予防効果もある。入浴できない場合は、**清拭**（せいしき）（身体を拭いて清潔にすること）を行う。

正答 1・3・5

80 解説

1 ○ 食事は、生命や生命活動を維持するためだけでなく、**食べることの喜びや楽しみ**を得ることも重要な目的のひとつになる。より高次の身体的・心理的・社会的欲求を満たすことでその人らしい生活を維持できるよう支援する。

2 × 摂食・嚥下のプロセスは5期にわけられ、口腔期は**舌で食塊を咽頭**（いんとう）（のど）へ送る過程である。嚥下反射が働くのは第4期（咽頭期）で、気道が閉じて食塊がのどから食道へ送り込まれる。 📖p.199

3 ○ 食欲・意欲がない場合は、日々の**活動状況や生活リズム**の状態、服薬状況、食事内容、**便秘や脱水**、口腔ケアの状況などについて確認が必要である。

4 × 食事介助では、誤嚥を防止するために可能なかぎり座位をとり、頭と身体はわずかに**前に傾けて**、ティースプーン1杯程度の少量を1回分として口の中に入れるのが適当とされる。

5 × 液体は速い流れでのどを通過するため、嚥下反射が遅い場合、**誤嚥を誘発しやすい**。また、刻み食は口腔内でバラバラになり飲み込みにくく、やはり誤嚥の原因となる。食物はやわらかくして水溶き片栗粉などで**とろみをつけるか半固形食**とし、口のなかでまとまりやすく、飲み込みやすくなるようなくふうをするとよい。

正答 1・3

★★
81 排泄や入浴の介護について、より適切なものはどれか。3つ選べ。

1 排泄の時刻や量、失禁の有無などについて一定期間、記録をつけていくことで利用者の排泄の状態や排尿・排便障害の特徴を把握する。

2 機能性尿失禁は、トイレの場所が遠いことによっても生じるため、排泄場所を検討することが必要である。

3 認知症がある場合には、本人の希望や自立度にかかわりなく、おむつの選択を考慮する。

4 プライバシーに配慮し、利用者の身体にできるだけ視線を向けないよう手早く介助を行う。

5 入浴の際は、脱衣室と浴室の温度差をなくし、心臓への負担を軽減する。

★★
82 不眠症と安眠への対応について、より適切なものはどれか。3つ選べ。

1 入眠困難は不眠症のひとつで、入眠途中に目覚め、その後眠りにつきにくいものをいう。

2 早朝覚醒は不眠症のひとつで、予定より早く目覚め、その後眠れなくなってしまうものをいう。

3 不眠の訴えがあれば、すぐに睡眠薬を服用することをすすめるとよい。

4 就寝前に飲むアルコールにより、不眠になることがある。

5 不眠は、レストレスレッグス症候群などの疾患が原因で起こることがある。

81 解説

1 ○ 排泄の時刻や量、失禁の有無などについて、一定の期間、定期的に記録を残すことで、排泄の状態を適切に把握することができる。

2 ○ 機能性尿失禁は、排尿器官には異常がないが、身体機能の低下や麻痺、トイレが遠いなどの要因のためにトイレが間に合わずに失禁してしまうものである。原因を踏まえ、排泄場所や排泄用具についての確認や検討が必要となる。 p.198

3 ✕ 認知症がある場合でも、一律におむつにするなどの対応は不適切である。本人の排泄状態や排尿間隔などを正しく把握し、自立度や希望を踏まえた対応を考慮することが必要となる。

4 ✕ 入浴・清潔の介護は、利用者の全身状態を観察し異常を発見する機会にもなる。褥瘡の発生や虐待、自傷など、早期対処が必要な発見につながることもあるため、プライバシーへの配慮を忘れずに変化を把握するよう努める。

5 ○ 入浴は、全身の血液循環状態への影響や転倒、溺水など事故の危険性も大きいため安全への対応が不可欠である。脱衣室と浴室間の温度差をなくしヒートショックを防ぐよう配慮することも重要である。

正答 1・2・5

82 解説

1 ✕ 設問の内容は中途覚醒である。入眠困難は、寝床に入ってもなかなか寝つけないものをいう。

2 ○ 不眠症には、このほか熟眠障害があり、睡眠時間はある程度とれていても、眠りが浅く、すっきりと目覚めることができないものをいう。

3 ✕ さまざまな安眠対策をとっても効果がない場合は、医師により睡眠薬を処方してもらうようにする。高齢者は薬の副作用が現れやすく、特に睡眠薬を多用すると、意識障害や健忘の原因となることがある。また、睡眠薬自体が不眠の原因となることがあり、薬の服用には慎重さが求められる。

4 ○ アルコールには催眠作用もあるが、利尿作用で中途覚醒したり、眠りが浅くなったりするなど、不眠の原因ともなる。コーヒーや紅茶、緑茶も神経を興奮させるカフェインが含まれるため、就寝前には避けるようにする。また、適度な室温の確保、騒音の排除、そして清潔な寝具など、高齢者が安眠できるような環境整備が必要となる。

5 ○ 高血圧症、認知症、脳動脈硬化症、うつ病、睡眠時無呼吸症候群、周期性四肢運動異常症、レストレスレッグス症候群などの疾患が不眠の原因となっていることもあるので、専門的な診断が必要である。 p.199

正答 2・4・5

保健医療サービス分野

197

合格エッセンス 尿失禁

　尿失禁とは、自分の意思に反して尿が出てしまうことをいい、次のような種類がある。高齢者に多くみられる尿失禁には、切迫性・溢流性・機能性がある。

●切迫性尿失禁

　尿意をがまんできない。加齢による膀胱括約筋（ぼうこうかつやくきん）の弛緩（しかん）、脳血管障害（脳卒中）の後遺症で排尿の自制が障害されることなどが原因。早め早めにトイレに行くことを指導する。

●腹圧性尿失禁

　男性に比べて尿道が短い女性に多く、咳、くしゃみなどちょっとした腹圧の上昇で失禁しやすい。

●反射性尿失禁

　脊髄（せきずい）の病気により、本人の意思とかかわりなく尿が出なかったり、反射的に出てしまったりするもの。

●溢流性尿失禁

　高齢の男性に多く、絶えず少量の失禁が続く。前立腺肥大症などで尿閉が起こり、膀胱にたまった尿が圧力により漏れてくる。

●機能性尿失禁

　排尿器官には異常がないが、身体機能の低下や身体の障害、認知症などのために、トイレに間に合わなかったり、適切な排尿動作ができなかったりする。排尿状態や排尿動作をしっかり把握していれば、予防可能である。

　尿失禁の介護の第一歩は、高齢者の排尿状態を正しく把握することです。特に、尿意の有無、排尿間隔のチェックは尿失禁を改善し、排尿誘導を試みるうえでとても大切となります。

合格エッセンス 摂食・嚥下の流れ

　食物や唾液は口腔から咽頭、食道を通り、胃へと送り込まれる。この一連の流れを摂食・嚥下といい、5つの過程からなる。この過程のいずれかに障害のある状態が摂食・嚥下障害である。

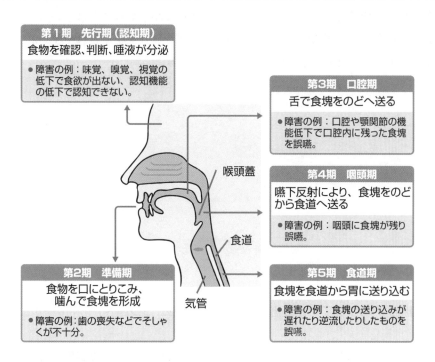

第1期　先行期（認知期）
食物を確認、判断、唾液が分泌
● 障害の例：味覚、嗅覚、視覚の低下で食欲が出ない、認知機能の低下で認知できない。

第3期　口腔期
舌で食塊をのどへ送る
● 障害の例：口腔や顎関節の機能低下で口腔内に残った食塊を誤嚥。

第4期　咽頭期
嚥下反射により、食塊をのどから食道へ送る
● 障害の例：咽頭に食塊が残り誤嚥。

第2期　準備期
食物を口にとりこみ、噛んで食塊を形成
● 障害の例：歯の喪失などでそしゃくが不十分。

第5期　食道期
食塊を食道から胃に送り込む
● 障害の例：食塊の送り込みが遅れたり逆流したりしたものを誤嚥。

喉頭蓋

食道

気管

 合格エッセンス 睡眠障害

　睡眠障害には、不眠症のほか、不眠を引き起こす多くの疾患がある。睡眠時無呼吸症候群などについては医師の専門的な判断のうえ、対処を考える必要がある。

■睡眠障害と不眠の原因となる主な疾患

不眠症	入眠困難	寝床に入り眠ろうとしてもなかなか寝つけない。
	中途覚醒	夜間に目が覚めて、その後眠りにつきにくい。
	熟睡障害	睡眠時間はある程度とれているが、睡眠が浅く、すっきりと目覚めることができない。
	早朝覚醒	早朝に目が覚めて再び眠ろうとしても眠れない。
睡眠時無呼吸症候群		睡眠中に無呼吸や低呼吸を繰り返して酸素不足となり、中途覚醒や昼間の眠気、熟睡感がないなどの症状が出る。
レストレスレッグス症候群		夕方から深夜にかけて、下肢を中心として、むずむずするような不快感が起こり、じっとしていられない疾患。

83 口腔ケアについて、より適切なものはどれか。3つ選べ。

1 口腔ケアには、誤嚥性肺炎を予防する効果がある。

2 噛み合わせがよくないと、平衡感覚が悪くなることがある。

3 摂食・嚥下機能の改善が免疫機能の向上に寄与することはない。

4 高齢者では、薬物の副作用などにより口渇が引き起こされやすい。

5 唾液が多いと口腔内の自浄作用が低下する。

★★★

84 口腔ケアについて、より適切なものはどれか。3つ選べ。

1 口腔内を観察するときは、取りはずせる義歯ははずした状態で行う。

2 経管栄養を行っている場合は、口腔ケアの必要はない。

3 食物残渣は、誤嚥性肺炎の原因となる。

4 取りはずしのできる義歯は、研磨剤の入った歯磨き剤をつけて磨くとよい。

5 取りはずしのできる義歯は就寝時に取りはずし、義歯洗浄剤の入った容器に入れて保存する。

83 解説

1 ○ 誤嚥性肺炎は、誤嚥のほか、口腔内や咽頭の病原菌を含む分泌物を繰り返し吸引し続けることによっても起こる。口腔内を清潔に保つことは、誤嚥性肺炎の予防になる。

2 ○ 口腔の機能には、①そしゃく、②嚥下、③味覚、④発音・発声、⑤呼吸があるが、しっかりと上下の歯の噛み合わせができることは、そしゃく機能、嚥下機能、平衡感覚の保持、瞬発力の発揮に大きな役割を果たす。

3 ✕ 低栄養と免疫機能は深く関連している。摂食・嚥下機能を改善することにより十分な食事摂取が可能となり、栄養状態の改善と免疫機能の向上につながる。免疫機能の向上により、感染症の予防にも有効である。

4 ○ 高齢者では、薬物の副作用などさまざまな要因により唾液分泌機能が低下し、口渇が引き起こされやすい。

5 ✕ 唾液には、口腔の清掃、創傷の治癒、義歯の装着時の安定、口腔諸組織の保護作用、味覚誘起、そしゃく・嚥下・発音の補助などさまざまな働きがある。唾液腺を刺激することで、唾液分泌を促すことが重要である。

正答 1・2・4

84 解説

1 ○ 義歯の不適合で粘膜に傷がついていたり、義歯と粘膜の間に何かはさまっていたりすることも多い。口腔内を観察するときは、取りはずせる義歯は必ずはずした状態でペンライトなどを利用し行う。

2 ✕ 経管栄養を行っている場合や歯がない場合は、そしゃくをしないことで唾液の分泌量が減少し、自浄作用が低下する。したがって口腔内は非常に汚れやすくなるため、積極的な口腔ケアが必要となる。

3 ○ 口腔内の食物残渣を誤嚥することで、誤嚥性肺炎の原因となる。このほか、う歯・歯周病、粘膜疾患、口臭の原因となるため、口腔ケアで取り除くことが重要である。

4 ✕ 義歯は、研磨剤の入った歯磨き剤を使用すると、義歯床を傷つけるおそれがある。一般の歯磨き剤には研磨剤が入っていることが多いので、義歯専用の歯磨き剤を使用すべきである。

5 ○ 取りはずしのできる義歯は、少なくとも1日に1回は取りはずしてケアをする。ブラッシングと義歯洗浄剤による洗浄を組み合わせるとより効果が高くなる。

正答 1・3・5

85 リハビリテーションについて、より適切なものはどれか。2つ選べ。

1 リハビリテーションは、その果たす機能と時期により、治療的リハビリテーションと維持的リハビリテーションの2つにわけられる。

2 介護保険制度下で行われるリハビリテーションは、主に維持期のリハビリテーションである。

3 本人の残存機能をできるかぎり活用し、過剰な援助は行わないことが自立への援助となる。

4 自立を促すためには、福祉用具はできるだけ使用すべきではない。

5 手段的日常生活動作とは、食事・排泄・更衣・整容・入浴・起居移動の6動作を指す。

86 リハビリテーションの際に配慮すべき障害や症状について、より適切なものはどれか。3つ選べ。

1 失語症は、構音器官の麻痺や口腔内諸筋の協調運動障害が原因となる。

2 認知症やうつ状態は、リハビリテーションを行ううえで障害になることがある。

3 半側空間失認は、感覚器官の異常により、左半分または右半分の空間を無視してしまうものである。

4 脳血管障害（脳卒中）や脊髄損傷で、痛みや温度などの感覚が鈍くなる感覚障害が生じることがある。

5 歩行障害は、心臓や肺の疾患によっても起こることがあるため、その原因を見きわめることが大切である。

85 解説

1 ✕ リハビリテーションは、その果たす機能と時期によって**予防的リハビリテーション**、治療的リハビリテーション（急性期・回復期）、維持的リハビリテーションの3つにわけられる。

2 ○ 維持期リハビリテーションは、急性期、回復期を終了して**生活機能の維持・向上**が必要な利用者に対して行われるリハビリテーションである。末期がん患者などもリハビリテーションの対象となる。

3 ○ 基本動作能力の維持・向上を図り、低下させないためには、その人の残存能力を積極的に使い、できない部分に対してだけ介助するという姿勢で、自立を促すことが重要である。

4 ✕ 福祉用具を適切に使うことにより、**身体の機能障害を補い**、残存機能を生かして自立した動作や生活が実現できる場合がある。介護負担の軽減にもつながる。

5 ✕ IADL（手段的日常生活動作）とは、炊事・洗濯・掃除・買い物・金銭管理・趣味活動・車の運転など日常生活に必要な条件や手段を整える動作を指す。食事・排泄・更衣・整容・入浴・起居移動は、ADL（日常生活動作）である。

正答 **2・3**

86 解説

1 ✕ 失語症は、脳血管障害（脳卒中）の後遺症などで脳の言語中枢が損傷して起こり、言葉の表出だけではなく、**言葉の理解**、読み書きに障害のある状態である。

2 ○ 認知症やうつ状態、意欲低下があると、リハビリテーションの意義や目的を理解できなかったり、意欲がわかなかったりする場合がある。認知症の場合は、回想法などの療法や**身体運動の励行**、環境整備などで生活のリズムをつくり、活動性の維持・向上を図ることが大切である。

3 ✕ 失認は、**感覚器官に異常はないのに**、感覚を介して対象となるものの把握や認識ができなくなる障害である。右脳の障害による**左半側空間失認**（無視）が多く、日常生活への影響も大きい。無視側から話しかけるなど、無視側への注意を向けるようにくふうをする。

4 ○ 感覚障害がある場合は、こたつや湯たんぽなどによる**低温やけど**に注意する。

5 ○ 歩行障害は、脳卒中、脊髄損傷などの神経疾患、変形性関節症や骨折などの骨関節疾患に加え、心臓や肺の疾患によっても起こるため、その原因を見きわめ、歩行訓練、装具・杖などの歩行補助具の活用、安全な歩行の確立、全身持久力の向上、実用性の向上などを行う。

正答 **2・4・5**

★★★

87 認知症について、より適切なものはどれか。2つ選べ。

1 認知症の症状を示す疾患にはさまざまなものがあるが、なかでも多いのは、アルツハイマー型認知症と血管性認知症である。

2 妄想や徘徊は、認知症の中核症状（認知症状）である。

3 病識の低下や社会脳の障害は、BPSDとして現れる症状である。

4 認知症は認知機能障害であり、一般に身体症状は現れない。

5 若年性認知症の人では、遂行機能障害が引き起こす諸症状や、抑うつ、意欲低下などが先行することが少なくないため、その特性に配慮した支援が必要である。

★★★

注目

88 各認知症の特徴について、より適切なものはどれか。2つ選べ。

1 アルツハイマー型認知症では記憶障害が現れるが、過去のできごとに関するエピソード記憶は比較的保たれる。

2 アルツハイマー型認知症では、初期から構音障害や嚥下障害がみられることが多い。

3 大脳白質が虚血すると、認知反応が鈍くなり、アパシーやうつ状態などの症状が引き起こされる。

4 レビー小体型認知症に特徴的な初発症状に、レム睡眠行動障害がある。

5 前頭側頭型認知症では、記憶障害とともに早期からうつ症状が現れる。

87 解説

1 ○ 認知症の原因疾患には、このほか、外傷性疾患、正常圧水頭症など、早期の外科手術や内科的治療により、治療可能なものもある。📖p.208

2 × 認知症の症状は中核症状（認知症状）とBPSD（認知症の行動・心理症状）に大きくわけられる。中核症状は脳の病変により必ず現れる症状だが、BPSDは性格や生いたちなどの個人因子、住環境やケアの状況などの環境因子の影響を強く受ける症状で、適切な対応により予防や改善が可能となる。設問の妄想や徘徊はBPSDである。📖p.209

3 × 病識の低下や社会的認知（社会脳）の障害は、脳の病変により起こるものであり、中核症状である。

4 × 認知症は進行性で、初期には健忘やIADL障害が中心だが、進行に伴い嚥下障害や運動機能低下などの身体症状も現れ、末期には寝たきりになる。

5 ○ 若年性認知症の場合、診断の前に症状が進んで社会生活が困難になったり、福祉や雇用の施策も活用されにくく、本人やその家族が経済的にも困難に陥りやすい。このため、介護保険制度のほか、精神障害者保健福祉手帳の取得や障害年金など、利用できる制度やサービスについての情報提供が重要である。

正答 1・5

88 解説

1 × アルツハイマー型認知症は、脳にアミロイドβたんぱく質とタウたんぱく質が異常に蓄積し、正常な神経細胞が減少していくもので、記憶障害はエピソード記憶（できごとの記憶）の障害が中心であり、特に近時記憶の障害が著しい。

2 × 構音障害や嚥下障害が比較的早期からみられるのは、脳梗塞や脳出血で引き起こされる血管性認知症である。

3 ○ 血管性認知症は、近年では広範囲の大脳白質虚血によるもの（ビンスワンガー型）が多く、認知反応が遅く、アパシー、うつ状態が引き起こされる。

4 ○ レビー小体型認知症は、大脳のほか脳幹部や末梢自律神経系に病変が及ぶため、認知障害のほか、多様な症状が現れる。代表的な初発症状にレム睡眠行動障害、うつ、嗅覚低下がある。また、詳細でリアルな幻視も特徴的な症状で、起立性低血圧などの自律神経症状も高い確率でみられる。

5 × 早期からうつ症状が現れるのはレビー小体型認知症である。前頭側頭型認知症では、主に前頭葉が萎縮するタイプで易怒性、反社会的な衝動的な行動などが目立ち、主に側頭葉が萎縮するタイプで物の名前が出てこない意味記憶障害が目立つ。📖p.208

正答 3・4

89 認知症について、より適切なものはどれか。3つ選べ。

1 正常圧水頭症の三大症状は、認知機能障害、すり足で小股に歩く歩行障害、尿失禁である。

2 慢性硬膜下血腫は、頭部の外傷後、一般的には1〜2日後に認知機能低下などの症状が現れる。

3 認知症の鑑別診断には、MRIやCTのほか、血液検査が行われることもある。

4 BPSDの発症には、生い立ちや職歴などの個人因子、住環境やケアの状況などの環境因子が関係している。

5 BPSDがある場合は、まず抗精神病薬の投与をして症状を落ち着けることが優先される。

90 認知高齢者の治療や支援について、より適切なものはどれか。2つ選べ。

1 アルツハイマー型認知症の治療薬は、原則として併用できない。

2 レビー小体型認知症では、現在保険適応になっている薬剤はない。

3 認知症施策推進大綱の5つの柱には、普及啓発・本人発信支援が盛り込まれている。

4 都道府県ごとに若年性認知症コールセンター が運営され、若年性認知症支援コーディネーターが配置される。

5 チームオレンジコーディネーターは、認知症の人の就労支援を主な業務として行う。

89 解説

1 ○ 正常圧水頭症は、脳脊髄液が脳の周囲や脳室内に貯留して発症する。MRIで特徴的な所見がみられ、手術で治療が可能である。

2 × 慢性硬膜下血腫は、頭部のわずかな打撲でも生じ、硬膜とくも膜との間の小さな出血が1〜3か月かけて大きな血腫となり、認知機能低下などの症状が出る。早期に手術で血腫を除去すれば、数か月以内にもとの認知機能レベルに戻る。

3 ○ 認知テストや臨床診断に加え、原因疾患を明らかにするための鑑別診断が行われる。MRIやCTによる脳の形態画像検査などのほか、甲状腺機能低下症やビタミンB₁₂欠乏などは血液検査で明らかになり、薬物で治療可能である。

4 ○ BPSDの症状は中度で多くなるといわれるが、症状には個人差がある。

5 × BPSDは発症要因・誘因を取り除き、適切な環境調整やケアをすることで予防・改善が可能である。

正答 1・3・4

90 解説

1 × アルツハイマー型認知症では、作用が異なる薬剤であれば、併用が可能である。

2 × レビー小体型認知症では、ドネペジルが保険適応になっている。また、保険適応外だが、漢方薬の抑肝散は、レビー小体型認知症の幻覚・妄想に効果があることがある。

3 ○ 2019（令和元）年6月に公表された「認知症施策推進大綱」では、共生と予防を車の両輪として施策を推進していくことを基本理念とし、①普及啓発・本人発信支援、②予防、③医療・ケア・介護サービス・介護者への支援、④認知症バリアフリーの推進・若年性認知症の人への支援・社会参加支援、⑤研究開発・産業促進・国際展開の5つの柱に沿った施策が推進される。

4 ○ 若年性認知症支援コーディネーターは、就労・社会参加のネットワークづくりに加え、認知症地域支援推進員や地域包括支援センターとの広域的なネットワークづくりの役割を担う。

5 × チームオレンジコーディネーターは、地域包括支援センターなどに配置され、チームオレンジの立ち上げや運営支援を担う。チームオレンジは、認知症サポーターが中心となる支援チームで、認知症の人やその家族に、ニーズに応じて外出支援、見守り、声かけ、話し相手などの具体的な支援をつなげる役割を担う。

正答 3・4

合格エッセンス 認知症の原因

　認知症の原因はさまざまなものがある（下表）が、なかでも多いのはアルツハイマー型認知症（アルツハイマー病）と血管性認知症である。慢性硬膜下血腫、正常圧水頭症など、治療で治る可能性のあるものもあり、鑑別診断が重要である。

神経変性疾患	アルツハイマー型認知症、レビー小体型認知症、前頭側頭型認知症（ピック病）など
脳血管障害	血管性認知症
外傷性疾患	脳挫傷、慢性硬膜下血腫*
感染症	進行麻痺（梅毒）、各種髄膜炎、脳炎
内分泌代謝性疾患	甲状腺機能低下症*、ビタミンB$_{12}$欠乏症*
中毒	一酸化炭素中毒後遺症、メチル水銀中毒、慢性アルコール中毒
腫瘍	脳腫瘍（髄膜腫）
その他	正常圧水頭症*、てんかん*

＊早期の治療で回復するため、認知症と定義されないことがある。

 合格エッセンス 各認知症の病態

アルツハイマー型認知症	アルツハイマー病により引き起こされる。主症状となる記憶障害は、初期から現れる。主にエピソード記憶の障害が中心で、近時記憶の障害が著しい。病識が低下し、見当識障害、注意障害、遂行機能障害、失認、失行なども現れる。BPSDを引き起こしやすく、進行すると身体機能が低下していく。
血管性認知症	大脳白質の広範囲の虚血により起こるものが多い。認知反応が遅くなり、アパシーやうつ状態が引き起こされる。大脳基底核に病変があると、パーキンソン症状などの運動障害を伴う。構音障害や嚥下障害も比較的早期からみられる。
レビー小体型認知症	αシヌクレイン（レビー小体）というたんぱくが、大脳のほか、脳幹部や末梢自律神経系にも広く異常沈着することにより起こる。レム睡眠行動障害、うつ、嗅覚低下、現実的で詳細な内容の幻視、パーキンソン症状など特徴的な症状が早期から現れる。全般的に認知機能が低下するが、記憶障害はアルツハイマー型認知症よりは軽いことが多い。起立性低血圧、血圧の変動、失神、便秘などの自律神経症状は高い確率でみられ、失神などでいきなり転倒することもある。改善、悪化と変動しながらも徐々に進行する。
前頭側頭型認知症	脳の前頭葉と側頭葉が集中的に萎縮することに特徴があり、前頭葉、側頭葉の障害に関連した症状が現れる。記憶は比較的保たれるものの病識を欠き、他人の気持ちの理解や共感ができなくなる。反社会的な衝動的行動、同じ行動を繰り返すこと（常同行動）があり、なげやりな態度、人を馬鹿にした態度、無頓着、無関心、自発性欠如、失語などもみられる。徐々に進行し、活動性が低下していく。

 **合格エッセンス** 認知症の症状・進行過程

■認知症の中核症状とBPSD

中核症状
見当識障害
記銘・記憶力障害
遂行機能障害
計算力・理解力・判断力・注意力の低下
その他

個人の特性

認知症の行動・心理症状（BPSD）
不安・焦燥 うつ状態
徘徊 幻覚・妄想
興奮・暴力 不潔行為

身体の疾患、薬物の影響
不適切な環境・ケア
心理状態

■認知症の進行過程

初期／軽度	健忘が中心で、認知障害によりIADL障害がみられるが、ADLは保たれる。
中期／中等度	聞いたことをすぐ忘れるようになり、ADLに支援が必要になる。
進行期／重度	認知機能障害が重度になり、言葉も減り、コミュニケーションが難しくなる。排尿コントロールも困難になる。
終末期	寝たきりになり、発語はほとんどなく、尿便失禁、嚥下困難となり、いずれは死に至る。

■療法的アプローチ

現実見当識練習 けんとうしき	リアリティ・オリエンテーションともいう。日付、季節、場所、名前などの見当識にかかわる情報を何度も伝えることで現実感覚を導き、見当識を改善する。
回想法	古い道具や写真などを題材にして、自分の過去を回想することで、輝いていた時代を思い出し、自信を取り戻す。
音楽療法	音楽が脳を刺激するため、能動的態度が得られる、情緒が安定する、解放感が得られるなどの効果が期待される。音楽を聴くよりもみなで歌ったり演奏したりするほうが有効。
認知刺激療法	グループで活動の計画を立てたり、頭を使う作業をするなどして、認知機能の向上をめざす。回想法や現実見当識練習も認知刺激療法に含まれる。
認知練習	計算、音読、パズルなどで認知機能に直接アプローチする。認知症の人を褒めて意欲を引き出す介助者が必要。
運動療法	身体活動は、神経細胞を育て、認知症の進行を遅らせる効果がある。
その他	絵画療法、園芸療法、アロマセラピー、タッチケア・マッサージなど

91 老年期うつ病について、より適切なものはどれか。3つ選べ。

1 発症誘因には、脳の血流障害や身体疾患、喪失体験などが関与している。

2 老年期うつ病では気分の落ち込みが目立つが、自律神経症状は少ない傾向がある。

3 老年期うつ病が悪化すると、罪業妄想や貧困妄想をもち、自死を図ることがある。

4 老年期は薬物の感受性が高いため、薬物療法は最後の選択として行う。

5 老年期うつ病の人に対しては、安易に励ましたりせず、受容的な対応をしていくことが大切である。

92 高齢者の精神障害について、より適切なものはどれか。2つ選べ。

1 老年期の統合失調症で状態が良くなった場合は、服薬を継続する必要はない。

2 遅発パラフレニーは、著しい妄想があるが、人格は保たれることが多い。

3 配偶者との死別など高齢期の喪失体験が、アルコール依存症の発症のきっかけになることが多い。

4 アルコール依存症は、性格的な問題が大きいため、自分の意思でコントロール可能な疾患である。

5 高齢期のアルコール依存症では、離脱症状はほとんど現れない。

91 解説

1　○ 脳の血流障害、脳内神経伝達物質の異常、身体疾患、配偶者や友人との死別や社会的役割の喪失などの**喪失体験**、孤独、病前の性格（完璧主義、まじめ、執着傾向など）、女性ホルモンの低下などが発症原因になるといわれる。

2　× 一般的なうつ病の症状は、抑うつ気分、思考と行動の抑制、自信の欠如、睡眠障害などだが、高齢者の場合は、気分の落ち込みよりも、不安、緊張、焦燥感が目立ち、**心気的な訴え**（身体不調の訴え）や**自律神経症状**が目立つことに特徴がある。また、意欲や認知機能の低下から、**認知症**とまちがわれることがある。

3　○ 高齢者では**罪業妄想**（自分に罪悪感をもち、自分自身を責める）、**貧困妄想**（お金がなく生活ができないなどと思い込む）、**心気妄想**（不治の病にかかったなどと思い込む）といった妄想が現れやすいのも特徴である。自殺を図ることもあり、注意が必要となる。

4　× 高齢者でも**薬物療法を中心**として、必要に応じて支持的療法（医療者が患者の不安に耳を傾け受容的な態度で接すること）を行う。ただし、抗うつ薬や抗不安薬には、眠気やふらつき、注意力低下、健忘、便秘、排尿困難などの副作用があり注意が必要となる。

5　○ 励ますことが逆に本人の負担になることがある。本人の訴えに親身に耳を傾け、気持ちを軽くするような対応が求められる。

正答　1・3・5

92 解説

1　× 統合失調症は**寛解**と再燃を繰り返すため、**服薬が継続できるよう援助**していく必要がある。

2　○ 老年期の妄想性障害の代表的なものに**遅発パラフレニー**がある。人格や感情反応は保たれているのに著しい妄想を主症状とする。

3　○ 身体的老化や喪失体験、社会的孤立などが発症のきっかけとなりやすい。

4　× アルコール依存症は、性格や意思では**コントロール不可能な疾患**であり、離脱治療と依存治療を行う。また、飲まない環境を整え、断酒会への参加を促し、日常の楽しみがもてるよう支援する。

5　× 高齢者は、体内の水分量の低下、アルコール代謝酵素の活性低下、アルコール感受性の亢進などもあり、発症しやすい。また、高齢期のアルコール依存症では、**離脱症状**（体内のアルコール減少による不快気分、自律神経症状）が**長引きやすい**。糖尿病、高血圧、認知症やうつ病を合併しやすく、転倒や失禁のリスクも高まるといった特徴がある。

正答　2・3

★★★
93 医学的診断について、より適切なものはどれか。2つ選べ。

1 医療意思決定は、主に医師が主導権をもっている。

2 エビデンス・ベースド・メディスン（EBM）とは、論文やデータなど根拠や証拠に基づいた医療ではなく、医師個人の経験則に頼る医療である。

3 ナラティブ・ベースド・メディスン（NBM）とは、患者本人の語りを中心にして患者の自己決定を支援する医療である。

4 インフォームド・コンセントのあとに予後の説明が行われる。

5 在宅医療ケアや看取りのケアの重要性から、在宅療養支援診療所や在宅療養支援病院が制度化されている。

★★
94 医学的問題に対する介護支援専門員の姿勢について、より適切なものはどれか。3つ選べ。

1 様態の経過として、がんでは長期間にわたり徐々に機能が低下するため、急激な変化は想定しなくてよい。

2 要介護状態の合併症として起こりやすい、誤嚥性肺炎や尿路感染症の予防方法を理解しておく。

3 医学的意見のひとつとして、居宅サービス計画の作成時に主治医意見書を活用する。

4 利用者の病状の予後について把握しておく。

5 医療職との連携では、介護支援専門員はもっぱら情報の提供や報告に努める。

93 解説

1 ✕ 医師が主訴と病歴を聴取し、診断を確定して治療を開始するまでの過程においては、患者本人が検査の必要性や検査の結果、今後の治療について医師の説明を聞き、その説明に納得し、同意するというインフォームド・コンセントが重視されている。

2 ✕ エビデンス・ベースド・メディスン（Evidence Based Medicine：EBM）とは、医師個人の経験に頼る医療ではなく、医療論文やデータなど根拠や証拠に基づいた医療である。

3 〇 ナラティブ・ベースド・メディスン（Narrative Based Medicine：NBM）は、特に治療の確立されていない領域などにおいて、重要な位置を占める。さらに、患者中心の医療、患者の尊厳を守る医療が行われることが重要となる。

4 ✕ 医師からの診断と予後の説明があってはじめてインフォームド・コンセントが成立する条件がそろう。

5 〇 在宅療養支援診療所や在宅療養支援病院とは、24時間対応の往診や訪問看護が可能な体制を整えた診療所や病院をいう。介護支援専門員などとの連携についても、診療報酬を算定する際の要件のひとつとして設定されている。

正答　3・5

94 解説

1 ✕ がんなどでは、ある時期を境に急速に機能が低下していくため、緊急時の連携手段の確保などが必要となる。このほか、老衰、認知症などでは長期間にわたり徐々に機能が低下し、心臓、肺、肝臓などの臓器不全ではときどき重症化しながら長期にわたり機能が低下することが多い。介護支援専門員はこれらの過程や今後の病状の経過について理解しておくことが求められる。

2 〇 誤嚥性肺炎では食形態への配慮、尿路感染症では適切な水分補給といった予防手段を理解しておくことが求められる。このほか、要介護状態で起こりやすい合併症として、転倒、骨折、褥瘡などがある。

3 〇 要介護認定の資料として使われる主治医意見書は、医師による重要な医学的意見として、居宅サービス計画などの作成時に活用することができる。

4 〇 予後とは、病気の経過の見通しや、経験と知識に基づく予測をいう。介護支援専門員は、利用者の病状を理解するとともに、今後の経過についても把握しておく必要がある。

5 ✕ 情報の提供・報告を通して、医療職から必要な情報を得ることが大切である。連絡をとる際、把握しておくべき情報と報告するべき情報を整理しておくことで、適切な情報交換が可能となる。

正答　2・3・4

★★

95 高齢者の栄養について、より適切なものはどれか。3つ選べ。

1 高齢者の食生活の支援で最も重視されるのは、良好な栄養を補給することである。

2 BMIが18.5以上は低体重とされる。

3 下腿周囲長は、低栄養の指標となる。

4 低栄養状態は、フレイルや要介護状態の大きな要因のひとつとなる。

5 低栄養状態に陥ると、免疫機能が低下し、感染症に罹患しやすくなる。

★★

96 高齢者の食事などについて、より適切なものはどれか。3つ選べ。

1 高齢者は、十分なたんぱく質とエネルギーを摂取する必要がある。

2 食欲がないときや1回に多くの量が食べられないときは、1日3回の食事にかぎらず、食事の回数を増やしたり、間食をとることも検討する。

3 趣味の仲間などと一緒に食事をすることは、食欲を増進することにつながる。

4 高齢者では、メタボリックシンドロームなどの過栄養が問題となることは少ない。

5 低栄養を予防するため、介護保険施設での経管栄養の取り組みについて加算評価がされている。

95 解説

1 ✕ 高齢者にとって「食べること」は、単なる栄養補給にとどまらず、大きな楽しみや生きがいであり、社会参加への契機ともなる。こうした食べる楽しみを支援し、QOLの向上を図る視点をもつことも重要となる。

2 ✕ BMIが18.5未満は低体重とされる。体重減少やBMIの低下は、上腕周囲長、下腿(かたい)周囲長などとともに、低栄養の指標となる。

3 ◯ 上腕や下腿の周囲長は、寝たきりなどの場合の低栄養判定に使われる。下腿周囲長は、体重を反映し、浮腫の有無の判断目安ともなる。上腕周囲長は、骨格、内臓、筋肉などの総和を反映し、低栄養状態による体脂肪や筋肉量の減少の指標となる。

4 ◯ 低栄養状態では筋肉のたんぱく質が消費されるため筋肉量や筋力が低下し、ADLの低下、活動の意欲低下、身体機能の低下、エネルギー消費量の低下、食欲の低下などの負の循環を招きやすく、進行するとフレイルや要介護状態の大きな要因となる。

5 ◯ 免疫機能が低下すると感染症にかかりやすく、肺炎などを合併することもある。

正答 3・4・5

96 解説

1 ◯ 高齢者は、味覚、嗅覚、視覚などの低下、歯の喪失によるそしゃく機能低下、活動量の低下などにより、食欲や食事量が低下しやすい。生活環境や家族の状況などもアセスメントし、十分なたんぱく質とエネルギーがとれるよう支援する。

2 ◯ 食欲がないときでも、少量ずつでも食べられるように心がける。1日3食のほかに間食をとるなどしてエネルギー摂取量を増加させるくふうが必要である。

3 ◯ ほかの人との交流を図りながら食事をする「共食」は、食事の楽しみともなり、食事をとる意欲にもつながる。

4 ✕ 高齢者では、低栄養のほか、メタボリックシンドロームなどの過栄養も少なくない。生活習慣病への対応が重要となる。

5 ✕ 経管栄養の取り組みを評価する加算は設定されていない。介護保険施設では、高齢者の「口から食べる楽しみ」を支援するため、施設の入所者への低栄養状態に対応した栄養ケア・マネジメントの取り組みや経口維持・経口移行の取り組みについて加算で評価がされている。

正答 1・2・3

97 薬の作用について、より適切なものはどれか。3つ選べ。

1 高齢者の場合、服用薬の種類が多く、薬の相互作用による副作用が出現しやすい。

2 高齢者では、肝臓での薬物代謝速度が遅くなり、薬の作用が低下する。

3 栄養状態があまりよくない場合、薬の作用が増強することがある。

4 食品については、薬との相互作用はないため、利用者への薬との併用についての説明は不要である。

5 介護支援専門員は、利用者のADL、認知機能、生活環境などを評価して、服薬管理能力を把握する必要がある。

98 服薬管理について、より適切なものはどれか。3つ選べ。

1 内用薬（内服薬）は、できるだけ上半身を起こし、100mL程度の水またはぬるま湯で服用するとよい。

2 薬の形状や大きさによって飲み込みにくい場合は、カプセルをはずしたりつぶしたりして、確実に服用することが大切である。

3 認知機能の低下がある場合、薬の管理を容易にするため、お薬カレンダーなどの活用も考慮する。

4 薬を飲み忘れた場合は、次の服用時間に2回分を服用し、決められた用量を守るようにする。

5 口渇は、利尿薬や抗うつ薬の副作用として現れることがある。

97 解説

1 ○ 高齢者は複数の薬を使用している場合が多く、**薬の相互作用による副作用が出現しやすいため**、服用薬を把握しておく必要がある。併用される薬は医師の処方薬とはかぎらず、一般用医薬品、漢方薬、栄養剤、健康食品なども含まれる。

2 ✕ 高齢になると肝機能の低下から**肝臓での薬物代謝速度が遅くなり**、薬の血中濃度が増加することから、薬の作用は増強される。薬物代謝とは、肝臓に入った薬が、酵素の働きで無害な形に変えられることで、この代謝を免れた薬の成分が血管をめぐり、生体に作用していく。

3 ○ 薬として作用するのは、**血中のたんぱく質と結合していないものだけである。**このため、**栄養状態の低下により血中のたんぱく質の量が低下していると**、たんぱく質と結合できない薬が増え、**作用が増強する。**

4 ✕ 一般用医薬品や健康食品のほか、特定の食品などにも**薬の作用に影響を与えるもの**がある。たとえば、**抗凝固薬**を服用中は、ビタミンKを含む納豆、クロレラ、緑色野菜などを摂取すると薬の作用が弱まることがある。薬と併用してもいいかどうかの確認や利用者への説明が必要である。📖p.218

5 ○ 介護支援専門員は、利用者の服薬管理能力をアセスメントし、ケアチームで情報を共有する必要がある。また、お薬手帳やお薬説明書も活用して、薬に関する情報管理や共有を行う。

　　　　　　　　　　　　　　　　　　　　　　　　　　　　　正答　1・3・5

98 解説

1 ○ 横になったままの状態や少ない水で服用すると、組織刺激性のある薬が食道にとどまり**食道潰瘍_{かいよう}を引き起こす可能性**もあるため、上半身を起こし、100mL程度の水やぬるま湯で薬を服用するようにする。

2 ✕ 製剤的なくふうがされている薬もあるため、つぶしたり、カプセルをはずしたりすることには**専門的な判断が必要である。**また、薬には唾液や少量の水で溶けるOD錠（口腔内崩壊錠）や舌下錠（口腔粘膜から有効成分を急速に吸収）、貼付薬などもあり、状態に応じた薬の形態が考慮される。

3 ○ お薬カレンダーを活用したり、医師や薬剤師と相談して薬の一包化をするなど、管理が容易になるくふうをする。また、適切な量を適切な時間に飲めるよう、見守りや声かけなどの服薬援助も考慮する。

4 ✕ **2回分を一度に飲まないようにする。**飲み忘れに気づいたときは、原則すぐに服用するが、次の服薬時間が近いときは、忘れた分は服用せずに、次の分から飲む。

5 ○ 利尿薬、抗うつ薬、抗不安薬、抗パーキンソン病薬、麻薬、抗不整脈薬の副作用として口渇（唾液分泌抑制）が現れることがある。📖p.218

　　　　　　　　　　　　　　　　　　　　　　　　　　　　　正答　1・3・5

合格エッセンス 薬の相互作用・主な副作用

　薬の相互作用により、同じ薬効をもつ薬の併用では作用が増強し、相反する薬効をもつ薬の併用では作用を弱める方向に働く。一般医薬品のほか、健康食品、特定保健用食品、特定の食品や飲料にも薬の作用に影響を与えるものがあるので、必ず併用してもよいかどうか確認する。

　＜代表的な例＞

○グレープフルーツ⇨酵素がカルシウム拮抗薬（降圧薬）などの薬の代謝を妨げ、薬の作用が増強

○ビタミンKを含む食品（特に納豆、クロレラ、緑色野菜など）⇨**抗凝固薬**の作用を減弱

○牛乳⇨角化症治療薬の体内への吸収量が増加し、薬の作用が増強

■薬の主な副作用

副作用	原因となる薬
起立性低血圧	降圧薬
眠気、ふらつき、注意力低下、健忘	抗精神病薬、抗不安薬、抗うつ薬、抗パーキンソン病薬
低血糖	血糖降下薬
頻尿、膀胱炎	利尿薬、カルシウム拮抗薬
脱水症状	利尿薬
口渇（唾液分泌抑制）	利尿薬、抗不安薬、抗うつ薬、抗パーキンソン病薬、麻薬、抗不整脈薬
出血傾向	抗血小板薬、抗凝固薬
便秘、頻脈、排尿困難、嚥下障害	抗不安薬、抗うつ薬、抗パーキンソン病薬
胃の不快感、上部消化管出血、腎機能障害	非ステロイド性消炎鎮痛薬
食欲不振	ジギタリス製剤、認知症治療薬、非ステロイド性消炎鎮痛薬、降圧薬、抗がん剤
消化器症状	鉄剤
薬剤性パーキンソン症候群（パーキンソン様症状）	抗精神病薬、一部の胃腸薬
尿閉	抗ヒスタミン薬、向精神薬、抗うつ薬
骨粗鬆症	ステロイド薬の長期内服

合格エッセンス 在宅医療管理の留意点

在宅自己注射		○食事摂取量が低下したときやシックデイの際には血糖コントロールが不良となり、低血糖や高血糖を引き起こす危険がある。 ○医師の指示を確認し、適切な量を適切な時間、方法、場所で注射できるように支援する。
悪性腫瘍疼痛管理		○医療用麻薬の副作用として、嘔吐、便秘、口渇、眠気、まれにせん妄があることに注意。
人工透析	血液透析	○血液の通過口であるシャントを手首などにつくる必要があり、シャント側への圧迫を避ける。 ○食事では、水分、塩分、カリウム（野菜や果物、海藻類）、リンを制限する。
	腹膜透析	○腹膜の働きが悪くなっていくため、長期間行うことは難しい。 ○食事や水分制限は、血液透析に比べてゆるい。 ○感染リスクがあり、合併症としての腹膜炎や内分泌代謝異常に注意する。
在宅中心静脈栄養法		○感染リスクがあるため、清潔に配慮したケアを行う。 ○入浴は可能だが、特別な配慮が必要、医師に確認する。
在宅経管栄養法		○栄養剤の種類、1日の回数、タイミング、1回の量、注入速度、注入時の姿勢などを医師等に確認する。 ○入浴は可能だが、特別な配慮が必要。 ○胃ろうに留置しているカテーテルが抜けると胃ろうが閉鎖するためすみやかに医師に連絡できるよう、連絡体制を確認する。
在宅人工呼吸療法		○医療職から十分な情報を得て、連絡体制を整える。予備バッテリーの確保やアンビューバッグ（手動式の人工呼吸器）の手技を習得。
在宅酸素療法（HOT）		○酸素の吸入量や時間は、医師の指示に基づいて行い、利用者が呼吸の息苦しさを訴えても、医師の指示を超えて酸素流量をあげてはならない。 ○火気厳禁。使用中は機器の周囲2m以内に火気を置かず、禁煙を必ず守るように指導する。
バルーンカテーテル法（膀胱留置カテーテル法）		○蓄尿バッグは膀胱より低い位置を保つ。中の尿は定期的に廃棄する。 ○尿漏れがある場合は、カテーテルの閉塞を疑う。 ○尿路感染のリスクが高いため、清潔操作、できる範囲での水分摂取を勧める。

★★★
99 在宅医療管理について、より適切なものはどれか。3つ選べ。

1 インスリンの自己注射を行っている場合は、体調不良時に薬剤の効果が強く出る場合がある。

2 インスリンの自己注射は、介護職員が業務として行うことが認められている。

3 在宅における悪性腫瘍疼痛管理では、経口投与以外の方法で、疼痛のコントロールを行うことは認められない。

4 悪性腫瘍の疼痛緩和には、医療用麻薬の処方も行われる。

5 人工透析のうち腹膜透析は通院が月1～2回ですむが、長期間行うことは難しい。

★★★
100 在宅医療管理について、より適切なものはどれか。3つ選べ。

1 血液透析を行っている場合、シャント側の手首を圧迫してはならない。

2 中心静脈栄養療法を行っている間は、原則として入浴はできない。

3 栄養補給の方法としては、経管栄養法よりも中心静脈栄養法が優先的に選択される。

4 胃ろうに留置しているカテーテルが突然抜けた場合は、すぐに医療職に連絡する必要がある。

5 経管栄養法による栄養剤の注入が速すぎると、下痢や嘔吐の危険性がある。

99 解説

1 ○ 体調不良時（シックデイ）には、血糖コントロールが不良になり薬が効きすぎて低血糖になることもある。インスリンの量をどの程度減らすのか、または中止するのか事前に医師に確認し、スタッフで情報を共有する必要がある。

2 × インスリンの自己注射は本人または家族が行う。医療行為となるため、介護職員が行うことは認められていない。

3 × 薬の形式には、経口薬のほか、貼り薬、座薬、舌下錠、バッカル錠、注射薬がある。また、自動注入ポンプを用いて、注射薬を持続的に投与していく方法もあり、病状に応じて投与方法を変更していく。

4 ○ なお、医療用麻薬の副作用には、主に吐き気、嘔吐、眠気、便秘、まれにせん妄があり、注意が必要である。

5 ○ 腹膜透析は、自宅で本人や家族が腹膜を通して老廃物や水分を除去する方法で、通院は月1〜2回ですむ。ただし、腹膜の働きが悪くなっていくため、長期間行うことは難しく、カテーテルから腹膜炎などに感染するリスクもある。 📖p.219

正答 **1・4・5**

100 解説

1 ○ 血液透析は、透析施設に週2〜3回通院して、透析器により4〜5時間かけて血液を浄化する方法である。利用にあたり手首などに血液の通過口であるシャントをつくる必要があり、シャント側の手首で脈拍を測るなどの圧迫は避ける必要がある。ふだんの生活では水分、塩分、カリウム、リンのとり過ぎにも注意する。

2 × 中心静脈栄養法を行っていても入浴は可能であり、具体的な方法は医師に確認し行う。

3 × 経管栄養法では、消化管から栄養を吸収するという生理機能を生かすことができるため、基本的には中心静脈栄養法よりも優先して選択される。

4 ○ 胃ろうからカテーテルが抜けると、ろう孔は数時間で閉じてしまうため、すぐに医療職に連絡する必要がある。なお、胃ろうには胃の中の形によりバルーン型とバンパー型があるが、バンパー型のほうが自然脱落のおそれが少ない。いずれの場合も、日ごろの皮膚の観察と清潔ケアが重要である。

5 ○ 栄養剤を注入する際は、上半身を30度以上起こし、適切な速度で行うことが大切である。 📖p.219

正答 **1・4・5**

[101] 在宅医療管理について、より適切なものはどれか。2つ選べ。

1 在宅酸素療法（HOT）を行っている場合は、外出や旅行は控える必要がある。

2 在宅酸素療法を行っている間の酸素の吸入量や時間は、呼吸の状態に応じて本人や介護者が適宜調整する。

3 在宅酸素療法を行っているときには、禁煙を厳守する必要がある。

4 在宅人工呼吸療法で使用する機器が正常に動かない場合は、介護者が対応できるようにあらかじめ一定の研修を受ける必要がある。

5 在宅人工呼吸療法を長期間行う場合でも、気管を切開せずに行う方法が多く行われている。

[102] 在宅医療管理について、より適切なものはどれか。2つ選べ。

1 喀痰吸引は、介護職は行うことができないため、家族が指導を受ける必要がある。

2 バルーンカテーテル法は、感染症のリスクが高くなるため、清潔操作が必要である。

3 消化管ストーマ保有者は、臭いやガス発生を防ぐため、刺激物を含む食材は選ばないようにする。

4 パルスオキシメーターは、血液中の酸素飽和度をみるもので、脈拍も同時に測定できる。

5 パルスオキシメーターは、介護保険の福祉用具貸与の給付対象となっている。

101 解説

1 ✕ 在宅酸素療法（HOT）で使用する酸素供給器は、軽量・小型化されており、携帯して外出や旅行も可能である。

2 ✕ 酸素の吸入量や時間は、医師の指示に基づいて行わなければならず、勝手な判断で変更してはならない。

3 〇 酸素供給器には高濃度の酸素が入っているため、使用中は禁煙を必ず守り、機器の周囲2m以内に火気を置かないようにする。

4 ✕ 機器が正常に動かない場合は取扱い業者が対応するため不用意に触らないようにする。在宅人工呼吸療法で使用する機器のトラブルは患者の生命の危機に直結するため、緊急時や災害時などの対応を確認しておく必要がある。内蔵バッテリーの充電状態なども定期的にチェックしておく。📖p.219

5 〇 在宅人工呼吸療法には、マスクを使用して実施する非侵襲的陽圧換気法（NPPV）と、気管切開などをして実施する侵襲的陽圧換気法（IPPV）の2つの方法があり、多く行われているのはNPPVである。NPPVは重度のCOPD患者などに適応し、IPPVは筋萎縮性側索硬化症などで自発呼吸が阻害されている場合に適応する。

正答 **3・5**

102 解説

1 ✕ 研修を受けた介護職員等は、一定の条件のもとで喀痰吸引（痰の吸引）を行うことができる。喀痰吸引では、口腔内吸引、鼻腔内吸引、気管吸引を行うことが可能である。

2 〇 バルーンカテーテル法（膀胱留置カテーテル法）は、尿道口からカテーテルを膀胱内に挿入・留置し、持続的に尿を排出させる方法である。感染リスクが高いため、本人や家族には、清潔に留意した操作方法の指導を行い、緊急時の対応についての体制づくりが必要になる。📖p.219

3 ✕ 消化管ストーマは、通常の排泄ができなくなった場合に、結腸や回腸につくる人工肛門である。食事内容によっては臭いやガスが発生することもあるが、特定の食事制限をせず栄養分をバランスよく摂取することが大切である。

4 〇 パルスオキシメーターとは、光センサーのついたクリップを手や足の先につけて動脈血液中の酸素飽和度と脈拍を測定できる機器で、簡単な操作で測定できる。

5 ✕ パルスオキシメーターは、介護保険の福祉用具貸与の給付対象となっていない。ただし、在宅酸素療法や人工呼吸療法を行っている場合、市町村により購入の補助を受けられることがある。

正答 **2・4**

★★
103 感染症の予防策について、より適切なものはどれか。3つ選べ。

1 標準予防策（スタンダード・プリコーション）は、感染症の罹患の有無にかかわらず、すべての利用者や患者に対して行われる。

2 流水や石けんによる手洗いや消毒は、手袋をはずしたあとでも行う必要がある。

3 腸管出血性大腸菌感染症は、飛沫感染するため、必ず高性能マスクをしてケアにあたらなければならない。

4 施設職員が嘔吐物を処理する際には、汚染した場所やその周囲は厳重にアルコール消毒をする必要がある。

5 B型肝炎、C型肝炎は日常的な接触では、感染のおそれはない。

★★★
104 感染症について、より適切なものはどれか。2つ選べ。

1 インフルエンザウイルスは感染力が強く、高齢者では肺炎の合併を予防するためにも、ワクチン接種が推奨される。

2 肺炎球菌ワクチンは、高齢者であっても毎年の接種が推奨されている。

3 MRSA（メチシリン耐性黄色ブドウ球菌）は常在菌であり、高齢者でも比較的予後は良好である。

4 ノロウイルス感染症は、嘔吐、下痢、腹痛などの急性胃腸症状を起こす。

5 ノロウイルス感染症は、経口感染により発症するため、症状が消失すれば二次感染のおそれはない。

103　解説

1　○　標準予防策は、あらゆる人の血液、体液、分泌物、排泄物、創傷のある皮膚、粘膜には**感染性があるとして、すべての患者や利用者に対して行われる感染予防策**である。**手指衛生、個人防護具**（手袋やマスク、必要に応じてゴーグル、ガウン、エプロン）の使用、**咳エチケット**が重要である。

2　○　手袋着用の前、また**手袋をはずしたあとでも必ず手指衛生を行い**、使用後の手袋は破棄する。

3　×　腸管出血性大腸菌感染症は**接触感染であり、常に高性能マスクをする必要はない**。なお、介護・看護従事者に咳やくしゃみなどの症状がある場合には感染性があるため、標準予防策としてマスクを着用する必要がある。

4　×　アルコールではなく**0.5％次亜塩素酸ナトリウムで消毒**する。

5　○　B型肝炎・C型肝炎は、**血液や体液を介して感染**（C型肝炎では体液感染のリスクは低い）するため、輸血の際や針刺し事故などに注意を必要とするが、日常の接触で感染することはない。

正答　1・2・5

104　解説

1　○　インフルエンザウイルスは感染力が強く、高齢者の場合は**肺炎を合併して死亡の原因にもなる**。特に、慢性閉塞性肺疾患（COPD）患者には接種が推奨される。

2　×　肺炎球菌ワクチンの接種による予防効果は**5年間続くため、2回目以降の接種は5年以上間隔をあけることが必要**である。また、高齢者は定期予防接種の対象となっているが、接種機会は1回のみである。

3　×　MRSAは常在菌とされるが、抗生物質に対する**強い耐性をもつ菌で、高齢者や体力の弱まった人が感染すると難治性**となり、予後不良の場合が少なくない。

4　○　ノロウイルス感染症は感染力が強く、特に高齢者施設では集団感染することがあり注意が必要である。

5　×　ノロウイルスは汚染された食物などを介して経口感染するが、下痢などの急性症状がなくなったあとでも、患者の嘔吐物や便からは**大量のウイルスが排出される**ため、二次感染に注意が必要である。患者の嘔吐物や便を処理する際には、使い捨てのガウン、マスク、手袋を着用し、処理後に**次亜塩素酸ナトリウムで調理器具や食器類、床を拭き取る**。

正答　1・4

★★
105 急変時の対応について、より適切なものはどれか。3つ選べ。

1 高齢者の急性疾患では、症状が非典型的で自覚症状に乏しい。

2 出血が激しい場合は、出血部位を心臓より低くすると、出血量を減らすことができる場合がある。

3 漂白剤を誤って飲んでしまった場合は、無理に水を飲ませたり吐かせたりしないほうがよい。

4 誤嚥した場合は、異物の除去が最優先となり、緊急に医療機関で受診する必要はない。

5 高齢者では、心筋梗塞を発症した場合に腹痛が主症状のことがある。

★★
106 急変時の対応について、より適切なものはどれか。2つ選べ。

1 呼吸困難とチアノーゼがある場合は、イレウスが疑われる。

2 寝たきりの高齢者が嘔吐した場合には、仰臥位にするとよい。

3 要介護者の溺水は、浴槽で起こることが多い。

4 タール便がみられる場合、大腸からの出血が疑われる。

5 心肺蘇生では、AEDの手配を依頼し、初めに胸骨圧迫を開始する。

105 解説

1 ○ 高齢者の急性疾患では、症状が**非典型的**で**自覚症状に乏しく**、痛みや呼吸困難の訴えがないこともある。また、水・電解質の代謝異常（脱水）や、意識障害、せん妄など**神経・精神症状**の合併症も伴いやすい。

2 × 出血部位を心臓より**高く**すると、出血量を減らすことができる場合がある。また、出血が激しい場合は、出血部位よりも**心臓に近い側を圧迫**して止血する。

3 ○ **酸性**やアルカリ性の強い洗剤や漂白剤は気管に入ると**危険**なため、無理に水を飲ませたり吐かせたりせず、すぐに医療機関にかかる。

4 × 窒息の防止のため、異物の除去は最優先だが、同時にすぐに**医療機関へ連絡**し受診をすすめなければならない。異物除去では、口の中のものを指でかき出すほか、胸骨とへその間を強く圧迫する**腹部突き上げ法**（ハイムリック法）、手の平全体で背中を強く叩く**背部叩打法**も効果がある。

5 ○ 心筋梗塞の典型的な症状は、激しく、また長引く（30分以上）前胸部の痛みとしめつけ感だが、**放散痛**として、痛みが肩、背中、首などに拡散することがある。また、高齢者では胸痛の症状がなく**腹部の痛み**が主症状であったり、**冷や汗や吐き気**、呼吸困難が主症状であったりすることもあり注意が必要である。

正答 1・3・5

106 解説

1 × イレウスでは、激しい腹痛と嘔吐が特徴である。呼吸困難とチアノーゼがある場合は、**心不全**の可能性がある。心不全による呼吸困難では、仰向けよりも座った状態での起座呼吸のほうが症状が楽になる。

2 × 嘔吐したときには、のどがつまらないように**側臥位**にして、口の中の嘔吐物を取り除く。

3 ○ 浴槽で溺れているのを発見した場合には、ただちに**心肺蘇生**を開始する。

4 × **タール便**（黒っぽいドロドロした血便）では、胃、十二指腸など**上部消化管**からの出血が疑われる。上部消化管で出血した場合、血液は途中で胃液や腸内の細菌の影響を受け、黒色に変化するためである。逆に、肛門までの距離が近い大腸など下部消化管からの出血では、**鮮血便**となる。

5 ○ AEDは、特に不整脈のなかでも致死性の高い**心室細動**に有効である。なお、心肺蘇生法のガイドラインによると、救命処置において、正常な呼吸が確認できないか判断に迷う場合は、まず**胸骨圧迫**（胸の真ん中を圧迫）を1分間に100～120回のテンポで行い、AEDが到着したらすぐに使用するとされている。

正答 3・5

50 健康増進と疾病障害の予防

★★

107 健康日本21（第3次）の4つの方向性に含まれるものとして正しいものはどれか。2つ選べ。

1 個人の行動と健康状態の改善

2 地域共生社会の実現

3 平均寿命の延伸と健康格差の縮小

4 若年性認知症の人への支援

5 ライフコースアプローチを踏まえた健康づくり

★

108 生活習慣病の予防について、より適切なものはどれか。2つ選べ。

1 子宮頸がんの発症には、肝炎ウイルスが関与している。

2 白血病のなかには、細菌感染により発症するものがある。

3 運動習慣の有無が、がんの発症に関係することはない。

4 糖尿病を発症した場合、喫煙習慣により、合併症が進行しやすくなるとされている。

5 多量の飲酒習慣は、中性脂肪の合成を促進し、虚血性心疾患のリスクを高める。

107 解説

2024（令和6）年度からは、「第3次国民健康づくり運動（健康日本21〔第3次〕）」が2035（令和17）年度までの計画として実施される。健康日本21（第3次）が示す4つの方向性には、①健康寿命の延伸と健康格差の縮小、②個人の行動と健康状態の改善、③社会環境の質の向上、④ライフコースアプローチを踏まえた健康づくりがある。

1 ○ 前述の②のとおり。特に生活習慣の改善、生活習慣病（NCDs：非感染性疾患）の発症予防・重症化予防、生活機能の維持・向上などが掲げられている。

2 × 地域共生社会は、地域住民や多様な主体が参画して地域づくりに取り組む社会を指し、2020（令和2）年の介護保険制度の改正において、その実現を図ることが大きなテーマとなっている。

3 × 前述の①のとおり。平均寿命ではなく、健康寿命（日常的に介護を必要とせずに生活できる期間）である。

4 × 若年性認知症の人への支援は、新オレンジプランを引き継ぐ認知症施策推進大綱の5つの柱に含まれている。

5 ○ 前述の④のとおり。

正答　1・5

108 解説

1 × 肝炎ウイルスにはB型肝炎ウイルス、C型肝炎ウイルスがあり、肝臓がんの発症に関与する。子宮頸がんは、ヒト・パピローマ・ウイルスへの感染が、発症に関与する。その他ピロリ菌による胃がんなど特定の細菌やウイルスへの感染によって、がんが発症することがわかっている。

2 × 細菌感染ではなく、ウイルス感染による白血病として、ヒトT細胞性白血病ウイルスへの感染による成人T細胞性白血病がある。

3 × がん、心疾患や脳血管疾患、糖尿病、骨粗鬆症など生活習慣病の発症には、運動習慣や食習慣が密接に関係している。塩分の過剰摂取を控えるなど食生活の改善と適度な運動をあわせて実践することで発症のリスクを軽減できる。

4 ○ たばこには多くの発がん物質が含まれ、心疾患、脂質異常症、高血圧などのリスクが高まる。なお、禁煙指導は医療保険の対象となっている。

5 ○ 多量の飲酒は、生活習慣病の発症要因となるため、適度な量とすることが必要である。

正答　4・5

保健医療サービス分野

229

★★★

注目 **109** 高齢者のターミナルケア（終末期介護）について、より適切なものはどれか。3つ選べ。

1 ターミナルケアは、がん末期のホスピスケアにかぎるものではない。

2 アドバンス・ケア・プランニング（ACP）では、医療・ケアチームが中心となって、ターミナル期の取り組みについて話し合いを重ねる。

3 認知症が重度である場合、その人の意思確認は不可能であるため、家族の意思を優先する。

4 ターミナル期に身体の機能を急激に低下させる要因として、急性合併症や転倒、慢性疾患の急性増悪などがある。

5 在宅で利用者の急変が生じた場合にも対応できるよう、在宅療養支援診療所や24時間対応可能な訪問看護ステーションとの連携体制を確保しておく。

★★★

110 ターミナルケアの実際について、より適切なものはどれか。2つ選べ。

1 食欲が落ち、体重が減ってきた場合は、できるかぎり食事量を維持できるよう、経管栄養食などによる栄養補給を検討する。

2 臥床や傾眠が多くなった場合でも、可能なかぎり、眠るときと目覚めるときのリズムをつくることが大切である。

3 臨終が近づき、息切れや息苦しさがあるような場合は、頭を少し高くするなど姿勢のくふうや環境整備をする。

4 呼吸リズムで下顎呼吸がある場合には、しばらくすると通常の呼吸に戻るのであわてずに観察する。

5 在宅で患者の呼吸が停止した場合には、病院への緊急搬送が必要である。

109 解説

1 ○ ターミナルケアとは、終末期（ターミナル期）に提供されるケアのことをいい、がん末期の**ホスピスケアにかぎるものではない**。人生の終盤の時期を広くとらえ、老いや衰えが進みつつある時期に行われるケアを**エンド・オブ・ライフケア**とも呼ぶ。

2 ✕ アドバンス・ケア・プランニング（ACP）は、自らが望む人生の最終段階における医療・ケアについて、**本人が家族などや医療・ケアチームと繰り返し話し合い**、これからの医療・ケアの目標や考え方を明確にし、共有するプロセスである。

3 ✕ 厚生労働省の「認知症の人の日常生活・社会生活における意思決定支援ガイドライン」では、①意思形成支援、②意思表明支援、③意思実現支援、という3つの支援プロセスを踏むことの重要性が強調されており、認知症の人でも、その意思を表明し、決定できるよう支援を行うことが重要である。

4 ○ 身体機能低下をもたらすものには、設問にあるような**急速に身体機能を悪化させる要素**と、認知機能の低下、意欲の低下、筋力低下、食べる行為の不活発など徐々に機能を傾かせる要素の2つがあり、これらが複合的に重なっていく。医療と介護が連携して、複数の問題に対し、**未然に防げるような対策を立てる必要がある**。

5 ○ 在宅ターミナルケアにおいては、24時間体制で対応できる医療体制を整えておく必要がある。

正答 1・4・5

110 解説

1 ✕ 食事量や栄養を維持できるようにくふうするが、**楽しみや満足感を重視していく**ことも大切である。どうしても食べられないようなときは、食べたいときに、食べたい分だけとればよいと考えることも必要になる。

2 ○ 傾眠がちになった場合でも、可能な範囲で、車いすの利用など離床できる時間を確保し、**眠るときと目覚めるときのリズムをつける**。

3 ○ 少しでも息苦しさが楽になるよう姿勢やベッドの角度調整、環境整備などを行う。また、そばでゆっくり背中を支えるなど安心感を与えることも大切である。

4 ✕ **下顎呼吸**は、顎であえぐような呼吸で、最終的には顎だけが弱々しく動く呼吸となり**死が近い徴候である**。下顎呼吸では、家族はそばに来て見守ることが必要である。

5 ✕ 在宅で死亡した場合に救急車を呼んでしまうと、警察による検死が必要となる。まず、**主治医に連絡し、主治医が死亡診断書を作成する**ということを関係者に周知徹底する。

正答 2・3

52 訪問看護

→速習 保 L 27

★★★
111 訪問看護について正しいものはどれか。3つ選べ。

1 訪問看護ステーションでは、理学療法士を配置することができる。

2 管理者は、原則として医師でなければならない。

3 末期悪性腫瘍の場合、要介護者であっても、医療保険による訪問看護が行われる。

4 特別訪問看護指示書が交付された場合、原則として月1回、連続7日間にかぎり、医療保険から訪問看護が行われる。

5 訪問看護では、医師の指示に基づき薬剤管理などの診療の補助を行うことができる。

★★★
112 訪問看護について正しいものはどれか。3つ選べ。

1 訪問看護計画書と訪問看護報告書は、定期的に主治医に提出されなければならない。

2 訪問看護を行う看護師などは、自分の同居家族に訪問看護を行うことができる。

3 訪問看護では、24時間のサービス提供はできない。

4 看護師等は、利用者の病状の急変などが生じた場合には、臨時応急の手当てを行う。

5 訪問看護費は、小規模多機能型居宅介護を利用している間も算定できる。

111 解説

1 ○ 訪問看護ステーションの実情に応じて適当数の理学療法士、作業療法士または言語聴覚士が配置される。

2 × 管理者は、原則として保健師または看護師でなければならない。

3 ○ 要介護者であっても、末期悪性腫瘍や神経難病などの厚生労働大臣が定める疾病等への訪問看護、急性増悪時に主治医から特別訪問看護指示書が交付された場合の訪問看護（原則として月1回、14日間まで）、精神科訪問看護は、医療ニーズが高いため、医療保険から訪問看護が給付される。同時に介護保険の訪問看護を利用することはできない。 📖p.234

4 × 選択肢3の解説のとおり、医療保険から訪問看護が給付される。

5 ○ 訪問看護では、病状の観察と情報収集、療養上の世話や医師の指示に基づく診療の補助、リハビリテーション、精神的支援、家族支援、療養指導、在宅での看取り支援を行う。

正答 **1・3・5**

112 解説

1 ○ 看護師等（准看護師は除く）が作成した訪問看護計画書と訪問看護報告書は、事業所の管理者が定期的に主治医に提出しなければならない。

2 × 看護師などが自分の同居している家族に、訪問看護としてサービスを行うことはできない。

3 × 「緊急時訪問看護加算」を組み込むことで、24時間のサービス提供が可能となっている。

4 ○ 看護師等は、利用者に病状の急変などが生じた場合には、必要に応じて臨時応急の手当てを行うとともに、すみやかに主治医に連絡をして指示を求めるなどの必要な措置を講じる必要がある。

5 ○ 訪問看護、訪問リハビリテーション、居宅療養管理指導、福祉用具貸与は、小規模多機能型居宅介護を利用していても組み合わせて算定可能である。

正答 **1・4・5**

 **合格エッセンス** 訪問看護の給付の区分け

介護保険から給付	医療保険から給付
要介護者への訪問看護（ただし、右欄の①～③を除く）	要介護者以外への訪問看護
	要介護者への訪問看護のうち ①急性増悪時の訪問看護 ②末期悪性腫瘍、厚生労働大臣が定める疾病等※の患者への訪問看護 ※多発性硬化症、重症筋無力症、スモン、筋萎縮性側索硬化症（ALS）、脊髄小脳変性症、ハンチントン病、進行性筋ジストロフィー症、パーキンソン病関連疾患（進行性核上性麻痺、大脳皮質基底核変性症およびパーキンソン病〔ホーエン・ヤールの重症度分類がステージ3以上で、かつ生活機能障害度がⅡ度またはⅢ度のもの〕、多系統萎縮症（線条体黒質変性症、オリーブ橋小脳萎縮症およびシャイ・ドレーガー症候群をいう）、プリオン病、亜急性硬化性全脳炎、ライソゾーム病、副腎白質ジストロフィー、脊髄性筋萎縮症、球脊髄性筋萎縮症、慢性炎症性脱髄性多発神経炎、後天性免疫不全症候群、頸髄損傷、人工呼吸器装着 ③精神科訪問看護（認知症を除く）

（注）要支援者についても、上表と同様の給付規定が適用される。

 合格エッセンス 原則として医行為ではない行為

　看護師、保健師は、診療の補助として医師の指示のもと医行為（医療行為）を行うことができるが、介護職は医行為（例外として痰の吸引や経管栄養は除く）を行うことはできない。しかし、下記の行為は医行為とはみなされないため、介護職も行うことが可能である。

バイタルチェックなど	○体温測定　○血圧測定　○パルスオキシメーター装着
簡単な処置	○軽微な切り傷、すり傷、やけどなどの処置 ○一定の条件下での医薬品の使用介助 　•軟膏塗布（褥瘡の処置を除く）　•湿布の貼り付け 　•点眼薬の点眼　•一包化された内用薬の内服（舌下錠含む） 　•座薬挿入、鼻腔粘膜への薬剤噴霧
規制の必要がないと考えられる行為	○爪切り　○口腔内のケア　○耳掃除（耳垢塞栓の除去を除く） ○ストマ装具のパウチの排泄物を捨てる ○自己導尿の補助としてのカテーテルの準備、体位の保持 ○市販の使い捨て浣腸器による浣腸

合格エッセンス 訪問看護の主な加算

ターミナルケア加算	24時間の連絡体制確保など一定の基準に適合する事業所が、死亡日および死亡日前14日以内に2日以上ターミナルケアを行った場合。医療保険のターミナルケアとの同時算定はできない。
退院時共同指導加算	病院・診療所または介護老人保健施設、介護医療院からの退院・退所にあたり、訪問看護ステーションの看護師等が主治医等と共同して在宅生活における必要な指導を行い、その内容を文書により提供し、退院・退所後の初回の訪問看護をした際に1回（特別な管理を要する者では2回）まで算定できる。
初回加算	新規に訪問看護計画を作成した利用者に対し、訪問看護を提供した場合、初回の訪問看護を行った月に算定する。
特別管理加算	腹膜透析、在宅血液透析、在宅酸素療法など一定の在宅医療の指導管理を受けている、真皮を越える褥瘡の状態にあるなど、特別な医療管理を必要とする利用者に計画的な管理を行った場合。
看護・介護職員連携強化加算	訪問介護事業所と連携し、痰の吸引などの特定行為業務が必要な利用者への計画の作成や訪問介護員に対する助言などの支援を行った場合に算定。
看護体制強化加算	「緊急時訪問看護加算」「特別管理加算」「ターミナルケア加算」のいずれについても算定した利用者が一定割合以上など、医療ニーズの高い利用者への提供体制を強化している場合に算定。
緊急時訪問看護加算	24時間の連絡体制をとっている事業所が、利用者にその旨を説明し、緊急時の訪問看護の利用についての同意を得て緊急時訪問を行う場合。1人の利用者に対し、1か所の事業所にかぎり算定できる。

 合格エッセンス 同一建物等に居住する利用者の減算

サービス	算定要件
訪問系サービス（居宅療養管理指導を除く）	①、②のいずれかにサービス提供した場合 ①事業所と同一敷地内または隣接する敷地内の建物に居住する利用者 ②同一敷地内・隣接敷地内以外の建物に居住する利用者でその建物の利用者が1か月20人以上
通所系サービス	①、②のいずれかにサービス提供した場合 ①事業所と同一建物に居住する利用者 ②事業所と同一建物から事業所に通う利用者

53 訪問リハビリテーション

→速習 保 L 28

113 訪問リハビリテーションについて正しいものはどれか。3つ選べ。

1 訪問リハビリテーション事業者として指定を得られるのは、介護老人保健施設のみである。

2 事業所には、適当数の看護師または保健師が配置される。

3 訪問リハビリテーションのサービス内容には、訪問介護事業所等の従事者に対する介護技術の指導や助言が含まれる。

4 指定訪問リハビリテーション事業者は、リハビリテーション会議を開催し、専門的な見地から、利用者の状況などに関する情報を共有するよう努める。

5 医師および理学療法士、作業療法士もしくは言語聴覚士は、訪問リハビリテーション計画の作成にあたり、その計画書の内容を説明したうえで利用者の同意を得て、利用者に交付しなければならない。

114 介護予防訪問リハビリテーションについて正しいものはどれか。3つ選べ。

1 基準該当サービスが認められている。

2 理学療法士、作業療法士または言語聴覚士は、サービス実施後は、診療記録を作成し、すみやかに医師に報告するものとする。

3 リハビリテーションを推進することには、閉じこもりを防止する効果がある。

4 介護報酬は、要支援状態区分ごとに、提供したサービス時間に応じて設定されている。

5 要支援1および2の人に対しては、予防的リハビリテーションを中心に行う。

113 解説

1 ✕ 病院・診療所、介護老人保健施設、介護医療院がサービスの指定を得ることができる。なお、健康保険法により保険医療機関の指定を受けた病院・診療所は、申請をすることなく、訪問リハビリテーションの指定があったとみなされる。

2 ✕ 事業所には、サービスの提供に必要な常勤の医師を1人以上、理学療法士、作業療法士または言語聴覚士を1人以上配置する。看護師・保健師の規定はない。

3 〇 訪問リハビリテーションのサービス内容には、廃用症候群の予防と改善、基本的動作能力やADL、IADLの維持・回復、対人交流・社会参加の維持・拡大、介護負担の軽減、福祉用具利用や住宅改修に関する助言や指導、訪問介護事業所等の従事者に対する利用者の自立支援に向けた介護技術の指導や助言が含まれる。

4 〇 リハビリテーション会議には、利用者や家族の参加を基本として、理学療法士等のリハビリテーション専門職のほか、介護支援専門員や医師、その他担当者も参加（テレビ電話等の活用でも可）する。

5 〇 主治医やサービス担当者会議などからの情報をもとに、利用者の日常生活全般の状況と希望を把握し、必ず訪問リハビリテーション計画を作成する。作成した計画書は利用者または家族に説明のうえ、利用者の同意を得て交付する。

正答 **3・4・5**

114 解説

1 ✕ 医療サービスにおいて基準該当サービスは認められていない。

2 〇 理学療法士等担当者がサービスを実施した場合は、すみやかにサービスの実施状況や評価について記載した診療記録を作成し、医師に報告する。

3 〇 リハビリテーションを推進することで、利用者の活動性を高め、外出の機会を増やし、社会交流の拡大を図ることができる。閉じこもりの防止は、介護予防を進めるうえでも重要である。

4 ✕ 訪問リハビリテーション・介護予防訪問リハビリテーションは、いずれも要介護状態区分・要支援状態区分やサービス提供時間に関係なく、1回につき単位が設定されている。

5 〇 要介護度別に重点的目標を定めた場合、要支援1・2の人では予防的リハビリテーション、要介護1・2の人の場合は、自立支援型リハビリテーションが主体となる。要介護3・4・5の人では、介護負担軽減型リハビリテーションが主体となる。

正答 **2・3・5**

★★
115 居宅療養管理指導のサービスの内容として正しいものはどれか。3つ選べ。

1 言語聴覚士が、失語症のある要介護者の居宅を訪問し、話し方の訓練や嚥下・摂食動作の向上を目的としたリハビリテーションを行った。

2 管理栄養士が、腎不全による特別食が必要な要介護者の居宅を訪問し、医師の指示に基づき、具体的な献立のつくり方などを指導した。

3 保健師が、脳梗塞を起こし麻痺のある要介護者の居宅を訪問し、歯科医師の指示に基づき、口腔ケアについての指導を行った。

4 医師が、寝たきり状態にあり、褥瘡ができている要介護者の居宅を訪問し、褥瘡の処置をした。

5 薬剤師が、糖尿病のある要介護者の居宅を訪問し、医師の指示に基づき、薬の用法や用量、副作用の説明を行い、ほかの薬との飲み合わせを確認した。

★★
116 居宅療養管理指導および介護予防居宅療養管理指導について正しいものはどれか。3つ選べ。

1 薬局の薬剤師は、居宅療養管理指導を行うことはできない。

2 医師または歯科医師がサービスを提供した場合、提供したサービス内容は診療録に記載する必要がある。

3 医師・歯科医師が行う居宅療養管理指導では、居宅サービスの利用に関する留意事項や介護方法、療養上必要な事項について利用者や家族に指導や助言を行う。

4 医師または歯科医師が、サービス担当者会議への出席が困難な場合は、指定居宅介護支援事業者（指定介護予防支援事業者）などに対して口頭または文書による情報提供を行うこととされている。

5 居宅サービス計画や介護予防サービス計画が作成されていなくても、現物給付でサービスが提供される。

115 解説

1 ✕ 選択肢は訪問リハビリテーションの内容。居宅療養管理指導は、医師、歯科医師、薬剤師などが通院の難しい要介護者の居宅を訪問し、心身の状況や環境などを把握して療養上の管理および指導を行うもので、サービス内容に応じて担当者が異なる。なお、要支援者に対しては、**介護予防居宅療養管理指導**が提供される。

2 ○ **管理栄養士**が行う居宅療養管理指導は、要介護者の居宅を訪問し、**医師の指示に基づいて栄養指導**を行うもので、選択肢の内容はこれに該当する。なお、2021（令和3）年度から、**外部**（ほかの医療機関、介護保険施設など）の**管理栄養士**が実施した場合も、居宅療養管理指導費を算定できることになった。

3 ○ 口腔や義歯の清掃に関する指導は、訪問歯科診療を行った歯科医師の指示および訪問指導計画に基づき**歯科衛生士、看護師、准看護師、保健師**が行う。

4 ✕ 医師・歯科医師による医療処置、投薬、点滴、検査などは、**医療保険からの給付**となる。医師、歯科医師による居宅療養管理指導は、居宅介護支援事業者や居宅サービス事業者への**必要な情報提供**、利用者や家族への居宅サービスを利用するうえでの留意点、介護方法などについての**指導および助言**が対象となる。

5 ○ **薬剤師**による居宅療養管理指導は、医師または歯科医師の指示に基づき**薬学的管理指導**を行うもので、選択肢の内容はこれに該当する。

正答 2・3・5

116 解説

1 ✕ 行うことができる。なお、保険医療機関である病院・診療所、保険薬局は、申請をすることなく居宅療養管理指導事業者の指定があったとみなされる。

2 ○ また、薬剤師、管理栄養士、歯科衛生士などが行う居宅療養管理指導では、提供したサービス内容は診療記録に記載し、医師・歯科医師に報告する必要がある。

3 ○ また、指導や助言の際には療養上必要な事項などを記載した文書を交付するように努める。

4 ✕ 医師または歯科医師は、原則として**サービス担当者会議**への出席により、指定居宅介護支援事業者（指定介護予防支援事業者）などに対する情報提供を行う。参加が困難な場合は、原則として**文書**により情報提供を行う。なお、2021（令和3）年度からの改正により、薬剤師についても、居宅介護支援事業者等に必要な**情報提供または助言**を原則としてサービス担当者会議への出席により行うことが運営基準に規定された。

5 ○ 居宅療養管理指導と介護予防居宅療養管理指導は、医師または歯科医師の判断に基づき実施されるもので、居宅サービス計画や介護予防サービス計画に記載されていなくても、現物給付でサービスが提供される。

正答 2・3・5

55 通所リハビリテーション

→速習 保 L 30

★★★

117 通所リハビリテーションについて正しいものはどれか。3つ選べ。

1 病院・診療所、介護老人福祉施設で行われるサービスである。

2 生活機能の維持・向上は、通所リハビリテーションの目的に含まれる。

3 通所リハビリテーション事業所には、生活相談員が必置となっている。

4 通所リハビリテーション計画は、診療または運動機能検査、作業能力検査などに基づき、医師および理学療法士、作業療法士などの従業者が共同して作成する。

5 管理者は、理学療法士等に必要な管理を代行させることができる。

★

118 介護予防通所リハビリテーションについて正しいものはどれか。2つ選べ。

1 サービスの提供にあたっては、特定の心身機能の改善に着目し、支援することが重要である。

2 モニタリングは必要な場合に行うこととされている。

3 選択的サービスである運動器機能向上サービス、栄養改善サービス、口腔機能向上サービスは、利用した回数に応じて加算されるしくみとなっている。

4 利用者に対しての送迎は、介護報酬の基本報酬に含まれ、別途加算されることはない。

5 利用者の病状の急変が生じた場合に備えて、緊急時マニュアルを作成し、主治医への連絡方法をあらかじめ定めるものとする。

117 解説

1 ✕ 指定通所リハビリテーション事業者として指定の申請ができるのは、病院・診療所、介護老人保健施設、介護医療院にかぎられている。

2 ◯ 通所リハビリテーションの目的は、心身機能の維持・回復、生活機能の維持・向上、認知症高齢者の症状軽減、落ち着きのある日常生活の回復、ADL、IADLやコミュニケーション能力、社会関係能力の維持・回復、社会交流の機会の増加である。

3 ✕ 事業所に必要な人員として、医師および理学療法士・作業療法士・言語聴覚士、看護師（准看護師）、介護職員のなかで必要数が定められている。生活相談員について配置義務はない。

4 ◯ 通所リハビリテーション計画は、その内容について利用者または家族に説明し、利用者の同意を得たうえで利用者に交付する。また、この計画は、居宅サービス計画の内容に沿って作成されなければならない。

5 ◯ 管理者は、医師・理学療法士・作業療法士・言語聴覚士または専らサービスの提供にあたる看護師のうちから選任した者に、必要な管理を代行させることができる。

正答 2・4・5

118 解説

1 ✕ 単に利用者の運動器機能や口腔機能の向上、栄養状態の改善など特定の心身機能に着目した改善を目的とするものではなく、これらの改善を通じて利用者ができるかぎり要介護状態にならずに自立した日常生活を営むことを支援する。

2 ✕ 医師等の従業者は、サービス提供開始時から少なくとも1か月に1回、利用者の状態やサービスの提供状況などについて介護予防サービス計画を作成した指定介護予防支援事業者に報告し、またサービス提供期間の終了までに少なくとも1回はモニタリング（実施状況の把握）を行い、指定介護予防支援事業者に報告しなければならない。

3 ✕ 共通的サービス（日常生活上の支援など）は要支援状態区分別に定められた基本報酬として、選択的サービスはサービスごとの加算として、それぞれ月単位の定額報酬が設定されている。

4 ◯ 介護予防通所リハビリテーション、通所リハビリテーションとも、送迎は基本報酬に含まれる。なお、通所リハビリテーションでは、行わない場合は減算となる。

5 ◯ 緊急時マニュアルの作成、緊急時の主治医への連絡方法をあらかじめ定めておくこと、安全管理体制の確保などが運営基準に規定されている。

正答 4・5

56 短期入所療養介護

★★★
119 短期入所療養介護について正しいものはどれか。2つ選べ。

1 疾病のコントロールが不良な場合は入所できない。

2 短期入所療養介護の指定を受けることができるのは、介護老人福祉施設と介護老人保健施設である。

3 介護者にレスパイト・ケアを提供し、介護負担を軽減する目的がある。

4 利用期間が7日以内の利用者に対しては、短期入所療養介護計画は作成されない。

5 ターミナルケアも短期入所療養介護に求められる役割のひとつである。

★★★
120 短期入所療養介護について正しいものはどれか。3つ選べ。

1 特定短期入所療養介護は、難病などのある中重度者やがん末期の要介護者を対象に、4日以内の日数を定めて行われる。

2 医師は、検査、投薬、注射、処置などを、利用者の病状に照らして妥当適切に行う。

3 入浴または清拭は、最低でも1週間に2回行わなくてはならない。

4 サービスを利用する日数は、認定有効期間のうち通算30日までで、30日を超えた分は保険給付されない。

5 緊急利用が必要と介護支援専門員が認めた利用者に対し、計画外の短期入所療養介護を行った場合、利用開始日から原則として7日（やむを得ない事情がある場合は14日）を限度として緊急短期入所受入加算を算定できる。

119 解説

1 ✕ 短期入所療養介護は、医療上の問題や課題のある人に対応する点に特徴がある。たとえば、疾病コントロールが不良な人、合併症などの定期的な把握やコントロールが必要な人、リハビリテーション上の定期的な評価や機能訓練が必要な人、認知症の行動障害（問題行動）が顕著になってきた人などである。

2 ✕ 短期入所療養介護を行うことのできる事業者は、介護老人保健施設、介護医療院、療養病床のある病院・診療所、一定の基準を満たした診療所にかぎられている。

3 ◯ レスパイト・ケアとは、介護者に身体的・精神的な休息を与えるケアのことである。介護者の負担軽減は短期入所療養介護の大きな役割のひとつである。

4 ✕ 短期入所療養介護計画は、継続した利用期間が相当期間以上（おおむね4日以上）になる利用者に対して作成する。居宅サービス計画が作成されているときは、その内容に沿って作成する。

5 ◯ 最終的には在宅で看取ることを前提に、ターミナル期に病状の変化が起きた場合や介護負担が急激に増加したときなどに、短期入所療養介護の利用を検討する。

正答 `3・5`

120 解説

1 ✕ 特定短期入所療養介護は、日帰りで利用できるサービスである。対象者は、療養通所介護と同様で、難病などのある中重度者やがん末期の要介護者を対象とすることから、要支援者に対する介護予防短期入所療養介護では設定されていない。

2 ◯ ただし、病状の急変などにより自ら必要な医療を提供することが困難な場合は、他の医師の対診を求めるなど適切な措置を講じなければならない。

3 ◯ 1週間に2回以上、適切な方法で利用者に入浴または清拭を行う必要がある。

4 ✕ サービスを利用する日数が通算して30日ではなく、連続して30日を限度に保険給付されるが、連続30日を超えた分は給付されない。また、居宅サービス計画を作成する介護支援専門員、介護予防サービス計画を作成する担当職員等は、サービスの利用日数が、認定有効期間のおおむね半数を超えないように配慮する。

5 ◯ このほかの緊急受け入れに関する加算として、医師の判断により、認知症の行動・心理症状が認められるため在宅生活が困難な認知症の人に対し、緊急受け入れをした場合の認知症行動・心理症状緊急対応加算が設定されている。この加算を算定している場合は、緊急短期入所受入加算は算定できない。

正答 `2・3・5`

121 定期巡回・随時対応型訪問介護看護について正しいものはどれか。2つ選べ。

1 日中のみに行われるサービスであり、夜間に行う場合は夜間対応型訪問介護に分類される。

2 連携型の定期巡回・随時対応型訪問介護看護事業所と連携する訪問看護事業所が、利用者に訪問看護を提供した場合は、その費用は訪問看護費として算定される。

3 事業所には、随時適切に利用者から通報を受けとることができる通信機器を備え、必要に応じてオペレーターに携帯させる。

4 利用者には通信のための端末機器を配布し、利用者の家庭用電話や携帯電話で代用させてはならない。

5 事業所の計画作成責任者には、特に保有資格は必要とされない。

122 定期巡回・随時対応型訪問介護看護について正しいものはどれか。2つ選べ。

1 定期巡回・随時対応型訪問介護看護における訪問看護サービスは、主治医の指示がなくても行うことができる。

2 定期巡回・随時対応型訪問介護看護計画は、保健師、看護師または准看護師が定期的に訪問して行うアセスメントの結果を踏まえて作成される。

3 居宅サービス計画が作成されている場合は、その内容に沿うため、サービス提供日時などの急な変更はできない。

4 計画作成責任者は、訪問看護報告書の作成も義務づけられている。

5 介護・医療連携推進会議を設置し、サービス提供状況などを報告し、評価を受けるとともに、必要な要望や助言などを聴く機会を設けることとされている。

121 解説

1 ✕ 日中、夜間を通じて要介護者の生活を支えるサービスである。①定期的な巡回訪問と随時通報により、介護福祉士などによる介護と看護師などによる療養上の世話または診療の補助を行う**一体型**と、②定期的な巡回訪問と随時通報により、訪問看護を行う事業所と連携しつつ、介護福祉士などによる介護を行う**連携型**とがある。

2 ◯ 連携型の定期巡回・随時対応型訪問介護看護事業所では、①定期巡回サービス、②随時対応サービス、③随時訪問サービス、④訪問看護サービスのうち、①〜③までを行い、連携先の訪問看護事業所からは、利用者に対するアセスメント、随時対応サービスの提供にあたっての連絡体制の確保、**介護・医療連携推進会議**への参加や必要な指導・助言について、契約に基づいて必要な協力を得る。

3 ◯ 利用者からの通報を受ける通信機器は、必ずしも事業所に固定させなくてもよく、携帯電話などでもよいとされる。

4 ✕ 利用者の心身の状況などにより通報に支障がなければ、利用者にケアコール端末などを配布せず、利用者の**家庭用電話や携帯電話で代用**してもよいとされている。この扱いは、夜間対応型訪問介護も同様である。

5 ✕ 看護師、介護福祉士、医師、保健師、准看護師、社会福祉士、介護支援専門員のいずれかでなければならない。

正答 2・3

122 解説

1 ✕ 訪問看護サービスは、主治医の指示に基づき行われ、サービスの提供開始時には、**主治医の指示を文書で受け**なくてはならない。この扱いは、訪問看護と同様である。

2 ◯ 定期巡回・随時対応型訪問介護看護計画は、**看護師等のアセスメントに基づき計画作成責任者**が作成する。

3 ✕ 居宅サービス計画に位置づけられた日時にかかわらず、**計画作成責任者が決定**することができる。

4 ✕ 訪問看護報告書は、**看護師等**（看護師、准看護師、保健師、理学療法士、作業療法士、言語聴覚士）のうち、准看護師以外の者が作成する。

5 ◯ **介護・医療連携推進会議**は、運営推進会議と同様の機能をもつが、医療関係者が構成員に加わる。開催頻度については、6か月に1回以上である。

正答 2・5

58 看護小規模多機能型居宅介護（複合型サービス）

→速習 保 L 33

★★★
123 看護小規模多機能型居宅介護について正しいものはどれか。2つ選べ。

1 看護小規模多機能型居宅介護計画は、事業所の看護師または保健師が作成する。

2 看護小規模多機能型居宅介護事業所には介護支援専門員が必置となっている。

3 看護小規模多機能型居宅介護従業者は、介護などに対する知識、経験を有する者とされ、必ずしも国家資格保有者である必要はない。

4 登録者が通いサービスを利用しない日には、訪問サービスなどを行うことはできない。

5 おむつ代は、保険給付のなかに含まれる。

★★★
124 看護小規模多機能型居宅介護について正しいものはどれか。2つ選べ。

1 看護小規模多機能型居宅介護報告書は、准看護師を除く看護師等が作成することとされている。

2 サテライト型以外の看護小規模多機能型居宅介護事業所の登録定員は、18人以下とされている。

3 居宅介護支援事業所の介護支援専門員による居宅サービス計画が作成されている場合は、その内容に沿って看護小規模多機能型居宅介護計画が作成されなければならない。

4 事業の運営にあたり、あらかじめ運営推進会議を設置し、必要な要望や助言などを聞く機会を設けなければならない。

5 短期利用の場合を除いた介護報酬は、1か月につき、要介護度にかかわりなく、一律の定額報酬で設定されている。

123 解説

1 × 看護小規模多機能型居宅介護事業所の**介護支援専門員**が、利用登録者の居宅サービス計画を作成するとともに、**看護小規模多機能型居宅介護計画を作成する。**

2 ○ 介護支援専門員は、厚生労働大臣が定める研修を修了していることとされる。

3 ○ 看護小規模多機能型居宅介護従業者について、国家資格保有者などの規定は設けられていない。ただし、一定割合の看護職員の配置が必要である。

4 × サービスは通いサービス、訪問サービス、宿泊サービスを柔軟に組み合わせて提供するもので、利用者が**通いサービスを利用しない日でも、可能なかぎり訪問サービスや電話連絡などによる見守りを行う。**

5 × 利用者の希望で通常の実施地域を越えて行う送迎費用、訪問サービスの交通費、食費、宿泊費、おむつ代、その他日常生活費は保険給付外で利用者負担となる。

正答 2・3

124 解説

1 ○ **看護小規模多機能型居宅介護報告書は看護師等（准看護師を除く）が作成する。**看護小規模多機能型居宅介護計画と看護小規模多機能型居宅介護報告書は主治医に提出しなければならない。

2 × 登録定員は、小規模多機能型居宅介護と同様で、**29人以下**である。なお、サテライト型は18人以下とされている。

3 × 居宅サービス計画と看護小規模多機能型居宅介護計画は、看護小規模多機能型居宅介護事業所の介護支援専門員が作成することになっている。同時に居宅介護支援事業所の介護支援専門員による、居宅介護支援を算定することはできない。

4 ○ 運営推進会議の設置は、夜間対応型訪問介護、定期巡回・随時対応型訪問介護看護以外の地域密着型サービス、地域密着型介護予防サービスに規定されている。

5 × 1か月につき、同一建物の居住者か否か別に、**要介護度に応じて設定されている。**短期利用の場合は、1日につき、要介護度に応じて設定される。

正答 1・4

合格エッセンス 看護小規模多機能型居宅介護

複合型サービスである看護小規模多機能型居宅介護は、2023（令和5）年の改正で、法律上の定義が明確になった。訪問看護および小規模多機能型居宅介護を一体的に提供することにより、要介護者の居宅においてまたはサービス拠点に通所または短期間宿泊してもらい、①日常生活上の世話、②機能訓練、③療養上の世話、④必要な診療の補助を行う。

★★★

125 介護老人保健施設について正しいものはどれか。3つ選べ。

1 健康保険組合は、介護老人保健施設を開設することができる。

2 常勤の支援相談員が1人以上配置される。

3 レクリエーション・ルームは、置かないことができる。

4 ユニット型のユニットの定員は、おおむね10人以下とし、15人を超えない人数とする。

5 医療機関併設型小規模介護老人保健施設の定員は、15人以下である。

★★★

126 介護老人保健施設について正しいものはどれか。3つ選べ。

1 緊急やむを得ない場合は、急性期にある要介護者も入所対象となる。

2 入所申込者の要介護度が重いことは、入所を拒否する正当な理由とはならない。

3 施設の医師は、入所者の病状からみて必要な医療の提供が困難と認めた場合は、ほかの医師の対診を求めるなど適切な措置をとらなければならない。

4 入所者の病状の急変に備え、あらかじめ協力病院を定めておかなければならない。

5 入所期間はおおむね3か月と定められ、超えた場合は医師が退所を指示しなければならない。

125 解説

1 ○ 介護老人保健施設は、都道府県知事の許可を得て、地方公共団体（市町村、都道府県）、医療法人、社会福祉法人その他厚生労働大臣が定める者（国、独立行政法人地域医療機能推進機構、地方独立行政法人、日本赤十字社、健康保険組合、共済組合、国民健康保険組合など）が開設することができる。

2 ○ 入所者が100人を超える場合は、常勤1人に加え、入所者100人に対し常勤換算で1人以上必要となる。

3 ✕ 療養室（定員4人以下）、機能訓練室、談話室、食堂、レクリエーション・ルーム、洗面所、便所、浴室を設けなくてはならない。

4 ○ ユニット型は、少人数の家庭的な雰囲気を生かしたケアを行うもので、ユニットは少数の居室（原則個室）と共同生活室によって一体的に構成される。

5 ✕ 医療機関併設型小規模介護老人保健の定員は、29人以下である。

正答 1・2・4

126 解説

1 ✕ 対象となるのは、病状が安定期にあり、看護、医学的管理下における介護および機能訓練、その他必要な医療や日常生活上の世話を要する要介護者である。

2 ○ 施設は、原則として入所申し込みに応じなければならない。入所を拒否できる正当な理由とは、入院治療の必要がある場合、入所者に適切なサービスを提供することが困難な場合であり、特に要介護度や所得の多寡を理由に入所を拒否してはならない。

3 ○ 施設では、療養に必要な検査、投薬、注射、処置などの医療が行われるが、入所者の病状により、自ら必要な医療の提供が困難な場合は、医師は協力病院その他適当な病院・診療所への入院のための措置を講じたり、ほかの医師の対診を求めたりするなどの適切な措置を講じなければならない。

4 ○ 病状の急変などに備え、協力病院を定めておかなければならない。また、協力歯科医療機関も定めるよう努めなければならない。

5 ✕ 3か月という利用期間で退所を指示するのではなく、少なくとも3か月ごとに、医師、薬剤師、介護職員、看護職員、支援相談員、介護支援専門員など従業者間で、入所者が自宅での生活が可能かどうかを定期的に検討する。

正答 2・3・4

127 介護医療院について正しいものはどれか。3つ選べ。

1 市町村は、介護医療院を開設することが認められている。

2 介護療養型医療施設は、2028年3月末までに廃止され、介護医療院などへの転換が求められている。

3 介護医療院は、長期療養のための医療と日常生活上の世話を一体的に提供する施設である。

4 病院・診療所から介護医療院に転換した場合は、転換前の名称を引き続き使用することが可能である。

5 介護医療院は、療養室の定員を原則1人としなければならない。

128 介護医療院について正しいものはどれか。3つ選べ。

1 長期にわたり療養が必要で、重篤な身体疾患を有する者も対象となる。

2 入所者1人あたりの床面積は、介護老人保健施設と同様に8㎡以上である。

3 必要な医療の提供が困難な場合でも、ほかの医師の対診を求めることはできない。

4 小規模な介護医療院の設置は認められていない。

5 介護医療院の管理者は、原則として都道府県知事の承認を受けた医師である。

127 解説

1 ○ 医療機能と生活施設としての機能を兼ね備えた新たな介護保険施設として、「介護医療院」が創設された。地方公共団体（市町村・都道府県）や医療法人・社会福祉法人などの非営利団体が、介護保険法上の都道府県知事の許可を受け、介護医療院サービスを提供する。なお、介護医療院は医療法上では、介護老人保健施設と同様に「医療提供施設」に位置づけられている。

2 × 介護療養型医療施設は、経過措置の終了により、2024（令和6）年3月末をもって廃止となる。

3 ○ 日常生活上の世話がサービス内容として規定されているのが特徴である。

4 ○ 介護医療院は、医療法に基づく病院・診療所ではないが、2018（平成30）年4月1日より前に開設していた病院・診療所が介護医療院に転換した場合は、以前の名称を引き続き使用することができる。

5 × 療養室については、介護老人保健施設と同様に、定員は4人以下である。

正答 **1・3・4**

128 解説

1 ○ 介護医療院の療養床には、Ⅰ型とⅡ型があり、Ⅰ型は、主として長期にわたり療養が必要である者で、重篤な身体疾患を有する者、身体合併症を有する認知症高齢者等を入所させるものとされる。Ⅱ型は、Ⅰ型療養床以外の者を対象とする。

2 ○ 介護老人保健施設と同様に、1人あたりの床面積は8㎡以上とされる。また、家具、パーテーション、カーテンなどの組み合わせにより室内を区分し、プライバシーの確保に配慮した環境となるようにしなければならない。カーテンのみの仕切りでは、プライバシーの十分な確保とはいえない。

3 × 入所者の病状から、施設で自ら必要な医療を提供することが困難な場合は、施設の医師は、協力病院その他適当な病院・診療所への入院のための措置を講じたり、ほかの医師の対診を求めたりするなど診療について適切な措置を講じる。

4 × 介護医療院は、単独型のほか、医療機関併設型介護医療院（病院・診療所に併設）、併設型小規模介護医療院（医療機関併設型介護医療院のうち、入所定員が19人以下）がある。これらの施設では、宿直の医師を医療機関の医師が兼任できるようにするなどの人員基準の緩和がされ、設備の共有も可能となっている。

5 ○ 介護医療院の開設者は、都道府県知事の承認を受けた医師に介護医療院を管理させなければならない。ただし、都道府県知事の承認を受けることで、医師以外の者に介護医療院を管理させることも認められている。

正答 **1・2・5**

★★★
129 介護医療院について正しいものはどれか。3つ選べ。

1 ユニット型は認められていない。

2 栄養士または管理栄養士は、入所定員にかかわらず、1人以上配置しなければならない。

3 エックス線装置を有する処置室を設けなければならない。

4 検査、投薬、注射、処置などは、入所者の病状に照らして妥当適切に行う。

5 入所者の負担により、介護医療院の従業者以外の者による看護や介護を受けさせてはならない。

1 ✕ 　他の介護保険施設と同様に、ユニット型が認められている。

2 ✕ 　入所定員100人以上の場合、1人以上の栄養士または管理栄養士の配置が必要である。

3 ◯ 　処置室は、エックス線装置を有し、入所者に対する処置が適切に行われる広さを有する必要がある。

4 ◯ 　介護老人保健施設と同様に、診療の方針が運営基準に規定されている。また、特殊な療法、新しい療法などは、別に厚生労働大臣が定めるもののほか行ってはならない。

5 ◯ 　介護医療院では、施設の従業者による看護および医学的管理下における介護が行われる。1週間に2回以上の入浴または清拭や排泄の自立のために必要な援助、褥瘡予防の介護などが行われる。

正答　3・4・5

保健医療サービス分野

★★★
130 ソーシャルワークについて、より適切なものはどれか。2つ選べ。

1 国際ソーシャルワーカー連盟（IFSW）と国際ソーシャルワーク学校連盟（IASSW）により採択された「ソーシャルワーク専門職のグローバル定義（2014年）」によれば、ソーシャルワークの中核となる諸原理には、「多様性の尊重」が含まれる。

2 ソーシャルワークでは、人と環境のどちらに問題があるかを見極め、いずれかに働きかける。

3 ミクロ・レベルのソーシャルワークの対象には、個人に身近な組織が含まれる。

4 メゾ・レベルのソーシャルワークの対象には、地域住民は含まれない。

5 マクロ・レベルのソーシャルワークの対象には、国家や制度が含まれる。

★★★
131 ソーシャルワークとして、より適切なものはどれか。3つ選べ。

1 地域包括支援センターの主任介護支援専門員が利用者・家族に対して行う相談支援は、個別援助に該当する。

2 個別援助では、チームアプローチを行うことも重要である。

3 地域支援事業における介護予防活動の現場で行われる運動プログラムは、個別援助に該当する。

4 近親者を失って悲嘆に暮れている家族によるセルフヘルプ・グループは、地域援助に該当する。

5 政策立案のための行政への働きかけは、地域援助に該当する。

130 解説

1 ○ 「ソーシャルワーク専門職のグローバル定義」によると、ソーシャルワークの中核をなす諸原理は、**社会正義、人権、集団的責任、および多様性尊重**である。また、ソーシャルワークは、**社会変革と社会開発、社会的結束、および人々のエンパワメント**と解放を促進する、実践に基づいた専門職であり学問であると定義される。

2 × ソーシャルワークでは、人と環境のいずれかに働きかけるのではなく、人と環境が相互に作用する接点に働きかけ、両者の適合性を高める支援を行うことが大切となる。

3 × 支援の対象範囲や方法論により、ソーシャルワークは**ミクロ・レベル、メゾ・レベル、マクロ・レベル**に分類できる。ミクロ・レベルのソーシャルワーク（個別援助）の対象は、**個人と家族**である。

4 × メゾ・レベルのソーシャルワーク（集団援助）の対象は、**グループ、地域住民、身近な組織**である。

5 ○ マクロ・レベルのソーシャルワーク（地域援助）の対象は、**地域社会、組織、国家、制度・政策、社会規範、地球環境**である。 📖p.256

正答 1・5

131 解説

1 ○ 個人・家族を対象とする**個別援助**は、相談面接などにより、地域の多様な社会資源を活用・調整し、生活課題を個別的に解決する。

2 ○ 高齢者のニーズは多様であり、多職種や多機関でのチームアプローチが重要である。

3 × 介護予防活動の現場で行われる運動プログラムは、**集団援助**である。グループでの、また人と身近な組織との力動を活用し、個人の成長や抱えている問題の解決を図る。

4 × セルフヘルプ・グループは、**集団援助**に該当する。同じような悩みや問題を分かち合うことにより、相互支援機能が期待できる。

5 ○ **地域援助**は、地域社会、組織、国家、制度・政策、社会規範、地球環境などへの働きかけによる**社会変革**を通して、個人や集団に対するニーズの充足を目指す支援方法である。

正答 1・2・5

合格エッセンス ソーシャルワーク

ソーシャルワークを対象範囲や支援方法で分類すると、下表のように分けられる。

ミクロ・レベルのソーシャルワーク（個別援助）	
対象範囲	個人・家族
支援方法	地域の多様な社会資源を活用・調整し、相談ニーズを抱える個人や家族の生活課題を個別的に解決する方法。①ケースの発見、②開始（インテーク・契約・合意）、③アセスメント、④プランニング、⑤支援の実施、⑥モニタリング、⑦支援の終結と事後評価、⑧アフターケアというプロセスを踏み、多職種・多機関連携によるチームアプローチを展開して支援する。
活用の場面	居宅介護支援事業所や地域包括支援センターなどの相談機関、介護保険施設や病院の相談員など
メゾ・レベルのソーシャルワーク（集団援助）	
対象範囲	グループ、地域住民、身近な組織
支援方法	グループでの、また人と身近な組織との力動を活用して、個人の成長や抱える問題の解決を目指す方法。
活用の場面	セルフヘルプ・グループ（何らかの共通の悩みや問題をもつ当事者の集まり）、介護予防活動、通所介護でのレクリエーションなど
マクロ・レベルのソーシャルワーク（地域援助）	
対象範囲	地域社会、組織、国家、制度・政策、社会規範、地球環境など
支援方法	地域社会や制度、政策などに働きかけ、それらの社会変革を通して、個人や集団に対するニーズの充足を目指す方法。
活用の場面	社会資源や制度の創設・改善のための活動（ソーシャルアクション）、政策立案、行政への参加や働きかけ、世論や規範意識への啓発、福祉教育など

これらのソーシャルワークを統合的に展開する実践を、ジェネラリスト・ソーシャルワークと呼びます。

●**ほかのメンバーの観察による効果**

　　グループのなかでほかのメンバーを観察することにより、自分のことを客観視したり、自分の問題をあらためて確認したり、新しい見方を獲得することができる。

●**共通の問題をもつ人の発見による効果**

　　グループのなかに、自分と似た問題をもつ人を見いだし、共感することによって自分一人で問題を抱えて孤立した状態から抜け出すことができる。

●**役割の交換による効果**

　　グループ内でメンバーの役割を交換することが、自分のことを新たな視点から考えるきっかけになる。ソーシャルワーカーもすべての場面でリーダーであるわけではなく、援助される側にまわることもある。

●**多様な交流による効果**

　　グループ内のメンバーと多様な交流をすることで、自分の新しい役割や目標、興味の対象を見つけたり、自分に自信をもったりすることができ、生活全体の活性化につながる。

●**援助を他人とわかち合う体験**

　　仲間の力の大きさを信頼し、ソーシャルワーカーの援助を他人とわかち合う体験をする。

合格エッセンス **マクロ・レベルのソーシャルワークの機能**

支援方法	住民参加の例
●地域社会のアセスメント	●町内会などへの参加
●集団・組織のアセスメント	●活動費用の共同負担
●住民組織化	●ボランティアグループ、当事者グループへの参加
●社会資源開発	
●集団・組織の団体間調整	●福祉サービスの創造、提供
●情報収集と情報提供	●事業計画づくりへの参加
●活動記録と評価	●継続的な啓発活動や協働実践を通じて地域および地域住民への主体性を醸成
●地域福祉計画の策定	

福祉サービス分野

★★★
132 面接における相談援助者の基本姿勢について、より適切なものはどれか。3つ選べ。

1 面接では、クライエントは弱い立場にあると自覚していることが多いため、援助者側は、常に指導的に対応する。

2 援助者が、すべてを引き受けてしまうような態度を表明することは、クライエントの自立のために好ましくない。

3 クライエントが自分の感情を十分に表現できるような機会を、意図的に与える必要がある。

4 援助者は、クライエントの感情に巻き込まれず、自分の感情をコントロールする必要がある。

5 守るべき秘密には、援助者自身が観察して感じた主観的な内容は含まれない。

★★★
133 面接におけるコミュニケーションの技術について、より適切なものはどれか。3つ選べ。

1 言語的コミュニケーションには、媒介的要素である声のトーン、抑揚、高低などの準言語も含まれる。

2 「はい」「いいえ」など簡単に答えられる質問は、クローズドクエスチョン（閉じられた質問）である。

3 傾聴では、クライエントの話す内容とその思いを、クライエントの価値観に基づき、あるがままに受け止める。

4 共感とは、相手の痛みや不安などを客観視するようなとらえ方である。

5 クライエントの話を肯定的にとらえ、励ましたり共感したりすることは、重要な面接技術である。

132 解説

1 ✕ 相談の開始の際には、お互いの立場は対等であることをさまざまなメッセージによって伝える必要がある。援助者は、**クライエント**（面接の相手。相談利用者または来訪者）の人間としての尊厳に敬意をもって対応しなくてはならない。

2 ◯ クライエントが自信を回復し、自立への意欲をもつことができるように援助することが重要となる。意欲を高めるためには、日常の**小さなことがらから始める自己決定**の体験が効果的である。

3 ◯ 人間の行動を知るうえで感情の果たす役割は大きい。援助者は、クライエントに客観的な事実や経過をたずねるだけではなく、それに伴う**感情を自由に表現できるように、意図的にその機会を与える**必要がある。 📖p.262

4 ◯ 援助者は、クライエントの感情を受容し、共感する姿勢をもつ一方で、自分の感情をコントロールし、**クライエントの感情に巻き込まれない態度**が必要となる。

5 ✕ 援助者には、秘密保持の義務がある。守るべき秘密は、面接で語られたことのほか、面接や家庭訪問のなかで援助者が感じたこと、本人の表情や家族の様子、関連の資料から得られる情報、ほかのサービス担当者からの情報なども対象となる。

正答 　2・3・4

133 解説

1 ✕ コミュニケーションの伝達経路には、①**言語的コミュニケーション**、②**非言語的コミュニケーション**がある。言語的コミュニケーションは、主に言葉により情報を伝えるもので、言葉の媒介的要素である声のトーン、抑揚、高低などの準言語やジェスチャー、表情、姿勢、うなずきなどは非言語的コミュニケーションである。

2 ◯ **クローズドクエスチョン**（閉じられた質問）は「はい」「いいえ」やかぎられた数語で簡単に答えられる質問で、**オープンクエスチョン**（開かれた質問）は、相手自身が自由に答えを選んだり決定したりできるように促す質問である。 📖p.263

3 ◯ また、クライエントの沈黙を通して伝わるメッセージにも深く心を傾けることが必要となる。

4 ✕ 相手の痛みや不安などを客観視するようなとらえ方は、**同情**である。共感とは、クライエントの世界を、クライエント自身がとらえるように理解する能力である。

5 ◯ また、クライエントの話を肯定的にとらえ、「よかったですね」などと共感の言葉を返していくことで、クライエントの問題認識と解決への意欲を高め、問題点を明確にしていく。

正答 　2・3・5

★★

134 インテーク面接について、より適切なものはどれか。3つ選べ。

☑☑

1 インテーク面接は、1回で終わるとはかぎらない。

2 インテーク面接は、必ずクライエント本人の面接から始められなければならない。

3 面接の導入時には、援助者は受容的な雰囲気をつくるように心がける。

4 インテーク面接における情報交換は、双方向的なものでなくてはならない。

5 クライエントの意思が不明確な場合は、専門家としての判断を優先した最終判断を契約につなげるようにする。

1 ○ インテーク面接とは、援助者とクライエントが相談の場で初めて出会い、クライエントの状況や課題、提供できるサービスなどを確認し合い、その後の援助計画を話し合って、契約を結ぶ過程の面接を指す。必ずしも１回で終わるとはかぎらず、数回にわたって行われることもある。また、複数の面接員や複数の専門職が面接を行う場合もある。

2 ✕ 家族が居宅介護支援事業所や福祉事務所などで相談し、そこでインテーク面接が始まる場合もあり、必ずしも**クライエント本人の面接から始まるとはかぎらない**。

3 ○ 面接の導入時、クライエントの来所を待っていたという受容的な雰囲気、話を聴きたいという姿勢を伝えることが信頼関係の基盤となる。

4 ○ インテーク面接は、援助者側がクライエントの主訴（主な訴え）や現状についての情報などを得るだけではなく、クライエントも援助者との話し合いのなかで自分自身のニーズをあらためて理解し、受けられるサービスについて援助者からの助言を得るなど、**相互の情報交換の場**であるといえる。

5 ✕ **最終的な判断は、常にクライエント本人が行うのが原則**である。援助計画は、クライエントに十分な説明がなされたうえで、クライエントの**合意を得て作成**されるものである。

正答 1・3・4

福祉サービス分野

合格エッセンス バイステックの7原則

●個別化

　問題を整理することは必要だが、それはクライエントを分類することではない。個別化とは、相談の過程への参加のしかたや範囲など、またサービスの種類や提供方法をクライエントの**個別のニーズ**に合わせて対応することである。

●意図的な感情表出への配慮

　感情もその人の語る事実であり、クライエントが**自由に感情を表現**できるように意図的に機会を与える。

●非審判的な態度

　援助者の価値観から、クライエントを**一方的に評価してはならない**。クライエントやその家族、関係者の意見や行動を事実として受け止め、批判や賛同など一方的な評価をしない。

●受容と共感

　受容とは、相手の人格を尊重し、感情的な面も含めて、クライエントのあるがままの姿を受け入れることである。また、**共感**はクライエントへの理解や共感を自分の言葉や態度で伝えることである。

●統制された情緒的関与

　援助者の共感的理解を言語的・非言語的手段でクライエントに伝える一方で、クライエントの怒りや敵意、悲しみなどの感情に巻き込まれないように**自分の感情を意識的にコントロール**する。

●自己決定の支援

　クライエントが**誤りのない自己決定**ができるように手段を尽くして十分な説明などを行い、その決定を支援する。

●秘密の保持

　クライエントに関する情報（面接でのやりとり、会議などで得られた情報、援助者自身が観察して感じたことがら、本人や家族の表情など）を**クライエントの許可なく外部に漏らしてはいけない**。夫婦、親子の間でも独立した個人として対処する。

合格エッセンス 傾聴

　傾聴は、コミュニケーションの基本技術のひとつで、クライエントが伝えようとすることを妨げず、心を傾けて聴く姿勢を指す。クライエントと話すときは専門用語は避けて、日常的な言葉を用いる。傾聴には、次の過程が重要となる。

● **予備的共感（準備的共感）**

　面接前に得られた**情報**から、問題の状況、クライエントの心理や周囲との関係などを**予測**し、クライエントへの共感的な姿勢を準備する。

● **観察**

　面接でのクライエントや家族の反応、部屋の様子などをよく**観察**する。

● **波長合わせ**

　相談援助者がクライエントの意思や感情などの**反応を確認**しながら、自らの理解、態度、言葉づかい、あるいは話題や質問の形式を**軌道修正**していく過程を意味する。また、クライエントが自分の誤解や思い込みを解き、姿勢を変更する過程、それを援助者が受け止める過程も含まれる。

 合格エッセンス オープンクエスチョン・クローズドクエスチョン

　オープンクエスチョン（開かれた質問）とは、相手が自由に答えられる質問のこと。「もう少しくわしく……」や「そのときどう思いました？」などの質問がその例である。質問者（援助者）側の意図や評価を含まないことが明確で、誘導のおそれもなく、事態を解明するのに有効な方法である。

　クローズドクエスチョン（閉じられた質問）とは、「はい・いいえ」やかぎられた数語で簡単に答えられる質問のこと。面接が一方的になる原因ともなり得るが、面接の方向性が定まらなくなったり、クライエントが混乱したりした場合は、有効な方法となる。

面接では傾聴が基本となりますが、ときにはクローズドクエスチョンを使うことも有効ですよ。

相談援助者には、いろんな技術が必要とされるね。

135 支援困難事例や隠された生活支援のニーズについて、より適切なものはどれか。3つ選べ。

1 支援困難事例は、本人要因、社会的要因、サービス提供者側の要因が複合的に重なることにより発生する。

2 本人の判断能力が不十分な場合などは、援助者側主導で支援を進めることで困難事例に発展することを回避することができる。

3 支援困難事例への働きかけでは、対人援助の専門職として共通にもっておくべき価値基盤が重要になる。

4 虐待により生活支援のニーズが隠されている場合は、専門的なアプローチが求められる。

5 認知症の状態にある場合は、症状がはっきりと現れるため、生活支援のニーズが発見されやすい。

136 支援困難な人への具体的なアプローチについて、より適切なものはどれか。3つ選べ。

1 援助者が本人の生活環境や問題点を整理し、援助者の支援方針や今後進むべき方向性を本人に理解してもらうことが、支援のスタート地点となる。

2 本人が自らの存在を尊重し、価値あるものと思えるよう働きかける。

3 支援を拒否している高齢者には、キーパーソンを探し、支援につなげていく方法も有効である。

4 支援困難事例では、専門職は高齢者の不満や怒りに共感せずに見守る必要がある。

5 支援困難事例に対応する専門機関として、介護保険制度では、地域包括支援センターが位置づけられている。

135 解説

1 ○ 支援困難事例は、①本人要因（心理・身体的・精神的要因）、②社会的要因（家族・親族や地域との関係、社会資源の不足）、③サービス提供者側の要因（本人との援助関係の不全やチームアプローチの機能不全、ニーズとケアプランの乖離（かいり））の3つが複合的に重なることで発生すると考えられる。

2 × 本人の判断能力が不十分な場合に、援助者側主導で支援を進めることは、本人の自尊心を傷つけ、意欲低下につながるなど、支援困難事例の発生を招く対応となっている。

3 ○ 支援困難事例への働きかけで重要とされるのが「価値」に基づいた援助とされており、ここでいう価値とは対人援助を行う専門職が共通して備えておくべき「価値基盤」のことを指し、援助を方向づける思想や理念、哲学などを意味している。

4 ○ 利用者が報復を恐れていたり、心理的な葛藤（かっとう）があって口を閉ざしているような場合は、虐待の発見と解決は困難である。注意深い観察と専門的なアプローチが必要となる。

5 × 認知症の症状は現れ方も個々に違い、本人に自覚がなかったり、その事実を認めたくないという心理が働き、ニーズが隠れてしまうことがある。

正答 1・3・4

136 解説

1 × 援助者が本人の立場から本人への理解を深め、本人のこれまでの人生や人生観、生き方、価値観について本人の目線で理解し、そこをスタート地点として、本人と援助者が一緒に取り組みを始めることが重要である。

2 ○ 本人が自らの存在に意味や価値があることを本人自身に気づかせるよう働きかけることが大切である。

3 ○ 支援を拒否している高齢者でも、特定の信頼できる人からの助言や支援は受け入れる可能性がある。このようなキーパーソンを探し、支援につなげていくことも重要である。

4 × 高齢者の不満や怒りの奥にある状況や感情を共感的に理解し、高齢者自身がそれをコントロールできるように見守り、助言し支援していくことが大切となる。

5 ○ 地域包括支援センターでは、地域の介護支援専門員への相談対応、支援困難事例についての指導や助言などを行っている。地域ケア会議のしくみも活用し、必要な社会資源の開発などを促すことも大切である。

正答 2・3・5

137 訪問介護の内容として、より適切なものはどれか。2つ選べ。

1 糖尿病患者のための糖尿食の調理は身体介護に含まれる。

2 利用者の買い物に同行し、本人が自ら品物を選べるように援助することは、身体介護に含まれる。

3 痰の吸引は、医行為にあたるため、訪問介護員がサービスとして行うことはできない。

4 利用者の家の庭の草むしりは、生活援助に含まれる。

5 利用者が利用していない部屋の掃除は、生活援助に含まれる。

1 ○ 一般的な調理は生活援助だが、糖尿病患者のための糖尿食や嚥下（えんげ）困難者のための流動食など特段の専門的配慮をもって行われる調理は、身体介護で算定する。

2 ○ 自立支援、ADL向上の観点から、利用者の歩行介助や見守りを行いながら、利用者の買い物に同行し、本人が自ら品物を選べるように援助する場合は、「自立生活支援・重度化防止のための見守り的援助」として身体介護で算定できる。一方、利用者の買い物を代行する場合は、生活援助で算定する。

3 ✕ 訪問介護では、褥瘡（じょくそう）の処置のような医行為を行うことはできない。ただし、痰（たん）の吸引・経管栄養については、医師や看護職員との連携のもと、介護職員等が業務として行うことが可能で、身体介護として算定できる。

4 ✕ ペットの世話、草むしり、花木の水やりなど日常生活の援助に該当しない行為は、生活援助の範囲に含まれない。

5 ✕ 主に利用者が使用する居室等以外の掃除、利用者の家族のための調理・洗濯・買い物など直接本人の援助に該当しない行為は生活援助の範囲に含まれない。このほか、大掃除、家具の移動など日常的に行われる家事の範囲を超える行為も生活援助の対象外である。

正答 1・2

福祉サービス分野

 合格エッセンス 訪問介護の内容

■身体介護と生活援助

身体介護*1	生活援助*2
○食事、排泄（はいせつ）、入浴の介助	○一般的な調理・配下膳
○嚥下困難者のための流動食、糖尿食など特段の専門的配慮をもって行う調理	○衣類の洗濯・補修
○身体の清拭（せいしき）・洗髪・整容	○住居の掃除、ごみ出し、片づけ
○衣類着脱の介助　○移乗・移動介助	○買い物　○薬の受け取り
○就寝・起床介助　○服薬介助	○ベッドメイク
○体位変換　○通院・外出の介助	◎ 下記のものは、生活援助の内容に含まれない。 　✕直接本人の援助に該当しない行為 　例）利用者以外の人に対する洗濯、調理、買い物、主に利用者が利用する居室等以外の掃除、来客の対応 　✕日常生活の援助に該当しない行為 　例）草むしり、花木の水やり、ペットの世話、家具の移動、器具の修繕、模様替え、大掃除
○自立生活支援・重度化防止のための見守り的援助	
※特別な医療的ケア（痰の吸引・経管栄養）	

* 1　身体介護に関連して若干の生活援助を行う場合が含まれる。
※報酬区分上、身体介護として扱われる

* 2　生活援助に伴い、若干の動作介護を行う場合が含まれる。

★★★
138 訪問介護の運営方針について正しいものはどれか。3つ選べ。

1 訪問介護計画は、すでに居宅サービス計画が作成されている場合は、居宅サービス計画の内容に沿ってサービス提供責任者が作成する。

2 管理者は、訪問介護員等に対する業務管理、研修、技術指導などを行う。

3 指定訪問介護事業者の訪問介護員は、自らの同居家族に対し、訪問介護の提供を行うことはできない。

4 サービス提供時に事故が発生した場合は、市町村、家族、居宅介護支援事業者などに連絡をし、必要な措置をとる。

5 利用者に病状の急変が生じた場合は、すみやかに居宅介護支援事業者へ連絡し、必要な指示を受けなければならない。

★★★
139 訪問介護について正しいものはどれか。2つ選べ。

1 生活援助は、同居家族がいる場合は利用できない。

2 管理者は、介護福祉士の資格を有する者でなければならない。

3 管理者は、事業所のほかの職務との兼務はできない。

4 事業者は、居宅サービス計画の変更時に、介護支援専門員に利用者に必要のないサービスを位置づけるよう求めるようなことをしてはならない。

5 利用者の身体的理由等で訪問介護員等1人では困難な場合は、同時に訪問介護員等2人でサービスを提供することができる。

138 解説

1 ○ 訪問介護計画は居宅サービス計画の内容に沿って、サービス提供責任者が作成する。この計画の内容について、利用者または家族に説明し、利用者の同意を得たうえで交付しなければならない。

2 × 管理者は、事業所の従業者や業務の管理・統括、従業者に運営基準を遵守させるための指揮命令を行う。訪問介護員等に対する業務管理や研修、技術指導は、サービス提供責任者の責務である。

3 ○ 訪問介護員が自らの同居家族にサービスを提供することはできない。ただし、基準該当訪問介護での提供は可能である。

4 ○ 事故発生時には、市町村、家族、居宅介護支援事業者などにすみやかに連絡をし、必要な措置をとる。また事故の内容については、記録しなければならない。

5 × 利用者の病状の急変時には、すみやかに主治医に連絡をするなどの必要な措置をとる。また、緊急時の対応方法については運営規程に定め、これらを利用者にもわかるように事業所の見やすい場所に掲示しておかなければならない。

正答 1・3・4

139 解説

1 × 生活援助は、一人暮らしか、同居家族に障害、疾病、または同様のやむを得ない事情があり家事を行うことが困難な場合にかぎり、利用することができる。やむを得ない事情については、適切なケアプランに基づき、個々の利用者の状況に応じて具体的に判断される。

2 × 管理者は、特段の専門資格は不要である。

3 × 管理者は、事業所のほかの職務または同一敷地内にあるほかの事業所・施設等の職務に従事できる。

4 ○ 居宅サービス計画の作成または変更に関し、指定居宅介護支援事業所の介護支援専門員や被保険者に対して、利用者に必要のないサービスを位置づけるよう求めるなどの不当な働きかけを行ってはならない。

5 ○ 利用者の身体的理由、暴力行為、著しい迷惑行為、器物破損行為などで1人ではサービス提供が困難な場合は、訪問介護員等2人によるサービス提供が可能である。この場合は、所定単位数の2倍で算定する。

正答 4・5

★★★

140 訪問入浴介護について正しいものはどれか。2つ選べ。

1 利用者が感染症に罹患している場合や医療器具を利用している場合でも利用できる。

2 利用者の身体に接触する設備、器具などは、サービス提供が終了した日にまとめて消毒すればよい。

3 サービスを提供する際には、必ずしも看護職員が担当者に含まれていなくてもよい。

4 入浴には、精神的な効果があるが、疾病を予防することはできない。

5 利用者の病状に急変が生じた場合は、すみやかに市町村および介護支援専門員に連絡しなければならない。

★★★

141 介護予防訪問入浴介護について正しいものはどれか。3つ選べ。

1 身体状況のより重い人が利用対象となり、要支援1の人は利用することができない。

2 利用者に対する1回ごとのサービスは、介護職員1人、看護職員1人で担当するが、利用者の身体状況から支障がないと主治医が判断すれば、介護職員2人で行うことができる。

3 利用者の体調に変化がある場合は、部分浴や清拭に変更するか、場合によっては中止する必要がある。

4 利用者の希望によりサービスで使用した特別な浴槽水にかかる費用は、利用者から徴収することはできない。

5 人員基準では、事業所に看護職員、介護職員が必置だが、特に介護福祉士の配置については義務づけられていない。

140 解説

1 ○ 感染症にかかっている場合や医療器具を利用している場合でも、適正な処置を行えば入浴は可能である。この場合は、事前に主治医から、入浴の際の注意事項や具体的な感染防止の方法などの説明を十分に受けておく。

2 ✕ 浴槽など利用者の身体にふれるものは、利用者１人ごとに洗浄・消毒した清潔なものを使う。タオルも利用者１人ごとに取り替えるか、個人専用のものを使用するなど安全清潔なものを使用しなければならない。

3 ○ １回の訪問につき介護職員２人、看護職員１人でサービスを提供するが、利用者の身体の状況から支障がないと主治医が認める場合は、介護職員３人で行うことができる。なお、介護職員３人で行った場合は、所定単位数の95％で算定する。

4 ✕ 緊張をほぐすなど精神的な効果があるだけでなく、血行の促進作用などにより、褥瘡の発生を予防したり、症状を改善するなど疾病予防的な効果もある。

5 ✕ 訪問入浴介護事業者は、訪問入浴介護の提供中に利用者の病状に急変が生じた場合は、すみやかに主治医またはあらかじめ事業者が定めた協力医療機関へ連絡するなど、必要な措置をとる。

正答　1・3

141 解説

1 ✕ 要支援１、２とも利用可能であり、どちらかが利用できないということはない。ただし、介護予防訪問入浴介護は、疾病その他やむを得ない理由により入浴の介護が必要な人が利用対象者となり、適切なアセスメントに基づき、介護予防サービス計画に位置づける必要がある。

2 ○ 介護予防訪問入浴介護では、看護職員が1人、介護職員が１人で行う。ただし、利用者の身体状況から支障がない場合は、主治医の意見を確認したうえで、看護職員に代えて介護職員をあてることができる。その場合は、所定単位数の95％で算定する。

3 ○ 訪問入浴介護と同様に、入浴の際に、利用者に突発的な発熱、血圧上昇など体調の変化がみられる場合は、主治医の意見を確認し、清拭や部分浴に変更するか、場合によっては入浴を中止する。

4 ✕ 訪問入浴介護と同様に、利用者の選択による特別な浴槽水の使用にかかわる費用は別途徴収することができる。また、利用者の希望により通常の実施地域を越えて行う場合の交通費も利用者から別途徴収することができる。

5 ○ 介護福祉士の配置は義務ではないが、事業所の介護職員の総数のうち、介護福祉士を一定割合以上配置している場合は、サービス提供体制強化加算の対象となる。

正答　2・3・5

★★★

142 通所介護について正しいものはどれか。3つ選べ。

1 外出の機会を提供し、集団活動に参加することにより、社会的孤立感を解消する効果がある。

2 事業所には、理学療法士または作業療法士、もしくは言語聴覚士をいずれか1人以上配置しなければならない。

3 通所介護計画は、事業所の管理者がすべての利用者に対して作成する。

4 通所介護を利用した日でも、訪問介護などのほかのサービスを利用することができる。

5 入浴や食事は基本報酬に含まれている。

★★★

143 通所介護について正しいものはどれか。3つ選べ。

1 送迎を行った時間は、サービスの所要時間には含めない。

2 送迎時に実施した居宅内での介助などに要する時間は、一定の要件を満たせば、サービスの所要時間に含めることができる。

3 通所介護事業所が、独自に保険給付外の宿泊サービスを行う場合は、指定を行った都道府県知事に届出をする。

4 サービス利用時間が8時間以上となるときは、延長加算が算定される。

5 事業所内でサービスを提供するため、屋外でのサービスの提供はできない。

142 解説

1 ○ 通所介護では、家に引きこもりがちな高齢者に外出の機会を提供し、他者との交流を図ることにより、社会的孤立感を解消する効果が期待できる。

2 × 機能訓練指導員として、理学療法士、作業療法士、言語聴覚士、看護職員、柔道整復師、あん摩マッサージ指圧師、一定の実務経験を有するはり師、きゅう師のいずれか1人以上を配置する。

3 ○ 通所介護計画の作成は事業所の管理者が行うとされている。管理者は、計画作成に関し経験のある人や介護の提供に豊富な知識・経験のある人にとりまとめを行わせ、事業所に介護支援専門員がいる場合は、介護支援専門員にとりまとめを行わせることが望ましいとされる。

4 ○ 通所介護は、昼間に行われるサービスであり、1日のなかでも訪問介護などほかのサービスと組み合わせて利用することができる。

5 × 通所介護での食費は保険給付の対象外で、利用者が全額負担する。また、入浴を行った場合は、基本報酬とは別に「入浴介助加算」がされ、利用者はその1割(または2割か3割)を負担することになる。

正答 **1・3・4**

143 解説

1 ○ 送迎時間はサービスの所要時間には含まれない。

2 ○ 通所介護の送迎時に実施した居宅内での介助など(着替え、ベッドから車いすへの移乗、戸締まりなど)に要する時間は、居宅サービス計画・通所介護計画に位置づけられ、一定の資格要件や経験を満たした者が行えば、1日30分を限度に通所介護の所要時間に含めてよいとされている。

3 ○ 通所介護事業所の設備を利用した介護保険制度外の宿泊サービスについては、利用者保護の観点から、指定した都道府県知事への届出、事故報告のしくみの構築、情報公表の推進が図られ、設備要件についても国からガイドラインが示されている。

4 × 8時間以上9時間未満のサービスの前後に日常生活上の世話を行い、その合計が9時間以上(14時間を限度)となる場合に、延長加算が算定される。

5 × あらかじめ通所介護計画に位置づけられ、効果的な機能訓練が実施できる場合は、屋外でのサービスの提供も可能である。

正答 **1・2・3**

144 短期入所生活介護について正しいものはどれか。3つ選べ。

1 基準該当短期入所生活介護の事業者は、指定通所介護事業所や指定小規模多機能型居宅介護事業所などに併設されているものにかぎられる。

2 事業所の管理者が緊急やむを得ないと認めた場合には、定員数を超えて、専用の居室以外の静養室も利用できる。

3 家族が旅行に行くという理由では利用することはできない。

4 おおむね4日以上継続して利用する利用者については、個別の短期入所生活介護計画を作成しなければならない。

5 空床利用型と併設型の短期入所生活介護事業所の利用定員は、20人未満でもよいとされている。

145 短期入所生活介護および介護予防短期入所生活介護について正しいものはどれか。3つ選べ。

1 心身の状況に応じ、レクリエーションや機能訓練を実施する。

2 事業者は、利用者の食事について、栄養並びに利用者の身体の状況、病状および嗜好を考慮したものとするとともに、適切な時間に提供するものとする。

3 利用者が個人的に契約しているヘルパーなどが介護にかかわってもよい。

4 共生型サービスは、短期入所生活介護、介護予防短期入所生活介護に設定されている。

5 介護予防短期入所生活介護では、介護予防サービス計画が作成されていれば、利用日数にかかわらず介護予防短期入所生活介護計画を作成する必要はない。

144 解説

1 ○ 短期入所生活介護の基準該当事業者は、法人格が不要だが、指定通所介護事業所、指定地域密着型通所介護事業所、指定認知症対応型通所介護事業所、指定小規模多機能型居宅介護事業所、社会福祉施設に併設しているものにかぎられる。

2 × 緊急利用が必要と介護支援専門員が認めた場合は、一定の条件下で、居室以外の静養室での定員数以上の受け入れが可能となっている。

3 × 短期入所生活介護は、家族の冠婚葬祭、出張などの社会的理由、旅行や休養などの私的理由にも対応する。家族の介護力を高め、利用者の在宅生活の継続を支援することにつながる。

4 ○ おおむね4日以上継続して利用する利用者については、居宅サービス計画の内容に沿って、具体的なサービス内容などを記載した短期入所生活介護計画を作成する。その内容を利用者または家族に説明し利用者の同意を得て、短期入所生活介護計画を利用者に交付しなければならない。

5 ○ 短期入所生活介護事業所には、老人短期入所施設など単独でサービスを行う単独型、特別養護老人ホームなどに併設している併設型、特別養護老人ホームの空床を利用する空床利用型があり、単独型は利用定員20人以上、併設型および空床利用型は利用定員20人未満でもよいとされている。

正答 1・4・5

145 解説

1 ○ 生活機能の改善や維持、日常生活の自立を助けるという観点から、機能訓練やレクリエーション、行事を実施する。

2 ○ 事業者は利用者の栄養状態を定期的に把握し、その身体の状況や食形態、嗜好にも配慮した適切な栄養量および内容とする。また、適切な時間に、可能なかぎり食堂で食事をとることを支援する。

3 × 利用者の負担により、事業所の従業者以外の者による介護を受けさせてはならない。

4 ○ 障害者福祉制度における短期入所（併設型および空床利用型にかぎる）の指定を受けた事業所であれば、基本的に共生型短期入所生活介護、共生型介護予防短期入所生活介護の指定を受けられるものとして基準が設定されている。

5 × 介護予防短期入所生活介護においても、利用日数が継続しておおむね4日以上の場合は、介護予防サービス計画の内容に沿って介護予防短期入所生活介護計画を作成し、作成した計画は、利用者または家族に説明し、利用者の同意を得て交付する。

正答 1・2・4

146 特定施設入居者生活介護について正しいものはどれか。3つ選べ。

1 指定事業者の対象となる特定施設とは、有料老人ホーム、軽費老人ホーム、養護老人ホームである。

2 計画作成担当者には、介護支援専門員のほか、生活相談員など計画の作成に実務経験のある人をあてることができる。

3 特定施設入居者生活介護（短期利用を除く）を実施している間は、居宅介護支援は行われない。

4 サービス内容の説明と契約の締結は、必ず文書により行わなければならない。

5 外部サービス利用型特定施設入居者生活介護は、特定施設が契約した指定居宅サービス事業者などから介護サービスを受けるもので、特定施設のサービスは受けられない。

147 特定施設入居者生活介護および介護予防特定施設入居者生活介護について正しいものはどれか。3つ選べ。

1 サービスの提供にあたり、利用者またはほかの利用者などの生命または身体を保護するために緊急やむを得ない場合を除いて、利用者の身体的拘束などは禁止されている。

2 利用者の病状の急変などに備えるため、協力医療機関を定めておくよう努めなければならない。

3 特定施設の入居者は、特定施設が提供する特定施設入居者生活介護を利用せずに、外部の訪問介護などのサービスを自ら選んで利用することもできる。

4 特定施設入居者生活介護を利用している間は、福祉用具貸与は算定できない。

5 事業者は、介護給付以外の介護サービスについての費用の支払いを利用者に求めることはできない。

146 解説

1 ○ 有料老人ホーム、軽費老人ホーム、養護老人ホームが指定の対象となる。

2 × 特定施設サービス計画を作成する計画作成担当者は、介護支援専門員でなくてはならない。

3 ○ 特定施設入居者生活介護（短期利用を除く）を利用している間は、特定施設サービス計画に基づきサービスが行われるため、同時に居宅介護支援事業者による居宅介護支援は行われない。

4 ○ 文書によるサービス内容の説明と契約の締結を義務づけているのは、特定施設入居者生活介護の特徴である。

5 × 外部サービス利用型特定施設入居者生活介護とは、生活相談や特定施設サービス計画の策定、安否確認の実施は特定施設からサービスを受け、その他の介護サービスについては、特定施設が契約した指定居宅サービス事業者や指定地域密着型サービス事業者から受けるものである。

正答　1・3・4

147 解説

1 ○ 利用者やほかの利用者などの生命や身体を保護するために緊急やむを得ない場合を除き、身体的拘束その他利用者の行動を制限する行為（身体的拘束など）を行ってはならない。これは施設を利用して行うサービス（通所サービスを除く）に共通して定められている。

2 × 利用者の病状の急変などに備えてあらかじめ、協力医療機関を定めておかなければならない。また、協力歯科医療機関を定めておくよう努めなければならない。

3 ○ 同時に利用することはできないが、特定施設入居者生活介護を受けずに、入居者が居宅介護支援事業者に依頼するなどして、地域の訪問介護などの介護サービスを組み合わせて利用することができる。また、特定施設入居者生活介護事業者は、入居者が、ほかの介護サービスを利用することを妨げてはならない。

4 ○ 特定施設入居者生活介護を利用している間は、居宅介護支援には保険給付がなされず、居宅療養管理指導を除くほかの居宅サービス、地域密着型サービスを同時に算定することはできない。

5 × 手厚い人員配置による介護サービス、利用者の希望で行う個別的な外出介助、個別的な買い物代行、施設が定める標準的な入浴回数を超えて入浴を行った場合の介助の費用などの個別的な選択による介護サービスの費用については利用者から徴収することができる。

正答　1・3・4

★★
148 福祉用具について正しいものはどれか。3つ選べ。

1 福祉用具と住宅改修は個々に独立したサービスであり、関連性を考える必要はない。

2 自立の促進と介護負担の軽減を目的とする。

3 福祉用具購入費の支給限度基準額は、同一年度で10万円である。

4 特定福祉用具販売は、個別のサービス計画を必ずしも作成しなくてよい。

5 福祉用具貸与では、複数の福祉用具を貸与する場合は、減額も可能となっている。

★★★
149 介護保険で給付される福祉用具について正しいものはどれか。3つ選べ。

1 電動により、人力を補助するパワーアシスト機能のついた車いすは給付対象とならない。

2 段差解消機は、福祉用具貸与として給付の対象となる。

3 シャワーチェアは、特定福祉用具販売として支給の対象となる。

4 自動排泄処理装置の本体部分は、特定福祉用具販売として給付の対象となる。

5 設置工事を伴うスロープは、福祉用具貸与として給付の対象とならない。

1 ✕ 住宅改修をせずに福祉用具で代替できる場合もあるが、福祉用具と住宅改修は、あわせて検討することが重要になる。

2 ◯ 福祉用具の使用により利用者の残存機能を生かし、生活動作の自立を図ることができる。また、介護者の介護負担も軽減される。

3 ◯ 在宅の要介護者が、入浴用具や排泄用具などの貸与になじまない用具（特定福祉用具）を購入した場合に、福祉用具購入費支給限度基準額（同一年度で10万円）の範囲内で実際の購入額の9割（または8割か7割）が償還払いで支給される。

4 ✕ 特定福祉用具販売では、居宅サービス計画の内容に沿って福祉用具専門相談員が特定福祉用具販売計画を作成する。また、利用者が福祉用具貸与と特定福祉用具販売を同時に利用している場合は、指定福祉用具貸与計画と特定福祉用具販売計画（これらの計画を福祉用具サービス計画ともいう）は、一体のものとして作成されなければならない。

5 ◯ 複数の福祉用具を貸与する場合は、あらかじめ都道府県に減額の規程を届け出ることにより、通常の貸与価格から減額して貸与することが可能である。なお、福祉用具の貸与価格は自由価格を基本としているが、適正な貸与価格を確保するため、貸与価格に一定の上限が設けられている。

正答　2・3・5

1 ✕ 自走用標準型車いす、介助用標準型車いす、普通型電動車いすのうち、自走用、介助用ではパワーアシスト機能のついたものも、2015（平成27）年度から給付対象となった。このほか、ティルト機能、リクライニング機能がついたものも福祉用具貸与の対象となっている。　p.282

2 ◯ 福祉用具貸与として給付の対象となっている移動用リフトは、床走行式、固定式、据置式で、自力での移動が困難な利用者の移動を補助するものが対象となり、段差解消機や起立補助機能つきいす、浴槽用昇降座面、階段移動用リフトも含まれる。天井走行式リフトやホームエレベーターは対象外である。

3 ◯ シャワーチェア（入浴用いす）のほか、浴槽用手すり、浴槽内いす、入浴台、浴室内すのこ、浴槽内すのこ、入浴用介助ベルトが入浴補助用具として特定福祉用具販売の支給対象となっている。

4 ✕ 自動排泄処理装置の本体部分は福祉用具貸与の給付対象である。レシーバー、タンク、チューブなどの交換可能部品は特定福祉用具販売の給付対象となる。

5 ◯ 設置工事を伴うスロープは、福祉用具貸与ではなく、住宅改修の支給対象となる。

正答　2・3・5

150 住宅改修について正しいものはどれか。2つ選べ。

1 日本の伝統的な家屋では、転倒事故などは起こりにくい。

2 住宅改修の利用にあたっては、施工前に申請は必要ないが、施工後に事後申請を市町村に対して行うことが必要である。

3 市町村が指定する指定住宅改修事業者からサービスを受けなければならない。

4 「住宅改修が必要な理由書」は、居宅介護支援の利用者の場合は介護支援専門員が業務の一環として作成しなければならない。

5 住宅改修費を支給限度基準額まで受けた要介護2の人が要介護5になった場合、同一住宅であっても再度住宅改修費の支給を受けることができる。

151 住宅改修費の支給対象として正しいものはどれか。3つ選べ。

1 転倒予防のために、廊下に手すりを設置。

2 玄関から道路までの屋外通路面を滑りにくい舗装材に変更。

3 便器の取り替えに伴う給排水設備工事や床材の変更。

4 扉を自動ドアに取り替えた場合の動力部分。

5 すでにある洋式便器に洗浄機能を付加する。

150 解説

1 ✕ 日本の伝統的な住宅は、敷居部分や部屋の入口などに段差が多く、高齢者のつまずきや転倒事故をまねきやすい構造となっている。

2 ✕ 住宅改修を利用する場合は、施工前に、支給申請書、住宅改修が必要な理由書、工事費見積もり書などを市町村に提出し、事前に市町村の審査を受ける。また、施工後に領収証、工事費内訳書、完成後の状態が確認できる書類などを市町村に提出し、市町村が認めた場合に住宅改修費が支給される。

3 ✕ 住宅改修には、指定事業者は定められていない。

4 ◯ 担当する介護支援専門員または地域包括支援センターの担当職員が、居宅介護支援または介護予防支援業務の一環として作成する。

5 ◯ 支給は、同一住宅について20万円までだが、要介護状態区分を基準とした、「介護の必要の程度」の段階が、3段階以上重くなった場合は、1回にかぎり再度支給を受けることができる。「介護の必要の程度」では、要支援2と要介護1は同一段階として扱われるため、要介護状態区分等でいうと要介護者の場合は3区分以上、要支援者の場合は4区分以上の上昇がないと、再支給されないことになる。

正答　4・5

151 解説

1 ◯ 転倒予防や移動・移乗のために廊下、便所、浴室、玄関から道路までの通路などに手すりを設置する場合は、住宅改修費の支給対象となる。

2 ◯ 滑りを防止したり移動を円滑にするために、玄関から道路までの屋外通路面の舗装材を変更した場合や、居室、廊下、便所、浴室、階段、玄関などの床材変更をした場合は、住宅改修費の支給対象となる。

3 ◯ 住宅改修に付帯して必要となる工事は、支給の対象となる。選択肢の記述のほか、手すりの取りつけのための壁の下地補強、段差解消に伴う給排水設備工事や転落防止柵の設置、床材などの変更のための下地補修や根太の補強、路盤の整備、扉の取り替えに伴う壁や柱の改修工事などが該当する。

4 ✕ 開き戸を引き戸、折れ戸、アコーディオンカーテンに取り替えるなどの工事は支給対象となるが、自動ドアに取り替えた場合の動力部分は対象外である。

5 ✕ 和式便器から、暖房便座や洗浄機能のついた洋式便器に取り替える場合は支給対象となるが、すでに洋式便器であったものに暖房や洗浄の機能を付加するだけの場合は支給の対象とはならない。また、非水洗式便器から水洗式や簡易水洗式便器に取り替えた場合、水洗化工事の部分も支給の対象とならない。 p.283

正答　1・2・3

 合格エッセンス 福祉用具・住宅改修の種類

■福祉用具貸与の種目

車いす・車いす付属品	自走用標準型車いす、介助用標準型車いす、普通型電動車いすと、クッション、電動補助装置など車いすと一体的に使用される付属品が対象。ティルト機能（座面と背もたれの角度を保ったまま、同時に後ろに倒す機能）、リクライニング機能、パワーアシスト機能（電動機で人力を補助する機能）のついた車いすも対象となる。
特殊寝台・特殊寝台付属品	サイドレールが取りつけてあるか取りつけ可能なもので、背、脚の傾斜の角度を調整できる機能、または床板の高さを無段階に調整できる機能があるベッドと、特殊寝台と一体的に使用されるマットレス、介助用ベルト、サイドレールなどの付属品が対象。
床ずれ防止用具	送風装置または空気圧調整装置を備えた空気マットか、水などによって体圧分散効果をもつ全身用のマットが対象。
体位変換器	空気パッドなどを身体の下に挿入することにより、仰臥位から側臥位または座位への体位の変換を容易に行うことができるもの。起き上がり補助装置も対象。
手すり	工事を伴わない手すりが対象。
スロープ	工事を伴わないスロープが対象。
歩行器	車輪のあるものでは、体の前や左右を囲む把手<ruby>把手<rt>とって</rt></ruby>のあるもの。四脚のものでは、上肢で保持して移動させることが可能なもの（電動アシスト、自動制御などの機能が付加された電動の歩行器も含む）。
歩行補助杖	松葉杖、ロフストランドクラッチ、多点杖、カナディアンクラッチ、プラットホームクラッチに限定。T字杖（いわゆる一本杖）は対象外。
認知症老人徘徊<ruby>徘徊<rt>はいかい</rt></ruby>感知機器	認知症高齢者が屋外へ出ようとしたときや屋内のある地点を通過したときに、センサーで感知し、家族、隣人などに通報するもの。離床センサーも対象。
移動用リフト（つり具の部分を除く）	工事を伴わない移動用リフトが対象。床走行式、固定式、据置式で、自力での移動が困難な利用者の移動を補助する。段差解消機、浴槽用昇降座面、起立補助機能付きいす（立ち上がり補助いす）、階段移動用リフトも対象。
自動排泄<ruby>排泄<rt>はいせつ</rt></ruby>処理装置	自動的に尿または便が吸引される用具で、尿や便の経路を分割できる構造をもち、要介護者や介護者が容易に使用できるもの（レシーバー、タンク、チューブなど交換可能部品を除く）。

■特定福祉用具販売の特定福祉用具の種目

腰掛便座	和式便器の上に置いて腰掛式に変換するもの、洋式便器の上に置いて高さを補うもの、電動式、スプリング式など立ち上がり補助機能のあるもの、便座、バケツなどからなるポータブルトイレ（水洗式含む）、便座の底上げ部材が対象。
自動排泄処理装置の交換可能部品	レシーバー、タンク、チューブなどのうち尿や便の経路となるもので、要介護者や介護者が容易に交換できるもの。
排泄予測支援機器	膀胱内の状態を感知し、尿量を推定。排尿の機会を本人や介護者などに通知する。専用ジェルなど装着のつど消費するものや専用シートなどの関連製品は対象外。
入浴補助用具	入浴用いす、浴槽用手すり、浴槽内いす、入浴台、浴室内すのこ、浴槽内すのこ、入浴用介助ベルトが対象。
簡易浴槽	空気式または折りたたみ式の浴槽、給排水のためのポンプも対象。
移動用リフトのつり具の部分	

■住宅改修の対象

手すりの取りつけ	廊下、便所、浴室、玄関、玄関から道路までの通路などに手すりを設置するもの。手すり取りつけのための壁の下地補強も対象。
段差の解消	居室、廊下、便所、浴室、玄関など各室間の床段差解消、玄関から道路までの通路の段差解消、通路などの傾斜の解消。段差解消に伴う床下地工事や給排水設備工事、転落防止柵の設置も対象。動力により、段差を解消する機器（段差解消機、昇降機、リフトなど）を設置する工事は、支給対象外。
床または通路面の材料の変更	居室、廊下、便所、浴室、玄関などの床材変更と玄関から道路までの通路面の材料の変更。床材などの変更に伴う下地補修や根太の補強、路盤の整備も対象。
引き戸などへの扉の取り替え	開き戸から引き戸、折れ戸、アコーディオンカーテンなどへの扉全体の取り替え、ドアノブの変更、扉の撤去、戸車の設置、引き戸などの新設（扉位置の変更などに比べ費用が低く抑えられる場合）。取り替えに伴う壁または柱の改修工事も対象。自動ドアとした場合は、自動ドアの動力部分は、支給対象外。
洋式便器などへの便器の取り替え	和式便器から洋式便器（暖房便座、洗浄機能付きを含む）への取り替え、便器の位置・向きの変更、これらに伴う床材の変更、給排水設備工事（水洗化、簡易水洗化については除く）も対象。

★★
152 夜間対応型訪問介護について正しいものはどれか。3つ選べ。

1 定期巡回サービス、随時通報を受けて行う随時訪問サービス、利用者の随時通報に対応するオペレーションセンターサービスを一括して提供する。

2 サービスを提供する際には、夜間対応型訪問介護計画を作成して利用者にその内容を説明し、利用者の同意を書面で得れば、計画を交付する必要はない。

3 オペレーションセンターは、原則として、通常の事業の実施地域内に1か所以上設置される。

4 オペレーションセンターには、適切に利用者からの通報を受けるための通信機器が必要となる。

5 通報受付業務にあたるオペレーターは、看護師、介護福祉士、介護支援専門員のいずれかの者をあてなければならない。

★★
153 夜間対応型訪問介護について正しいものはどれか。2つ選べ。

1 オペレーションセンター従業者は、随時訪問サービスを適切に行うため、利用者の面接と、月に1回ないし3か月に1回程度の利用者の居宅への訪問を行う。

2 夜間対応型訪問介護は、訪問介護と同様の報酬体系となっている。

3 夜間対応型訪問介護は、一人暮らしか要介護3以上の者のみが利用することができる。

4 日中における随時訪問サービスを実施している夜間対応型訪問介護事業所は、24時間通報対応加算が算定される。

5 必要があると認めるときは、従業者が利用者の利用する指定訪問看護ステーションに連絡を行うなど適切な処置を講じる。

152 解説

1 ○ 夜間対応型訪問介護では、夜間に、定期巡回サービスと、利用者の通報を受けて訪問の要否を判断するオペレーションセンターサービス、通報による随時訪問サービスを組み合わせて、包括的にサービスを提供する。

2 × 夜間対応型訪問介護計画は、オペレーションセンター従業者（オペレーションセンターを設置しない場合は訪問介護員等）が作成し、利用者または家族に説明を行い、利用者の同意を得たうえで、必ず利用者に交付しなければならない。

3 ○ ただし、利用者の人数が少なく、事業所と利用者の間に密接な関係が築かれていることなどにより、定期巡回サービスを行う訪問介護員等が、通報を受けて適切にオペレーションセンターサービスを行うことができる場合は、オペレーションセンターを設置しないこともできる。

4 ○ 利用者にはオペレーションセンターへの通報のための端末機器（ケアコール端末、携帯電話など）を配布しておく。利用者の状態により随時通報に支障がなければ、これらを配布せず、利用者の携帯電話や家庭用電話で通報してもらってもよい。

5 × 看護師、准看護師、介護福祉士、医師、保健師、社会福祉士、介護支援専門員のいずれかの者をあてる。一定の条件下で、1年以上サービス提供責任者の業務に従事した人もあてることができる。

正答 1・3・4

153 解説

1 ○ 随時訪問サービスを適切に行うため、利用者の面接と、1か月ないし3か月に1回程度の利用者の居宅への訪問を行い、利用者の心身の状況や環境などについて的確な把握に努め、利用者・家族に対し適切な相談と助言を行う。

2 × オペレーションセンターを設置する事業所では、月単位の基本報酬額に加えサービスごとに1回についての単位が設定されている。オペレーションセンターを設置しない事業所では、月単位の定額報酬となっている。

3 × 利用者は、要介護度が中重度の人や一人暮らしの高齢者、または高齢者のみの世帯が中心となると考えられるが、これらの人に利用を限定するものではない。

4 × 24時間通報対応加算は、夜間対応型訪問介護事業所が日中においてオペレーションセンターサービスを行う場合に算定できる。オペレーターが利用者からの通報を受け、緊急対応が必要な場合は、連携する指定訪問介護事業所に連絡し、その事業所が訪問介護を実施する。

5 ○ 利用者は中重度の要介護者が想定され、心身の状況によっては、医療面からの対応が必要とされる。そのため、日頃から利用者が利用する訪問看護ステーションなど保健医療サービス提供者との連携を確保しておくことが重要となる。

正答 1・5

154 地域密着型通所介護について正しいものはどれか。3つ選べ。

1 利用定員18人以下の通所介護事業所は、2016（平成28）年度から地域密着型通所介護に移行した。

2 市町村長の指定を受ける必要がある。

3 1日の利用定員3人以下の認知症対応型通所介護事業所は、地域密着型通所介護の一類型となった。

4 運営推進会議の設置が義務づけられている。

5 居宅サービスから移行した場合は、基準該当事業者が認められている。

  155 療養通所介護について正しいものはどれか。3つ選べ。

1 療養通所介護は、難病などにより重度の介護を必要とする人やがん末期の人で、サービス提供にあたり常時看護師による観察が必要な人を対象としている。

2 療養通所介護計画は、利用者の利用する訪問看護事業所との連携がとれていれば、居宅サービス計画の内容に必ずしも沿う必要はない。

3 療養通所介護事業所の管理者は、介護支援専門員でなくてはならない。

4 事業所の同一敷地内か近くの場所に、緊急時対応医療機関を定めておく必要がある。

5 地域の医療関係団体の者や保健・医療・福祉分野の専門家などから成る安全・サービス提供管理委員会を設置しなければならない。

154 解説

1 ○ 地域密着型通所介護とは、事業所の利用定員が18人以下の小規模な通所介護である。なお、この利用定員とは、事業所において同時に通所介護の提供を受けることのできる利用者の数の上限を指す。

2 ○ 地域密着型サービスのひとつであり、市町村長から指定を受ける。

3 ✕ 利用定員にかかわらず、認知症対応型通所介護事業所は地域密着型通所介護とはならない。

4 ○ 運営推進会議は、2016（平成28）年度から、地域密着型通所介護および認知症対応型通所介護、介護予防認知症対応型通所介護でも設置されることになった。ただし事務負担軽減のため、開催頻度についてはほかの地域密着型サービス（おおむね2か月に1回以上）よりも緩和されており、6か月に1回（療養通所介護では12か月に1回）以上でよいとされている。

5 ✕ 地域密着型サービスには基準該当サービスは認められない。ただし、離島などでの相当サービスとしては提供可能である。

正答 **1・2・4**

155 解説

1 ○ 療養通所介護は、2016（平成28）年度から地域密着型通所介護の一類型となった。難病患者やがん末期の要介護者を対象とするため、主治医や訪問看護事業者と密接に連携を図りながら提供される。事業所には利用者1.5人につき1人以上の看護職員または介護職員を配置するが、このうち1人以上は常勤専従の看護師でなくてはならない。

2 ✕ 療養通所介護計画は、居宅サービス計画の内容に沿って作成される必要がある。同時に、訪問看護計画書との整合性も求められる。

3 ✕ 療養通所介護事業所の管理者は、看護師でなくてはならない。管理者である看護師が、療養通所介護計画を作成する。

4 ○ 利用者の病状などの急変に備え、事業所の同一敷地内か近くの場所に、緊急時対応医療機関を定めておく必要がある。

5 ○ 療養通所介護では、地域の医療関係団体の者や保健・医療・福祉分野の専門家などから成る安全・サービス提供管理委員会を設置する。会議はおおむね6か月に1回は開催して、安全かつ適切なサービスを提供するための方策の検討を行い、その検討結果について記録する。また、検討結果を踏まえ、必要に応じて対策を講じなければならない。このほか、運営推進会議も設置する。

正答 **1・4・5**

★★
156 認知症対応型通所介護について正しいものはどれか。2つ選べ。

1 管理栄養士を1人以上配置（外部との連携も可）し、多職種が共同して栄養ケア計画を作成し、必要に応じて利用者の居宅を訪問して栄養改善サービスを実施している場合は、栄養改善加算の対象となる。

2 家族の身体的・精神的負担の軽減も、この事業の目的のひとつである。

3 都道府県知事の指定を受けた指定認知症対応型通所介護事業者がサービスを提供する。

4 事業所には、医師を必ず置かなければならない。

5 単独型と併設型の2類型があり、いずれも同時にサービスの提供を受けることのできる利用定員は単位ごとに15人以下とされている。

★★
157 認知症対応型通所介護について正しいものはどれか。3つ選べ。

1 認知症の原因となる疾患が急性の状態にある要介護者は、利用対象とはならない。

2 サービスを提供する際には、利用者一人ひとりの人格を尊重し、利用者それぞれが役割をもって日常生活を送ることができるように配慮する。

3 認知症の特性に配慮して行われるサービスであるため、一般の通所介護と一体的な形で行うことは認められていない。

4 認知症対応型通所介護は、ほかのサービスと組み合わせて利用することはできない。

5 介護報酬額は、月単位の定額報酬となっている。

156 解説

1 ○ 利用者への居宅訪問は、2021（令和3）年度から新たに要件として加わった。このほか、9時間以上のサービスや入浴介助を行った場合の加算、個別機能訓練加算、ADL維持等加算、生活機能向上連携加算、口腔・栄養スクリーニング加算、栄養アセスメント加算、若年性認知症利用者受入加算、口腔機能向上加算などが設定されている。

2 ○ 利用者の社会的孤立感の解消や、心身機能の維持、家族の身体的・精神的負担の軽減を図ることを目的として、日常生活上の世話や機能訓練が行われる。

3 ✕ 地域密着型サービスのひとつであり、市町村長が事業者の指定をする。

4 ✕ 事業所ごとに必要な人員が定められており、管理者のほか、生活相談員、看護職員または介護職員、機能訓練指導員が必置とされている。

5 ✕ 単独型、併設型の利用定員は単位ごとに12人以下とされている。また、1日の利用人数を共同生活住居ごとまたは施設ごとに3人以下などとする共用型（認知症対応型共同生活介護事業所などの共用スペースを活用）を加えた3類型がある。

正答 1・2

157 解説

1 ○ 日常生活に支障が出るまでに、記憶機能や認知機能が低下した認知症の要介護者が対象となるが、認知症の原因である疾患が急性の状態にある者は利用対象としていない。

2 ○ 利用者が日常生活を送るなかで自らの役割をもつことで、達成感や満足感、自信回復などの効果が期待できる。利用者に自らの日常生活の場であると実感してもらえるように、必要な援助を行わなければならない。

3 ○ また、事業所内で、認知症対応型通所介護と一般の通所介護を同一時間帯に行う場合は、パーテーションで間を区切るなど職員、利用者、サービス空間を明確に区別する必要がある。

4 ✕ 認知症対応型通所介護は、ほかのサービスと組み合わせて利用できるサービスであり、居宅サービス計画に位置づけることで現物給付化される。なお、事業所の管理者は、居宅サービス計画の内容に沿って認知症対応型通所介護計画を作成し、利用者または家族に説明のうえ、利用者の同意を得て交付しなければならない。

5 ✕ 単独型、併設型、共用型ごとに、要介護度別、所要時間別（6区分）に介護報酬額が設定されている。

正答 1・2・3

福祉サービス分野

★★
158 小規模多機能型居宅介護について正しいものはどれか。3つ選べ。

1 「宿泊サービス」を中心に、「通いサービス」や「訪問サービス」を組み合わせてサービスが提供される。

2 サテライト型の事業所を除き、1つの事業所につき、登録定員は29人以下とされている。

3 宿泊サービスの利用者が1人であっても、小規模多機能型居宅介護従業者は、夜間および深夜の時間帯を通じ、夜間・深夜勤務を行う者と宿直勤務を行う者を配置する必要がある。

4 ほかの居宅サービスや地域密着型サービスと組み合わせて用いることはできない。

5 事業者は、食費、宿泊費、おむつ代について、利用者から別途費用を徴収することができる。

★★
159 小規模多機能型居宅介護について正しいものはどれか。3つ選べ。

1 事業所の設置場所についての規定は特に設けられていない。

2 利用者は、1か所の事業所にのみ利用登録をすることができる。

3 小規模多機能型居宅介護事業所に所属する介護支援専門員は、居宅サービス計画に加えて小規模多機能型居宅介護計画を作成する必要がある。

4 事業者は、事業の運営にあたり運営推進会議を設置し、必要な要望や助言などを聞く機会を設けなければならない。

5 介護報酬は、1か月ごとに一律の介護報酬額が設定されている。

1　✕　「通いサービス」を中心に、利用者の希望や心身の状況、環境を踏まえて随時、「訪問サービス」や「宿泊サービス」を組み合わせ、なじみの職員によって日常生活の世話や機能訓練などのサービスが提供される。

2　○　なお、１日あたりの登録定員は、「通いサービス」が登録定員の２分の１から15人（登録定員が25人を超える事業所では18人）まで、「宿泊サービス」が通いサービスの利用定員の３分の１から９人までとされる。サテライト型の登録定員は18人以下で、「通いサービス」は登録定員の２分の１から12人まで、「宿泊サービス」は通いサービスの利用定員の３分の１から６人までとされる。

3　○　宿泊サービスの利用者がいない場合は、夜勤、宿直従業者を置かないことができる。また日中は、「通いサービス」の利用者３人につき常勤換算方法で１人以上、「訪問サービス」を提供する者が常勤換算方法で１人以上必要である。このほか、介護支援専門員が必要とされている。

4　✕　１か月に組み合わせて利用することができるサービスは、訪問看護、訪問リハビリテーション、居宅療養管理指導、福祉用具貸与である。福祉用具の購入、住宅改修も利用できる。

5　○　通常の事業の実施地域外でサービスを行った場合の送迎費、訪問サービスの交通費、食費、宿泊費、おむつ代、その他日常生活費を別途利用者から徴収できる。

正答　**2・3・5**

1　✕　利用者に対して家庭的な雰囲気でサービスを提供すること、また地域との交流を図るという観点から、住宅地または住宅地と同程度に家族や地域住民との交流の機会が確保される場所にあることが条件となっている。

2　○　利用者と事業所の従業者がなじみの関係を築きながらサービスを提供するという観点から、複数の事業所に利用登録することは認められていない。

3　○　事業所の介護支援専門員が、利用登録者の居宅サービス計画を作成し、ほかのサービスとの給付調整を行う。同時に小規模多機能型居宅介護計画を作成し、これらの計画に沿ってサービスが提供される。

4　○　運営推進会議は、利用者、利用者の家族、地域住民の代表者、市町村の職員や地域包括支援センターの職員などにより構成される。事業者はおおむね２か月に１回以上、運営推進会議に活動状況を報告して評価を受け、必要な要望や助言などを聞く機会を設けることが必要である。また会議の内容は記録し、公表する。

5　✕　介護報酬額は１か月につき、同一建物の居住者か否か別に、要介護度に応じて設定される。また、短期利用の場合は、１日につき、要介護度に応じて設定される。

正答　**2・3・4**

福祉サービス分野

160 認知症対応型共同生活介護および介護予防認知症対応型共同生活介護について正しいものはどれか。2つ選べ。

1 事業者は、利用者の負担によって、従業者以外の人による介護を受けさせてはならない。

2 認知症対応型共同生活介護は、都道府県知事から指定を得た法人がサービスを提供し、基準該当の事業者は認められていない。

3 1つの事業所が複数の共同生活住居（ユニット）を設ける場合は、最大2つまで認められる。

4 計画作成担当者は、3年以上認知症である者の介護に従事し、厚生労働大臣が定める研修を修了している者でなくてはならない。

5 介護予防認知症対応型共同生活介護は、計画作成担当者が作成する介護予防認知症対応型共同生活介護計画に基づき提供されるサービスである。

161 認知症対応型共同生活介護の運営方針について正しいものはどれか。3つ選べ。

1 利用者が行政機関への必要な手続きを行うことが困難な場合でも、可能なかぎり本人が行うよう援助をする。

2 定期的に運営推進会議による評価を受けていれば、外部の者による評価を受けなくてもよい。

3 利用者の食事その他の家事などは、利用者と介護従業者が共同で行うよう努めるものとする。

4 介護体制が整っていれば、介護老人福祉施設や介護老人保健施設、病院などとの連携は必要ない。

5 認知症対応型共同生活介護計画には、通所介護や地域における活動への参加の機会を盛り込み、利用者の多様な活動を確保する。

160 解説

1 ○ いわゆる付添人による介護や居宅療養管理指導を除くほかの居宅サービスを、利用者の負担によって利用させることはできない。ただし、事業所の負担であれば、通所介護などのサービスを利用させることは差しつかえない。

2 ✕ 地域密着型サービスのひとつであり、サービスの指定は市町村長が行う。基準該当の事業者は、認められない。

3 ✕ 1つの事業所が有する共同生活住居は、3つまで認められる（2021年度から）。また、共同生活住居の定員は5～9人で、居室は個室が原則である。

4 ✕ 3年以上の認知症ケア経験を求められるのは、管理者である。計画作成担当者は、厚生労働大臣の定める研修を修了している必要がある。なお、計画作成担当者は2021年度から配置基準が緩和され、事業所ごと（改正前は共同生活住居ごと）に1人以上必要とされる。事業所に計画作成担当者を2人以上配置する場合は、1人は介護支援専門員である必要がある。

5 ○ 短期利用の場合を除き、同時に介護予防支援は行われない。また、計画作成担当者は、計画に記載したサービス提供期間終了時までに少なくとも1回はサービス実施状況を把握（モニタリング）する必要がある。

正答 1・5

161 解説

1 ✕ 利用者や家族が行政機関への必要な手続きを行うことが困難な場合は、利用者の同意を得て、事業者が代行しなければならない。

2 ○ 自ら提供するサービスの質の評価を行うとともに、定期的に①外部の者による評価、②運営推進会議による評価のいずれかを受けてその結果を公表する。

3 ○ 家庭的な環境下で家事などを共同で行い、それぞれが役割をもって生活を営むことで、利用者の潜在能力に働きかけ、自立を支援する。利用者の自己肯定感にもよい影響がある。

4 ✕ サービス提供体制の確保、夜間における緊急時の対応などのため、介護老人福祉施設、介護老人保健施設、介護医療院、病院などと連携し、支援の体制を整えておかなければならない。また、あらかじめ協力医療機関を定めておく。

5 ○ 計画には地域における活動などを盛り込み、多様な活動が確保できるよう配慮する。認知症対応型共同生活介護事業者とほかのサービス事業者が直接契約することにより、通所介護などのサービスを利用者に提供することができる。

正答 2・3・5

162 地域密着型特定施設入居者生活介護について正しいものはどれか。3つ選べ。

1 サービスを提供するのは、入居定員29人以下の混合型および介護専用型特定施設
である。

2 要支援者および要介護者のうち、比較的軽度の者の利用が想定される。

3 原則的に、浴室、便所、食堂、機能訓練室のほか、一時介護室が必要とされる。

4 地域密着型特定施設サービス計画に基づいて、サービスが提供される。

5 空室を利用した、30日以内の短期利用が認められている。

163 地域密着型介護老人福祉施設入所者生活介護について正しいものはどれか。3つ選
べ。

1 小規模な特別養護老人ホームで提供するサービスであり、要支援者も利用するこ
とができる。

2 施設で提供されるサービスであり、居宅サービスやほかの地域密着型サービスと
組み合わせて利用することはできない。

3 同一法人により設置される本体施設と密接に連携しながら、本体施設とは別の場
所で運営するサテライト型居住施設の形態も認められている。

4 常に入所者の家族との交流を図るとともに、入所者とその家族との交流の機会を
確保しなければならない。

5 同一敷地内に、複数の居住単位を設けている場合は、1つの居住単位が10人以下
の場合に、加算がされる。

162 解説

1 ✕ 入居定員29人以下の介護専用型特定施設（地域密着型特定施設という）とされ、混合型は該当しない。なお、「介護専用型特定施設」とは、入居者が要介護者、要介護者の配偶者や３親等以内の親族などにかぎられる特定施設である。介護専用型以外の特定施設を「混合型特定施設」という。

2 ✕ 地域密着型特定施設入居者生活介護は、前述のとおり、介護専用型の特定施設が対象となり、**要支援者へのサービス提供は行われない**。このほか、地域密着型サービスのうち、夜間対応型訪問介護、地域密着型介護老人福祉施設入所者生活介護、定期巡回・随時対応型訪問介護看護と看護小規模多機能型居宅介護も要支援者への給付が設定されないサービスである。

3 ○ 指定特定施設入居者生活介護事業者と同様、**一時介護室を設置**しなければならない。ただし、ほかに一時的に利用者を移して介護を行うための部屋が確保されている場合は、設置しないこともできる。

4 ○ 地域密着型特定施設サービス計画に基づき、介護、家事、相談・助言、その他必要な日常生活上の世話、機能訓練、療養上の世話を行う。

5 ○ 特定施設入居者生活介護や（介護予防）認知症対応型共同生活介護でも、30日以内の**短期利用**が認められている。その場合は、区分支給限度基準額内でほかのサービスと組み合わせての利用が可能である。　　　　**正答** 3・4・5

163 解説

1 ✕ 地域密着型介護老人福祉施設入所者生活介護は、入所定員29人以下の特別養護老人ホームに入所している**要介護者**（原則として要介護３以上）に提供するサービスである。予防給付では設定されておらず、要支援者は利用することができない。

2 ○ 地域密着型介護老人福祉施設入所者生活介護は、施設のなかで包括的に介護サービスを提供するものであり、このサービスを利用している間は、**居宅サービスやほかの地域密着型サービスを同時に利用することはできない**。

3 ○ 施設の形態は、①単独の小規模な介護老人福祉施設、②本体施設（同一法人により設置される指定介護老人福祉施設、指定地域密着型介護老人福祉施設、介護老人保健施設、介護医療院、病院、診療所）のある**サテライト型居住施設**、③居宅サービス事業所や地域密着型サービス事業所と併設された小規模な介護老人福祉施設がある。

4 ○ また、レクリエーションや外出の機会を確保し、社会生活上の便宜を図ることとされる。

5 ✕ 同一敷地内に、複数の居住単位を設けている施設において、5人以下の居住単位に入所している入所者に対し、**小規模拠点集合型施設加算**が算定される。
　　　　正答 2・3・4

★★★
164 介護老人福祉施設について正しいものはどれか。3つ選べ。

1 生活相談員は職務として、入所申込者の入所の際に、居宅介護支援事業者などに照会するなどして、入所者の心身状況や病歴、生活歴、居宅サービス利用状況などを把握する。

2 入所待ちの申込者がいる場合、入所の必要性が高い人を優先するようなことはできない。

3 自宅復帰が可能と考えられる利用者に対しては、退所のために必要な援助を行う。

4 ユニット型では、全室個室を原則とする。

5 ユニット型介護老人福祉施設には、ユニットごとに常勤のユニットリーダーを配置することが義務づけられている。

★★★
165 介護老人福祉施設について正しいものはどれか。2つ選べ。

1 医師は、常勤で必置である。

2 栄養士または管理栄養士は、入所定員にかかわらず1人以上の配置が必要である。

3 退所時の相談援助などに対して加算が行われるが、在宅復帰を実現した割合が高くても介護報酬上の評価はない。

4 入所者が病院や診療所に入院した場合は、空きベッドを短期入所生活介護事業に利用しても差しつかえない。

5 入所者が日常生活を営むのに必要な行政機関などに対する手続きについて、入所者や家族が行うことが困難な場合は、入所者や家族の同意を得たうえで代行しなければならない。

164 解説

1 ✕ 計画担当介護支援専門員が職務として行う。

2 ✕ 入所待ちの申込者がいる場合は、介護の必要の程度や家族の状況などを勘案し、入所の必要性がより高い人を優先しなければならない。なお、2015（平成27）年度から、新規入所者は原則要介護3以上の人となった。

3 ○ 介護老人福祉施設では、入所者が自宅での生活が可能かどうかについて、生活相談員、介護職員、看護職員、介護支援専門員などが定期的に検討する。自宅復帰が可能な場合は、計画担当介護支援専門員が責務として、退所のための必要な援助を行う。

4 ○ 原則個室とし、食事や談話に利用する共同生活室に近接して一体的に設置しなければならないとされている。また、1ユニットの入居定員はおおむね10人以下で15人を超えないもの（2021年度新設分から）としなければならない。

5 ○ 日中は1ユニットごとに介護職員または看護職員を常時1人以上、夜間・深夜には2ユニットごとに1人以上の介護職員または看護職員を配置し、さらにユニットごとに常勤のユニットリーダーを配置する。

正答 3・4・5

165 解説

1 ✕ 介護老人福祉施設の人員基準には医師の配置が義務づけられているが、常勤である必要はない。なお、常勤専従の医師を配置している場合は、加算がされる。

2 ✕ 1人以上配置するが、入所定員が40人を超えない施設では、他施設の栄養士または管理栄養士との連携により置かないことができる。

3 ✕ 退所後の在宅生活について本人や家族に対し相談支援を行い、居宅介護支援事業者と連携したうえで、一定割合以上の在宅復帰を実現している場合は、在宅復帰支援機能加算がされる。

4 ○ ただし、退院した入所者が円滑に再入所できるように計画的に行う。施設では、入院した入所者が3か月以内の退院を見込める場合は、円滑に再入所できるよう便宜を図るものとされている。

5 ○ 入所者や家族からそのつど同意を得て、行政機関などへの代行事務を行わなければならない。このほか、レクリエーション行事の実施、入所者の家族との交流や外出の機会の確保により、社会生活上の便宜を図らなければならない。

正答 4・5

福祉サービス分野

★★

166 社会資源について、より適切なものはどれか。3つ選べ。

☑☑

1 フォーマルサービスの一般的な特徴は、安定した供給が可能で、要介護者等の最低限の生活が保障されることである。

2 インフォーマルサポートの一般的な特徴は、支援における専門性が高いことである。

3 市町村が介護保険とは別に独自に実施する配食サービスは、フォーマルサービスに分類される。

4 友人や隣人の支援は、インフォーマルサポートに分類される。

5 ケアマネジメントは、インフォーマルサポートに分類される。

1 ○ フォーマルサービスは、行政が提供するサービス、介護保険サービスなど各種の公的サービスである。画一的になりやすいが、専門性が高く、最低限の生活が保障される。

2 × 家族や友人の支援などインフォーマルサポートは、情緒的側面があり、一般的に専門性は低い。また、安定した供給も難しいが、柔軟な対応が可能である。

3 ○ 選択肢1の解説のとおり、行政による公的なサービスはフォーマルサービスである。

4 ○ 家族、親戚、友人のほか、隣人、ボランティア、明確に制度化されていない当事者組織、相互扶助団体などはインフォーマルサポートといえる。

5 × ケアマネジメントは、介護保険の給付サービスであり、フォーマルサービスに分類される。なお、提供主体が株式会社やNPO法人であっても、介護保険のサービスなど公的サービスであればフォーマルサービスである。

正答　1・3・4

福祉サービス分野

★★

167 障害者総合支援法について正しいものはどれか。3つ選べ。

1 難病患者等は対象とならない。

2 自立支援医療は、従来の更生医療、育成医療、精神通院医療の対象者であって、一定所得未満の人を給付対象とする。

3 補装具費は自立支援給付として支給され、日常生活用具は地域生活支援事業において給付される。

4 市町村は、基幹相談支援センターを設置するよう努める。

5 サービス等利用計画の作成は、重度障害者に限定される。

★★

168 障害者総合支援法について正しいものはどれか。3つ選べ。

1 障害者総合支援法は、自立支援給付と地域生活支援事業が大きな柱となる。

2 障害者総合支援法による自立支援給付は、さらに介護給付と施設給付に大きくわけられる。

3 自立支援給付にかかる費用には、都道府県、市町村それぞれに負担義務があり、国は予算の範囲内で補助することとされている。

4 市町村が行う地域生活支援事業の必須事業には、相談支援事業が含まれる。

5 自立支援給付を希望する場合は、市町村に申請を行い、市町村による支給決定を受ける必要がある。

167 解説

1 ✕ 障害者自立支援法は、その一部が改正され、**障害者の日常生活及び社会生活を総合的に支援するための法律（障害者総合支援法）**となった（2013〔平成25〕年度から施行）。この改正により、従来の身体障害者、知的障害者、精神障害者（発達障害者を含む）に加え、難病患者等も対象となった（いずれも児童を含む）。

2 ◯ 従来の更生医療、育成医療、精神通院医療は自立支援医療に統合され、**支給認定手続きや利用者負担のしくみの共通化、指定医療機関制度**の導入が図られている。

3 ◯ 補装具の購入、貸与または修理に要した補装具費が自立支援給付として支給される。また、日常生活用具の給付は、市町村が地域の実情に応じて行う**地域生活支援事業**で行われる。

4 ◯ 地域における中核的な役割を担う**基幹相談支援センター**は、これまで市町村が任意に設置することとされていたが、法改正により2024（令和6）年4月から、設置努力義務が課される。また、地域で暮らす障害者の緊急事態に対応し、地域移行を推進するサービスの拠点となる**地域生活支援拠点等**も整備するよう努める。

5 ✕ サービス等利用計画の作成対象者は、以前は重度障害者に限定されていたが、2015（平成27）年度からはすべての利用者が対象となっている。

正答 2・3・4

168 解説

1 ◯ 障害者総合支援法の給付の内容では、**自立支援給付と地域生活支援事業**が大きな柱となっている。

2 ✕ 障害者総合支援法によるサービスは、居宅、施設といった枠組みをはずして再編されたものである。自立支援給付には、介護給付（居宅介護、施設入所支援など）、訓練等給付（自立訓練、就労移行支援、共同生活援助など）、自立支援医療、補装具などがある。

3 ✕ 自立支援給付にかかる費用は、国が50％、都道府県と市町村は25％ずつの負担義務がある。

4 ◯ 地域生活支援事業は地域の実情に応じて市町村、都道府県が実施するものである。相談支援事業のほか市町村が行う必須事業には、**成年後見制度利用支援事業**、手話通訳者や要約筆記者の派遣などの**意思疎通支援事業**、**日常生活用具給付等事業**、**移動支援事業**などがある。

5 ◯ 市町村による支給決定は、申請者から提出された**サービス等利用計画案**（指定特定相談支援事業者が作成）や勘案すべき事項などを踏まえて行われる。支給決定後は、指定特定相談支援事業者によるサービス担当者会議などでの調整を経て、最終的に決定したサービス等利用計画に基づきサービスを利用する。

正答 1・4・5

★★★
169 生活保護制度について正しいものはどれか。2つ選べ。

1 生活保護は、個人を単位として生活保護の支給の要否や程度の決定がされる。

2 保護は、生活に困窮する人が最低限度の生活を維持するために、生活に利用し得る資産や能力、その他あらゆるものを活用することを要件として行われる。

3 生活保護受給者が、介護保険施設に入所した場合の日常生活費は、介護扶助による給付となる。

4 医療扶助は、生活保護法で指定された指定医療機関に委託して行われ、原則として現物給付である。

5 指定介護機関は、生活保護法の指定を受ければ、介護保険法の指定があったものとみなされる。

★★★
170 生活保護制度について正しいものはどれか。2つ選べ。

1 生活保護では、保護の申請がない場合は手続きが開始されることはない。

2 介護扶助における居宅介護は、居宅介護支援計画に基づき行われる。

3 介護扶助の給付内容は、移送を除き、介護保険と同じである。

4 介護扶助は、原則的に金銭給付で行われる。

5 介護保険の被保険者でない被保護者の場合も、一般の被保険者と同様に介護保険の要介護認定を受け、介護保険制度に基づき認定を受ける。

1 ✕ 生活保護の支給の要否や程度の決定は、世帯を単位に行われる。

2 ◯ 生活保護法には補足性の原理があり、生活に困窮する人が利用できる資産、能力、その他あらゆるものを活用してもなお最低限度の生活を営めない場合に、はじめて行われるものである。介護保険法による給付や、民法に定める扶養義務者の扶養およびほかの法律に定める扶助は、すべて生活保護に優先して行われる（他法優先の原則）。

3 ✕ 生活保護受給者（被保護者）の場合、介護保険施設入所時の日常生活費については、生活保護の生活扶助から「介護施設入所者基本生活費」として給付される。また、介護保険の被保険者である被保護者の介護保険施設での食費は、負担限度額までが介護扶助の対象となる（超えた分は介護保険の特定入所者介護サービス費の対象）。

4 ◯ 医療扶助は、疾病や負傷により入院や通院による治療が必要な場合に、生活保護法の指定医療機関に委託して行われる現物給付である。

5 ✕ 生活保護受給者に対する介護の給付は、介護保険法の指定と生活保護法の指定を受けた指定介護機関に委託して行われる。2014（平成26）年7月よりみなし指定が実施されているが、これは介護保険法の指定・許可を受けた指定介護機関については、生活保護法の指定があったとみなされるものである。

正答 2・4

1 ✕ 原則として保護の申請に基づき手続きが開始されるが、要保護者が急迫した状況にあるときは、保護の申請がなくても、必要な保護を行うことができる。また、申請は要保護者本人以外に、扶養義務者、同居の親族が行うことができる。

2 ◯ また、介護予防は、介護予防支援計画に基づき行われる。

3 ◯ 移送は介護サービスの利用に伴う交通費や送迎費が対象となり、生活保護独自の給付である。移送以外の介護扶助のサービス（居宅介護、介護予防、福祉用具、住宅改修、施設介護など）は、基本的に介護保険と同様である。

4 ✕ 住宅改修（介護保険制度の住宅改修と同じ）や福祉用具購入（介護保険制度の福祉用具購入と同じ）など現物給付が難しい場合は金銭給付となるが、それ以外は、原則的に現物給付で行われる。

5 ✕ 介護保険の被保険者の場合は、一般の被保険者と同様に要介護認定等を受けるが、介護保険の被保険者でない場合は、介護扶助の要否判定の一環として、生活保護制度で独自に要介護認定を行う。ただし、審査・判定は、市町村の設置する介護認定審査会に委託される。

正答 2・3

福祉サービス分野

171 後期高齢者医療制度について正しいものはどれか。3つ選べ

1 運営主体は、市町村である。

2 生活保護の受給者は、後期高齢者医療制度の被保険者にはならない。

3 給付には、入院時食事療養費、訪問看護療養費などが含まれる。

4 利用者の一部負担の割合は、所得にかかわりなく一律で1割である。

5 費用負担割合では、約5割が公費により賄われている。

172 生活困窮者自立支援法について正しいものはどれか。3つ選べ。

1 生活保護受給者の自立支援の強化を図ることを目的としている。

2 生活困窮者住居確保給付金の支給は、必須事業である。

3 生活困窮者自立相談支援事業では、自立支援計画を策定し、計画に基づき支援を実施する。

4 就労準備支援事業と生活困窮者一時生活支援事業は、自立相談支援事業と一体的に行うこととされる。

5 子どもの学習支援も事業内容に含まれる。

171 解説

1 ✕ 運営主体は、都道府県ごとにすべての市町村が加入して設立された「後期高齢者医療広域連合」である。

2 ○ ①75歳以上の者、②65歳以上75歳未満で後期高齢者医療広域連合の障害認定を受けた者が被保険者となる。ただし、生活保護世帯に属する人などは、後期高齢者医療制度の適用除外となり、被保険者とならない。

3 ○ 給付内容は、医療保険制度の給付とほぼ同じで、設問の内容のほか、療養の給付、入院時生活療養費、保険外併用療養費、療養費、特別療養費、移送費、高額療養費、高額介護合算療養費などがある。

4 ✕ 利用者の一部負担の割合は、原則として1割だが、現役並み所得者は3割である。さらに、2021（令和3）年6月に成立した医療制度改革関連法により、現役並み所得者以外で一定以上の収入がある者の利用者負担割合は、2割となった。

5 ○ 患者負担分を除いた費用のうち、約1割を保険料、約4割を後期高齢者支援金（現役世代の保険料）、約5割を公費で賄う。そのほか、国の調整交付金、財政安定化基金などのしくみが取り入れられている。 p.308

正答 2・3・5

172 解説

1 ✕ 生活困窮者自立支援法は生活保護に至る前の自立支援策の強化を図ること、また生活保護から脱却した人が再び生活保護に頼ることのないようにすることを目的にしている。

2 ○ 生活困窮者住居確保給付金の支給とは、離職などで経済的に困窮し、住居を失ったり、またはそのおそれのある人に対し、賃貸住宅の家賃額を支払うもので、支給期間は原則として3か月（最大9か月まで延長可能）である。

3 ○ 前述の生活困窮者住居確保給付金の支給と生活困窮者自立相談支援事業は、市町村の必須事業となる。

4 ✕ 就労準備支援事業と家計改善支援事業は任意事業だが、実施努力義務があり自立相談支援事業と一体的に行うこととされている。

5 ○ 貧困の連鎖を防止するため、子どもの学習支援のほか、生活習慣や育成環境の改善に関する助言を行う子どもの学習・生活支援事業が実施される。生活保護受給世帯の子どもも対象に含まれる。

正答 2・3・5

173 サービス付き高齢者向け住宅の登録基準について正しいものはどれか。3つ選べ。

1 入居するためには、要介護認定を受けている必要がある。

2 設備では、バリアフリー構造を有することが必須である。

3 状況把握サービスと生活相談サービスは必ず提供される。

4 サービス付き高齢者向け住宅の登録は、都道府県知事が行う。

5 利用にあたり、権利金の支払いが必要である。

174 次の法律・制度について正しいものはどれか。2つ選べ。

1 地方公共団体は、個人情報取扱事業者から除外される。

2 DNAの情報は、個人情報に含まれない。

3 個人情報取扱事業者は、個人情報を取り扱うに当たって、利用目的をできるかぎり特定しなければならない。

4 介護休業制度では、最長1年間の休業が認められている。

5 介護休業制度では、休業開始時の賃金の90%が支給される。

1 ✕ サービス付き高齢者向け住宅は、「高齢者の居住の安定確保に関する法律」（高齢者住まい法）に基づき、制度化されている。入居対象は、60歳以上の人または40歳以上60歳未満の人で要介護認定・要支援認定を受けている人である。

2 ◯ バリアフリー構造のほか、各居室の床面積が25㎡以上、各居室に台所、水洗便所、収納設備、洗面設備、浴室を備えたものである必要がある（ただし、共用部分に共同利用できる適切な台所、収納設備、浴室を備える場合は、各居室に要しない）。

3 ◯ 状況把握（安否確認）サービス、生活相談サービスを必ず提供することが要件となっている。

4 ◯ サービス付き高齢者向け住宅の登録は、都道府県知事（政令指定都市の長、中核市の長）が行う。

5 ✕ 契約は書面により行い、権利金その他の金銭を受領しない契約であることが必要である（敷金、家賃、前払金を除く）。また、家賃などの前払金については、必要な保全措置が講じられている。

正答　2・3・4

1 ◯ 個人情報取扱事業者とは、個人情報データベース等を事業の用に供している者をいう。ただし、国の機関や地方公共団体、独立行政法人等は除外される。

2 ✕ 個人情報とは、生存する個人に関する情報であって、氏名や生年月日などにより特定の個人を識別することができるもの、または個人識別符号が含まれるものである。個人識別符号とは、①特定の個人の身体の一部の特徴を電子計算機の用に供するために変換した文字、番号、記号等の符号（指紋、手指の静脈、顔、DNAなど）、②個人に割り当てられた文字、番号、記号等の符号（パスポート、基礎年金、マイナンバーの番号など）で、特定の個人を識別できるものである。

3 ◯ また、特定の利用目的の達成に必要な範囲を超えて個人情報を取り扱う場合は、あらかじめ本人の同意を得なければならない（法令に基づく場合、生命・身体・財産の保護のために必要がある場合などを除く）。

4 ✕ 育児・介護休業法に基づき、育児休業と介護休業が制度化されている。介護休業制度で認められる休業期間は、対象家族一人につき通算93日までで、3回を上限として分割取得が可能となっている。一方、育児休業では、原則として子が1歳に達する日までの期間取ることができる（2回の分割取得可能。最長2歳まで）。

5 ✕ 介護休業制度で給付される介護給付金は、休業開始時の賃金の67%の水準である。

正答　1・3

合格エッセンス 後期高齢者医療制度

後期高齢者医療制度は、後期高齢者を対象とした社会保険方式の制度である。

■後期高齢者医療制度の特徴

運営主体	都道府県区域内のすべての市町村が加入して設立する後期高齢者医療広域連合
被保険者	①75歳以上の者 ②65歳以上75歳未満で後期高齢者医療広域連合の障害認定を受けた者 ※生活保護世帯に属する人などは適用除外。
給付内容	○療養の給付　○入院時食事療養費　○入院時生活療養費 ○保険外併用療養費　○療養費　○訪問看護療養費 ○特別療養費　○移送費　○高額療養費 ○高額介護合算療養費　○条例で定める給付 ※医療保険制度の給付とほぼ同様。
利用者負担	一般所得者は1割、一定以上所得者（現役並み所得者以外）は2割、現役並み所得者では3割
保険料	○各後期高齢者医療広域連合が条例で保険料率を定める。 ○広域連合では、特別な理由がある者には、保険料の減免、徴収の猶予ができる。 ○年額18万円以上の年金受給者は、年金保険者による特別徴収が行われる。
費用負担割合	○患者負担分を除いた費用のうち、約1割を保険料、約4割を後期高齢者支援金（現役世代の保険料）、約5割を公費で賄う。 ○国の調整交付金、財政安定化基金などのしくみが取り入れられている。

現役並み所得者以外で、一定以上の収入のある者の利用者負担割合は、2割となりました（2022年10月施行）

合格エッセンス 高齢者の虐待の現状

高齢者虐待の相談・通報対応件数は増加しており、次のような傾向がみられる（2021〔令和3〕年度厚生労働省調査）。

■養護者・養介護施設従事者等による虐待の現状

	養護者による虐待	養介護施設従事者等による虐待
件数	相談・通報件数は3万6,378件 虐待判断件数は1万6,426件	相談・通報件数は2,390件 虐待判断件数は739件
発生要因	被虐待者の「認知症の症状」（55.0％）、が最も多く、次いで虐待者の「介護疲れ・介護ストレス」（52.4％）	「教育・知識・介護技術等に関する問題」（56.2％）が最も多く、次いで「職員のストレスや感情コントロールの問題」（22.9％）、「虐待を助長する組織風土や職員間の関係の悪さ、管理体制等」（21.5％）
種別	身体的虐待（67.3％）が最も多く、次いで心理的虐待（39.5％）、介護等放棄（19.2％）	身体的虐待（51.5％）が最も多く、次いで心理的虐待（38.1％）、介護等放棄（23.9％）
虐待者	続柄は息子（38.9％）が最も多く、次いで夫（22.8％）、娘（19.0％）	職種は介護職（81.3％）が最も多い
被虐待者	女性が75.6％を占め、年齢では80～84歳（24.6％）、85～89歳（21.1％）が多い。認知症日常生活自立度Ⅱ以上の者が72.2％	女性が71.3％を占め、年齢では85～89歳（26.1％）、90～94歳（20.5％）が多い。認知症日常生活自立度Ⅱ以上の者が76.4％

 合格エッセンス 高齢者虐待防止法

【同法のポイント】

- ●高齢者虐待の定義……①身体的虐待、②介護拒否・放棄、③心理的虐待、④性的虐待、⑤高齢者の財産を処分するなどの経済的虐待
- ●虐待を発見した場合の市町村への通報……養護者や養介護施設従事者などによる虐待を受けたと思われる高齢者を発見した者は、すみやかに市町村へ通報する。
- ●市町村による立ち入り調査や、地元警察署長に対する援助要請を市町村長に認可
- ●虐待を受けた高齢者への居室の確保
- ●虐待を行った養護者に対する、虐待を受けた高齢者との面会制限
- ●養護者に対する支援……養護者への相談、指導、助言などを行う。養護者の負担軽減を図るため、高齢者を短期間養護するための居室を確保する。
- ●成年後見制度の利用促進……財産上の不当取引による高齢者の被害の防止および救済のために、成年後見制度の利用を促進する。

★★
175 高齢者虐待の現状について適切なものはどれか。2つ選べ。

1 厚生労働省調査によれば、養護者による高齢者虐待の種別で最も多いのは身体的虐待である。

2 厚生労働省調査によれば、養護者による高齢者虐待において、虐待者の続柄で最も多いのは、「息子の配偶者」である。

3 厚生労働省調査によれば、養介護施設従事者等による虐待の発生要因では、「職場のストレスや感情コントロールの問題」が最も多くなっている。

4 認知症高齢者であれば、生計を同一にする家族が本人の不動産を自由に処分することは、経済的虐待にはあたらないと考えられる。

5 高齢者が家族から虐待を受けており、緊急を要するような場合は、措置による施設入所も検討される。

※厚生労働省調査とは、「令和3年度　高齢者虐待の防止、高齢者の養護者に対する支援等に関する法律に基づく対応状況等に関する調査」を指す。

★★
176 「高齢者虐待の防止、高齢者の養護者に対する支援等に関する法律」（以下、高齢者虐待防止法）について正しいものはどれか。3つ選べ。

1 高齢者虐待防止法では、「経済的虐待」は高齢者虐待に該当する行為としていない。

2 養介護施設従事者等が、業務に従事する施設内で虐待を受けている高齢者を発見した場合は、生命または身体に重大な危険が生じているか否かにかかわりなく、市町村に通報しなければならない。

3 市町村長は、高齢者虐待により高齢者の生命または身体に重大な危険が生じているおそれがあると認めるときは、警察署長に立ち入り調査などの援助を求めることができるが、市町村が自ら立ち入り調査を行う権限はない。

4 市町村は、養護者の負担の軽減のため、養護者に対する相談、指導および助言その他必要な措置を講ずるものとする。

5 都道府県知事は、毎年度、養介護施設従事者等による高齢者虐待の状況、養介護施設従事者等による高齢者虐待があった場合にとった措置などを公表するものとする。

1 ○ 養護者による高齢者虐待で最も多いのは**身体的虐待**である（7割近く）。次いで心理的虐待、介護等放棄、経済的虐待が続く。 📖p.309

2 ✕ 養護者による高齢者虐待の虐待者としては、「**息子**」が最も多い（約4割）。次いで「夫」と「娘」である。

3 ✕ 原因では、「**教育・知識・介護技術等に関する問題**」（56.2%）が最も多く、次いで「職員のストレスや感情コントロールの問題」（22.9%）、「虐待を助長する組織風土や職員間の関係の悪さ、管理体制等」（21.5%）となっている。

4 ✕ 家族や親族が、高齢者本人の合意なく、その財産や金銭を使用したり、処分したりすることは、**経済的虐待**に該当する。認知症高齢者でも、本人の意思や利益にかなった対応が必要である。

5 ○ **老人福祉法上の措置の対象**となりうる。また、高齢者が家族の虐待を受けており、その生命または身体に重大な危険があるような場合には、高齢者虐待防止法上の通報義務がある。

正答 **1・5**

1 ✕ 高齢者虐待とは、養護者および養介護施設従事者等により行われるもので、**身体的暴力による虐待、養護を著しく怠ること、心理的障害を与える虐待、性的暴力による虐待、経済的虐待**のいずれかに該当する行為とされている。

2 ○ また、養介護施設従事者等以外の人が、虐待を受けたと思われる高齢者を発見し、高齢者の生命または身体に重大な危険が生じている場合は、市町村への通報を義務として行わなければならない。

3 ✕ 通報を受けた市町村長は、直営の地域包括支援センターの職員や市町村の職員に、高齢者の自宅や入所施設へ立ち入りをさせ、**必要な調査や質問をさせることができる**。また、所轄の警察署長に援助を求めることができる。

4 ○ 養護の負担の軽減を図るために、緊急の必要がある場合には、高齢者が短期間養護を受けるために必要となる**居室を確保するための措置**を講ずる。

5 ○ また、市町村（指定都市、中核市を除く）は、養介護施設従事者等による虐待についての通報または届出を受けたときは、高齢者虐待に関する事項を、**都道府県に報告**しなければならない。

正答 **2・4・5**

★★★
177 成年後見制度について正しいものはどれか。3つ選べ。

1 成年後見人等の具体的な職務は、身上監護と財産管理であり、本人の権利を擁護するために、本人の代弁をすることも含まれる。

2 後見開始等の審判の請求は、本人、配偶者、四親等内の親族以外の者が行うことは認められていない。

3 成年後見人が、本人の居住用の不動産を処分する場合は、家庭裁判所の許可が必要である。

4 保佐開始後、保佐人には、家庭裁判所の審判を経ることなく、重要な一定の行為についての代理権が与えられる。

5 補助開始の審判の請求を本人以外の者が行う場合は、本人の同意が必要である。

★★★
178 成年後見制度について正しいものはどれか。3つ選べ。

1 任意後見制度では、任意後見を利用したい本人の申し立てにより、家庭裁判所が任意後見受任者を選任し、任意後見契約が行われる。

2 任意後見は、認知症などにより本人の判断能力が不十分になったときに、申し立てに基づき、家庭裁判所が任意後見監督人を選任することによって開始される。

3 任意後見人に不正があった場合は、家庭裁判所が任意後見人を解任することができる。

4 親族以外の第三者が成年後見人等に選任された割合は、年々増加している。

5 都道府県は、市民後見人養成のための事業を実施している。

177 解説

1 ○ 成年後見制度は、判断能力が不十分なため、意思決定が困難な人を支援し、権利を守るための制度である。**身上監護**は、生活や介護に関する各種契約、施設入所、入院手続きなどの行為を本人に代わって行うことである。**財産管理**では、預貯金、不動産、相続、贈与、遺贈などの財産を本人に代わって管理する。

2 × **市町村長**も、「老人福祉法」「知的障害者福祉法」「精神保健及び精神障害者福祉に関する法律」に基づき、その福祉を図るために特に必要があると認めるときは、後見開始等の審判の請求（申し立て）が認められている。

3 ○ 成年後見人には、本人の財産に関する法律行為について包括的な代理権と日常生活に関する行為以外の取消権が付与されるが、**本人の居住用の不動産を処分する場合には家庭裁判所の許可が必要**である。

4 × 保佐人には、財産を処分するなど、本人が行おうとしている重要な一定の行為について同意権と取消権をもつ。しかし**代理権**については、本人の同意のもと、保佐人などの申立人の請求により、**家庭裁判所の審判を経て与えられる。**

5 ○ 補助類型は、軽度の認知症の人など判断能力が不十分な人を対象としており、補助開始の審判の請求を本人以外の者が行う場合は、**本人の同意が必要**である。
📖p.314

正答 1・3・5

178 解説

1 × 任意後見制度は、判断能力が衰える前に、自分で任意後見人を指定し、後見事務の内容を契約で決めておく制度である。任意後見を利用したい本人と、任意後見人になってくれる人（任意後見受任者）とが、公証人の作成する**公正証書**で任意後見契約を行う。

2 ○ 認知症などにより本人の判断能力が不十分になったときに、本人、配偶者、四親等内の親族、任意後見受任者が家庭裁判所へ任意後見監督人の選任を申し立て、**家庭裁判所が任意後見監督人を選任して任意後見が開始される。**

3 ○ 任意後見人は、家庭裁判所で選任された任意後見監督人の監督を受ける。不正があった場合は、任意後見監督人等の報告を受けた**家庭裁判所から解任される。**

4 ○ 最高裁判所事務総局家庭局の「成年後見関係事件の概況」によると、2022（令和4）年に、成年後見人等に選任された割合は、親族が約19.1％に対し、親族以外の第三者が約80.9％であり、年々増加している。

5 × 後見、保佐、補助の業務を適正に行うことができる**市民後見人**の育成のため**市町村**は、市民後見人養成のための研修の実施や、後見等の業務を適正に行うことができる者の家庭裁判所への推薦などを行っている。📖p.315

正答 2・3・4

合格エッセンス 成年後見制度

せいねんこうけん
　成年後見制度とは、認知症高齢者、知的障害者、精神障害者などで判断能力が不十分な人を、後見人などが保護し、権利を守っていく制度で、法定後見制度と任意後見制度がある。

　法定後見制度は、四親等内の親族などの申し立てに基づいて、家庭裁判所が後見人などを職権で選任する制度であり、任意後見制度は、本人の判断能力が不十分になったときのために、後見人になってくれる人と後見事務の内容をあらかじめ契約で決めておく制度である。

■法定後見制度の３つの類型

類型	対象者	後見事務の内容
後見類型	判断能力を常に欠いた状態の人	成年後見人は、預貯金の管理や重要な財産の売買、介護契約など、本人の財産に関する法律行為について、包括的な**代理権**と、日常生活に関する行為以外の行為について**取消権**をもつ。 ただし、**本人の居住用の不動産を処分する場合には、家庭裁判所の許可が必要**。
保佐類型	判断能力が著しく不十分な人	保佐人は、財産を処分するなど、本人が行おうとしている重要な一定の行為について、**同意権**と**取消権**をもつ。また、本人の同意のもと、保佐人などの請求により、申し立ての範囲内において、家庭裁判所の審判を経て**代理権**が与えられる。
補助類型	判断能力が不十分な人（軽度の知的障害者、精神障害者、認知症高齢者など）	補助人は、本人の同意のもと、申立人の請求により、申し立ての範囲内において、家庭裁判所の審判を経て**同意権・取消権**と**代理権**が与えられる。 同意権の範囲は保佐人よりも制限されている。

■任意後見制度

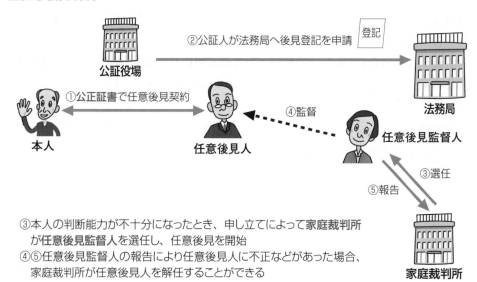

公証役場

②公証人が法務局へ後見登記を申請　登記

法務局

①公正証書で任意後見契約

本人　　　任意後見人　　④監督　　任意後見監督人

③選任

⑤報告

家庭裁判所

③本人の判断能力が不十分になったとき、申し立てによって**家庭裁判所**が**任意後見監督人**を選任し、任意後見を開始
④⑤任意後見監督人の報告により任意後見人に不正などがあった場合、家庭裁判所が任意後見人を解任することができる

福祉サービス分野

★★★
179 日常生活自立支援事業について正しいものはどれか。3つ選べ。

1 実施主体は、都道府県・指定都市社会福祉協議会である。

2 日常生活自立支援事業では、判断能力を喪失した人が対象となり、契約内容を判断し得る能力が残っている場合は対象とならない。

3 運営適正化委員会は、第三者的機関として都道府県社会福祉協議会に設置される。

4 預金の払い戻しや預金の解約など、日常的金銭管理サービスも、支援内容に含まれる。

5 生活支援員は、自ら作成した支援計画に基づき、援助を行い、支援内容についての定期的な評価と見直しを行う。

★★
180 日常生活自立支援事業の内容として、より適切なものはどれか。2つ選べ。

1 判断能力の衰えはないが、身体に麻痺のある高齢者のために、要介護認定等の申請手続きの援助をした。

2 判断能力の衰えはないが、一人暮らしの高齢者に対し、家事の援助を行った。

3 判断能力の不十分な高齢者に、介護保険の要介護認定等に関する申請手続きの援助を行った。

4 判断能力が不十分な高齢者の不動産の管理を行った。

5 判断能力の不十分な高齢者が認定調査を受ける際に、本人の状況を正しく調査員に伝えた。

179 解説

1 ○ 実施主体は、都道府県・指定都市社会福祉協議会（都道府県社会福祉協議会および指定都市社会福祉協議会）で、市区町村社会福祉協議会などに事業の一部を委託できる。委託を受けた市区町村社会福祉協議会は、必要に応じて近隣の市区町村も事業の対象地域とすることができるため、基幹的社会福祉協議会と呼ばれる。

2 ✕ 利用要件は、判断能力が不十分な人で、かつ事業の契約内容について判断し得る能力のある人である。該当するかどうかについては、「契約締結判定ガイドライン」に基づき判断する。判断できない場合は、契約締結審査会において審査される。

3 ○ 運営適正化委員会は、利用者からの苦情に対する調査・解決や、事業全体の運営監視・提言を行い、定期的に事業の実施状況の報告を受ける。

4 ○ 日常生活自立支援事業では、福祉サービスの利用援助のほか、日常的金銭管理サービス、書類などの預かりサービスを行う。

5 ✕ 専門員が家族や医療・保健・福祉の関係機関との利用調整を行い、利用希望者の支援計画を作成して、利用者と利用契約を締結する。生活支援員は、その支援計画に基づいて具体的な援助を行う。

正答 **1・3・4**

180 解説

1 ✕ 判断能力が不十分な人の意思決定をサポートし、福祉サービス利用の援助などを行うもので、判断能力の衰えがない場合は利用対象外である。

2 ✕ 一人暮らしであっても、判断能力の衰えがない場合は利用対象外である。また、家事の援助は援助内容に含まれない。

3 ○ 介護保険は、利用者本人がサービスを選択・契約することが前提だが、判断能力が不十分な場合には、日常生活自立支援事業による援助が有効に機能する。

4 ✕ 日常生活自立支援事業は生活支援員が福祉サービスの利用援助や日常的な金銭管理サービスなどを行うもので、成年後見制度のように財産管理や身上監護（本人に代わって、生活や介護に関する各種契約や施設入所、病院への入院手続きなどをする）を行うものではない。

5 ○ 介護保険制度に関連する援助としては、選択肢の内容のほか、要介護認定等の申請手続きの援助、居宅介護支援事業者の選択、契約締結や解約手続きの援助、介護支援専門員の居宅サービス計画等の作成に関する一連の手続きやアセスメントに立ち会い、本人の状況を正しく介護支援専門員に伝えること、サービス事業者との契約締結・変更・解約に関する手続きの援助、利用料の支払いやサービス内容のチェックの援助、サービスの苦情解決制度の利用手続き援助などがある。

正答 **3・5**

福祉サービス分野

‥ Memo ‥

●**法改正・正誤等の情報につきましては、下記「ユーキャンの本」ウェブサイト内**「追補（法改正・正誤）」をご覧ください。
https://www.u-can.co.jp/book/information

●**本書の内容についてお気づきの点は**
・「ユーキャンの本」ウェブサイト内「よくあるご質問」をご参照ください。
　https://www.u-can.co.jp/book/faq
・郵送・FAX でのお問い合わせをご希望の方は、書名・発行年月日・お客様のお名前・ご住所・FAX 番号をお書き添えの上、下記までご連絡ください。
　【郵送】〒169-8682 東京都新宿北郵便局 郵便私書箱第 2005 号
　　　　　ユーキャン学び出版 ケアマネジャー資格書籍編集部
　【FAX】03-3350-7883
　◎より詳しい解説や解答方法についてのお問い合わせ、他社の書籍の記載内容等に関しては回答いたしかねます。

●**お電話でのお問い合わせ・質問指導は行っておりません。**

本文キャラクターデザイン　なかのまいこ

2024年版　ユーキャンの ケアマネジャー　2024徹底予想模試

2004年8月1日　初　版　第1刷発行 2024年1月19日　第21版　第1刷発行	編　者　ユーキャンケアマネジャー 　　　　試験研究会 発行者　品川泰一 発行所　株式会社 ユーキャン 学び出版 　　　　〒151-0053 　　　　東京都渋谷区代々木1-11-1 　　　　Tel 03-3378-1400 編　集　株式会社 東京コア 発売元　株式会社 自由国民社 　　　　〒171-0033 　　　　東京都豊島区高田3-10-11 　　　　Tel 03-6233-0781（営業部）

印刷・製本　望月印刷株式会社

※落丁・乱丁その他不良の品がありましたらお取り替えいたします。お買い求めの書店か自由国民社営業部（Tel 03-6233-0781）へお申し出ください。